山陰名城叢書 1

伯耆米子城

ハーベスト出版

上空から見た米子城（米子市教育委員会）

本丸天守台

四重櫓台

鉄門跡

水手郭

内膳丸

登り石垣

天守台から米子市街を望む

深浦側から見る米子城跡

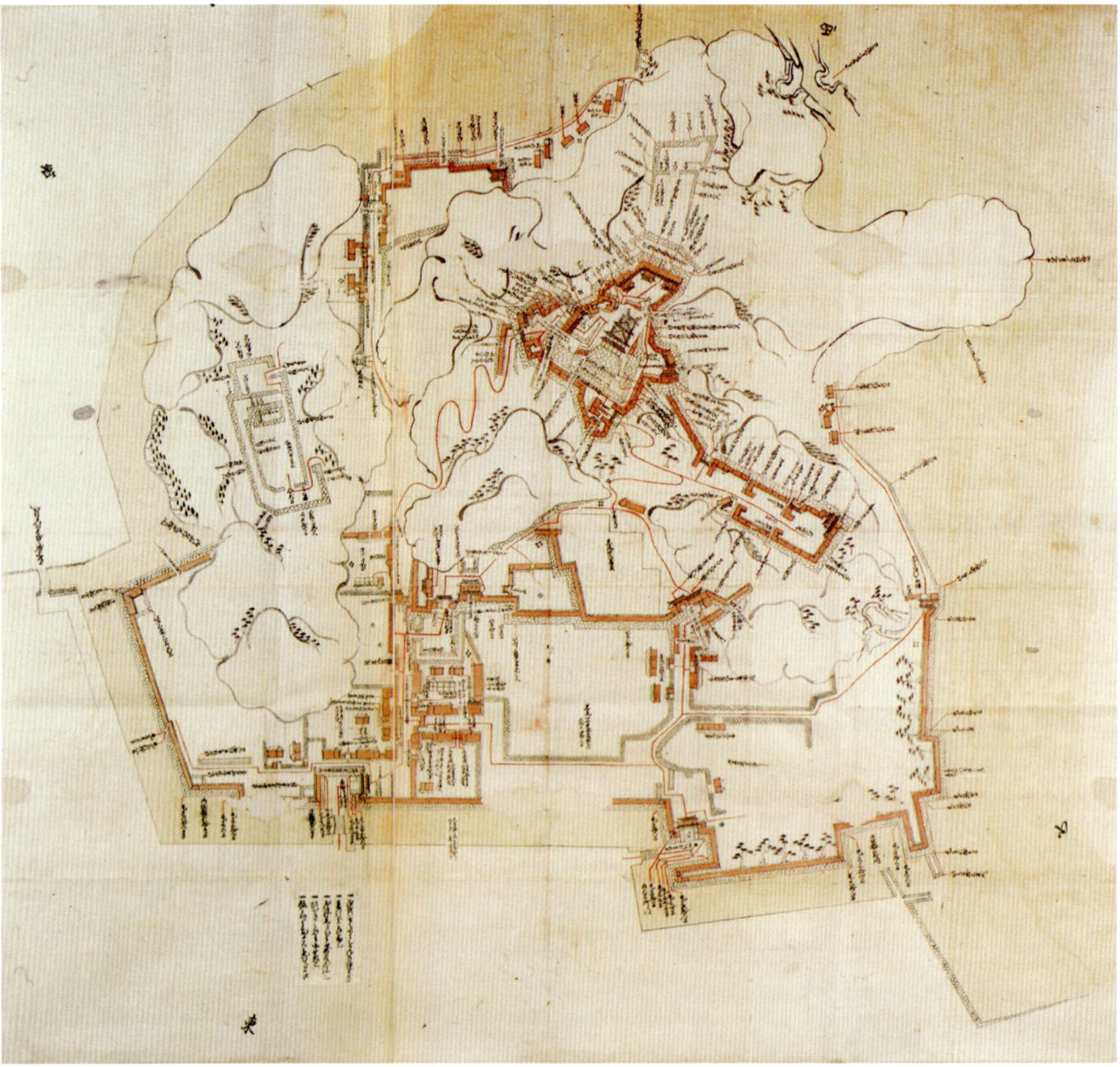

「米子御城明細図」　元文 4 年（1739）（鳥取県立博物館蔵　No.1013）

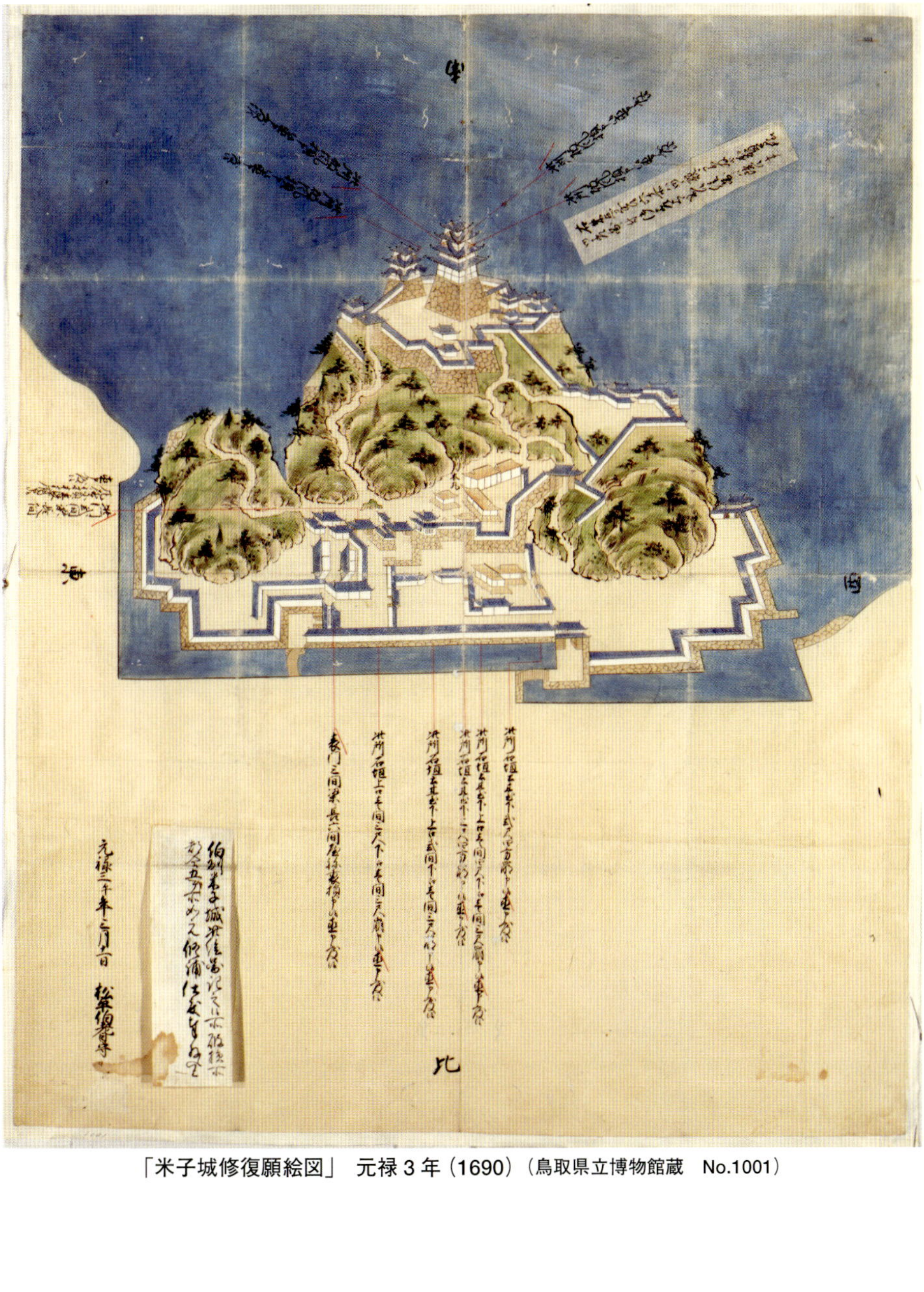

「米子城修復願絵図」　元禄 3 年（1690）（鳥取県立博物館蔵　No.1001）

米子城古写真（冨田公夫氏蔵）

伯耆米子城

発刊にあたって

中海を臨む湊山の山頂に構えられた米子城は山陰の名城のひとつです。城跡は平成十八年（二〇〇六）に国の史跡に指定されています。その指定説明には「戦国時代末期から江戸時代までの西伯耆支配の拠点城郭であり、山稜部の縄張り、石垣、枡形等の遺構が良好に遺存しています。関連する文献・絵図史料も豊富に残されており、戦国末期から近世初頭の築城技術を知る上で重要である。」とあります。

お城好きにとって米子城跡は著名な城であり、平成二十九年（二〇一七）四月六日には日本城郭協会より続日本一〇〇名城にも選定されました。ところが米子市民をはじめ地元の方々にとっては建物も残っていない、石垣だけの城跡は、名城としての認識は決して高くはありませんでした。そこで米子市では米子城を改めて市民の方々に知ってもらいたいと、平成二十八年（二〇一六）一月に「隠れたる名城　米子城　―その価値と魅力に迫る―」として、米子市公会堂においてシンポジウムを開催されました。当日は雪模様の悪天候となりましたが、公会堂には五〇〇人の市民で満員となり、会場は熱気に包まれました。さらに同年十月には「米子城フォーラム」が開催され、これもまた多くの市民が参加されました。

こうした米子城への盛り上がりを受け、今回『伯耆米子城』を刊行することとなりました。刊行にあたっては、山陰にはまだまだ多くの名城があることよりシリーズ化されることとなり、その名も山陰名城叢書としました。その第一冊として、今回米子城が刊行できることはまことに当を得たものであると確信しております。

さて、本書では米子城を歴史、縄張り、建築に加え、近年多大な成果を収めている発掘調査について、それぞれその分野の第一人者に執筆していただくことができました。論文集ではなく、それぞれの研究の最新成果を読み易くまとめていただくことができました。本書がひとりでも多くの方に読んでいただき、実際に城跡や城下町を訪ねていただくガイドブックとして利用いただければ編者として望外の幸せです。

平成三十年（二〇一八）十月

中井　均

伯耆米子城　目次

第三章　城の構造と縄張り

第四章　米子城の建築と復元の試み

例言

本書は鳥取県米子市に所在する国史跡米子城跡の歴史、縄張り、建築、発掘調査、出土遺物、城下町などについてまとめたものです。それぞれの執筆者については第一人者を編者が依頼しました。ただ、執筆にあたってはそれぞれの執筆者の調査、研究にもとづく成果であり、あえて内容を統一するような編集はおこないませんでした。そのため築城年代や天守造営時期、石垣構築年代などに各章で齟齬が生じている部分が見受けられます。これはそれぞれの執筆者が自信を持って著したものであるとともに、今後さらに解明されていくべき課題であると考えています。読者におかれましても本文中の年代の相違が執筆者の個々の意見であることを理解してお読みいただければ幸いです。

第一章　米子城の歴史地理的な環境

伯耆国は河村郡、久米郡、八橋郡、汗入郡、会見郡、日野郡の六郡よりなる。古代の伯耆の府は倉吉周辺であり、国府や国分寺が創建された。

中世には山名氏が因幡、伯耆の守護となり、守護所は因幡は布施天神山に置かれるが、伯耆は判然としない。『伯耆民談記』によれば山名時氏が田内城を築き、山名師義が打吹山に築城したと記している。また、近年の発掘調査によって山名氏豊の居館は倉吉の大岳院に比定されているが、その実態は不詳である。一方、『米子市史』では文明三年（一四七一）に守護山名豊之が由良嶋で殺害されていることより、由良湖周辺に守護所があったのではないかと想定している。

戦国時代には南条氏の居城である羽衣石城が東伯耆の拠点となり、西伯耆では杉原氏の居城尾高城が拠点となる。

天正十九年（一五九一）、吉川広家は豊臣秀吉より本領の安芸国山県郡・安南郡・佐西郡に加え、出雲国意宇郡・能義郡、伯耆国会見郡・汗入郡・日野郡、備中国哲多郡を賜った。毛利本家の有力な家臣であるとともに、豊臣大名として秀吉に直属する大名となった。

広家はそれまでの出雲の府であった月山富田城に入城する。しかし同年には米子に築城を開始し、居城を移動している。この富田城から米子城への移動については、例えば『好問随筆』には「富田城も山奥にて寒気など強く、第一は不自由に付き、城地御替えなされたしと思召し候て」と、富田城が山間部に位置し、寒冷地を嫌った広家が居所を移したと記されている。また、「不自由」とあることより山間部で不便な地であったことも居城移転の要因と考えられてきた。

ここではこの富田城から米子城への移動について考えてみたい。まず米子の位置であるが、伯耆の西端に位置し、出雲とは国境に接している。一方で米子は山陰道の出雲、備中、因幡への分岐点として、また、中海に面した港湾でもあった。しかし、米子に拠点となる城郭が構えられた歴史については不明な点が多い。従来米子に城が構えられたのは応仁元年（一四六七）に山名宗之が飯山に築いたと言われているが、その史料はなく、信頼性は低い。歴史的に明らかとなるのは戦国期後半の尼子氏と毛利氏の抗争のなかからである。『雲陽軍実記』には元亀二年（一五七一）に毛利方の福頼氏の守る米子城下に尼子方の羽倉孫兵衛が攻め、所々に放火したため多くの町屋が焼失したとあり、このころには毛利方の城が築かれており城下町も存在したようである。また、島津家久の上洛日記である『家久君上京日記』には天正元年

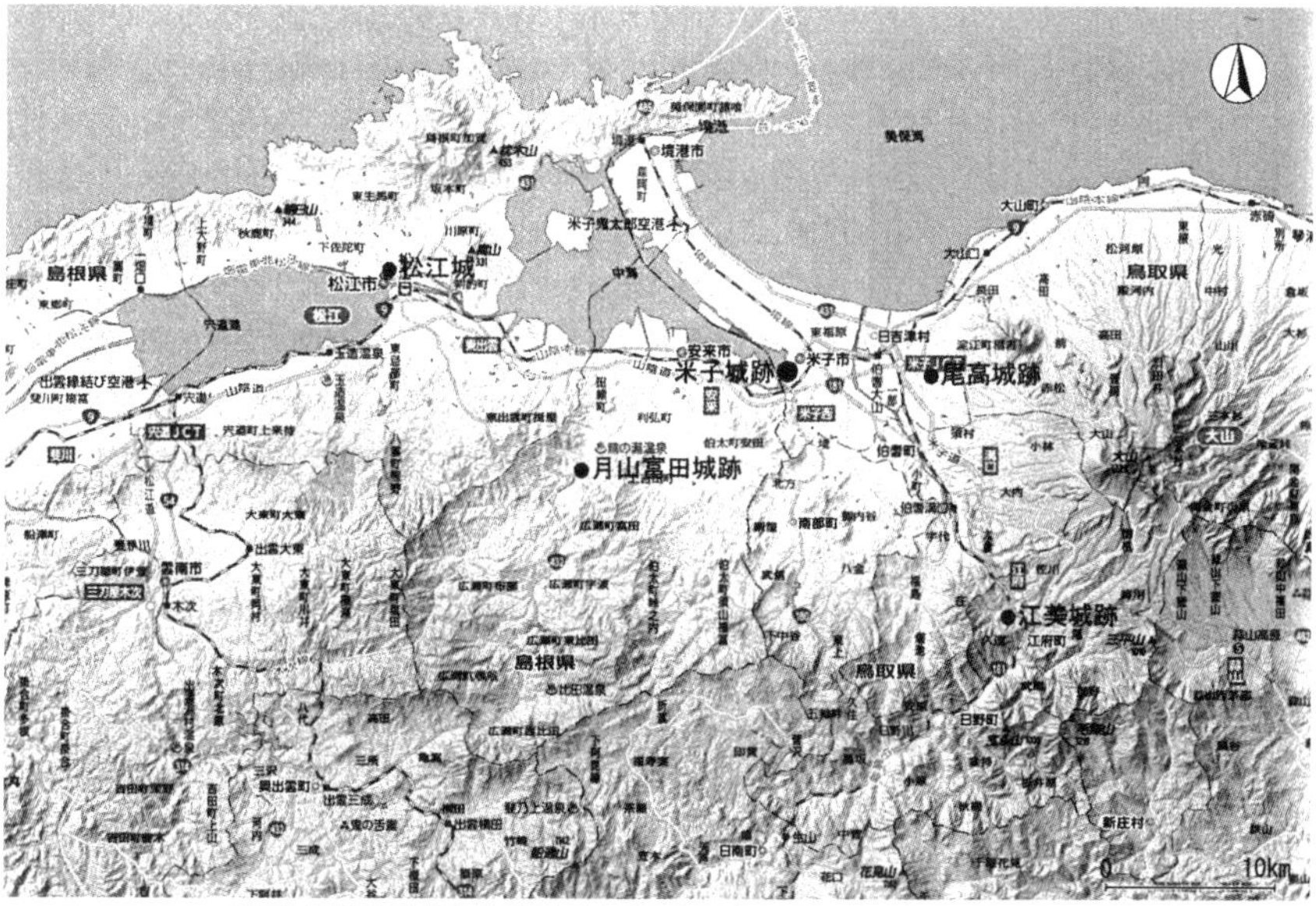

米子城跡周辺城館位置図（出典：「史跡米子城跡保存活用計画書」）

（一五七三）に家久が「よなこといへる町に着、」と記しており、町屋が形成されていたことがうかがえる。しかし、それは伯耆の拠点城郭となるようなものではなかった。

一方、富田城は山陰の戦国大名尼子氏の居城として著名である。しかしその築城については明らかではない。長寛年間（一一六三～六五）から文治年間（一一八五～九〇）に平宗清、平景清、佐々木高綱、佐々木義清などが築いたとされるがそれを立証する史料はない。富田城が最初に文書に登場するのは『明徳記』で、明徳二年（一三九一）に出雲守護山名満幸の代官塩冶駿河守が富田城の守備をしていたと記されている。また、これまで実施された発掘調査においてもこの時代の遺物については出土していない。明徳の乱を経て出雲国守護に任じられた佐々木京極氏は、宇賀野氏や尼子氏を守護代に任じた。特に尼子氏は十五世紀前半には守護代として出雲に在国しており、富田城を居城とした。

さて、尼子氏がなぜこの富田を居城としたのであろうか。出雲の守護所は不明な点が多いが、鎌倉時代には富田荘から塩冶郷に移ったものと考えられている。十四世紀には八幡荘に守護所が置かれ、富田荘は南朝方守護の拠点となる。富田城の本丸からは美保関や美保湾を眺望

月山富田城全景

することができ、中海の安来津、揖屋浦、出雲郷津、八橋津もさほど遠いところではなかった。一見山間部に構えられた山城と見られがちであるが、実は日本海水運と強い結びつきがあり、まさに水陸両用の要衝であったことによるものと考えられる。

永禄五年（一五六二）、毛利元就の富田城攻めが開始される。月山周辺には毛利方の陣城が築かれ、富田城は完全に包囲されることとなる。籠城戦は五年におよび、永禄九年（一五六六）にはついに尼子義久は元就に降伏し、富田城は開城となる。

開城した富田城に元就は家臣福原貞俊、口羽通良、天野隆重らを入れ置いた。さらに永禄十二年（一五六九）には毛利元秋（元就五男）が城督として入れ置かれている。出雲支配には富田城は東端に偏在しているにもかかわらず元就は富田城を支配の拠点として継続させたのである。元秋が没すると天正十三年（一五八五）には末次元康（元就八男）が入れ置かれるという毛利氏にとっては非常に重要な城として位置付けられていた。そして天正十九年（一五九一）には吉川広家が入城する。こうした毛利氏時代に富田城は大きく改修されたものと考えられ、現存する山頂部の本丸、二の丸、三の丸の石垣はこの毛利氏時代に築かれたものと考えられる。なお、山麓に構えられた山中御殿や千畳平の石垣は、従来慶長五年（一六〇〇）の関ヶ原合戦後に出雲に入国した堀尾吉晴・忠氏によって築かれたものと考えられていたが、近年では吉川広家時代に築かれたものであることが明らかとなっている。

こうして広家時代に改修された富田城が、山間部の寒冷地という理由から、居城を米子に移動したのであろうか。秀吉から賜った伯耆三郡、出雲二郡、備中一郡、隠岐一国という新たな領国にとって富田城はあまりにも東に偏り過ぎている。一方、米子は伯耆の西端に偏り過ぎている。いずれも一国のなかでは中心地とはなり得なかった。しかし、米子への築城は広家の領国では偏っておらず、むしろ中心として意識されたものと考えられる。また、城郭は存在しなかったが、前述した通り米子はすでに水陸交通の要衝として町が存在していたことも移転の大きな理由であった。

さらにこの前後の毛利氏の居城のあり方に注目しておきたい。毛利本家は天正十七年（一五八九）に郡山城より広島城へ居城を移転している。それは山城から平城へという居城形態を大きく変化させる移転であった。郡山城は毛利家にとって元就の居城という聖地でもある。その父祖伝来の聖地を捨てるという行為は考えられない。おそらく広島移転は毛利氏の自発的移動ではなく、豊臣秀吉の意向によるものであった可能性が高い。その選地は太田川の河口であり、海への進出といってもよい。その背景には秀吉の朝鮮出兵が大きく影響していたと考えられる。また、これまで広島築城に伴い郡山城は廃城になったと思われていたが、実際には広島移動後も城郭として慶長五年（一六〇〇）まで維持管理が続けられている。このように毛利本家の居城は郡山城と広島城という二城体制と見ることができよう。

吉川氏と同じく元就の息子が養子となり、以後毛利氏の二川として吉川氏とともに毛利本家を支えた小早川隆景の居城の変遷も興味深い。安芸国沼田荘の高山城を居城としていた小早川氏は隆景が永禄十年（一五六七）に沼田川の河口に三原要害を築く。さらに天正八年（一五八〇）から本格的な築城工事が始められ居城とした。ここでも本拠である新高山城は廃城とはならず、現存する石垣より慶長五年（一六〇〇）までは維持管理されていた可能性が高い。小早川氏の居城も新高山城と三原城という二城体制と見ることができる。

そして吉川広家の居城である。富田城より米子城へ移転したが、富田城は廃城とはならず維持管理されていることは石垣の構造や発掘調査によって明らかである。つまり吉川氏の居城も富田城と米子城という二城体制と見ることができる。

このように毛利氏と小早川氏、吉川氏の城は豊臣政権下では領国の二城体制として維持管理されたことがわかる。また、その二城体制の本城として新たに築かれた居城はいずれも海に面した平城であった点は注目される。

さらに列島全域の状況を見てみると、土佐の長宗我部氏の場合、累代の居城は岡豊城であったが、元親は天正十六年（一五八八）に大高坂（高知）へ居城を移す。ところが城下が低湿地であったために水害が続出したために、天正十九年（一五九一）に浦戸城へ移動している。しかし慶長五年（一六〇〇）の関ヶ原合戦後土佐に入国した山内一豊は浦戸城に一旦入城するが大高坂に新城を築いて高知城としている。水害に悩まされる地であれば山内氏が新城を築くとは考えられない。どうも元親の浦戸築城は大高坂の水害が原因ではなさそうである。浦戸築城は秀吉の朝鮮出兵のための水軍の根拠地として築かれたと考えられるのである。そこには秀吉の強い意向のあったことはまちがいない。

天正十六年（一五八八）に秀吉から肥後半国を与えられた小西行長は居城として宇土に築城をおこなう。そして同年に重臣小西行重に命じて築かせたのが麦島城である。八代湾に面した麦島には中世以来の貿易港で、秀吉の直轄港であった徳淵津があり、この地は海上交通の要所であった。単なる支城ではなく、居城宇土城との二城体制として海に面した副城として築かれたものであった。

毛利氏、小早川氏、吉川氏の二城体制は単に毛利氏の城郭政策としてではなく、長宗我部氏や小西氏の二城体制を分析することによって豊臣秀吉の朝鮮出兵によるものであったことは十分に考えられる。本城を海に近い地に進出させ、父祖伝来の聖地としての山城を改修して維持管理をおこなったのである。


（中井　均）

第二章　米子の城と町の歴史

米子城の成立

応仁の乱と戦国時代

延元三年（一三三八）室町幕府成立の時、足利尊氏により、有力武将が各国に封じられた。守護大名である。伯耆の守護大名は山名時氏で、山名氏はそのほか因幡、丹波、美作など十一カ国を領有した。

山名氏は伯耆の国の旧地頭、開発地主であった在地領主（国人領主）を家臣団（被官）に組み込んでいった。伯耆の国人領主としては、「大館常興書札抄《おおだちじょうこう》」によれば、小鴨氏（旧関金町）、片山氏（米子市石井）、淀江氏、行松氏（幸松、米子市尾高）、行松の被官として菊池、末次、舟越などがあり、山名軍団を形成していた。

当時隣国出雲国の守護大名は佐々木高綱の流れをくむ京極氏であった。

応仁元年（一四六七）八代将軍足利義政の弟義視と実子義尚との間の後継者争いに端発し、全国の守護大名が互いに相争う十一年間に及ぶ大乱が発生した。応仁の乱である。伯耆山名氏と出雲京極氏は互いに敵対関係にあった。この乱をきっかけに、足利幕府の支配力、統制力は著しく衰え、以後天正元年（一五七三）の織田信長による室町幕府滅亡までの戦国大名による抗争の戦国時代がはじまる。

米子砦の築城

応仁元年（一四六七）、出雲の京極氏に対するため国境の米子の現城山に山名六郎宗幸により、砦が築かれた。その砦は現湊山、飯山、丸山（内膳丸）を含むもので、当時は「飯山《いいのやま》」と呼ばれていたのではあるまいか。現に、飯山、内膳丸、湊山球場のライト、一塁側（鳥取大学附属病院側）に戦国初期とみられる「野面積み」の石垣のみがみられる（図4）。

湊山球場ライト側は吉川広家築城ののち、江戸時代を通じて米子城の裏門になっていたが、当初はここが米子砦《とりで》の大手門（正門）であったのではなかろうか。

砦は掘っ立て柱で板葺きの屋根・壁で、物見櫓や物資の貯蔵に使われていたであろう。むろん居住を目的とするものでなく、平時は山下に住み、いざというときの「つめの城」の性格持つものであったであろう。

日野山名氏略系図

時氏—師義—義幸—師幸—持幸—宗幸六郎—是幸・・・藤幸

尼子との合戦

出雲国守護大名京極高詮は一門の近江国犬上郡尼子庄に居住していた「尼子氏」を出雲国へ派遣した。守護代である。以後山名軍団は尼子氏と戦うことになる。

江戸初期に書かれた桃好裕の『出雲私史』には、「尼子清定（文明二年）また伯耆をとろうと、その臣宇山、本城、亀井、川副、平野の諸族をしてこれを攻める。名和、羽衣石、南条、小鴨等向かって戦い、しりぞいて米子の城を保つ」とある。

この戦いをあとづけるものとして、出雲守護京極高政から尼子清定あての感状（佐々木家文書）がある。

「去る八月二十一日伯州境松、敵と合戦い数十人討取り・・・」とあることから、境松（多分境港市）で山名と尼子の間で合戦が行われ、山名軍が米子の砦に退いて、防備を固めたものであろう。

また、九月二十一日には能義郡井尻の日次城で合戦があり、伯耆方村上民部、一条出雲などが討ち死にし、伯耆方の負け戦であった（佐々木家文書）。この時も米子砦に逃げ込んだであろう。

この戦が、米子砦の初見であろう。

尼子氏略系図

・・・清定─経久┬政久─晴久─義久
　　　　　　　└国久─誠久─勝久
（新宮党　春久により粛正される）

尼子経久の伯耆侵攻

江戸時代中頃に松岡布政《のぶまさ》があらわした『伯耆民談記』に尼子経久《つねひさ》の伯耆侵攻について「大永の五月崩《さつきくずれ》」の記事がある。それによると、「大永四年（一五二四）五月、出雲の尼子経久が大軍で山名の領国の淀江、尾高、天満、不動ケ嶽の城を切り落としたため、当国の諸将南条をはじめ山名、福頼、山田は城を開いて退散し流浪の身となる。この戦で国中の人民が死亡するものかずしれず、家を焼かれ財物も略奪された。」とある。この五月崩れは古老の伝承であろう。

しかし、『安西軍策』や『陰徳太平記』には伯耆侵攻は大永四年（一五二四）正月からとあるが、尼子経久の伯耆侵攻は大永四年（一五二四）の一度だけで制圧したものであろうか。

永正十七年（一五二〇）、日野郡日南町印賀の楽々福《ささふく》神社の棟札には「印賀村領主尼子経久」、「茶屋村領主亀

井秀綱」とある（日野郡史）。亀井秀綱は尼子の重臣である。このことから、尼子氏は鉄の産地である日野の支配を早くから始めていたであろう。

天文二年（一五三三）二月五日の尼子経久の「日御碕神社寄進状」（出雲尼子史料集）には「相見郡福田保犬田庄（米子市陰田）米五十俵地利米寄進・・山名両家と二十年間争い戦場で被官三百人討ち死に・・」とあることから、尼子経久の伯耆侵攻は伯耆の国人達との数十年かけての戦であったであろう。

尼子経久の伯耆侵攻で、国外へ退去した山名、南条、行松、小鴨等の国人もあれば、尼子の傘下にとどまったものもいた。片山（米子石井）河岡（米子赤井手）日野（黒坂）などである。

しかしこの時期の米子砦の記録については不明である。

毛利元就の台頭と尼子の滅亡

備後国（広島県）吉田を本貫とした毛利元就は弘治三年（一五五七）には備後、周防、長門を制圧し、石見銀山をめぐって尼子晴久と抗争するようになった。

永禄五年（一五六二）十二月に尼子晴久が急死し、跡を義久が継ぐが、急速に尼子支配力が衰えていった。

このような状況で、国外に逃亡していた南条、小鴨、行松、村上などの伯耆国人は伯耆に帰国し、毛利方につき尼子と戦うようになった。

毛利元就が富田月山城を包囲するのは、永禄七年（一五六四）からのことである。

永禄六年（一五六三）から八年にかけて伯耆各地では伯耆国人対尼子方の戦いが繰り広げられた。杉原盛重と山中鹿介との弓ヶ浜合戦、蜂塚右衛門尉《じょう》が死守する江尾城落城、石井の片山平左衛門尉の新山、柏尾城攻略、河岡久貞による河岡城死守などにより、尼子の兵糧米のルートが遮断され富田月山城は孤立化していった。

永禄九年（一五六六）尼子義久は毛利の軍門にくだり、月山城は開城し、義久は安芸国に送られることとなった。

毛利氏略系図

元就—隆元—輝元
　├元春—広家—（吉川氏）
　└隆景—秀秋—（小早川氏）
　　　　（木下家定五男）

尼子再興運動と米子

永禄十二年（一五六九）尼子氏再興を願う山中鹿介らは尼子勝久を擁して出雲で挙兵した。

当時米子の砦の城番は福頼元秀であった。福頼氏は淀江町福頼の国人で、山名氏の被官でもあり、地内には墓碑と伝える宝篋印塔がある。

『陰徳太平記』によると、元亀二年（一五七一）三月十八日、「羽倉孫兵衛らは五百余人で小舟十艘に乗り、米子の町へ討ち入った。福頼元秀は二百余人で町を焼かせまいと防戦につとめたが、羽倉のため所々に火をかけられ、煙にむせて砦に引きこんだ。羽倉は逃げる者を数人討取り、町屋を残らず放火した。」とある。

平成元年（一九八九）米子市教育委員会による、鳥取大学医学部附属病院敷地調査の「久米第一遺跡発掘調査報告書」によると、「地表面一・五メートルに焼け土があり、炭化米、十六世紀ごろの備前焼のすり鉢が出土した。」とある。

ここは湊山球場ライト側のあたり、米子砦の大手門（正門）を降ったところにあたる。当時の米子の町屋は現在の立町や灘町に相当し、大手門から正面の位置にあたる。羽倉孫兵衛の焼き討ちにあったのはこの地域だと推定できるのではなかろうか。天正十九年（一五九一）吉川広家が米子城築城に着手するまでは、ここが米子砦の大手門（正門）であった。吉川広家により、新しい大手門（現全日空ホテル）が築かれたことにより、ここは搦手門（裏門）となった。

その後については、『伯耆民談記』や『伯耆志』によると、城主山名之秀は毛利を寝返り尼子方についていたが、吉川元春の軍に攻められ、城中で自刃したとある。『伯耆志』では、「山名之秀については不明である。杉原重盛の女婿河口久氏の一族であろうか。河口の旧姓は山名である。」としている。このことについては、『伯耆民談記』や『伯耆志』しか記録がないので、史実かどうか不明である。

その後、吉川元春の将古曳吉種が砦を預かる。古曳氏は米子実久村を本貫とする土豪であったであろう。戸上砦を守ったりした。文禄元年（一五九二）吉川広家に従い朝鮮へ出兵し、十一月二十四日討ち死にしている。亡き母のため城山に浄昌寺を建てたが、のち町に移された。現在の日蓮宗本教寺である。

吉川広家による米子城築城

天正十九年（一五九一）吉川広家は伯耆の汗入、会見、日野の三郡と出雲、隠岐、安芸、石見のうち十四万石の領有を秀吉から認められ、六月十八日に富田月山城に入城した（秋上家文書）。

戸田好大夫（または原善大夫）の記した『好問随筆』

（岩国徴古館蔵）によれば、「富田の城は山奥で、寒気が強く不便であるので、城地を変えたいと、雲州一ケ所見立てられたが意にかなわなかった。その後同国八幡山に普請を申しつけられたが、これまた意にかなわなかった。しかし伯州米子は勝地であったので御意にかなった。」とある。

前述の『出雲私史』によれば、米子城築城は天正十九年（一五九一）とある。

ここでいう近世の城郭は戦国期の砦と異なり、礎石建築、瓦葺き、石垣の要素を持っているものである。むろん広家はこうした城郭を意図したものであろう。それに付随する設備として、「広家自筆覚書」（吉川家文書）によれば「土手、塀、石蔵、門、矢蔵など」などを記している。

広家が米子に目をつけたのは、既存の砦があったことはむろんであろうが、城が中海の近くに存在したこと、また因幡、出雲、備中、作州から上方、備後へなどの交通の要所であったことであろう。

米子城築城の実際については、山県九郎左衛門の「山県覚書」（岩国徴古館蔵）によると、

「伯耆の内米子と申すところに御城普請おぼしめされ、立山の名を改め大山大坊円智法印（豪円）が籤でもって湊山と申すことになった。米子というところ、昔より町づくり賑やかなところで、通り筋も十四町あり、このほかにも家数大分ある。侍屋敷割の時九左右衛門屋敷を城の通り山屋敷くだされ、お城へは裏道で行くことが出来た。家中の侍や町人百姓まで用のあるものが多く出入りをした。

中嶋平兵衛、大草因幡、田中平助、井上孫右衛門、など十二人を与力と定め、小身の侍三十三を預けた。

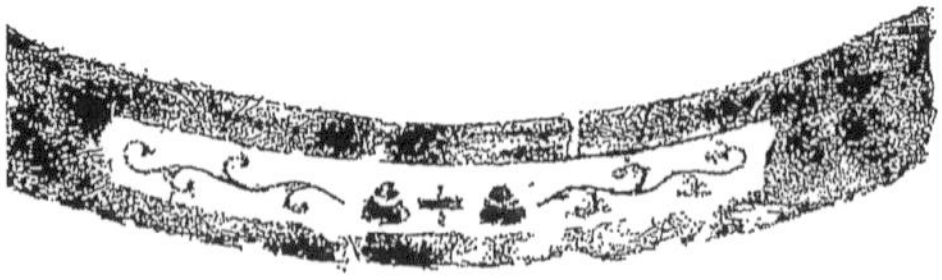

図１　飯山出土瓦

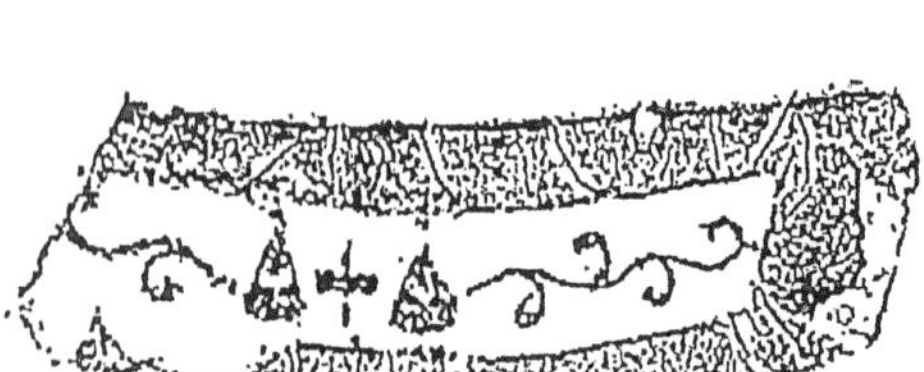

図２　富田城三の丸出土瓦

今田平左衛門に二十九人、組式九右衛門四十六人、二宮平助に五十六人、森脇志摩に三十八人、有福助左衛門に四十三人、福富与右衛門三十七人、前原肥前守に五十二人、有福新兵衛に五十四人、岡田五郎右衛門に四十五人、小坂越中守に六十六人、井上喜兵衛に二十六人、佐々木九兵衛に二十六人、有馬八郎右衛門に十六人、十五組人数六百十一人・・」と組を作り、分担して作業にあった。

「広瀬石見守春興覚書」（岩国徴古館蔵）には、「伯州米子亀島（現清洞寺岩）城普請の節働きの段・・」とあることから、亀島のあたりに船着き場を作り、広瀬からの資財を陸揚げしたであろう。富田城三の丸出土の瓦**（図2）**と同じものが、本丸下の竪堀や飯山から出土している**（図1）**。

しかし築城作業は文禄元年（一五九二）からの朝鮮への五千人の出兵などで中座した。朝鮮出兵は慶長三年（一五九八）まで続いた。

慶長五年（一六〇〇）、関ヶ原の合戦が始まると、毛利輝元、吉川広家は石田三成の西軍に組した。

慶長五年（一六〇〇）七月六日広家は富田城から大坂に出陣するさいに、築城の肝入《きもいり》（奉行）組式《そしき》長吉（九左右衛門）あてに「普請法度」（抄訳）（吉川家文書）を出している。

「一普請は惣中六分役（領内六割の作業）
一普請は夜明けに始め、日の入りまで
一祖式九が肝入であるから、非道のことを申す者があらば、帰国後報告するように
一不参加の者は日時がたつとも理由を調べるように
一（四重櫓の）石蔵が出来たら、兵糧米を入れるように武具については前に申したとおり
慶長五年七月七日　広家（花押）」

さらにまた七月十日には祖式九左衛門あての私信（抄訳）（吉川家文書）で

「一内府（家康）は二十一日頃に関東へ出馬（上杉征伐）なので、自分も早く出立したい。
一堀の作業を早く行うように。また広島より工事の軍夫が来ることになっている。
一東丸は少し遅れるのは是非もない。
一土居の境界の所、先日堀をほっているので、その土を侍の屋敷地に入れれば土地がかさ上げになるだろう
一大手門ははれの場であるから、測量や作りには十分気を遣ってほしい。」

ここでてくる東丸は、本丸の東にあたる飯山のことで、

ここに広家の館を建設するつもりであったろうが、戦が間近になったため堀や大手門の工事を急ぎ、館の建築は後回しとしたものであろう。

慶長五年（一六〇〇）関ヶ原合戦は西軍の敗北となり、吉川広家は岩国へ四万石で転封した。

この時「好問随筆」には「十のうち七つほど出来候」と記している。

吉川広家の城郭の概要

四重櫓　城戸久によると、三層のものを屋根の構造により外見四重に見せるようにしており、また平面図からみて、不整形（櫓の北と西の角度は九〇度であるのに対し、他の角度は一〇〇度と間口を広くとっている）と望楼風である。主柱はない。防禦のための石落とし出っ張りが二ヶ所にもうけてあり、古式を示している（図3）。また四重櫓には主柱がなかった。

石垣などの石組み　裏御門、内膳丸の石垣、内膳丸の下の鞍部から本丸にかけて、尾根筋に「登り石垣」が見られるが、これらは「野面積」で、ほとんど自然石を積み上げたものである（図4）。

海岸からの敵の侵入を防御する目的で構築されたものであろう。

これに対し、広家の手になる大手門、枡形、四重櫓石垣などは「打ち込みはぎ」の石組がみられる。これは、槌で大まかに石の角を加工したもので、石と石の間は密でなく間隔が空き、これを込め石でうめたもので、「いしくのものども」（吉川家文書）と呼ぶ専門の石工の手によったものであろう（図5）。また四重櫓石垣の一部

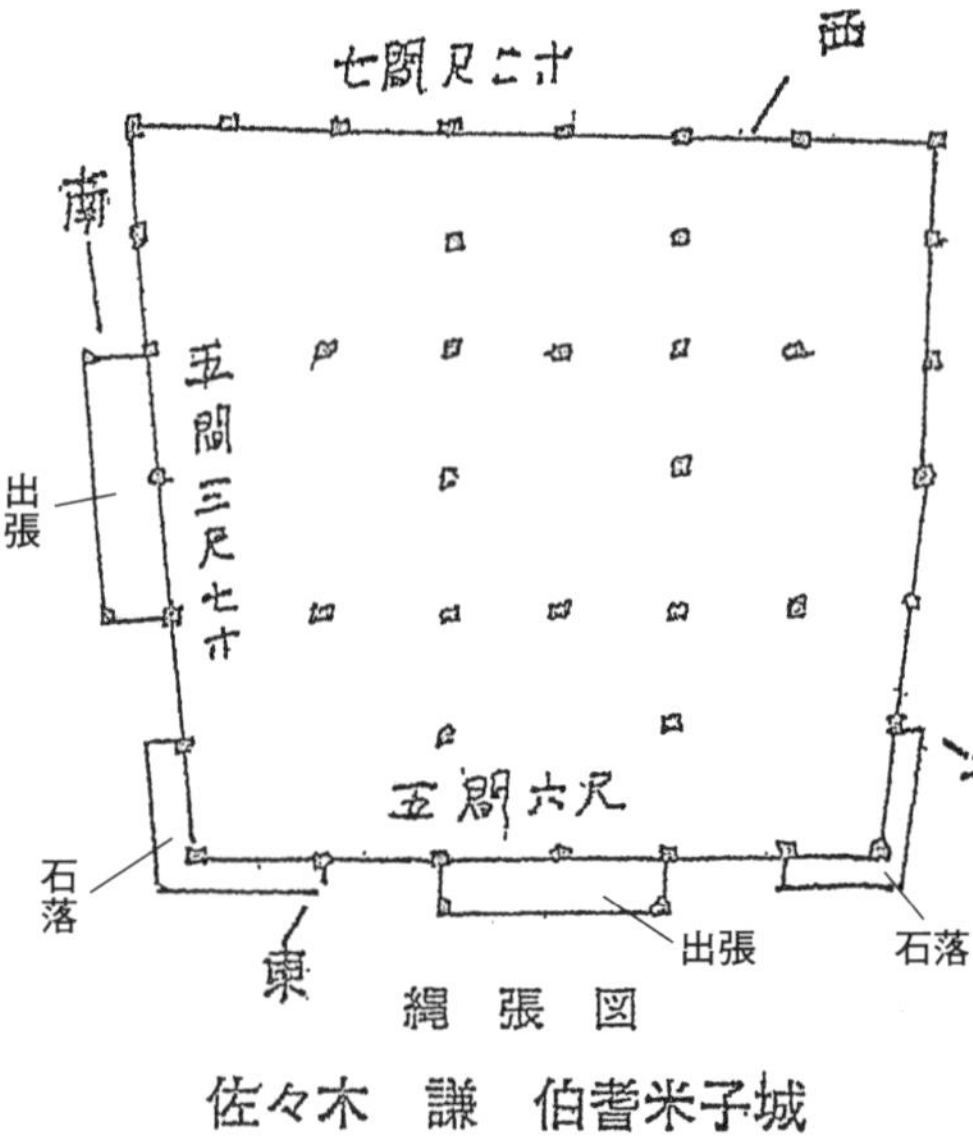

図3　四重櫓平面図

には石をきちんと整形し、辺と辺とが正確にまじりあっている「切り込みはぎ」が見られる。これは嘉永四年（一八五一）鹿島家による石垣大修理の時のものである（図6）。

東丸について　東丸は湊山本丸から見て東にある曲輪であろう。ここにはもと戦国時代には砦があったであろう。「野面積」の土留めの構造物が一部残っている。広家はここに自分の館の建築を考えたであろうが、関ヶ原合戦が始まることにより、建築を後回しにしたであろう。後述するように、この館が完成したのは慶長七年（一六〇二）で、中村一忠も一年待たなければならなかった。

主君が家臣より地理的に高い地に館を築いているのは、織田信長や毛利元就の例など多い。むろんそれは家臣の謀反を警戒するためであろう。永禄十二年（一五六

図4　野面積（裏御門）

図5　打ち込みはぎ（枡形）

図6　切り込みはぎ（四重櫓石垣）

九）ルイスフロイスとロレンソがキリスト教の布教を願うために岐阜に信長を訪ねたとき、信長は三二〇メートルの稲葉山城に家族と住んでいた（ルイス・フロイス日本史）。また永禄十年（一五六七）、毛利元就の平佐源七郎あての書状によれば、元就は二〇〇メートルの郡山山頂の本丸に居住していた（毛利家文書）。

このことから考えて、飯山が主君の館であったであろう。「米子御城明細図」（米子城絵図面）には礎石が記してある（図7）。

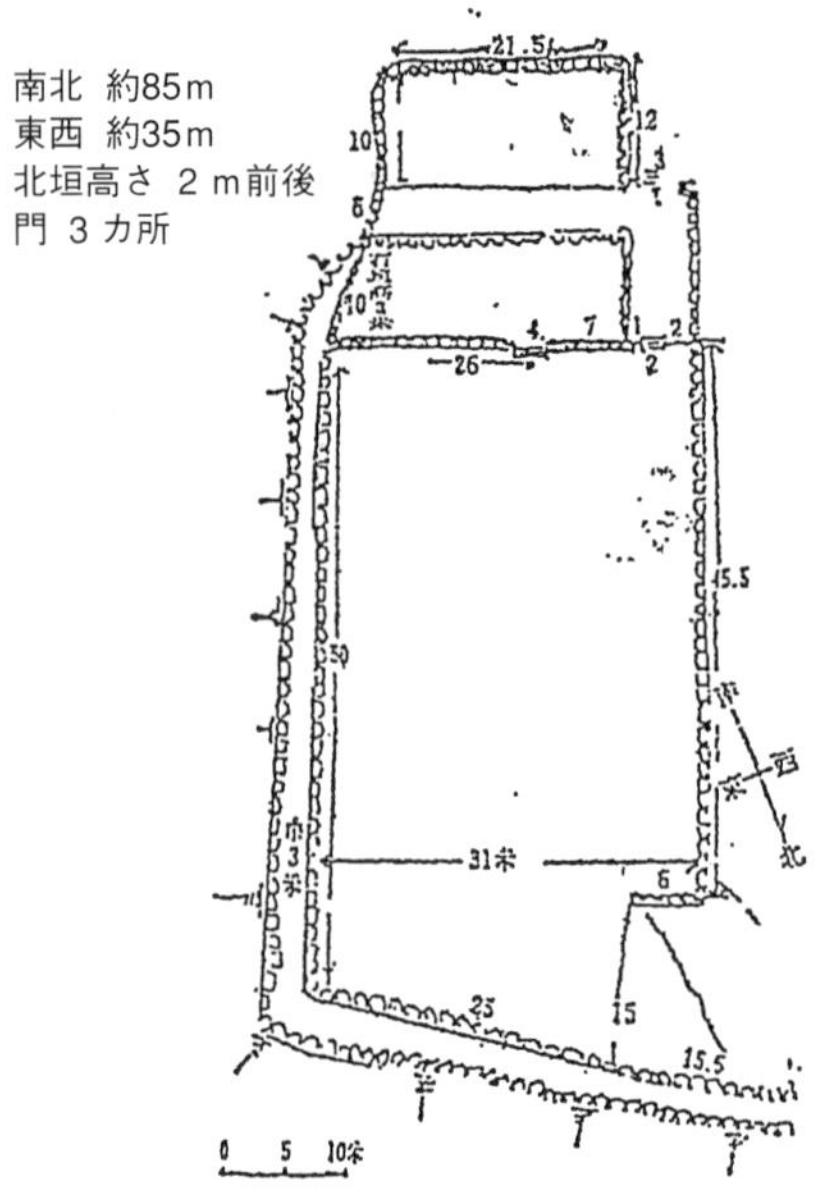

図7　飯山館略測図（佐々木謙　米子史談7）

中村一忠と横田内膳

慶長五年（一六〇〇）十月、中村伯耆守一忠（忠一とも）が駿府（静岡）から十八万石で入国した。一忠はわずか十二歳であったため、義理の伯父でもある横田内膳村詮《むらあきら》が後見人として政務を見た。伯耆国内の内政や、米子城郭の整備、吉川広家との返租問題の解決等はすべて内膳の手によったものであろう。

米子城天守の構築　吉川広家時代に天主の土台のみ作られていたが、中村時代になって、四層ではあるが、外見は屋根や破風により五層に見せる天守閣の造営が完成した。この天守には石落とし、鉄砲狭間《はざま》などなく（城戸久）、また井戸もない。つまり防禦を考えて建てられたものではない。領主の威光を民に示すものとして建てられたものであろう。

堀の完成　『中村記』によると、「同六年辛丑春立つ頃入国ありぬ。・・いまだ城郭の築作もなくて、南の方、飯山、日向山のあいだ一町にあまり堀を切り・・・」とある。堀自体は完成してはいたであろうが、ここを切ることにより中海の海水を導入した。

城郭の完成　鳥取藩士で、先祖が中村一忠の家臣であった依藤長守家の家譜（鳥取藩史　藩士列伝）で、「中村氏すでに伯耆にうつる。しかれども城ならざるをもって、しばらく尾高城にあり。慶長七年初めて米子城にうつる。」とある。二の丸の建物は役所でもあり、飯山の一忠の館は慶長六年（一六〇一）にはまだ未完成であったことがわかる。一忠が湊山の館に入居できたのは慶長七年（一六〇二）である。

これらのことから、慶長七年（一六〇二）には遠見櫓、二重櫓、門などの米子城造営はほぼ完了していたのではなかろうかと思われる。

中村一氏は近江国（滋賀県）甲賀郡滝村の出身で、秀吉に仕え数々の武勲をあげ、駿河国十四万石を与えられた。関ヶ原合戦では東軍に組したが、中途病没した。一忠は父の遺志をついで東軍に参加した。

中村氏系図

一氏―一忠
　　　　｜―女（松平康元娘、家康養女）
一榮（八橋城主三万石）
一氏妹
　｜―主馬
横田内膳

横田内膳（図8）は四国阿波国の城主三好山城守の家臣であったが、主家が滅びてのち、諸国を流浪し、駿河の中村一氏に仕えることとなった。駿河時代検地帳を作成し、農民の名をいちいち調べ、その移動や転職を禁止し、町に住む農民を帰農させた。また領内伝馬の制、「内膳法度」の政策などの重農政策に手腕を発揮した。一氏の信頼が厚く、妹をめとり中村氏一族となった。

伯耆では一忠に代わり、検地、寺社への安堵状の発布、米子港へ出入舟を無税にする、弓浜漁師の塩や漁への雑税の免除。江府町美女石と佐川村との間の「村切り」の裁定や日野郡富原村樂々福神社、三部村と二部村の権現

図８　横田内膳（妙興寺蔵）

社の社領安堵状などの発給文書は、内膳の名で決済している。寺社領の検注、産業保護、河川交通などすべて領国の政治を一手で行っていた。このことが若い主君を取り巻く者達に危機感をもたらし、内膳暗殺、米子騒動の大事件と発展していったものであろう。

慶長八年（一六〇三）十一月十四日一忠正室の額直《ひたいなお》しの祝い事の酒宴のあとで、一忠が内膳に斬りつけたが手傷あさく、近従の助けでしとめることが出来た。この事件を聞いた家中の者は一忠に味方する者は城へ、内膳方へ味方する者は内膳屋敷へと集まり、それぞれ武具を固めた。多くは一忠方へ参集したが、内膳方には横田主馬(内膳息)、三好右衛門兵衛、柳生五郎右衛門など侍九十人、士卒二百余人で弓鉄砲を構えて侮れぬ勢力になった。一忠は隣国出雲の堀尾吉晴の援助を受けて、ようやく一揆を平定することが出来た。

横田内膳の死体は庭に放置してあったが、感応寺の日長上人が寺町日蓮宗妙興寺に運び、埋葬した。墓は妙興寺本堂前にある。

横田主馬らが立て籠もった内膳の屋敷の位置については、『藩翰譜』では「飯山」に、田中景蛍氏の『米子みやげ』では「内膳丸」に比定している。飯山でも内膳丸でも主馬方がそこへ参集するためには、一忠の守備している大手門、あるいは裏門を通らねばならず、これらの説は誤りといえよう。『中村記』には騒動の様子を聞いて、堀築地の横の屋敷の依藤半左衛門は、すぐに城に駆けつけたとあるから、内膳屋敷は内堀に面した城の近くにあったたであろう。

この内膳誅殺と米子騒動の一件を聞いた家康は、機嫌すこぶる悪く、正室の付け人道家長左衛門ら切腹、一忠も品川で足止めされ、しばらく面会されなかったとのことである。

慶長十四年（一六〇九）一忠二十歳の五月十一日、馬で遠出した後、気分が悪くなり、急死した。菩提をとむらったのは感応寺の日長上人である。

垂井勘解由（二十歳）と服部若狭（十六歳）の二名の若侍が、感応寺本堂前で殉死した。

一忠と二名の家来は感応寺の裏山に埋葬され、そこに御影堂が建てられ、三体の木像が安置されていた。(図9)

明治四十二年（一九〇九）五月十五日、一忠公の三百年祭が行われることとなり、五月十日に御影堂をこぼち新しい墓碑を建てるため地盤を掘った。「墓地の土を掘り上げたるところ大瓶顕出す。蓋は木製にして腐敗し、その瓶中には土充満しおれり。中に美麗なる頭髪あり。その

図9　中村一忠主従（感応寺蔵）
左から垂井勘解由 20歳、中村伯耆守一忠 20歳、服部若狭 16歳

下部よりは白骨出るならんと思推せしに、思いの外黒色の肉付着せる首あらわれ大いに驚きたる。色は変わりたれども、年齢十五、六歳の愛らしき男子の首なり。これまさしく、殉死者服部若狭の首なり。」とある。色は黒くはなってはいるが、耳鼻は伸縮して、口の中を見ると、立派な歯があった。首筋は切断して、切腹の後切られたものと思われる。

あと首を埋め戻し来待石でもって蓋をしたとある。多分中央に一忠、右に垂井、左に服部と埋葬されていたであろう。三体の木像は感応寺本堂に祀ってある。

中村一忠には嗣子がなかったため、中村氏は断絶した。

コラム

中村伯耆守一忠と主従のミイラ発見のいきさつ

慶長八年（一六〇三）十一月十四日曇り、時々小雪、米子城主中村伯耆守一忠は、家老で後見役でもあり、義理の叔父横田内膳を誅殺した。内膳五十三歳、一忠十三歳であった。事件を知った内膳一派は自分の屋敷に立てこもり、一忠方と激しい戦いを繰り広げたが、一忠方に味方する堀尾吉晴らの協力で鎮圧することが出来た。

慶長十四年（一六〇九）五月一日小雨、二十歳となった中村伯耆守一忠は馬で日野川に出かけ川遊びに興じたという。帰城後、身体の不調を訴えそのまま息絶えたという。俗説では日吉津《ひえづ》で青梅を食したためという。跡継ぎのなかった中村氏は断絶した。

垂井勘解由、服部若狭の両名は一忠の小姓であったが、君恩の報いるためと称して殉死を決意した。親類、縁者に別れを告げて、感応寺の門前にある松の木の下で、割腹自殺した。遺骸は感応寺の裏山に一忠と共に埋められ、その上に御影堂が建てられ、三体の木像が安置されていた。

明治四十二年（一九〇九）五月十五日一忠公の三百年祭が行われることとなった。五月十日には新しい墓標を建てるために、米子士族中村友治が井上周七という石工らと共に裏山に登り、墓地を掘りおこしたという。

墓地の土を掘りあげたところ大かめが出てきた。蓋は木製で腐敗しており、土が蓋をしたような状態であった。蓋は土を取り除いたところ、中には水が充満しており、その中にきれいな頭髪のある首が出てきた。色は変わっているが、年のころ十五、六歳と思われた。これは多分服部若狭であろうと推測した。色は黒く変色してはいたが、両耳鼻は自由に伸縮し、目と口は開閉自在であった。口中を見ると立派な歯が見てとれた。首筋には介錯のときに出来たであろう肉片が見て取れたという。

首は丁寧に洗い、かめの中に納め、蓋は来待石で蓋をして、埋葬したという。

この日現場には山陰日日新聞社の三好栄次郎や社員も居合わせたが、墓地を掘ることは警察には話してないので、掘り起こしは服部若狭のみで終了することにした。

ところが昭和十年（一九三五）東京大学の学園祭で「中村伯耆守三体」というミイラが展示されていたという。三体ともかみしもを着せられ、頭上には陣笠が乗せられていたのを見た人がいる。

平成になってから米子市立山陰歴史館で、東京大学に問い合わせをしたが、不明という回答であった。

（國田俊雄）

加藤貞泰

慶長十五年（一六一〇）加藤貞泰が美濃国（岐阜県）黒野から、会見・汗入郡六万石領主として入国。

加藤時代の米子城整備については、資料がないため不明である。

加藤貞泰は、文禄二年（一五九三）八月二十九日朝鮮出兵の折、朝鮮で病没した父光泰の供養のため、亀島に曹渓院と大きな五輪塔を建てた（清洞寺五輪）。

また、米子城の鬼門除けのために、境港市外江から勝田大明神を丑虎の方角（北東）に当たる勝田山の麓に勧請した（勝田神社）。

寺院としては、前任地黒野から超勝寺を移転させたのをはじめとして、米子市日下より瑞泉寺、伯耆町大殿から安国寺、法蔵寺、福厳院などを米子町に集め、町の整備に力を入れた。

近江聖人として名高い陽明学派の始祖とされる中江藤樹は祖父中江吉長のもとで、九歳から十歳まで勉学に励んでいる。

元和三年（一六一七）貞泰伊予国（愛媛県）大洲へ転封。

池田由之、由成

元和三年（一六一七）池田光政岡山から因伯三十二万石の領主として入国。池田由之《よしゆき》が米子城を預かる。しかし江戸からの帰路、播州赤穂で家臣神戸平兵衛にささいなことでうらみをかい刺殺された。子の由成《よしなり》があとを継ぎ十六年間米子城主であった。由成は父母の供養のために亀島に寺と五輪塔を建てた。

池田氏略系図

信輝┬元助─由之─由成─熊子（大石内蔵助の母）
　　└輝政┬利隆─光政
　　　　　└忠雄─光仲

池田氏家老荒尾氏の自分手政治

因幡・伯耆国三十二万石を領有した池田氏の本貫地（本籍）は、美濃国（岐阜県）池田郡本郷村あるいは可児郡池田村の土豪であったであろう。池田信輝（勝入入道）の母が、織田信長の乳母であったところから、信長に仕え侍大将で犬山城を預かり一万貫の地を給され、天正十年（一五八二）頃には織田家の宿老の一人となった。

信長没後は豊臣秀吉の臣となった。

天正十二年（一五八四）秀吉と徳川家康との不和によ

る小牧長久手の戦で、信輝は長子元助と共に討ち死にし、家督は次男の輝政が継いだ。元助、輝政の母は荒尾善次の娘である。荒尾の出自は尾州知多郡荒尾谷の木田城である。輝政は始め中川氏の娘糸姫の間に利隆を得ていたが、文禄三年（一五九四）家康の次女督姫と再婚し、次男忠継、三男忠雄《ただかつ》を得た。

輝政は関ヶ原合戦の後、播磨国で五十二万石を領し、西国大名の押さえとして、姫路城を築いた。輝政あと、利隆が継いだが、若くして病没したため九歳の光政が継ぐこととなった。また次男忠継には岡山三十二万石が与えられた。外様大名でありながら徳川氏と深い関係をむすんだのである。元和三年（一六一七）光政は九歳で鳥取三十二万石にと国替えがあった。

岡山藩主忠継の没後、弟の忠雄が継いだがこれも若くして病没したため、光仲があとを継ぐこととなった。この時、光仲三歳であった。

寛永九年（一六三二）鳥取藩と岡山藩との交換の国替えがあり、池田光仲が鳥取藩主となり、この血筋が鳥取藩主として明治維新まで続くこととなる。光仲幼少であったため、特に将軍家光の声かかりで荒尾成利に筆頭家老として、国政を見させ、また米子城主を命じた。

荒尾成利は一万五千石を給され、家来約二五〇人（足軽、大工、老女などを含む）を抱えていたが、本務は鳥取藩の家老職であり、米子に在住することはなかった。家来のほとんどは鳥取在住ではなかったか。米子では米子在住の荒尾家臣の村河氏、村瀬氏、牧野氏、戸田氏などによる町政が行われた。これを「自分手政治」という。

米子町民は荒尾氏を「御城主様」、村河氏などを「御家老様」とよんだ。こうした自分手政治は、倉吉＝荒尾分家、松崎＝和田氏、浦富＝鵜殿氏などにみられる。

このほか米子城警備のため鳥取藩士が、はじめ八十家ほど荒尾氏の与力として、米子に派遣されていた。山内氏、栗木氏、熊沢氏などである。これを「米子組」と称した。米子組と荒尾家臣の居住区は混在していた。

荒尾成利が幕府に提出した文書（荒尾成文家家譜）には、「私儀、池田譜代の家臣ではござなく候」と自家は池田の縁者（親類）であっても、家来ではない。同格である意識を終生持ち合わせ、光仲との間に確執があった。このことであろうか、荒尾氏の墓地は鳥取にはなく、米子の了春寺にある。

元和元年（一六一五）、幕府により「一国一城令」が出され、中世来の城郭の破棄が命ぜられたが、因伯に於いては鳥取城と米子城の存続が認められた。

江戸時代を通じて、米子城では、四重櫓石垣など曲輪の破損、鈴御門の焼失、四重櫓の修復など、それぞれについて、幕府に修復の願いと許可を得なければならなかった。鳥取県立博物館が所蔵する修復願いの絵図から見て、十二回程かぞえることが出来る。

なかでも弘化四年（一八四七）、四重櫓の老朽化と基礎となる石垣の修復には三千両もの費用が必要であり、その費用の捻出は米子町民に負担させることとしたが、引き受け手がなく困難であったが、それを両鹿島《かしま》の鹿島三郎右衛門と同次助に負担させることとした。結局、両鹿島が負担したのは、四千百両余りであったという。工事は嘉永五年（一八五二）八月はじめから始まった。修復用の石は陰田の石取り場から御舟場小屋の脇の石揚げ場から新道を通り（新しい道を作り）四重櫓下の八幡台

荒尾氏・池田氏系図

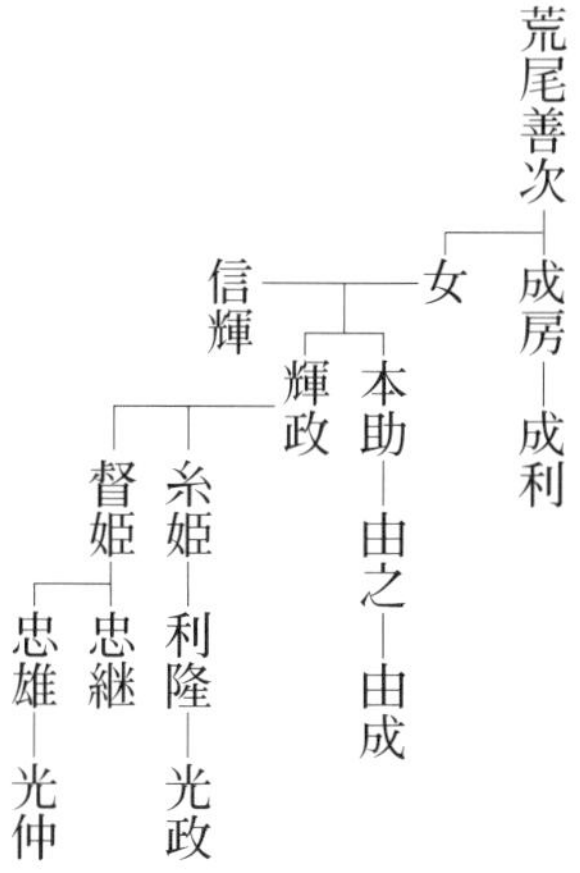

に揚げた。瓦は松原新平が作成した。工事が終了したのは十月二十五日である。

両鹿島家は、工事の記念として四重櫓の鯱《しゃち》を下賜された。この工事の役人は、普請奉行柘植《つげ》竜助、吟味奉行木村脩助、目付栗木楢之丞の米子組士であり、材木方は村瀬繁右衛門、同金十郎、瓦方は伊藤三右衛門、町奉行伊木権兵衛、沢群右衛門の荒尾家臣であった。（嘉永五年　四重櫓御新造日記控　米子市史　八巻）

明治維新と米子城の廃棄

明治二年（一八六九）朝廷より、米子城返上の命があり、藩庁に引き渡す。本丸は小倉直人に払い下げられ、米子町に売却する案もあったが、町所有では維持の費用がかかりすぎるということで、進展しなかった。後坂口家の所有となる。

明治六年（一八七三）天守は山本新助が三十七円で購入し、明治十二年（一八七九）に取り壊された。この時に俵に入れた塩、ひじき、瓶に入った塩からが出てきたそうである。三の丸にあった十三棟の米倉は、松江監獄の女囚用に、成実村が小学校の校舎にと売却されていった。

明治二十五年（一八九二）内堀が埋め立てられて、水田となった。

コラム

清洞寺五輪

現在湊山公園内に市指定文化財の「清洞寺五輪」がある。ここは昔亀島という小島であった。

吉川広家家臣広瀬石見家覚書によれば、天正十九年（一五九一）吉川広家の米子城築城の際、一部埋め立てて船着き場を作り富田城からの瓦などの物資を陸揚げしたという。その後周囲は埋め立てられ陸続きになった。

二代城主加藤貞泰が朝鮮出兵の際死亡した父の光泰の菩提を弔うために曹渓院という寺を建てたといわれるが確証はないが、五輪塔を建立した。「曹渓院殿前遠州太守剛園宗勝大居士、文禄二年八月二十八日」と刻んであったが、現在判読できない。

三代目の城主池田由成は不慮の死をとげた父由之と母のために、亀島に海禅寺を建て、二つの五輪等を建立した。父は「海禅寺前羽州太守雲岳水祥大禅定門、元和四年三月十一日」、母は「即心院殿海厳宗清大清定門、慶長十七年二月初五日」。

その後荒尾氏が米子城を預かると、海禅寺を禅源寺に改め菩提寺としたが、のち博労町に移されたとき、了春寺と改名された。

宝暦年間（一七五一〜六三）荒尾氏の家臣村河氏が江尾から清洞寺を移し、自己の菩提寺とした。それ以後この五輪を「清洞寺五輪」、大岩を「清洞寺岩」と呼ぶようになった。

三基の五輪塔は明治四十年（一九〇七）、博労町の了春寺に移されたが、昭和二年（一九二七）市制実施を機に元に戻されたが、現在の五輪塔の配列は元のものと異なっている。

（國田俊雄）

清洞寺五輪
池田由之（左）、池田由之室（中央）、加藤光泰（右）

米子町の歴史

戦国時代末期の米子

吉川広家家臣山県九郎左衛門「山県覚書」（岩国徴古館蔵）によると「・・・米子と申すところ昔より町づくり賑々しき所のよし。通り筋一四町これあり。通り筋外にも家数大分之ありのよし・・」とある。当時の町としては、立町、横町、灘町（舟主　大谷甚吉、村川市兵衛）、大工町、魚町、塩町、鍛冶町、はたご町、かや町などあった。

立町は地域の中心の町の意である。立町からまっすぐ城山に向かったところが、戦国期の砦の大手門であったろうが、吉川広家によって裏御門にされている。

元亀二年（一五七一）に尼子方羽倉孫兵衛に焼き討ちされたのは、ここらあたりの町であっただろう。

天正三年（一五七五）薩摩の島津家久が伊勢参りをした日記『家久君上京日記』（鹿児島県史料拾遺Ⅳ）の、帰路の途中の記録に、

「六月二十一日文光坊といえるに立ち寄り、やすらい、やがて大仙へ参る。

それよりいきて、緒高（尾高）といえる城あり。その町を行きすぎ、「よねこ」という町に着き、豫三郎といえる者の所に一宿。

二十二日朝方に舟いたしゆくに、出雲の馬かたといえる村にて関（通行税）取られゆくに・・夜行きてしらかたといえる町に舟着き、小三郎のところに・・」とある。

米子の町は荘園等の年貢米の輸送、日野郡の鉄や木材などの物資を運搬する港町として古くから発達してきた町であったであろう。つまり米子は立町、横町（現灘町）などの中海に面した港から始まったであろう。

当時の町の範囲は「本教寺」（岩倉町）が「すみのてら」といわれていることから、ここらあたりまでが米子の町であっただろうと思われる。

吉川氏・中村氏の都市経営

戦国大名が城下町を発展させるため、住民を集める政策をとっている。

天保十四年（一八四三）法勝寺町の長尾家の記録『古きこと書き出し帳』には

「毛利元就の良従吉川氏米子築城の節、蚊屋町《かやまち》一町これあるにつき、町割りいたしき候者は屋敷地つかわすべし相触れ申すにつき、六郎左衛門先祖法勝寺町角十二間まぐちくだされ・・」とある。吉川氏が人口の集中化を

はかったことである。

　広家の代には、吉川氏の領国、伯耆西三郡の旧城下、尾高、四日市（戸上城）、法勝寺、日野（黒坂）から、中村氏の代になってからは東伯耆の東西倉吉、岩倉（関金）などから人を集めた。

横田内膳の都市計画

　米子町内の道路町屋の配置は、横田内膳によるものであろう。

　新しく勧誘した町は山陰道から西へ直線的に道路（中筋）に従って配置した。東から法勝寺町、紺屋町、四日市町、東、西倉吉町、尾高町、岩倉町の旧伯耆国の城下町からである。

　そこから西に元の米子の町、立町、灘町があるので、新旧の町が直線では繋がらない。それを繋いでいるのが五〇メートルの「中ノ棚まがり」ではなかろうか。つまり「中ノ棚まがり」は新旧の町の接点と思われる。

　また、横田内膳は町屋の裏を外堀や加茂川に面するように配置し、米子港についた舟からはしけで商品を運び入れるような工夫もして、商業が発展するよう計らっている。

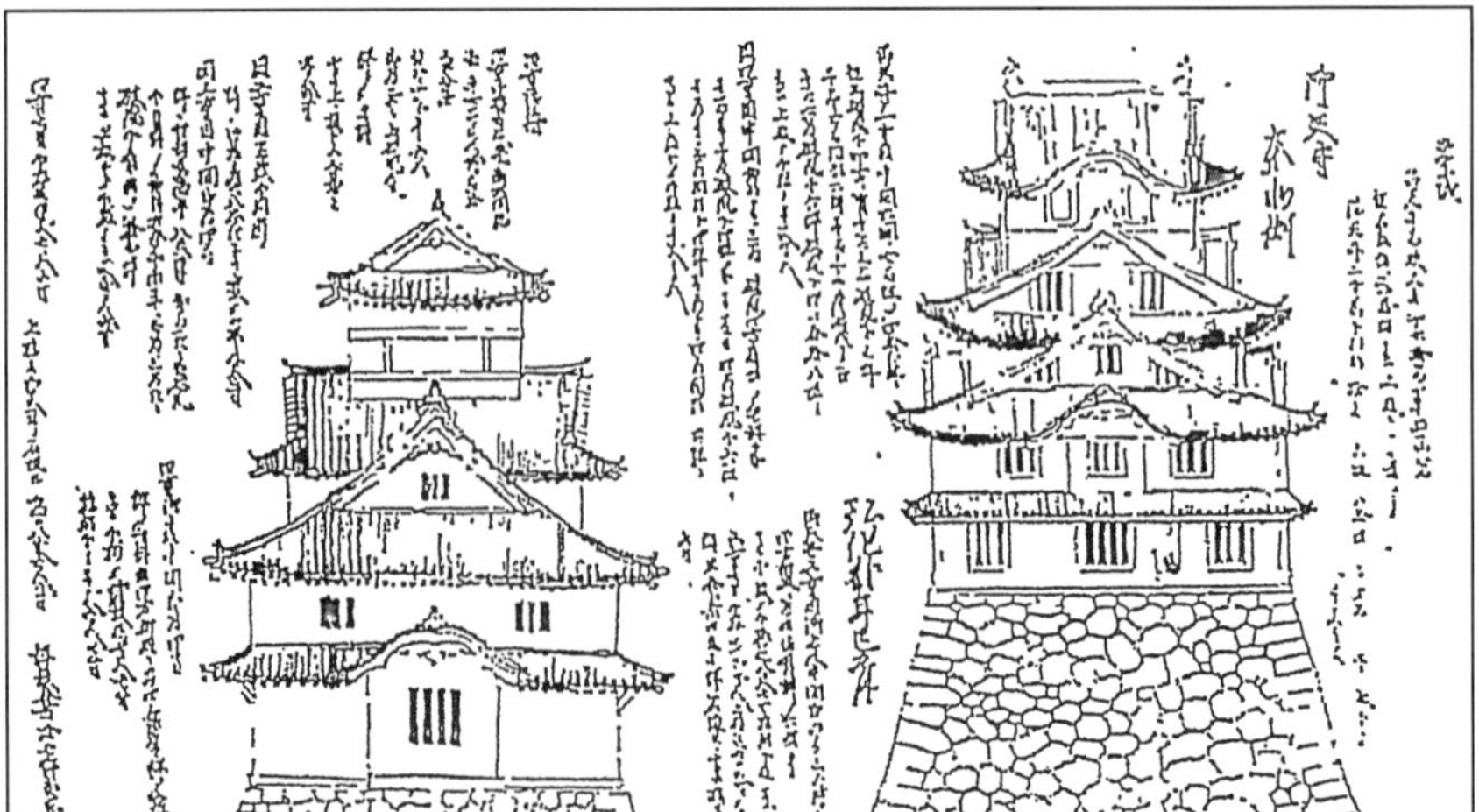

図10　天守と四重櫓

米子の都市構造

戦国城下町は「城郭を中心として、それにある程度の武士の屋敷群、それに商工業者の聚落がある、非農業的要素の強い町」といわれる。米子はその特徴をよくあらわしている。

九〇メートルの城山に五層の天守と四重櫓（城郭）、二の丸、三の丸は領主の政治の場とともに権威を示す場である（**図10**）。

内堀と外堀をもうけ防禦と共に身分の差を示す印とした。内堀と外堀の間は東丁、西丁、中丁《なかのちょう》、堀端丁《ほりばたちょう》、宮《みやの》丁《ちょう》など「ちょう」と呼ばれ、武士団の居住区になっている。そこには五十人の鉄砲足軽の集団が住む「五十人丁」も含まれている。

外堀の外側が商工業者の居住区で、「称名寺なわて」と呼ばれる道までが「よなごまち」と考えられていた。

外堀には南の方から牧野橋、福厳院橋、横町橋、藪根橋、天神橋、中ノ棚橋、京橋の七つの橋がかけられ、米子港からの物資を運搬する水路を利用すると同時にそこからは雄大な天守を見させることにより、封建社会の身分制を示す効果を意図したものであった。**図11**は米子の町の支配構造を図にしたものである。

最後に米子の町の特徴を三つあげる。

表1でわかるように、米子の武家数は鳥取、松江に比べて少ない。その理由は支藩扱いであったからであろう

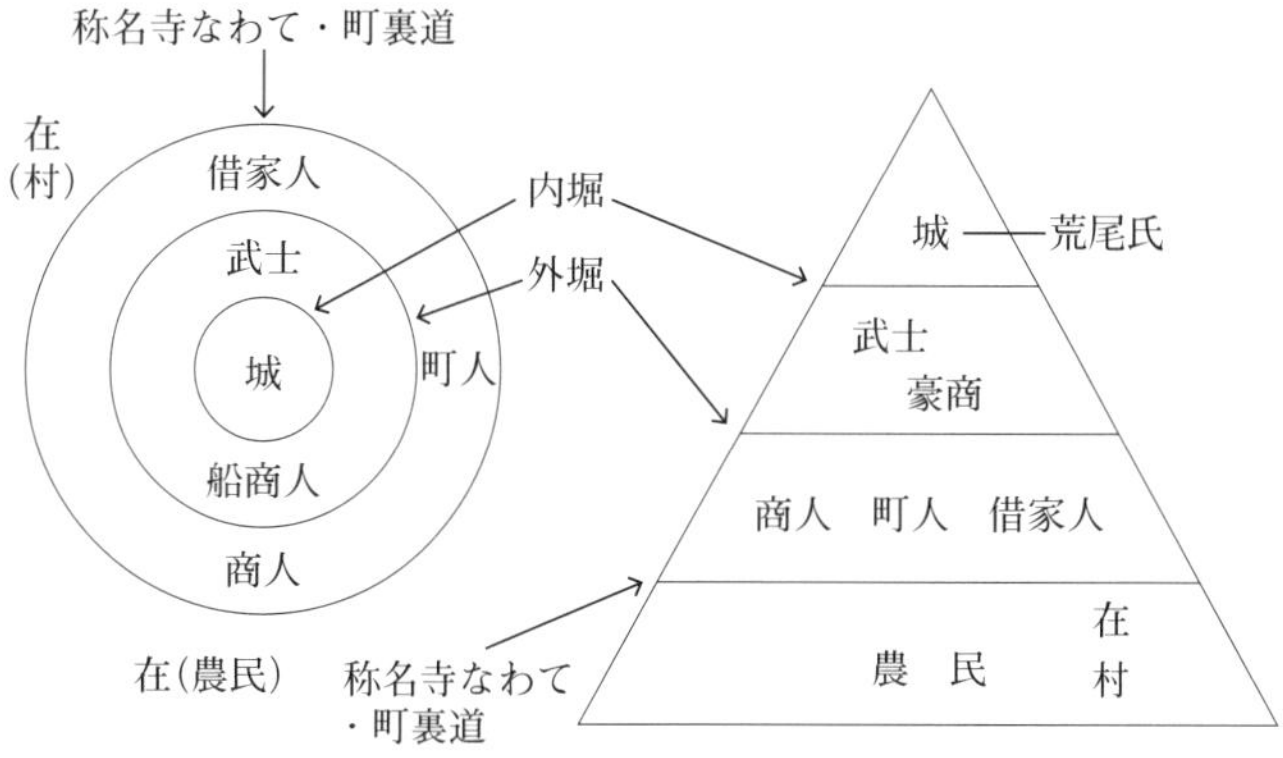

図11　米子の町の支配構造

か。しかし、米子組（鳥取藩士）と荒尾家臣の士分で八十五家、これに五十名の鉄砲足軽とその他の足軽を含めても、二百名に足らない。米子の町は防禦を主とは考えていない町である。武士の数が少ないため、消費都市ではなかったであろう。

表2で、米子では裏町の借家数が約半数を占めている。近郊の農村からの二男三男の移住者が多かったからであろう。棒手ふりや大地主である商人の小作地の小作農日《ひ》傭《よう》であったであろう。それにしても、米子の町は暮らしやすい町ではなかったではないか。

表3は元禄年間に藩で示された、米の取れ高を示している。鳥取、倉吉に比べ、米子には水田が多かったことを示している。また米子の武家屋敷の多かった中町あたりを、紺屋町の大寺屋船越作左衛門が新田にして、屋敷田と称したり、また同人による長砂から麹町にかけて新田にしたりして、農地の広がりは多かった。

従って、米子の町は、商業のみならず農業も多い、「半商半農」の町であったといえよう。（國田俊雄）

表1

	侍屋敷数	町屋数	侍屋敷比
鳥取（文化７年）	25000	10288	71.00%
松江（明和４年）	16484	13903	54.40%
米子（幕府御目付御出之次第）	85	1238	6.40%

表2

	本家数	借家数
大工町	45	25
茶町	51	103
道笑町	41	51
塩町	41	33
日野町	22	100
道笑町	83	74
博労町	63	18
紺屋町	20	53
東町	38	48
尾高町	23	45
立町	66	60
片原町	60	33
法勝寺町	22	80
四日市町	37	69
西町	42	63
岩倉町	40	94
内町	56	74
灘町	43	109
合計	893	1132
	44.10%	55.90%

表3　米子・鳥取・倉吉の米の取れ高

	米子	鳥取	倉吉
拝領高	1362.3石	609石	330石
元禄14年	1327石	609石	363石

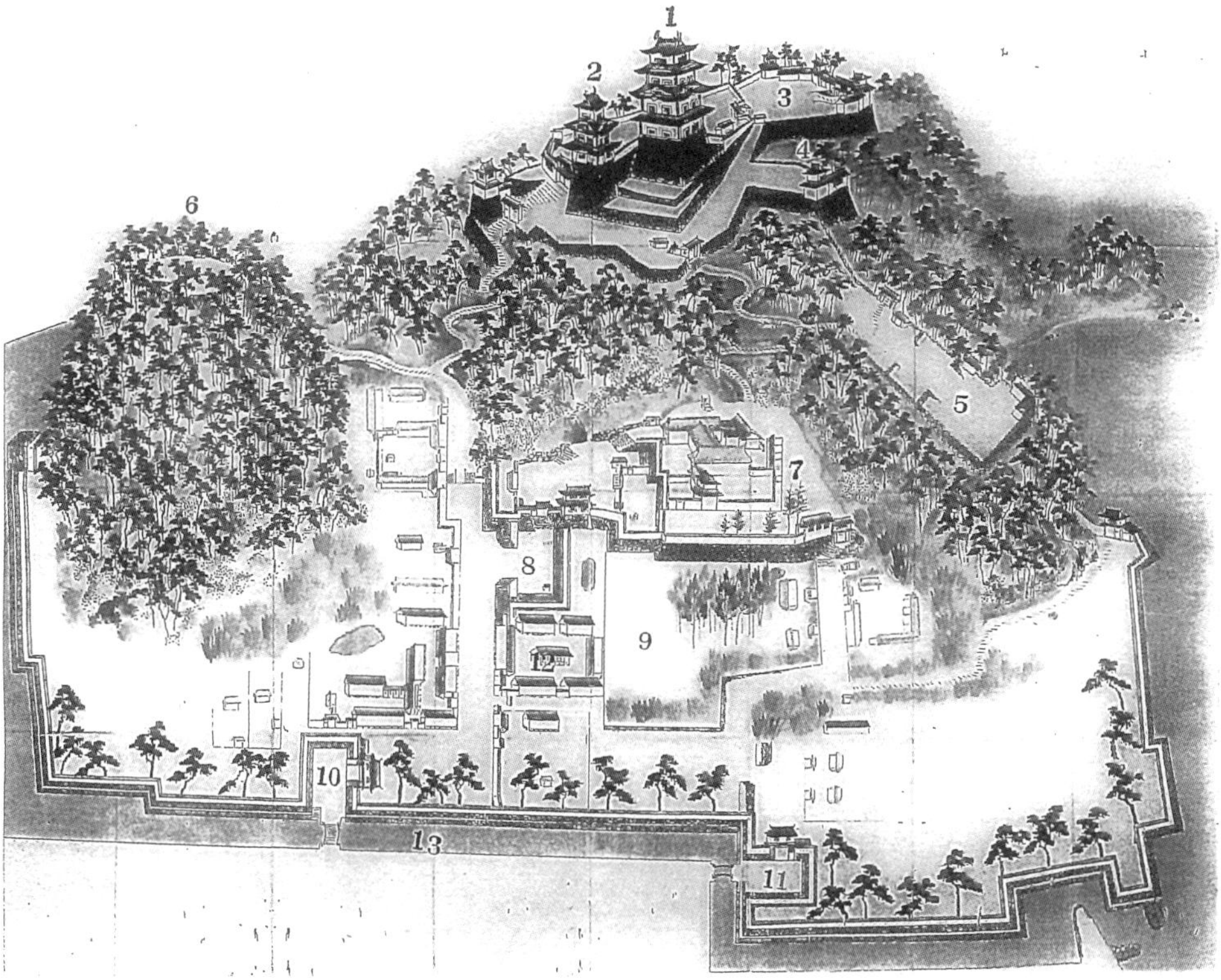

1　天守	4　遠見櫓	7　二の丸（御殿）	10　表御門
2　四重櫓	5　内膳丸	8　枡形	11　裏御門
3　本丸	6　飯山	9　三の丸	12　米蔵
			13　内堀

図12　米子城の建物

米子城の建物

寛永九年（一六三二）池田光仲が鳥取藩主として入国し、米子城を家老荒尾成利に預けてより明治六年（一八七三）に至るまで、二百余年間、一楼門、一城壁も動かすことなく推移した。「米子城建築物の記」(注)によってこれを見ると次の様である。

米子城建築物の記

名称	種類	石垣丈量	立間数	横間数
天守閣	五重	一丈九尺四方	上棟より土台まで	総高六丈六尺九寸
	一重		十間	八間
	二重		十間	八間
	三重		七間	六間
	四重		三間	二間五歩
	五重		三間	二間五歩
四重櫓	四重	三丈五尺四方	上棟より土台まで	総高五丈六寸
	一重		七間二尺	六間
	二重		同	同
	三重		二間	二間
	四重		同	同
冠木門			長四間半	
多門櫓			四間	三間
鉄門櫓			六間	二間
冠木門			長二間	
続櫓			五間	二間半
二重櫓	二重	二丈	二間ずつ	二間半ずつ
多門櫓		二丈	十三間	二間
続二重櫓	二重	二丈	二間	二間
続櫓門		二丈	二間	二間
続二重櫓	二重	二丈	二間	二間
続多門櫓		二丈　角の所二丈八尺	三間	二間

名称	種類	石垣丈量	立間数	横間数
冠木門			長二間半	
二重櫓	二重	三丈五尺	三間	二間
続多門櫓		三丈五尺	五間	四間
裏冠木門			長三間	
以上櫓数十か所、門数六か所				
二ノ丸	郭周り一町四十六間	石垣高東二重櫓石垣より北櫓門まで一丈三尺	西南は山に接す	
表冠木門			長二間	
二重櫓			五間五尺	三間二尺
二重多門櫓			六間	二間半
三ノ丸	大手総周り十二町三十九間半			
大手櫓門			五間	二間半
大手橋	堀幅南隅より東方十七間北隅三十間東隅二十一間大手方十六間半裏門の方十五間半		長四間	
裏櫓門			五間	二間半
橋			長三間	
鈴櫓門			五間	二間
本丸二ノ丸間			九間	二間
深浦冠木門			長二間	
二重櫓			三間	二間
出丸	総郭周り二町三十六間半下段東方石垣高九尺西方一丈上段東方一丈北方一丈五尺、西方一丈二尺			
冠木門			長三間	
二重櫓			三間	三間
櫓総数十四か所、門総数十四か所				

注　「米子城建築物の記」は「米子城旧記及図面」〝明道小学校蔵、明治四一年五月一七日写〟に依っている。

コラム

米子の古城

米子市石井に「石井要害」という高さ三〇メートルほどの円形の丘陵がある。八幡神社があり、その他は昭和四十四年（一九六九）に宅地化され、住宅地になっている。

字名は「要害」となっており、「文政十一年伯州六郡郷村帳」では、「石井村　高四百六十石余　八幡宮　禅石井妙喜寺　村より東北にあたって木引因幡守古城跡あり」とある。

また、幕末頃成立の『伯耆志』では、

「石井村　高四百七十一石六斗　家六十六戸　人三百口

要害　村の東北田中の山なり　八幡の小祠あり　片山小四郎という人の城なりといえり　伝詳ならず」とある。

「明治二年の地積図」をみるに、丘陵の上は畑地であり、崖は三段に削られている。斜面は自然のものではなく、現在発掘調査中の米子市埋蔵財センターによると版築されたあとがあり、また空堀のあとも発掘されている。

「元禄二年　石井村名寄帳」を見ると田の筆名に「そとほり　うちほり」などがみえる。このことから、片山氏の館があり、堀で囲まれ、一族郎党の家屋や倉、畑地、草地などがあったと推定される。また片山氏の後、戦国末期米子城代であった古曳長門守吉種が米子城築城から朝鮮出兵までの間居住したのかもしれない。

片山氏については、室町幕府の幕臣大館常興《おおだちじょうこう》のあらわした「大館常興書札抄」に「伯耆衆」の中に、西伯耆の国人として片山平左衛門尉があげられており、前述の『伯耆志』の片山小四郎と同一人物ではなかろうか。

片山氏は伯耆国宗方庄（日原、奥谷、上新田、下新田、目角、大谷、陽田、陰田、宗方）や、榎原庄（古市、橋本、新山、今村（現吉谷）奈喜良、大谷、青木）などを開発した土豪で、平時は農耕に携わり、戦時にはその属する有力国人にしたがい、家の子郎党（主に自己の小作農民）をしたがえて戦場に赴いたのであろう。片山平左衛門尉は毛利方山田光重にしたがい、尼子方の出雲の新山城、南部町の柏尾城、丸山固屋などを攻略している。

戦国末期、こうした要害、固屋、砦が西伯耆でも多数数えることが出来る。米子市内では、米子城、尾高城、石井要害、戸上城がある。城と呼んではいるが、掘っ立柱、板葺きの屋根と壁、柵、横堀か竪堀があった。

こうした城には米子城には山名氏、石井の要害には片山氏、尾高城には行松氏、河岡城には河岡氏、戸上城には古曳氏、淀江北尾城には福頼氏がいたということである。

米子城には米子、尾高城には上市、下市、戸上城には四日市の城下町が発達した。のち吉川・中村時代にはこれらはすべて米子の城下町へと集められることとなった。

（國田俊雄）

第三章　城の構造と縄張り

はじめに

米子城は標高九〇・五メートルの湊山に築かれた山城である。よく平山城として扱われる場合があるが、山麓の三の丸周辺が標高二～三メートルであり、比高が八八メートルもある。米子城を描いた江戸期の絵図に山城、平山城と記したものはなく、平山城とされたのは近代以降のことである。正保元年（一六四四）に幕府が諸藩に命じて作成させた城絵図は正保城絵図と称されている。現存するものは六十六枚しかなく、残念ながら米子城絵図は失われている。この正保城絵図には本丸のところに山城、平山城、平城を記しているものがあり、江戸時代に城の立地をどう認識していたかがわかる史料となっている。例えば金沢城や大洲城は山城と記している。この二城は近代以降平山城として扱われてきた城である。また、篠山城や会津若松城は平山城と記している。やはり近代以降平城として扱われてきた城である。どうも江戸時代と近代の城郭の立地に対する認識にはずれがあるようである。米子城に立地を記した絵図は残されていないので江戸時代にどう認識していたのかは立証できないが、比高に加え、山頂部には居住空間がないことなどから、山城として築かれたものと考えられる。

このように山城として築かれた米子城の最大の特徴は山上部の城郭部分と、山麓の居館部から構成されることである。こうした城郭の構造を縄張りと呼ぶが、現存する米子城の縄張りがいつ完成したのかをまず考える必要がある。米子城の歴史については別稿に述べられているので、そちらを参照されたいが、まず石垣の城となったのは天正十九年（一五九一）に吉川広家が豊臣秀吉の意向により安芸国山県郡・安南郡・佐西郡、出雲国意宇郡・能義郡、伯耆国会見郡・汗入郡・日野郡、備中国哲多郡、隠岐国十二万石を賜って毛利氏からは独立した大名となった段階であることはまちがいない。

この広家の米子築城は従来出雲の拠点であった月山富田城が山間部にあったためだと言われてきた。しかし現存する富田城の石垣などはやはり天正十九年（一五九一）に吉川広家によって築かれたものであり、広家は富田城を放棄することは考えていなかったことがわかる。米子築城は単なる居城の移転ではなかったことを示唆している。

天正十九年前後の西国の築城を見ると、まず毛利本家が吉田郡山城から広島城に居城を移し、土佐の長宗我部氏が岡豊城から大高坂城、さらに浦戸城に居城を移し、肥後の小西行長は宇土城と麦島城を築いている。これらは山城から海に近いところへの移動として共通している。それは秀吉による朝鮮出兵への準備としての拠点移動であったと考えられ、それぞれの大名が意図したものというよりは、豊臣政権の意図としておこなわれたものと考えられる。実は米子築城も同じく海を求めて築かれたのである。毛利氏は本家が吉田郡山城から広島城に、小早川氏が新高山城から三原城に、吉川氏が富田城から米子城への移動は港湾確保であったことを示している。

戦国時代の米子城は土造りの城であり、それが石垣によって築かれるのはこの吉川広家の築城からである。その後地震などで石垣が崩落し、修理されることは度々あったが、縄張りは基本的に以後も踏襲されているものと見られる。

山上部の構造

本丸

さて、米子城の縄張りについて見てみよう。まず、湊山に築かれた山上部であるが、山頂部の本丸は、大きく上段と下段の二段構造となる。上段は天守曲輪と呼び得るもので、城下からの正面となる東辺には天守と四重櫓台が配されている。天守台は東辺のほぼ中央に位置しており、下段までの間に三段にわたって控えの石垣を段築している。そして東南隅部には四重櫓が配されている。

天守台の石垣は出隅部に矢穴痕のある割石材を用いるが、築石部には割石は認められず、自然石のみを用いている。こうした石垣構造は富田城の山中御殿や千畳平の石垣に酷似しており、畿内中枢部においては文禄年間（一五九二～九六）頃と見られる大和郡山城天守台や、同じく文禄年間と見られる但馬竹田城の石垣とも酷似している。富田城の山中御殿の石垣が慶長初年（一五九六～九八）頃と見られることより、米子城の天守台石垣も文禄年間から慶長初年頃に築かれたものと考えられる。

毛利氏は豊臣秀吉の死後、境目の城郭を改修し、領国の防御を強化したと考えられているのだが、それは起こり得るであろう関ヶ原合戦を見越してのことであった。慶長初年の石垣構築は、秀吉死後の慶長三年（一五九八）から五年（一六〇〇）にかけてのことであった可能性が高い。

四重櫓は本丸の南東隅部に突出して構えられており、吉川広家時代に築かれた天守であるとされている。こう

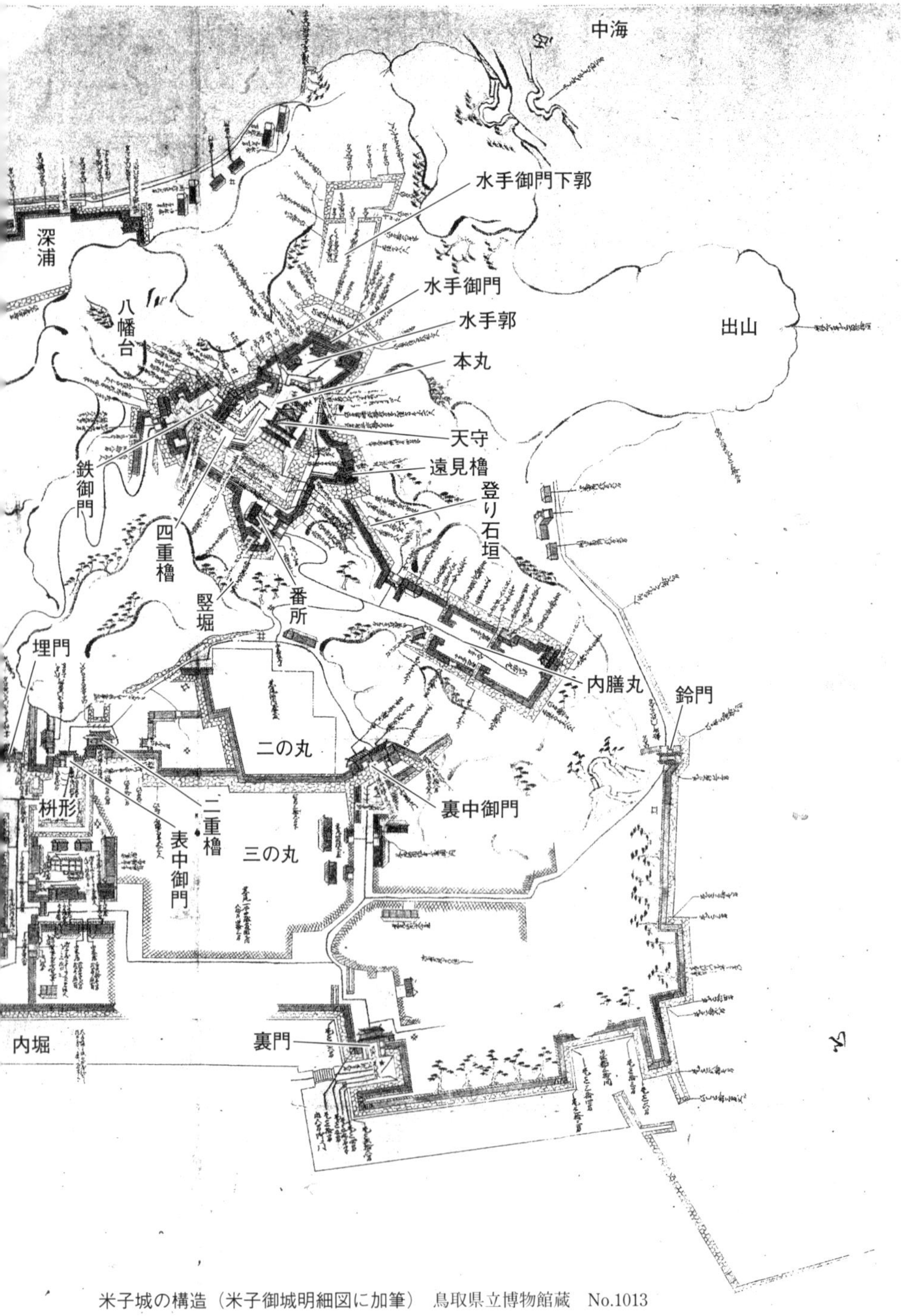

米子城の構造（米子御城明細図に加筆） 鳥取県立博物館蔵 No.1013

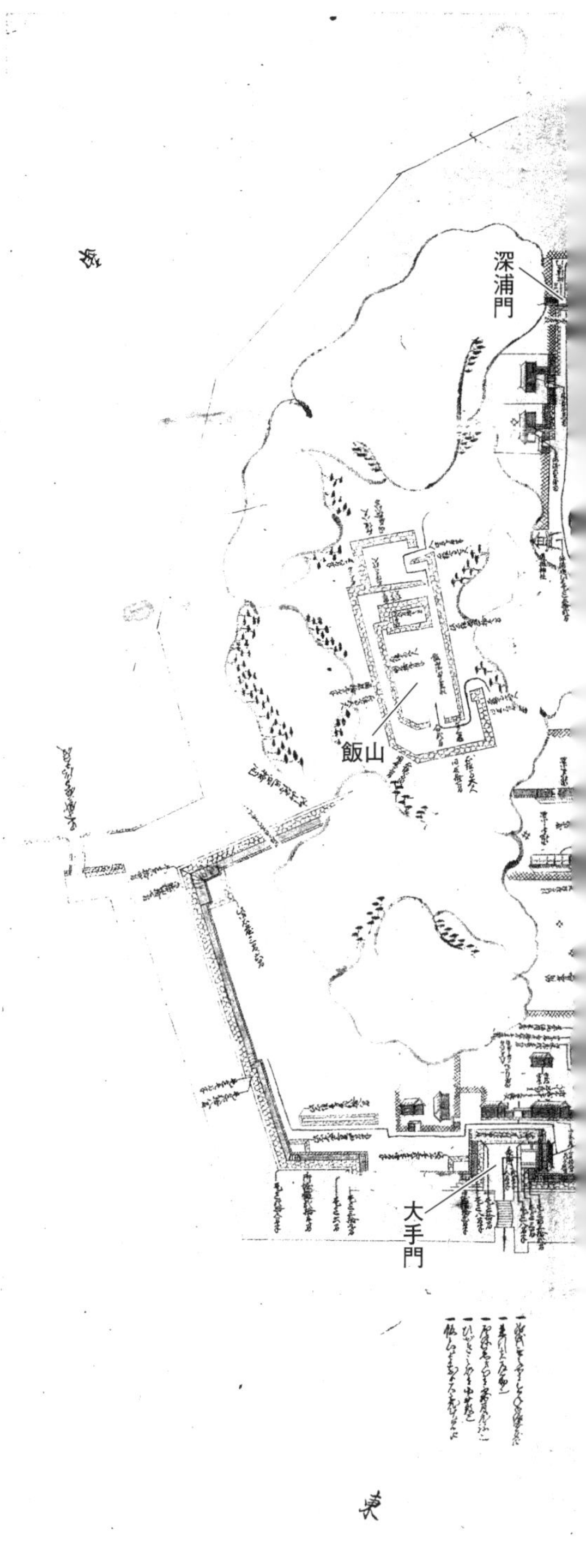

した本丸の隅部に天守を配する構造は豊臣秀吉の城郭の特徴のひとつであり、大坂城、聚楽第、肥前名護屋城、伏見城の天守はこの構造である。こうした構造より米子城も当初の天守が四重櫓であり、それが本丸東辺塁線の中央に移動した可能性が考えられる。前述したように現天守台の石垣構造は慶長初年に吉川広家時代に造営されたものと考えると、広家は米子城に二つの天守を造営したこととなる。

四重櫓の櫓台石垣は嘉永五年（一八五二）に修理を受けており、切石による落し積み工法が見事に残されている。幕末の石垣構築技法を見ることができる貴重な遺構ではあるが、全面的にこの石垣に修理されてしまっているので、それ以前の石垣の構造がまったく不明であり、広家段階に築かれたものであるか否かを分析することはできない。

四重櫓が古い天守で、天守が新しい天守ということで、これまで二つの天守の存在した城として知られていたが、大天守の位置する本丸の中央は後の中村一忠が増築できる位置ではなく、当初計画としか考えられない。四重櫓は本丸隅部の櫓台として、こちらも当初からの計画であったと考えられる。このため実際は天守が二つ並立していたのではなく、大天守と小天守という連立天守構造として築かれたものであった。

この上段天守曲輪への虎口は二ヶ所に構えられていた。本丸御門となる正門は四重櫓台下に構えられた鉄御門で、櫓門を渡した内枡形となる。さらに鉄御門は外側に二重の外枡形を構え、外方の枡形には表御門と二重櫓が構えられて、登城道を監視していた。こうした厳重な構造よりこの鉄御門が正式な登城道であったとみられる。

一方天守の背面、西側には搦手となる平虎口が設けられ冠木門が構えられていた。一見すると平虎口なのであるが、実は門の外側には下段となる曲輪が構えられており、この曲輪が外枡形の役割を果たしている。

この副郭的な曲輪とともに下段には北側に突出した遠見櫓と、東北隅に突出した番所を構えている。遠見櫓はその名の通り監視目的に構えられた櫓であるが、その監視方向は北西方面であり、中海を監視する目的であったと見られる。郭の北東隅に二重の遠見櫓が構えられ、続櫓として多聞櫓が北辺に構えられていた。一方、番所は内膳丸からの本丸への登城道の外枡形を構えている。門は薬医門と見られ、平入虎口となる。

さて、遠見櫓で最も興味深い施設が、櫓台の北東隅部直下から内膳丸方向に向かって築かれた登り石垣（竪石垣）である。登り石垣とは斜面地に竪方向に構えられた石垣のことで、敵の斜面移動を封鎖する目的で築かれた防御施設である。戦国時代の土造りの山城では、竪堀によって敵の斜面移動を封鎖している。その軍事的意図は同じであるが、列島への登り石垣の導入に豊臣秀吉による朝鮮出兵が大きく影響を与えている。

文禄元年（一五九二）、豊臣秀吉は明国征服の第一段階として李氏朝鮮に出兵を開始した。当初は破竹の勢いで朝鮮半島全域に兵を進めたが、後に膠着状態となったため、兵の駐屯などを目的として橋頭堡となる城郭を朝鮮半島南岸の慶尚南道に築いた。こうした秀吉軍によって築かれた城を倭城と呼んでいる。慶長の再出兵ではさらに西側の全羅南道の順天にまで築城範囲は広がり、その数は約三十ヶ所におよんでいる。

こうした倭城の特徴は港湾背後の山頂部に築かれるという立地にある。李舜水率いる朝鮮の水軍に幾度となく敗れた秀吉軍は補給が課題となる。このため港湾の確保が重要となり、港湾を守るため背後の山頂に山城を構え、港湾を両腕で抱え込むように登り石垣を構えて、山上と山下を一体化して防御する城郭が構えられた。登り石垣は西生浦倭城、機張倭城、蔚山倭城、熊川倭城、長門浦倭城、松真浦倭城などに構えられている。その規模は西生浦倭城では総延長二〇〇メートルにおよぶものさえ築かれている。この倭城の登り石垣が朝鮮出兵後の日本国内で築かれた城に導入される。

その数は多くないものの朝鮮に渡海した加藤嘉明によって築かれた伊予松山城、同じく渡海した脇坂安治によって築かれた淡路洲本城、同じく渡海した赤松広秀によって築かれた但馬竹田城、そして渡海はしていないが積極的に導入した彦根城などで登り石垣が認められている。米子城の登り石垣は中海側に面して築かれており、その石垣塁線はそのまま内膳丸の西面石垣の塁線につながり、海側を完全に遮断している。

その構築は吉川広家によるものと考えられる。広家は朝鮮出兵に従軍渡海している。富田城の発掘調査では新宮谷で滴水瓦が出土しているが、この滴水瓦とは朝鮮半島で用いられる軒平瓦で瓦当が倒三角形をなすものである。特に富田城出土の滴水瓦は日本で製作されたものではなく、朝鮮半島から持ち帰ったものであることが判明している。

こうした状況より米子城の登り石垣は広家が朝鮮半島より戻ってきた段階で築いたものと考えられる。さらに近年の発掘調査によってその全貌が明らかになりつつある。とりわけ石垣に矢穴技法によって割られた石材が用いられていることより、朝鮮出兵後の構築の可能性が高い。その年代は天守台と同じく慶長三年(一五九八)から五年(一六〇〇)の間と考えられる。

この登り石垣に関しては江戸時代に作成された米子城絵図のなかでもっとも古い寛文七年(一六六七)の絵図にも描かれており、もっとも新しい文久二年(一八六二)の絵図まで一貫して描かれている。そうした絵図から登り石垣上には土塀が載っていたことがわかる。そしてこの登り石垣の延長線上に内膳丸の西辺石垣の塁線が続き、米子城の西辺を一直線に遮断していたことがうかがえる。

ところで登り石垣が西辺の遮断線として築かれたものであることはまちがいないが、列島内に築かれている登り石垣は遮断線であるとともに、山麓の居館部を山城より両腕で包み込むように防御する役目も担っている。米子城では一本の登り石垣しか認められず、こうした居館を防御する目的で築かれたものではないように見える。ところが近年の分布調査によって番所の南東端より山麓にかけて竪堀(山切岸)が確認された。ちょうど山麓の枡形のあたりに伸びる竪堀で、この竪堀と登り石垣から内膳丸の南東山麓は谷筋となっており、そこに二の丸が構えられている。つまり米子城では登り石垣と竪堀が一対となって山麓の居館部を防御していたものと考えられる。石垣は中海側の遮断線として江戸時代を通じて維持管理されたのであるが、竪堀は広家以後機能しなくなったため、絵図にも記されることがなくなったものと思われる。なお、登り石垣ではなく、竪堀を二本設けて山麓居館を防御する城としては越後村上城がある。

　本丸下段にはもうひとつ曲輪が構えられていた。それが上段の副郭となる水手郭である。上段の西側に構えられた曲輪で、西辺に水手御門が開口する。元文四年（一七三九）に作成された米子城を詳細に描いた「米子御城明細図」（鳥取県立博物館所蔵）には石垣上に多聞が載る埋門となっている。その両側には二重櫓が構えられ、山頂部の虎口ではもっとも厳重な構えとなっている。ここでも西側に対する防御の強固さを見ることができる。

　この水手御門の西に下った尾根の先端に二段の曲輪が構えられている。いずれも石垣によって築かれており、下段北側には枡形虎口が開口しており、海側からの登城道である。海側からの最前線として構えられた曲輪である。二段の曲輪は近年の発掘調査によってほぼ全域の構造が明らかになっている。石垣は基底部が残るのみで、天端はかなり崩されてしまっている。残されている石垣のなかには矢穴の入る石材が極めて少ないが用いられている。こうした石垣は天守台や登り石垣と同じ構造であることより、慶長三年（一五九八）から五年（一六〇〇）の間に吉川広家によって築かれたものと考えられる。

　なお、この曲輪の石垣は天端がかなり崩れており、かつ元文四年（一七三九）の「米子御城明細図」では石垣は描かれているものの他の曲輪のような建物は一切描かれておらず、江戸時代には曲輪として機能していなかったものと考えられる。崩れた石垣は自然に崩壊したのではなく、人為的に崩された城割（破城）を示すものであろう。

内膳丸

　米子城は湊山とその北側に位置する丸山と、南側に谷を隔てた飯山という三つの山に築かれている。その丸山に築かれているのが内膳丸である。尾根筋の頂部を長方形に二段にわたって削平して構えられた曲輪である。登り石垣とこの内膳丸との接点には冠木御門が配され、海側からの登城口となっていた。近年の登り石垣の発掘調査でこの冠木御門の礎石が検出されている。この門内を内膳丸とすると三段となるが、四周を石垣で囲う曲輪は冠木御門を入ってやや登ったところから構えられており、この石垣で囲まれた曲輪は二段構造となっている。二段の虎口はいずれも南側に平虎口として構えられている。上段の曲輪は北西隅部が凸形に突出して二重櫓が配され、海側への監視を担っていた。また上段の南西隅部には平櫓が配されていた。

この内膳丸は慶長五年（一六〇〇）の関ヶ原合戦の戦功によって伯耆の国主となった中村一忠の家老横田内膳村詮が監督となって築いたという伝承から内膳丸と呼ばれている。しかし米子城を描くもっとも古い寛文七年（一六六七）の「米子城石垣御修覆御願絵図」には曲輪は描かれているものの名称は記されていない。また元文四年（一七三九）の「米子御城明細図」などには二の丸（弐之御丸）と記されており、文久二年（一八六二）製作の「伯耆国米子城崩所覚」には出丸と記されている。実際には本丸に対する二の丸として築かれた曲輪であったことはまちがいない。米子騒動から内膳丸の伝承が生まれたのであろう。

特に内膳丸が重要なのは本丸遠見櫓からの登り石垣と直線的に結ばれる点にある。これは本丸、登り石垣、内膳丸が一連の縄張りとして計画されたものであることを示している。本丸、登り石垣が吉川広家段階のものであることから、内膳丸も広家によって築かれたと見るべきであろう。横田内膳が係わったというのは伝承に過ぎない。

コラム

山切岸

米子城の本丸北東に突出するように遠見櫓が配置されていた。その名の通り中海側を監視する櫓が構えられていたところである。この櫓台直下から内膳丸へ登り石垣が斜面移動を封鎖する目的で築かれていた。現在残されている米子城絵図にはこの登り石垣上には土塀が建てられていたことがうかがえる。

ところで登り石垣とは斜面移動を封鎖する目的で構えられたものであるが、通常は山麓の居館を両腕で抱きかかえるように二本設けて、防御している。例えば伊予松山城や淡路洲本城はその典型である。また、彦根城では五本もの登り石垣を構えているが、そのうちの二本は表御殿の両脇を守っている。

では米子城はどうしていたのだろうか。遠見櫓下から伸びる登り石垣は二の丸の山麓居館の北側の脇を守っている。米子城跡の詳細な測量図を見ると、本丸鉄門から二の丸の南側に一直線に谷状の等高線が見事に描かれており、竪堀の存在が想定されていた。平成二十九年（二〇一七）に米子市教育委員会がこの竪堀を調査するために樹木の伐採をおこなったところ、やはり明らかに人工的に加工された竪堀の肩の部分が姿を現した。

大変興味深いのは二の丸側には高さが五メートルにおよぶ絶壁のような切岸が認められたのであるが、深浦側、つまり城外側にはほとんど切岸が認められず、竪堀状とはなっていない。崖崩れや水道といった自然の崖面でないことは明らかで、城郭に伴う施設であることはまちがいない。竪堀ではなく、片側だけに岸を切った防御施設と考えられる。これに類似する施設として、「山切岸」がある。山切岸とは城の構えられた山の裾部を垂直に切り落として、敵の城への登攀を防ぐものである。文化十一年（一八一四）に製作された彦根城の「御城内御絵図」には彦根城の本丸など中枢部が構えられた彦根山の山裾が赤茶色で描かれており、山腹部の緑色とはまったく異なる描き方をしている。さらにその赤茶けた山裾に記された注記には、「山切岸」とあり、高いところでは九間、低いところでも四間が削り落とされていたことがわかる。その範囲は彦根山の山裾を全周している。このように彦根城では敵の登攀を阻止する目的で山裾を垂直に削り落とす「山切岸」と呼ばれる防御施設が存在していた。

また、竪堀を二本用いて山麓居館を防御する事例も認められる。越後村上城では山城より山麓居館の両脇に竪堀が設けられており、斜面移動を封鎖して居館を防御している。こうした事例は登り石垣に替わる施設として注目される。

米子城の切岸も山切岸であったと見られ、深浦側から

米子城山切岸

の敵の侵入を阻止する目的で構えられたものと考えられる。中海側には本丸より内膳丸へ一直線に土塀と石垣を構えたのは、見せるという視覚的効果も狙ったものと考えられる。一方、深浦側では実利的な山切岸を選択したのであろう。

ではこの山切岸を築いたのは誰であろうか。登り石垣は江戸時代を通じて絵図に描かれており、維持管理されていた。ところが山切岸は絵図に一切記されていない。江戸時代にはすでに忘れ去られた施設となっていたのだろう。おそらく文禄慶長役に参戦した吉川広家が朝鮮半島で築かれた倭城の登り石垣や竪堀などを参考として、自らの居城である米子城に採用したのではないだろうか。それは慶長の初年に石垣の修築と同時におこなわれたのではないだろうか。今後の発掘調査の成果に期待したい。

（中井　均）

山麓部の構造

二の丸

湊山の東山麓の谷部に構えられた曲輪が二の丸で、山城に対する居館として構えられた曲輪である。曲輪は二段に築かれ、さらに下段部分には塀で囲んだ一画を設けている。上段では塀部分で横矢がかかるように東面の石垣塁線が屈曲している。二の丸東面の石垣は高石垣によって築かれている。この二の丸への虎口として、谷の南端に表中御門が、北端に裏中御門が構えられていた。

表中御門は平虎口で冠木御門とも呼ばれていたが、絵図に描かれている門は冠木門ではなく、高麗門または薬医門であったと見られる。この門の右手石垣上には二重櫓が配されており、表中御門に睨みを効かせていた。この表中御門を入ると右手に石段と仕切りの石垣が構えられており、建物は建てられていないが内枡形構造となっている。

北端の裏中御門は三の丸からの登城道が二の丸石垣で直角に折れ曲がった正面に配置された櫓門で、登城道正面の二の丸石垣上には平櫓が構えられていた。

荒尾氏時代には南端虎口を表中御門として正門としているが、吉川氏時代は三の丸の裏御門が大手であった可能性があり、そうであれば二の丸への正門も裏中御門であった可能性が考えられる。

二の丸自体は上下二段から構成されているが、江戸時代は上段が荒尾御用屋敷と呼ばれており、城主の居館として利用されていた。おそらく吉川広家の段階でも広家の屋敷が置かれていたところと考えられる。

こうした居館という性格からこの曲輪には井戸が設けられており、絵図には上段に二ヶ所、下段にも二ヶ所に描かれている。現在上段に御殿井戸と呼ばれる井戸が一ヶ所残されている。

この二の丸の東辺の石垣は見事な高石垣が築かれており、ほとんど知られていないが米子城の最大の見どころである。その構築年代であるが、隅石を中心に矢穴の認められる石材は少ないものの認められる。こうした状況は天守台や水手郭下段に類似しており、慶長三年（一五九八）から慶長五年（一六〇〇）の間に吉川広家によって築かれたものと考えられる。

荒尾氏時代に正門と考えられる表中御門の前面には枡形と呼ばれる方形の空間の周囲に配置された石塁が構えられている。平虎口である中御門に対して防御力を強固なものとするために増築された外枡形である。絵図には建物は一切描かれておらず、石塁が廻るだけの施設であった。これとまったく同じ構造の枡形が松江城に認められる。大手の前面に構えられてり、馬溜と呼ばれている。

松江城は慶長五年（一六〇〇）の関ヶ原合戦の戦功により出雲、隠岐二ヶ国の太守に封ぜられた堀尾吉晴によって慶長十二年（一六〇七）に築かれている。この年代は米子城の枡形を考えるうえでは重要である。

米子城の山麓部分の虎口を見ると、三の丸に構えられた表御門と裏御門は三の丸の石垣塁線を折り曲げて枡形としているのに対して、二の丸枡形は二の丸石垣塁線に口の字状に石塁を建て増ししている。おそらく当初からの縄張りとして築かれたのではなく、築城後のある段階で増築されたものと考えられる。築かれている石垣自体も二の丸石垣よりも新しい様相を示している。築石にも矢穴の入る石材が多く用いられており、同じ打込接ではあるが、二の丸の石垣に比べて石材間の隙間も少なくなっている。

吉川広家時代には平虎口である表中御門だけであり、枡形はなかったものと考えられる。その後この表中御門が正門となったため、防御強化を目的に虎口前面に枡形を増築したものと考えられる。その増築時期であるが石垣の形状より慶長五年（一六〇〇）の関ヶ原合戦の戦功により伯耆を賜った中村一忠によって増築されたものと考えられる。

深浦

湊山の西麓、中海に面した一画を深浦と呼び、御船手郭が構えられていた。天正十九年（一五九一）の吉川広家による米子築城の大きな理由は富田城から海への進出であった。そうした広家の築城理念からは城下こそ陸地側に設けざるを得なかったのであるが、この深浦こそが大手であったといってもよいだろう。こうした構造は前述したように小早川隆景による三原城も同様である。

その御船手郭の構造であるが、中海側に面して二段の石垣を構えて曲輪としている。下段の石垣は出隅と入隅を設けて横矢をかけている。この下段の北西隅には二重櫓が配置されていた。

ところで現在国道九号となっている湊山と飯山に挟まれた谷筋の中海に面したところには雁木が設けられて船着場としていた。ここで城内で必要な物資が荷揚げされたのであろう。また、この谷筋は御船手郭と三の丸を結ぶ城内道でもあった。御船手郭側には深浦御門が、三の丸側には埋御門がそれぞれ配置され、谷筋を縦走して突破されることを防いでいた。これは三の丸側も大手として意識しているとともに中海側も大手として意識されていた結果の構造と考えられる。

とりわけ興味深いのは山上の本丸の正式な虎口は鉄御門であることは明らかなのであるが、その登城道は城絵図などから現在の城山大師のあたりが登り口となっている。これは中海側からも、三の丸からも利用できる位置であり、さらにこの登城道を防御するために埋門と深浦御門が配置されたものと考えられる。

残念ながら現在では御船手郭の石垣など遺構はまったく残されていない。

三の丸

山麓部の外郭として築かれたものが三の丸である。二の丸東側の一段下に構えられている。東辺と南辺には中海に直結する水堀が構えられ、城域を完全に囲い込む構造となっている。この三の丸には二つの虎口が構えられており、南側が表御門、北側が裏御門で、いずれも水堀には木橋が架けられていた。興味深いのはその虎口構造である。いずれも枡形構造となるのだが、枡形外側の一の門となる高麗門は構えられず、表御門では木橋を渡って右折れしたところに櫓門が構えられ、裏御門では木橋を渡って左折れしたところに櫓門が構えられている。


慶長五年（一六〇〇）の関ヶ原合戦後に築かれた城郭では一の門に高麗門が配され、その内側の左右どちらかに櫓門が配置される内枡形が完成する。ところが高麗門が出現する以前の枡形では一の門が構えられず、二の門の櫓門だけが構えられる外枡形構造となる。織田信長によって築かれた安土城の黒金門もこうした外枡形であるし、豊臣秀吉による大坂城でも本丸御門、詰段正面の門は絵図では一の門を構えない外枡形となる。また、発掘調査で検出された肥前名護屋城の山里口も同じく一の門を持たない櫓門だけの外枡形であったことが判明している。

米子城三の丸の二つの虎口がいずれも同様の櫓門だけで、その前面はオープンになっているのも慶長五年（一六〇〇）以前に築かれたことを物語っている。おそらく吉川広家が天正十九年（一五九一）に築いたものか、慶長三年（一五九八）に改修したものと思われる。

さて、三の丸の曲輪としての機能であるが、江戸時代には中心には城を預かっていた荒尾氏の屋敷があった。二の丸御殿が表としての御殿であるのに対して、三の丸は私邸としての屋敷であった。吉川広家時代から中村一忠、加藤貞泰時代にはどのように用いられていたかは不明であるが、おそらく下屋敷のような御殿が構えられていたものと考えられる。

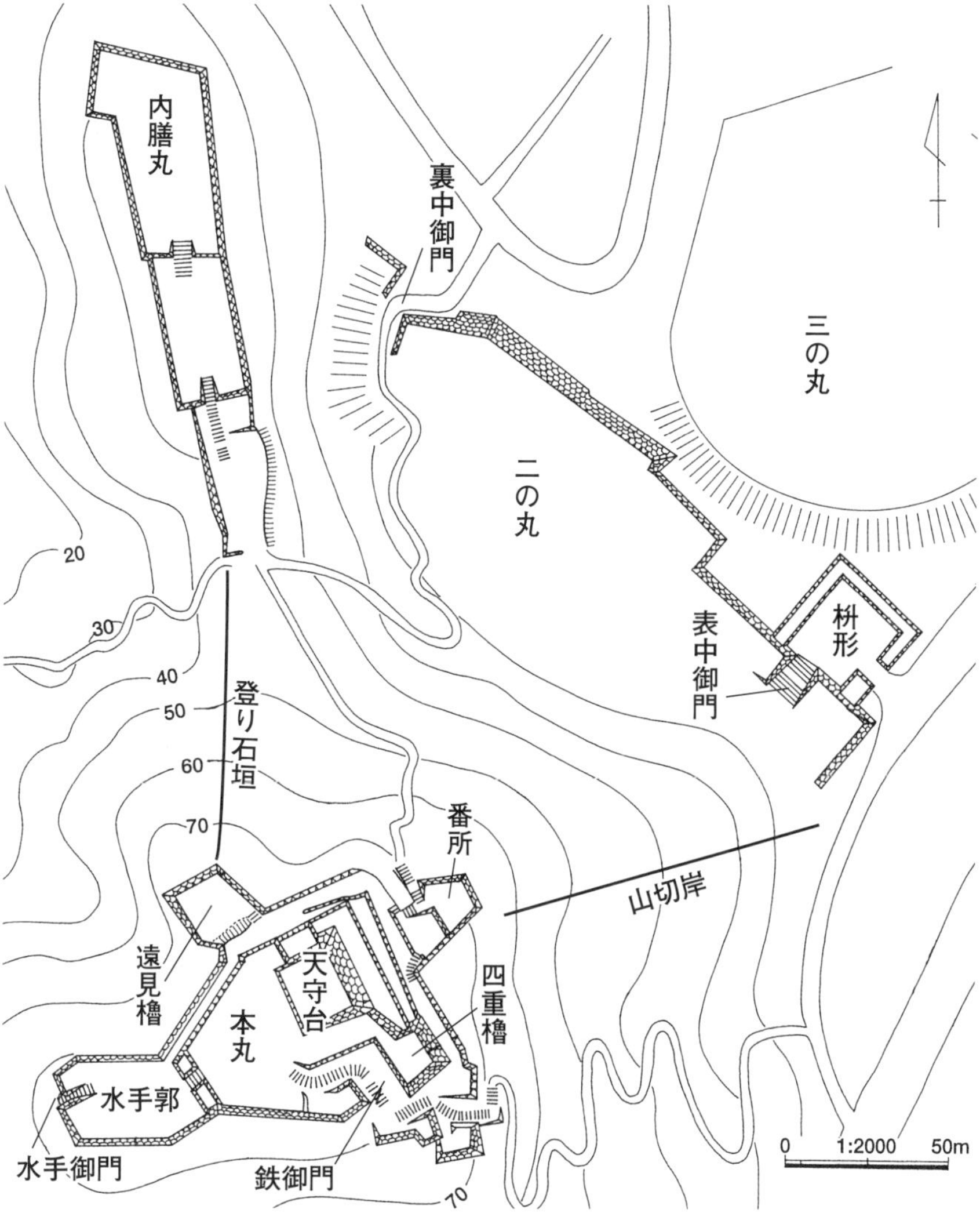
内膳丸
裏中御門
三の丸
二の丸
20
30
40
50
60
70
登り石垣
桝形
表中御門
番所
山切岸
遠見櫓
天守台
本丸
四重櫓
水手郭
水手御門
鉄御門
70
0 1:2000 50m

米子城略測図

ところで三の丸の正面は表御門であるが、三の丸の外側に広がる城下町の街区に注目すると、北側と南側でずれのあることに気が付く。吉川時代の城下町が北側に形成されていることを考えると、吉川氏時代の大手は実は北側の裏御門であった可能性が高い。

三の丸の水堀は中海と直結していたが、特に北側は水堀の開口部で石塁の堤が喰い違いながら突出して構えられている。これは船溜り施設と見られる。なお、三の丸の北辺は中海沿いに石垣を構え、その最西端には鈴御門という櫓門が配されていた。一方南側は南東端と南西端に櫓台が配されていた。この南辺は飯山の南側を巡り中海に直結していた。

湊山と飯山の間には谷筋が入り込んでおり、通常の築城ならばこの谷筋に水堀を掘って城域を設定するのであるが、米子城では谷筋を越えて飯山までをも囲い込むという構造となっている。吉川広家が最初に築いたのは飯山と言われているが、それならば城域を拡張するのも飯山でおこなえばよかったはずである。それをわざわざ湊山に移したのはなぜであろうか。これはやはり中海を意識した築城と大きく関わっていたものと考えられる。城下は陸地側に造成しなければならない一方、海に面した側を正面とする二面性を持つ城郭を築く必要があった。その両側を結ぶのが湊山と飯山間の谷筋だったのである。このために飯山を城郭内に取り込む必要があり、三の丸の水堀が飯山の南側を巡らせることとなったのであろう。

飯山

その飯山であるが、石垣によって二段にわたって曲輪が造営されている。上段の西端には天守台に相当するような櫓台が石垣によって築かれていたようであるが、上段の遺構は米子市英霊塔の造営時にすべて削平されてしまい、現在遺構は残されていない。周囲に残る石垣は自然石を用いた野面積みとなっている。元文四年（一七三九）製作の「米子御城明細図」の貼紙には、「一飯山ニは前より石台斗ニ而候由」とあり、以前より石垣だけであったと記している。現在米子城の最古の絵図とみられる寛文七年（一六六七）製作の「米子城石垣修覆願図」にも飯山には何も描かれておらず、江戸時代初期にはもうすでに城郭としては機能していなかったことがわかる。野面積の石垣は天正十九年（一五九一）に吉川広家の段階に築かれたものの可能性が高い。

このように米子城の縄張りは湊山、丸山、飯山と中海を利用した山城と海城の両面を持った城郭であったことがわかる。

（中井　均）

コラム

石垣の修理と絵図

米子城跡を歩くと様々な時代の石垣を目にすることができる。これらは築城以後、明治に至るまでの修理の履歴を示すものである。それは決して明治に至るまでの履歴だけではなく、近代以降現代までの修理も認められる。その大半は地震による崩落の修理と言っても過言ではない。

平成二十八年（二〇一六）に熊本を襲った大地震によって熊本城の石垣が数十か所にわたって崩落したことは記憶に新しい。一般的に石垣は地震に強いと思われているが、そんなことはない。事実江戸時代の全国の城で石垣は地震や大雨などの天災により崩落している。江戸時代の城は崩れては積み直し、崩れては積み直すの繰り返しであった。

米子城は一国一城令でも伯耆国の城として存続が認められ、藩主池田家の重臣荒尾氏預かりとなる。しかしあくまでも幕府からは鳥取藩の城として扱われるため、現在鳥取県立博物館に数多くの米子城の資料が所蔵されている。そのなかでここでは絵図に注目したい。現在鳥取県立博物館には二十七枚もの米子城絵図が所蔵されている。なぜこれほど多くの絵図が作成されたのだろうか。実はこうした絵図が地震によって崩壊した石垣と大きな関係がある。絵図の名称は、「米子城石垣御修覆御願絵図」、「米子城破損修覆願下図」、「伯耆国米子城崩所覚」などで、大半が地震で崩落した石垣の修理に関する絵図である。

ではなぜこのように多くの絵図が作成されたのであろうか。もちろん江戸時代を通じてそれだけ多くの地震が発生し、石垣が崩れたからに他ならないのであるが、その修理に際しては必ず絵図を添えて幕府に届けなければならなかったためである。

元和元年（一六一五）に発布された「武家諸法度」には「諸国ノ居城修補ヲ為スト雖モ、必ズ言上スベシ。況ヤ新儀ノ構営堅ク停止令ムル事。」と記され、居城を修理する場合でも必ず申請することや、新規の築城の禁止を定めている。大名は自分の居城であっても修理は報告義務だったのである。この法令を破れば家は取り潰される。関ヶ原合戦の戦功により安芸広島城に入った福島正則はこの申請をせず、無断で広島城の石垣を修築したとして取り潰されたと言われている。

この修築申請は老中に対しておこなわれ、許可は老中の連署奉書でおこなわれている。この時に幾度か崩落箇所を示した絵図が作成される。まず崩れた場所を記す絵図が作成される。これが崩所覚に相当する絵図であろう。その後下図が作成される。これが下図に相当する絵図であろう。それでよければ正式の絵図を二枚作製し、一枚は幕府への提出用、一枚は藩の保存用としたのである。御修覆御願絵図がこの藩の保存用であった。つまり鳥取

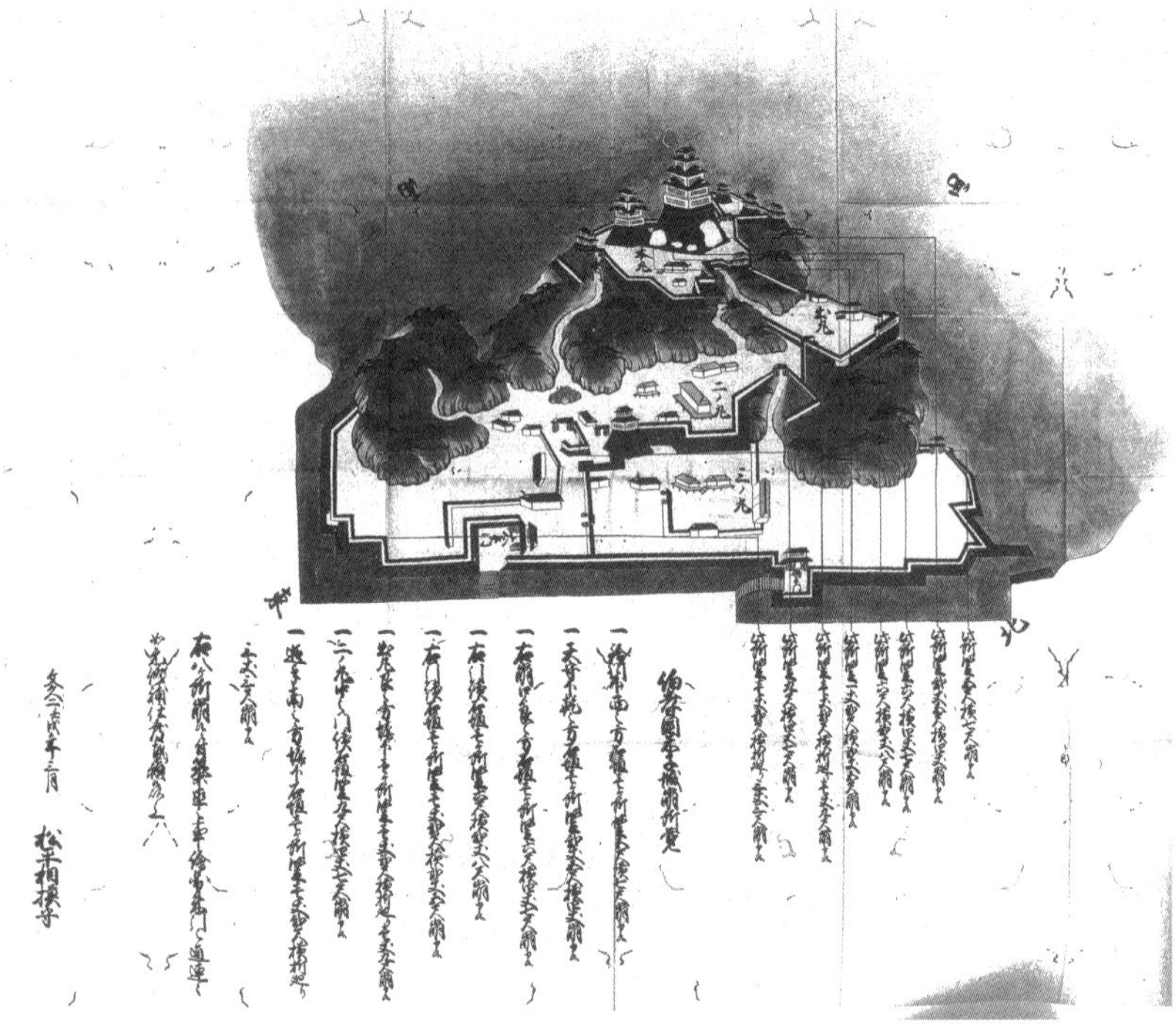

伯耆国米子城絵図・米子城崩所覚　文久２年（1862）　鳥取県立博物館所蔵　No.1040

県立博物館に所蔵されている米子城絵図はこうした覚図、下図、正式図（控図）なのである。少なくとも石垣が崩れると四枚もの絵図が作成されたのであり、実は鳥取県立博物館に納められている絵図は作成された絵図の一部に過ぎないことがわかる。

さて、こうして作成された絵図で注目されるのがほとんどの絵図がほぼ同じ構図で描かれていることである。米子城の場合、修理関係の絵図はすべて東側からの鳥瞰図で、そこに崩れた箇所が書き込まれている。おそらく修理用の元図があり、石垣が崩れるとその元図をもとに製作された絵図に崩落した箇所を記して下図や願図を製作したものと考えられる。

（中井　均）

第四章　米子城の建築と復元の試み

はじめに

米子城は吉川広家と中村一忠によって湊山に築城された近世城郭である。現在は本丸から二の丸にかけての石垣しか残存していないものの(**図1**)、往時は山頂の二基の天守を始め、櫓や門、さらには御殿や、番所・小屋・蔵など多数の建物が存在した。ここでは建築史の観点から米子城の中心ともいうべき二基の天守と二の丸御殿に関して復元的考察を試みたい。

なお、山頂の二基の天守のことを江戸期には天守・四重櫓と呼んだが、これは幕府への配慮のための過小表現であり、建築的視点からみれば、いずれもまぎれもなく天守であるため、ここでは大天守(中村天守)・小天守(吉川天守)と呼び分けることとする。

図1　米子城本丸の現状　左が小天守台、右が大天守台石垣

築城の歴史

まず米子城の築城の歴史であるが、湊山に本格的な近世城郭が築かれたのは、吉川広家が築城を開始した天正十九年（一五九一）である。しかし築城を始めた広家は、天正二十～慶長三年（一五九二～九八）の「文禄・慶長の役」で朝鮮出兵し、また帰国後すぐに今度は慶長五年（一六〇〇）に関ヶ原の戦いで出兵しているため、米子城は未完成だったようである。広家の築城範囲は明らかでないが、三重四階の天守（のちの四重櫓）は完成していたようである。

ただ関ヶ原の戦いで西軍の総大将であった毛利輝元は敗戦大名となり、広島城から山口県の萩へ減封となった。家臣であった広家も米子から同じく山口県の岩国へ減封となり、新たに岩国城を築いて居城とした。

代わって関ヶ原の戦いの後、米子城には中村一忠が入り、増改築を行ってようやく城を完成させた。一忠は広家の天守の隣にひとまわり大きな四重五階の天守を新しく築いた。

その後、少なくとも江戸中期以降には城郭の拡張や建物の焼失・建て直しなどはほとんどなかったようであるが、築城から一〇〇年も経過しない寛文年間頃から本丸と三の丸の石垣が崩れており、幕末までにかけてたびたび修理を願い出ている。一番大きな修理は弘化四年（一八四七）に小天守台石垣が崩れたようで、石垣をすべて積み直した修理を行っている。

ただこの大修理もむなしく、明治六年（一八七三）の廃城令により大小天守含め城内の建物すべてが取り壊されてしまった。

米子城の建造物

現在米子城には全く建物が残っていないが、同じく絵図を紐解くと城内の建物の概要を知ることができる。例えば「米子御城絵図」（図2）には各建物の平面的な配置が記され、「伯州米子之図」（図3）には各建物の規模や石垣の高さなどが記されている。また修理願いの絵図には稚拙ながら各建物の姿図が描かれている。これらの史料をもとに、幕末期の米子城内の建物を把握したい。

まず山頂の本丸の中心には四重五階の大天守と三重四

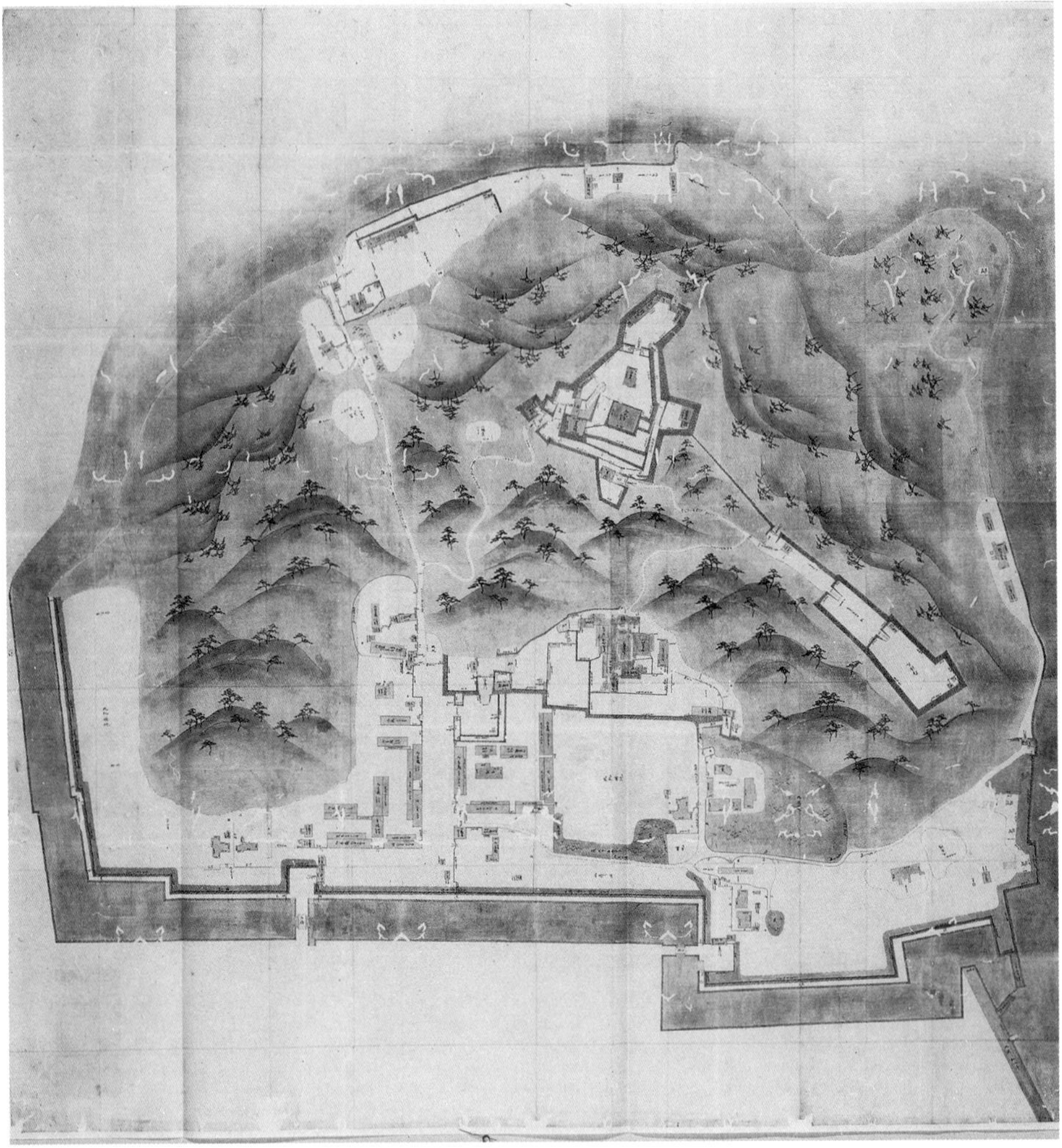

図２　「米子御城絵図」
年代不詳　鳥取県立博物館蔵　No.1006
各建物の配置と規模を記した絵図
明和２（1765）年とあるが出山に対異国船用の砲壇があるため幕末のものか

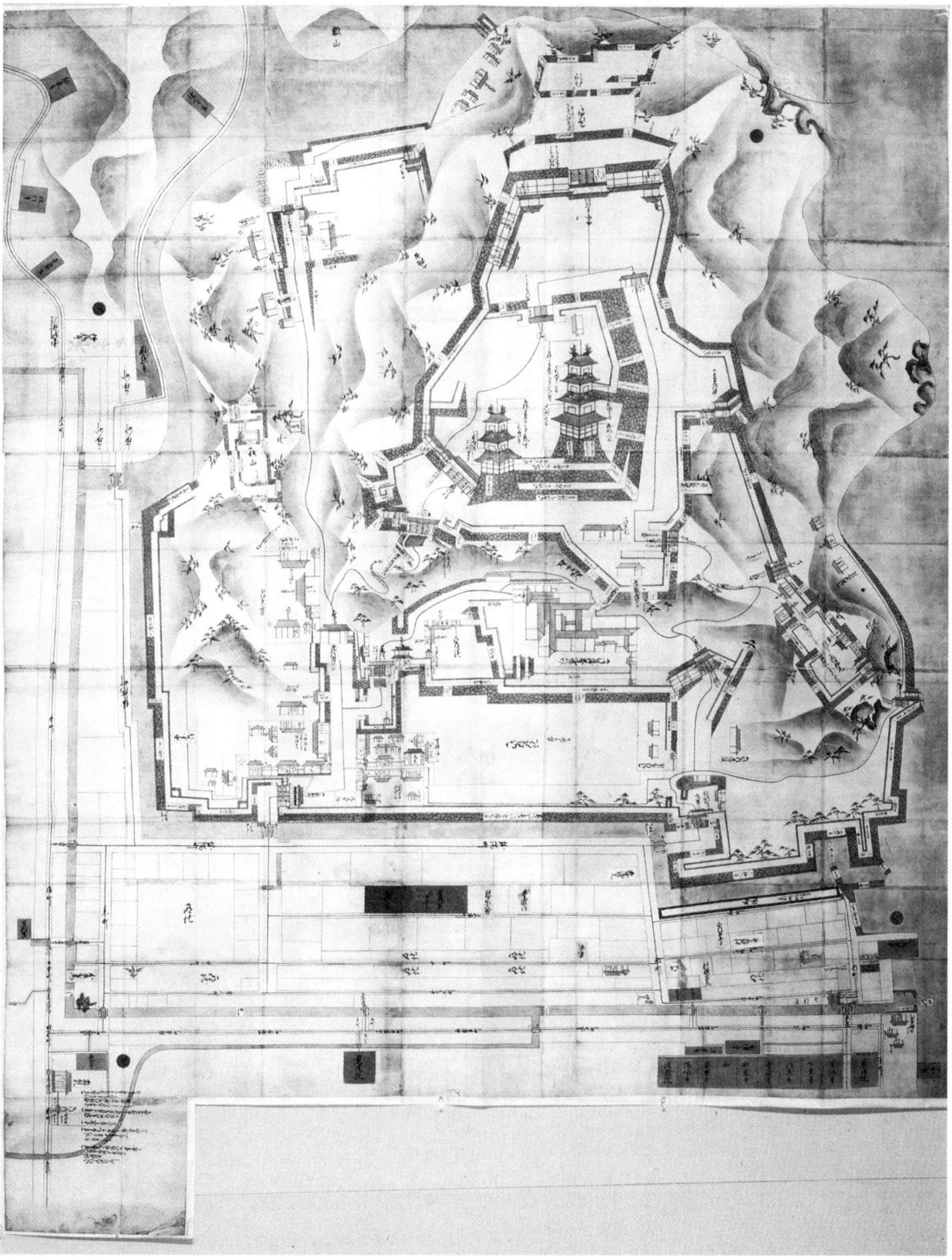

図３「伯州米子之図」
年代不詳　鳥取県立博物館蔵　No.997
建物の姿絵や規模、石垣の高さが記された絵図
本丸表冠木門脇の櫓が平櫓として描かれる

階の小天守が並んで建っていた。本丸は二重櫓が五基と、大型の平櫓一棟（遠見御櫓）、長さ計二十七間程の計六棟の多門櫓で囲まれていた。主要な虎口は鉄《くろがね》御門と水の手御門で櫓門となっていた。他に二の丸や現在の湊山公園から登るルートには裏冠木御門があったが簡易的な冠木門であった。大天守前と表冠木御門脇、裏冠木御門脇に番所が計三棟あり登城者を監視した。

本丸から登り石垣で続く北側の一段低い内膳丸には、L字型の二重櫓（煙硝櫓とも。平櫓として描かれる絵図もある）が一棟と、二重櫓（平櫓として描かれる絵図もある）が一棟、冠木御門脇に番所が一棟あった。

山麓の二の丸には二の丸御殿があった。現在も残る枡形は表中御門で、石垣上には大型の二重櫓（武庫）と番所があった。表中御門は二の丸大手門に相当する門であるため櫓門としたいところであるが、簡素な棟門であった。対して反対側の裏中御門は櫓門であり、多門櫓（建築物の記には二重多門とある）が続いた。

二の丸より一段低い三の丸には櫓はなく、表御門・裏御門・鈴御門が櫓門であった。表御門は事実上米子城の大手門にあたり、城内で一番立派な櫓門であったと想像される。表中御門を入ったところには米蔵が最大十四棟（時代によって棟数が異なる）建ち並び、その他作事小屋などが数棟建っていた。その他は少なくとも幕末時には広大な空き地であった。

南側の中海に面した深浦は水軍の拠点となる軍港があったところで、隅に二重が一棟あり、船小屋や物置小屋が中海に沿って建ち並んでいた。

以上、米子城には主要な建築としては天守が二基、二重櫓が九棟、平櫓が一棟、多門櫓が七棟と、櫓門が六棟あった。広島城は八十棟、津山城は六十棟を越える櫓・門があるが、松江城や鳥取城を含め山陰の城は櫓数が比較的少ない傾向にある。ただ少ない櫓を山頂の本丸に集め、本丸を二重櫓や多門櫓で固め、有事の際は本丸だけを死守しようとする意図がみられる。対して二の丸は手薄になり、内堀に面する山麓の三の丸には櫓さえ建てられておらず、内堀に沿って石垣だけが延々と続いた。

さてここで本丸の建物に限ってもう少し詳しく見てみよう。各種文字史料（**42頁表など**）や絵図より本丸の櫓・門の規模を抜き出し、変遷を示したのが**表1**である。特に文字史料は建物の照合に苦労したが、通し番号を振り位置を整理すると**図4**となる。規模のわずかな違いは誤差の範囲（柱間寸法か外寸の差異）であるため、ほとんどの櫓は江戸期を通じて変化がなかったようであるが、大きな差異がある櫓は一部損失や建て替えがあったことがわかる。

まず表冠木御門脇の二重櫓は、築城当初は平櫓であったが十九世紀中期頃に二重櫓に建て替えもしくは改造された。当初は理解に苦しんだが、確かに「伯州米子之図」（図3）や「米子御城明細図」（巻頭グラビア参照）など平櫓として描かれている絵図もある。実際、櫓台の石垣（図5）を見ると、もとは吉川時代の自然石の野面積みであったはずだが、隅石には切石が用いられ、積み直された割石の打込ハギの石垣になっている。修理願いの絵図が確認できないが、江戸中期に吉川時代の石垣が崩れたため積み直し、上の平櫓を二重櫓にしたようである。

さらに一段上の櫓台（109頁コラム写真）には幻の平櫓が存在した。現状で吉川時代の立派な櫓台の石垣が存在するが絵図には櫓が一切描かれておらず、縄張りとして不自然に思っていたが、「米子城普請之事」には鉄御門前

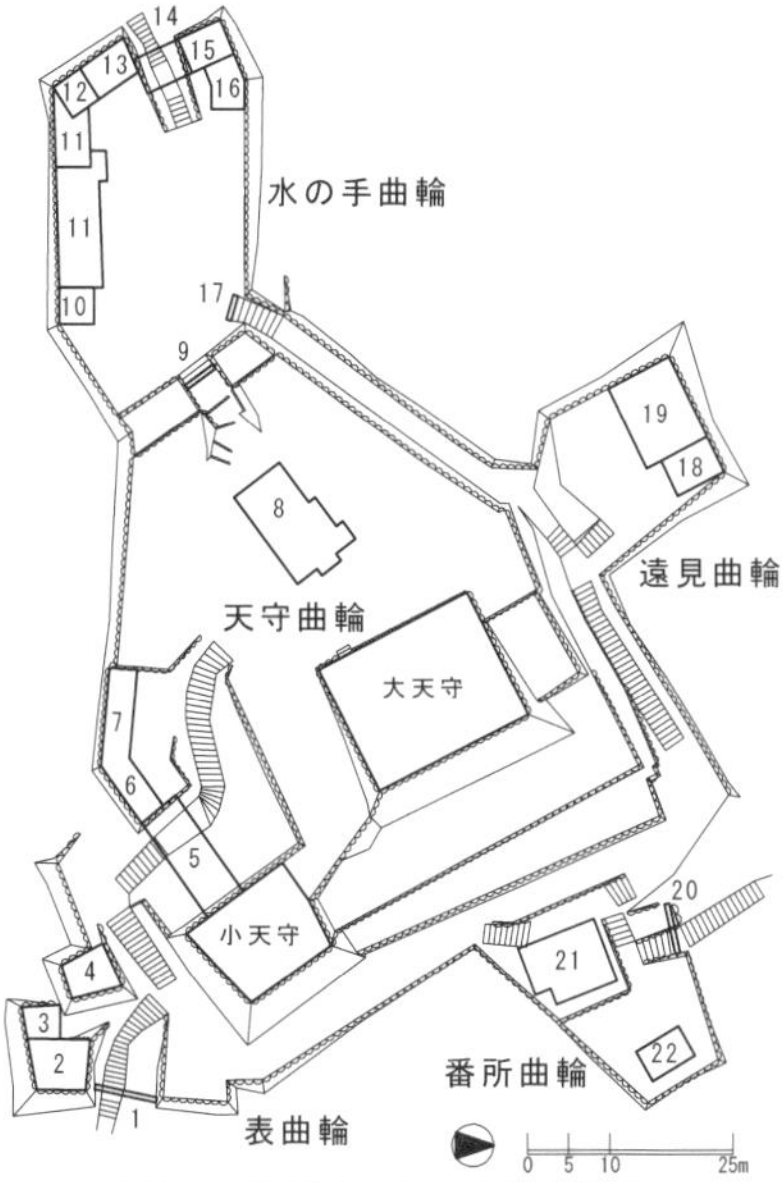

図４　米子城本丸の建物配置図
建物番号は表１の整理番号に符合する

図５　表冠木御門脇二重櫓（平櫓）台石垣

				米子城普請乃事より			備考
	米子御城全図 1024	米子御城絵図 1006 明和2 1765年	米子御城内惣絵図 大塚進蔵 元治2 1865年	総高 （土台より下棟まで）	一階階高	二階階高	
	扉8尺 小門3尺 右脇込9尺7寸	3間	4間	1丈1尺			
	3間半×3間 （二重櫓）	4間×3間 （二重櫓）	3間×4間 （二重櫓）	1丈5尺			平櫓→二重櫓
	2間2尺×1間5尺	2間×2間半	2間×2間半	1丈1尺5寸			
	—	—	—	（記載なし）			
	6間5尺8寸×2間半 半扉1丈2尺 小門3尺6寸 右込1丈5尺7寸 左込9尺5寸	7間×2間3尺	2間3尺×7間	（記載なし）	1丈2尺5寸		
	—	—	—	2丈2尺5寸	—		建て替えあり？
	9間5尺5寸×1丈	1間半×4間 1間半×5間半	1間半×4間 1間半×5間半	9尺			
	6間×4間	3間半×6間半	3間半×6間半	（記載なし）			桟瓦
	扉6尺8寸 左右脇込4尺5寸 高さ1丈1尺	2間	（記載なし）	（記載なし）			桟瓦
	2間×2間	2間×2間	2間×2間	1丈1尺	8尺4寸	5尺8寸	
	12間2尺×2間	2間×7間 2間×5間	2間半×7間 5間1尺×2間	1丈2尺			
	2間×2間	2間×2間	2間×2間	1丈8尺	8尺2寸	5尺8寸	
	2間5尺8寸×2間	2間×3間	2間×3間				
	3間×2間 扉9丈 小門3尺 右込3尺1寸 左込2尺	2間×3間	2間×3間	1丈2尺 上下棟まで	1丈		
	2間4尺×2間	2間×2間半	2間×2間半	1丈8尺	8尺2寸	5尺8寸	
	3間半×2間	2間×3間半	3間×3間半5寸	1丈2尺			
	扉4尺8寸 左右脇込5尺	1丈4尺	（記載なし）	9尺			桟瓦
	3間×2間1尺	2間×2間	2間1尺×3間	1丈9尺5寸	7尺	6尺	
	5間×4間1尺	4間×5間	5間×4間	1丈7尺8寸	9尺		
	扉9尺 小門1間半 左込1間	3間	（記載なし）	（記載なし）			
	（記載なし）	4間×5間	4間×5間	（記載なし）			桟瓦
	3間×2間1尺	—	—	1丈5尺			

表1　米子城本丸の櫓・門一覧

整理番号	建物名	種別	規模				
			米子城普請之事 寛永16～享保16 1624～1731年	建築物の記 明治41年写	米子御城明細図 1013 元文4 1739年	伯州米子之図 997	
表曲輪							
1	表冠木御門	冠木門	1間×4間	長4間半	4間	1間×4間 高さ1丈1尺	
2	御櫓	平櫓 二重櫓	3間半×3間 （平櫓）	4間×3間 （平櫓）	2間半×4間 （平櫓）	4間×2.5間 （平櫓） 高さ1丈1尺5寸	
3	続多聞櫓（番所）	番所	2間×2間	―	―	―	
4	御櫓	平櫓	2間半×3間	―	―	―	
5	鉄御櫓門	櫓門	2間半×6間半	6間×2間	2間半×6■	2間半×6間半 高さ1丈2尺5寸	
6	続櫓	多門櫓	2間半×5間	5間×2間半	2間■	2間半×5間 高さ1丈2尺5寸	
7	続多聞櫓	多門櫓	1間半×10間	―	―	2間×6間	
天守曲輪							
8	御番所	番所	2間×10間半	―	（記載なし）	（記載なし）	
9	冠木御門	冠木門	2間半	長2間	2間	2間	
水の手曲輪							
10	二重櫓	二重櫓	2間×2間半	2間×2間半	2間×3間	2間×3間	
11	続多聞櫓（番人宅）	多門櫓	2間×13間	13間×2間	2間×12間 保坂七之右衛門	2間×12間 高さ1丈2尺	
12	続二重櫓	二重櫓	2間×2間半	2間×2間	2間×3間	2間×3間	
13	続多聞櫓	多門櫓	（記載なし）	（記載なし）	2間×3間	（記載なし）	
14	続御櫓御門	櫓門	2間×2間半	2間×2間	2間×2間半	2間×2間半	
15	続二重櫓	二重櫓	2間×2間半	2間×2間	2間×3間	2間×2間半	
16	続多聞櫓（鉄蔵）	多門櫓	2間×3間	3間×2間	（記載なし）	（記載なし）	
17	冠木御門	冠木門	2間半	長2間半	2間	2間	
遠見曲輪							
18	二重櫓	二重櫓	2間×3間	3間×2間	3間×4間半	3間×4間半	
19	続多聞櫓（遠見櫓）	平櫓	4間×5間	―	4間×4.5間	4間×4.5間 高さ1丈7尺5寸	
番所曲輪							
20	裏冠木御門	冠木門	1間に3間	長3間	3間	1間×3間	
21	同所番人宅	番所	4間×5間	―	4間×4間	4間×5間	
22	古塩焇御蔵	平櫓	2間×3間	―	2間×3間	描写あり 当時なしの貼紙	

※凡例 「記載なし」建物が描かれるが規模の記載がないもの 「―」建物が描かれないもの

に三間×二間半の御櫓として記述がある。ただ理由は定かでないが十七世紀前期には早々に取り壊され土塀だけが巡った。

鉄御門に続く、折れ曲がった多門櫓も梁間規模が一間半から二間半に大きく変わっているため建て替えがあった可能性がある。ただ幅一間半の多門櫓となると異常に小さく内部は閉鎖的である。

水の手曲輪の厳重な二重櫓と多門櫓群は江戸期を通じて変化がなかったようである。ただ水の手御門の北側の石垣が小天守台の修理と同じ時期に切込ハギで積み直されているため、上の櫓も幕末期に何らかの修理があったかもしれない。

番所曲輪の番所脇には長らく煙硝蔵が存在した。要するに火薬倉庫であり、分厚い土壁の土蔵であったが、中村天守増築後は天守に近く危険とのことで煙硝蔵の機能としては内膳丸に移された。ただ土蔵はしばらく残存していたようで、幕末の絵図にも描かれている。

以上、本丸の櫓の変遷を追ったが、米子城の櫓の特徴を示すため、遠見曲輪の二重櫓と平櫓、ならびに表冠木御門脇の平櫓を視覚的に復元考察してみたい。いずれの櫓も吉川時代に存在していたと思われ、古式な櫓であったと想像される。まず遠見二重櫓の規模は一階・二階とも同型同大の三間×二間であり、いわゆる重箱櫓と呼ばれる形式の櫓である。よって一重目の屋根は腕木で支えるだけの腰屋根となる。階高は一階が七尺、二階が六尺であり、棟木までは一丈九尺五寸（約五・九メートル）である。二階からの眺望はよく、中海や遠く日本海や境水道の監視を行う重要な櫓であった。

次に遠見御櫓は五間×四間の平櫓であるが、平面上は天守二基に次ぐ城内最大の櫓である。通常小規模の櫓であれば内部は一室であるが、これだけ規模が大きければ中央に十二畳ほどの畳敷きの一室（身舎）があり、周囲に一間幅の武者走り（庇）が巡った平面であったと察せられる。遠見御櫓に兵が詰め、有事には遠見二重櫓から監視するといった用途であろう。寸法通り図面化すると（図6）、絵図には二重櫓と付櫓のように描かれるが、実際は二重櫓より平櫓の方がはるかに大きいため、平櫓の大屋根が二重櫓を大きく干渉するような複雑な造形の櫓だったと想像される。なお遠見御櫓は復元された広島城二の丸平櫓に規模・外観・内部ともよく似た櫓であったと推察される。

表平櫓は三間半×三間のひとまわり大きい櫓であり、表冠木御門を守る重要な平櫓であった。平面が石垣に合わせて大きく台形に歪んでいるのが特徴であり、古式な印象を受ける。

以上、本丸の櫓を復元考察してみると、米子城の二重櫓は城郭史上最小の櫓として注目できる。いずれの二重櫓とも一階の平面規模が二間×二～三間であり、小規模のため二階は逓減せず同型同大の重箱櫓となる。櫓の高さは一階が八尺余り、二階は六尺弱である。つまり二階は立てないほどの低さである。言ってしまえば加茂川沿いに建ち並んだ町家の土蔵の方がはるかに大きい。大洲城苧綿櫓や平屋の土蔵を改築した高崎城乾櫓、減築移築された福岡城祈念櫓が現存最小例で、また淀城天守を囲った四隅の姫路櫓が小さいことで知られるが、米子城の二重櫓ほど小さな櫓は例外を除き確認できる実例がない。

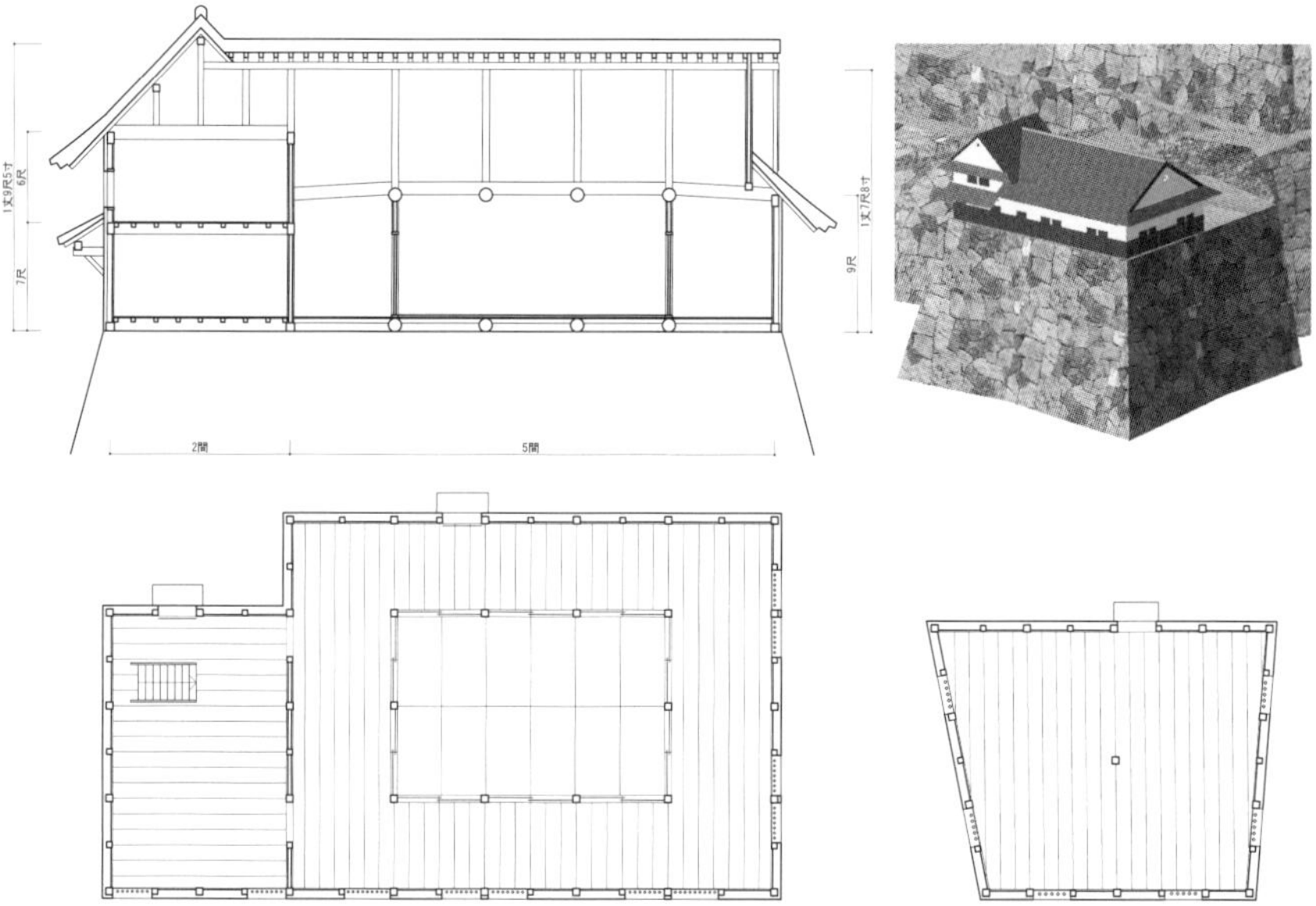

図６　遠見二重櫓・遠見御櫓（左）、表平櫓（右）復元図（作図：福田李怜）

コラム

廃城後の城跡

都市の中心部に位置する城跡は、明治の廃城令後に陸軍もしくは大蔵省所有となった。基本的には山頂の手狭な本丸は石垣を残してそのまま放置されたが、山麓の広大な二の丸や三の丸は積極的に都市開発が行われた。天守や櫓・門は取り壊され、石垣は部分的に解体され、水堀は埋め立てられた。

まず陸軍所有となった大都市の城跡は、明治期の富国強兵の影響で練兵場や軍需工場が城内に置かれた。ただそのため昭和二十年（一九四五）には空襲の標的にされてしまい、軍用利用されて残存していた天守や櫓・門が多く焼失してしまった。

さらに大蔵省所有となった地方の城跡では、役場や学校、駅などの公共用地として払い下げられた。

それ以外の城跡は公園化された。日本人は城に桜の組み合わせが好きであるが、城内に桜を植えるようになったのは明治中期以降である。

山陰では明治三十六年（一九〇三）明治天皇の山陰行幸に合わせて城内に天皇の宿泊所が新築された。ただ実際には日露戦争勃発で延期となり、明治四十年（一九〇七）にのちの大正天皇行幸時に使用された。鳥取城跡には仁風閣、松江城跡には興雲閣、倉吉打吹城跡には飛龍閣、浜田城跡には御便殿が建築された。米子では現湊山公園に富次精斎が建築した鳳翔閣があったが昭和四十五年（一九七〇）に取り壊された。

米子城跡は明治期に坂口氏の所有になったが昭和八年（一九三三）に市に寄付された。個人所有であったこともあり、他城と比較すると大きな開発が行われておらず、本丸・二の丸の石垣の保存状況が良好である。そのため平成十八年（二〇〇六）に国の史跡に指定、平成二十九年（二〇一七）には続百名城にも選定され、市教委より史跡米子城跡保存活用計画が策定された。今後目先の利便性だけでなく、百年、二百年後を見越した保存・活用が求められる。

なお、天守などの建物に文化財的な価値を見出したのは昭和になってからである。明治に入り廃城令とともに廃仏毀釈の風潮で、優れた城郭と寺院が取り壊しの危機にさらされ荒廃した。そこでまずは社寺を保護するため明治三十年（一八九七）に古社寺保護法が制定され、遅れて昭和四年（一九二九）の国宝保存法でようやく城郭も保護対象になり、天守が国宝に指定されて保存されることとなった。昭和二十五年（一九五〇）の文化財保護法で国宝と重要文化財に分類され、天守以外の御殿や門・櫓なども文化財に指定されるようになった。

（金澤雄記）

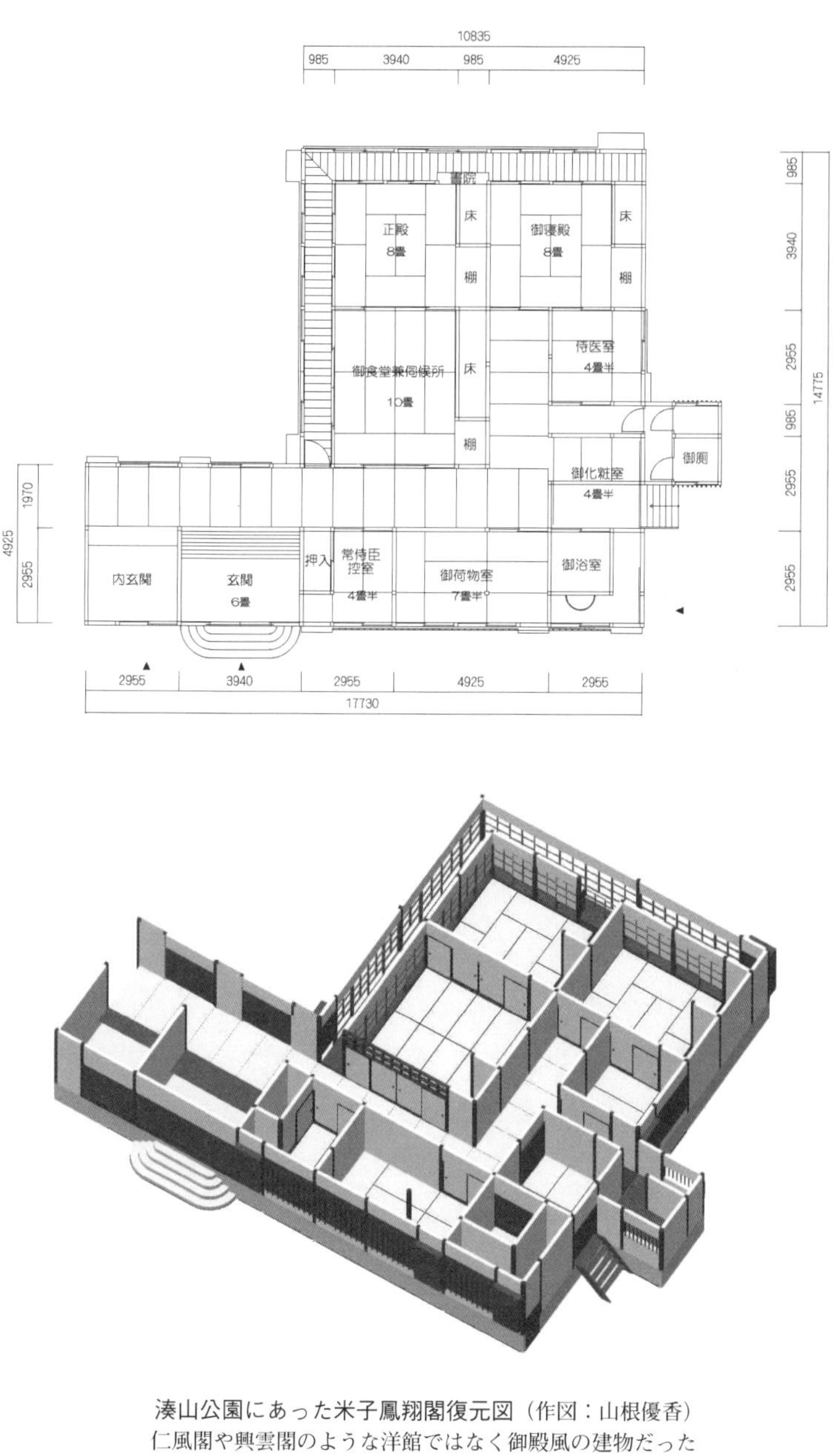

湊山公園にあった米子鳳翔閣復元図（作図：山根優香）
仁風閣や興雲閣のような洋館ではなく御殿風の建物だった

大小天守の復元

天守とは

ここで一般的に天守に関して誤った認識があるため、先に少し天守とは何かについて話しておきたい。まず天守とは城内で最高所にある大型の櫓である。他の櫓と格式を異ならせるため、例えば廻縁を設けたり、装飾のための破風（千鳥破風・唐破風）や出窓を多く設けたりするなどの明らかな意匠的な違いがみられる。

天守の発生起源は、機能的には中世山城の井楼櫓が発展したものであり、構造的には御殿の上に望楼を載せたものである。いずれにせよ木々が生い茂る山頂で、より広範囲を眺望しようとして造られた高層の建物である。中世山城にも本丸部分には天守に相当する高層建築があったようで、文献には伊丹城（一五二一年）・楽田城（一五五八年）、松永久秀の信貴山城（一五六〇年）・多聞山城（一五六二年）などに二階建て以上の櫓があったとされるが建物としての詳細は定かでない。また織田信長の小牧山城（一五六三年）・岐阜城（一五六七年）にも天守が存在したが、五重の本格的な天守となると安土城天守（一五七六年）が史上初である。

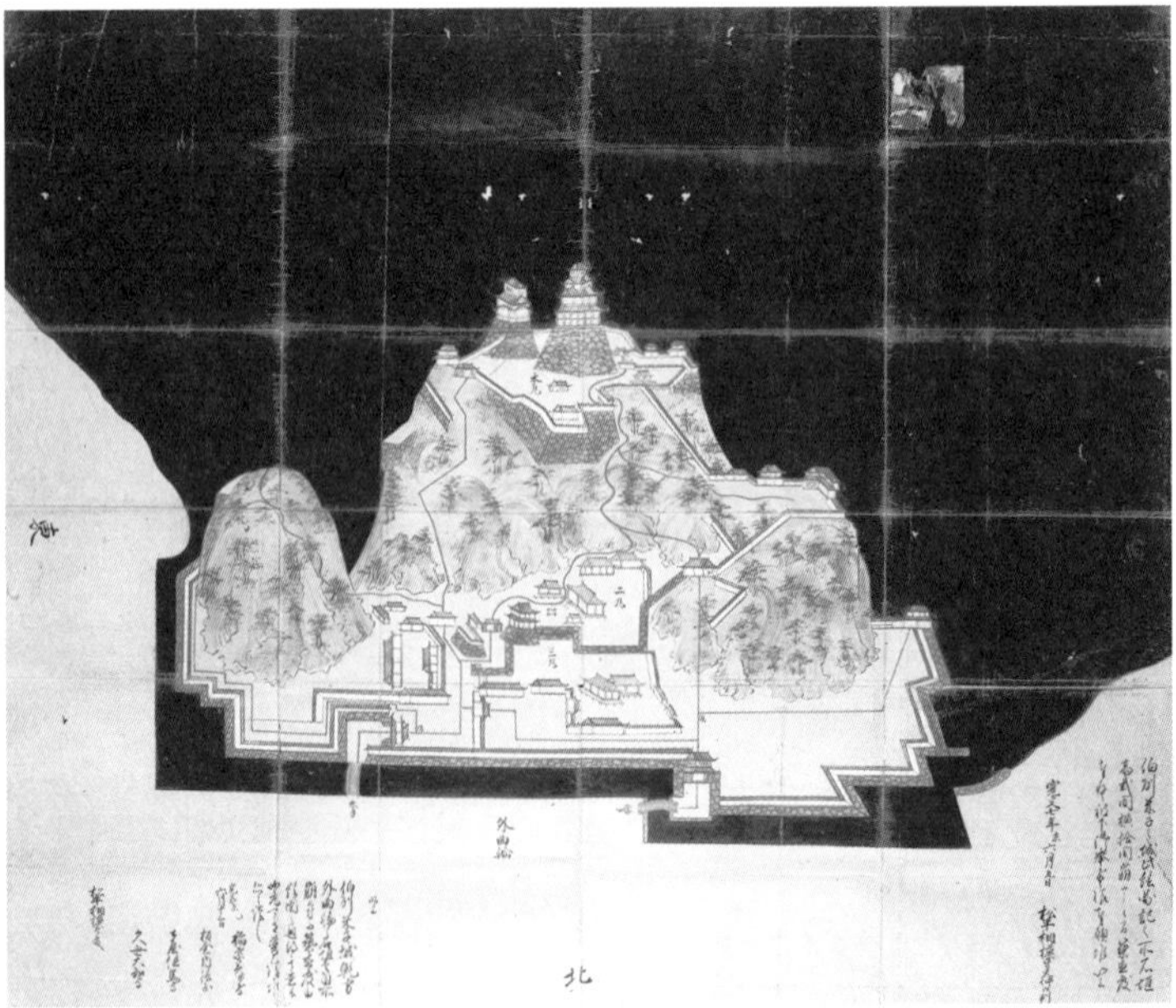

図7　「米子城石垣御修覆御願絵図」　寛文7年（1667）　鳥取県立博物館蔵　No.998

天守の用途としては、戦国期では有事の際に司令塔として機能するように計画されていたが、特に太平の時代となった江戸期では専ら武器庫として用いられるのみであった。つまり藩主といえどもむやみに天守に入ることはなく平時は厳重に施錠されており、例えば参勤交代で帰国後などに天守に保管される武具の確認などで入ることがあったくらいである。もちろん天守は生活の場ではない。ただ三階以上の建物が一般的でない時代にあって天守のような高層建築は領民にとっては絶対的な支配力の象徴であっただろうし、他国からすれば軍事力の象徴であっただろう。

大小天守の史料

ではまず米子城のシンボルともいえる大小天守がいかなる建物であったか視覚的な復元を進めてみたい。一般的に失われた建築の概要を示す史料としては、取り壊し前の「古写真」、現在の設計図に相当する「指図」、建物を鳥瞰的に描いた「絵図」、その他建物の規模や高さなどを記した文献史料や、ごくまれに建物の模型である「雛形」などがある。

米子城全体の概要を示す史料には、まず鳥取県立博物館が所蔵する城の修復願の控えの絵図が約二十枚あるが、全体的に稚拙な絵画史料のため建物の詳細を知ることは難しい。米子城を描いた絵図で現在確認できる一番古いものは寛文七年（一六六七）「米子城石垣御修覆御願絵図」（図7）であり、これ以降の修復願絵図はこの絵図とほぼ同じ内容が描かれる。ただ修復願絵図と別系統の絵図もあり、建物の規模や石垣の高さを記した「伯州米子之図」（図3）、城内と城下町を平面的に描いた宝永六年（一七〇九）の「伯耆国米子平図」（134頁図6）、米子城全体を写実的に描いた弘化四年（一八四七）「米子御城正門之御絵図面」（41頁図12）などがある。また文献史料としては「米子城御普請之事」に城内の各建物の規模と高さが記される。

大天守に関しては明治十一年（一八七八）頃撮影されたと伝えられる古写真（図8）が一枚のみある。また大天守台下の石垣の詳細な修復願いである弘化二年（一八四五）の「御天守」には大天守の北東面の姿図が描かれている（図9）。

なお、大天守の規模は「伯州米子之図」ならびに「米子城御普請之事」の記載によると下記の通りである。

一階	十間×八間	高さ一丈二尺
二階	十間×八間	高さ一丈一尺
三階	六間×七間	高さ一丈四尺

図９「御天守」弘化２年（1845）
鳥取県立博物館蔵　No.1031

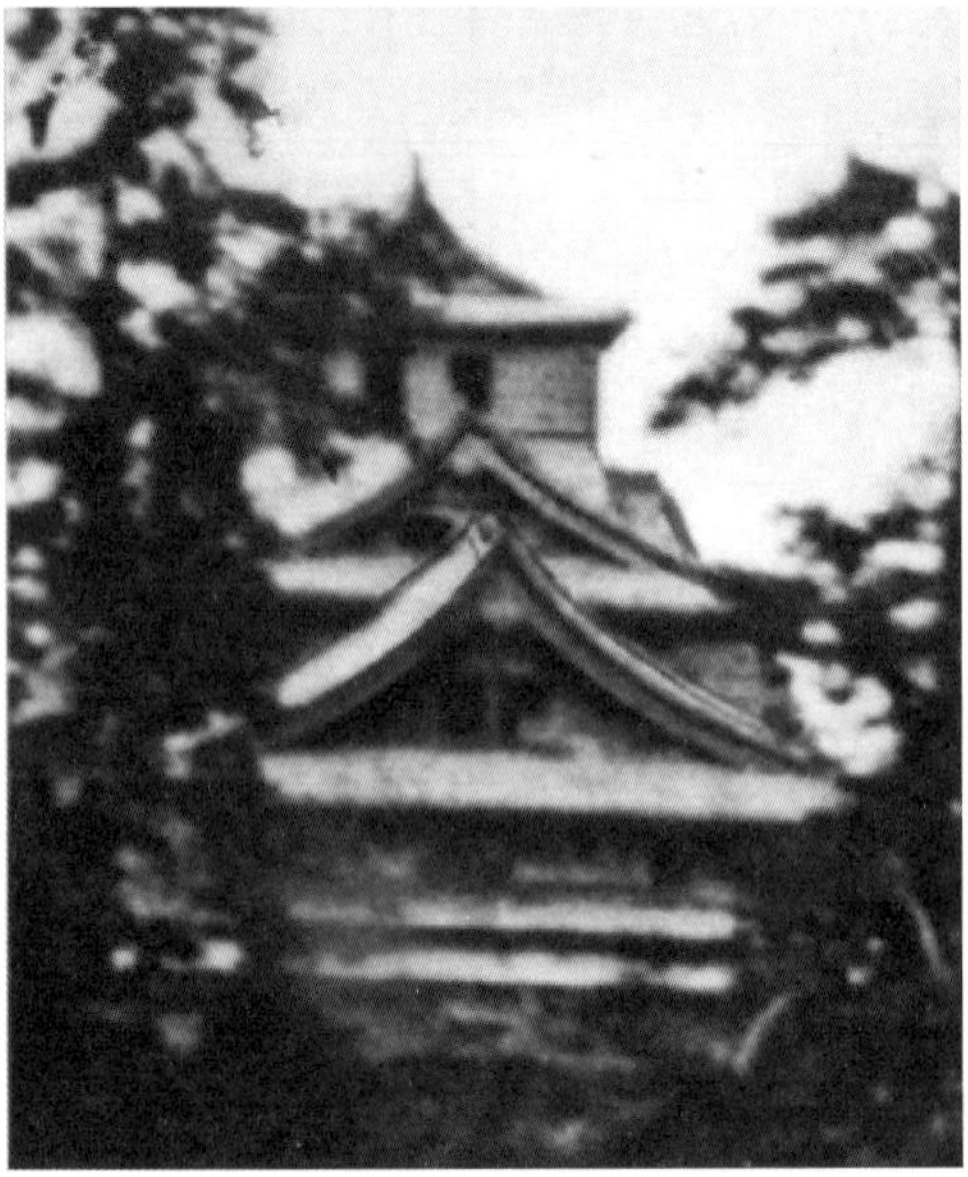

図８　米子城古写真（部分）　冨田公夫氏蔵
手前の小天守はすでに取り壊されており、大天守の南東面が写る

四階　三間×二間半　高さ一丈一尺
五階　三間×二間半　高さ八尺七寸（棟までは一六尺）
総高　六丈六尺九寸（約二〇・二メートル）

小天守に関しては幕末の修理の際に描かれた「弘化四年未三月日四階御櫓絵図面入」に収められている指図がある。建築当時の指図ではないが、柱や梁組など建物の概要を詳細に描いた一級史料である。「四重御櫓地差図」（図10）は各平面図の指図で、一重二重、三重、四重の三枚存在する。なお一階と二階は同じ形なので一枚にまとめ、黒が一階、朱が二階となるよう描き分けられている。三枚すべてにいえることは、柱は「■」、梁は「⊏」、屋根を支える小屋束は「○」で表されており、建物の基本的な構造が理解できる。さらには階段の記述もあるが、壁や窓、間仕切りなどの建具の記載はなく、この点は復元の考察が必要である。

また「四重御櫓弐拾分一之図」（図11）は南東方向から見た梁行方向の断面図の指図（建《たて》地《じ》割《わり》図《ず》）であるが、初重では東南面の唐破風出窓（石落し）が描かれており、また二重目の屋根では右半分では梁行方向の断面図を描き、左半分では桁行方向の断面図を描いているため、立面図的な要素も含んだ指図である。

なお、小天守の規模は「伯州米子之図」ならびに「米

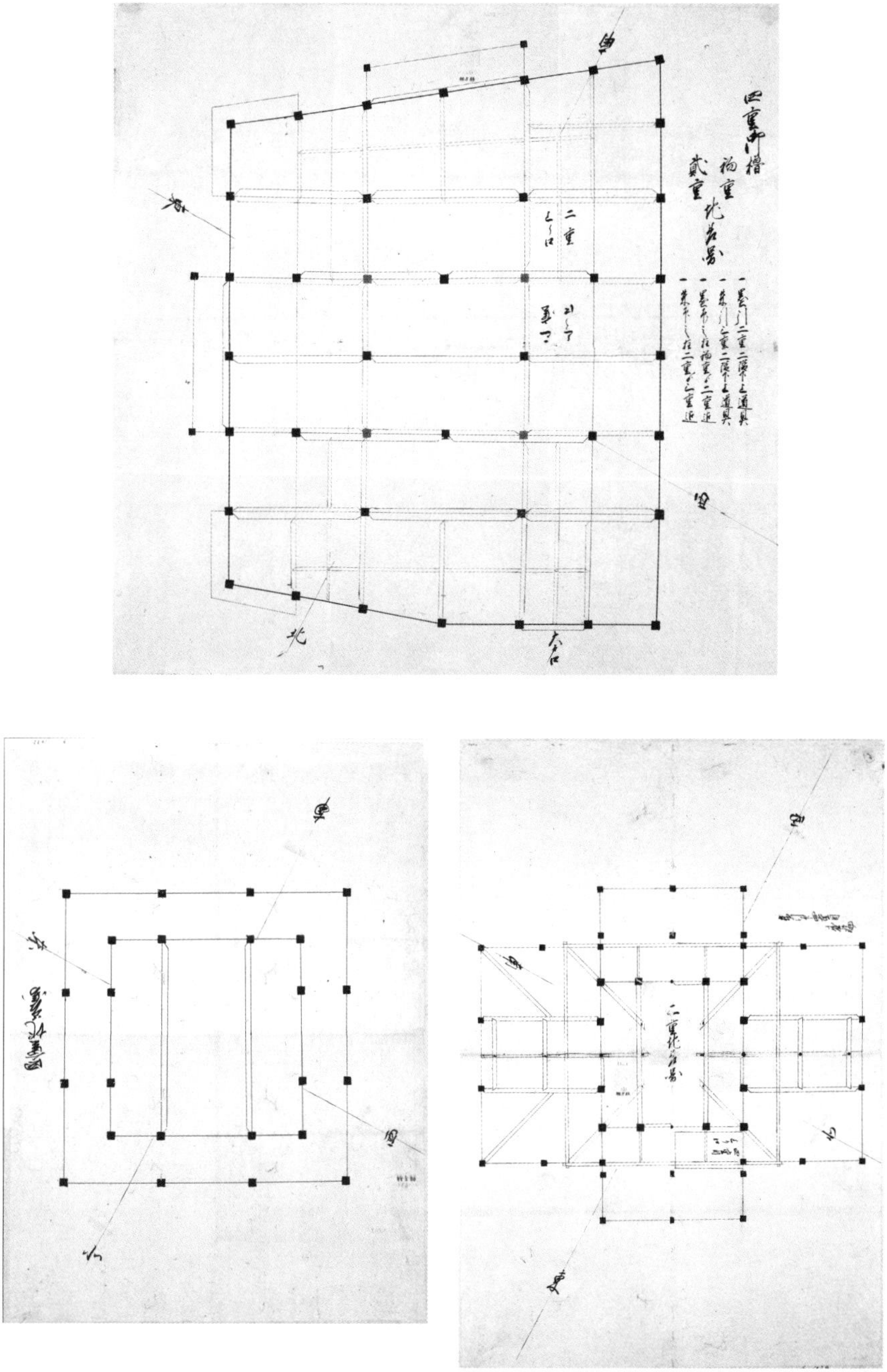

図10　「四重御櫓地差図」　弘化4（1847）年　鳥取県立博物館蔵　No.1033～1035

子城御普請之事」の記載によると下記の通りである。ただし各階高さについては「四重御櫓弐拾分一之図」とわずかに異なる（括弧書きは「四重御櫓弐拾分一之図」に記される寸法）。

一階　六間×七間二尺　高さ九尺六寸　（九尺）
二階　六間×七間二尺　高さ九尺六寸　（八尺七寸）
三階　二間×二間　高さ一丈二尺六寸（一丈一尺九寸）
四階　二間×二間　棟まで一丈五尺七寸（八尺七寸）
総高　五丈六寸（約一五・三メートル）

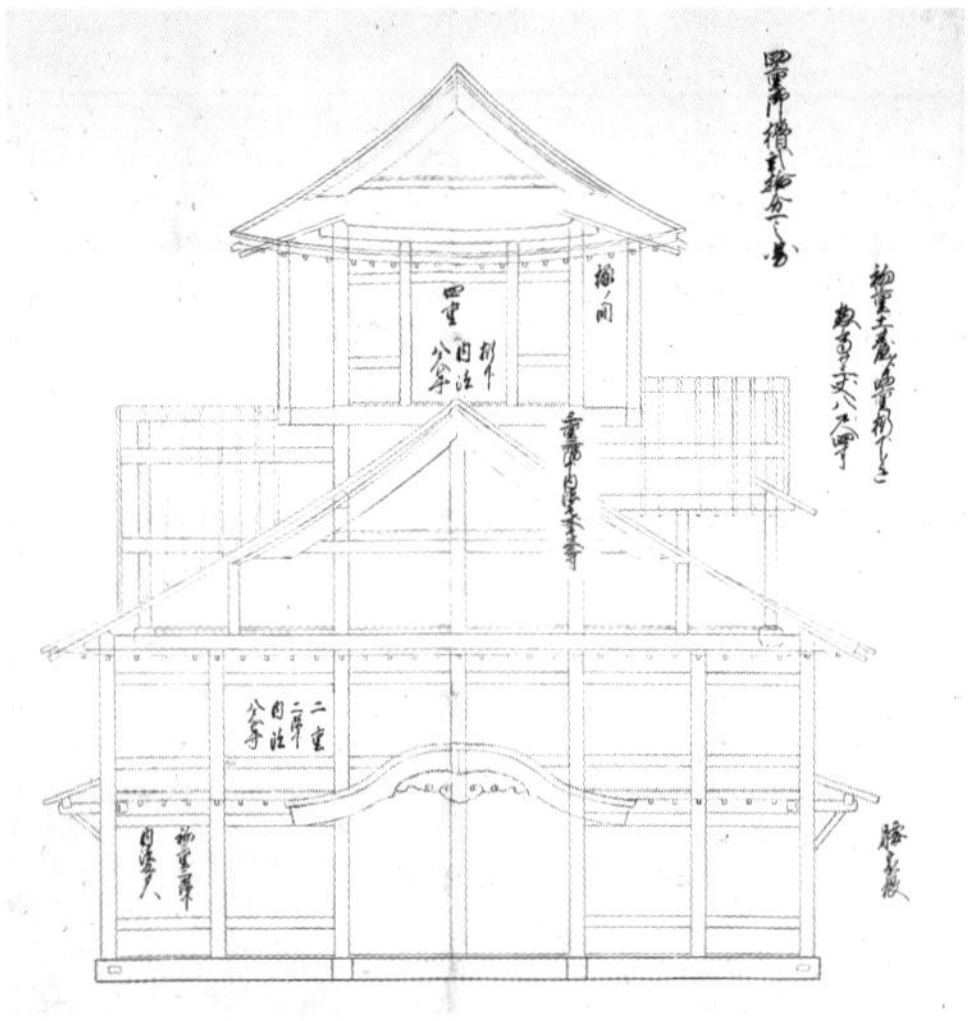

図11　「四重御櫓弐拾分一之図」 弘化4年（1847）
鳥取県立博物館蔵　No.1032

米子城大天守の復元

以上の史料をもとに、大天守に関してはこれまで松岡利郎氏と三浦正幸氏により二つの復元が試みられている。松岡氏の復元図（図12）は北東面の立面図を描いたもので、「御天守」の姿図を忠実に図面化したものである。特徴としては、二重目と三重目の屋根が正面（桁行方向）と側面（梁間方向）の両面とも入母屋造になっている点であり、他の天守に類例がない特異な姿である。上から見ると屋根の棟が十字に交差しているため、こうした複雑な屋根の作り方を「八棟造り」と呼ぶこともある。

ただ入母屋造の屋根が十字に交差する屋根形式は神社本殿には事例があるが、天守ほど高層な建物では上部から流れてきた大量の雨水が四隅に集中するため、どうしても谷間部分で雨漏りしてしまう。また例えば二重目の屋根をみると二階平面は十間×八間の長方形であるため、屋根勾配が妻面と平面の両方で異なる入母屋造になってしまう。

加えて小天守のところで後述するが、大小天守の最上階には廻縁があったが、幕末には仮設的な板壁で覆われていたため、半間の廻縁の存在を考慮すると、上部が全体的に一間ずつ小さくなっている。

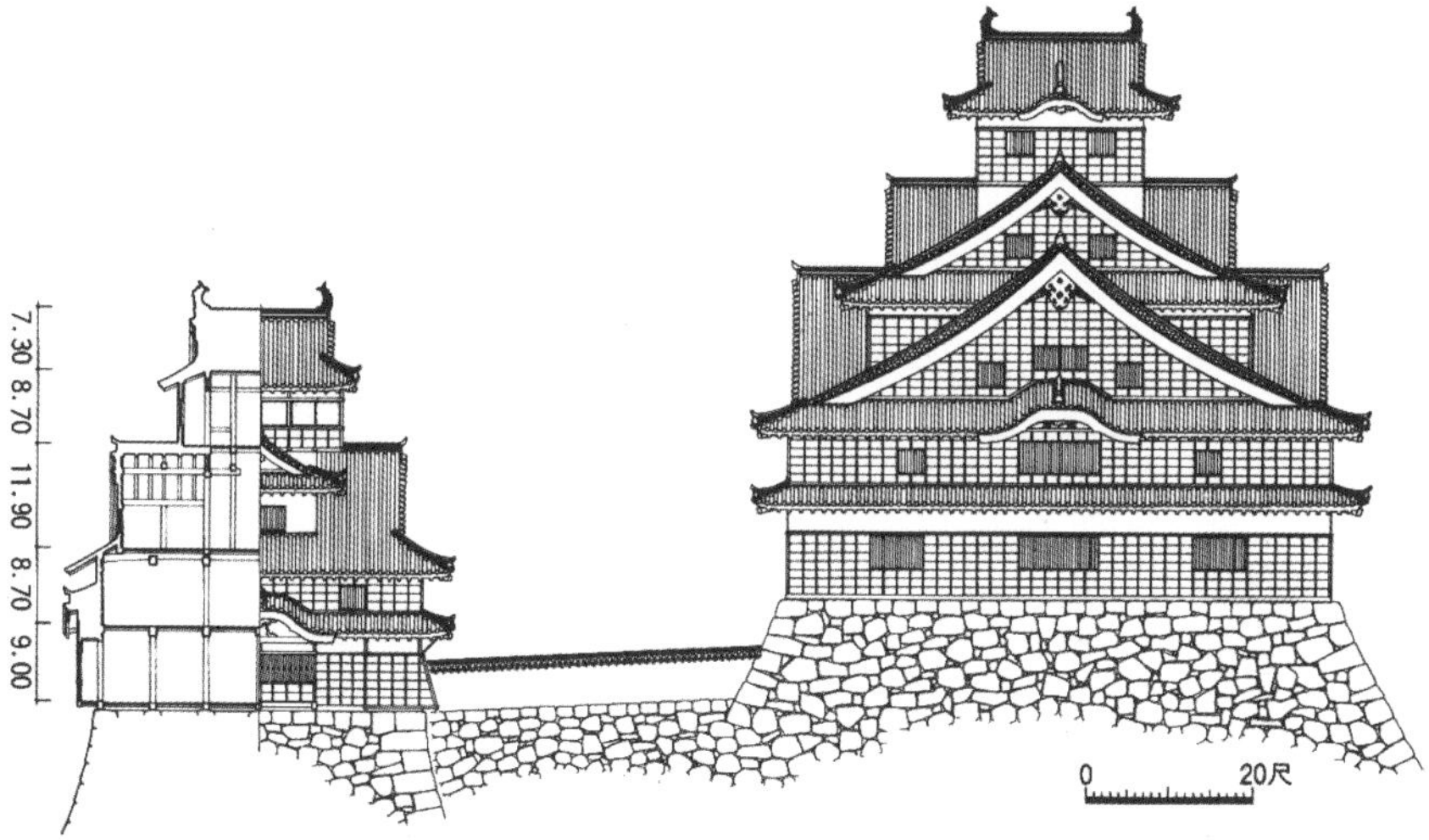

図12　米子城大小天守復元図（松岡利郎案）（出典：『山陰の城』）

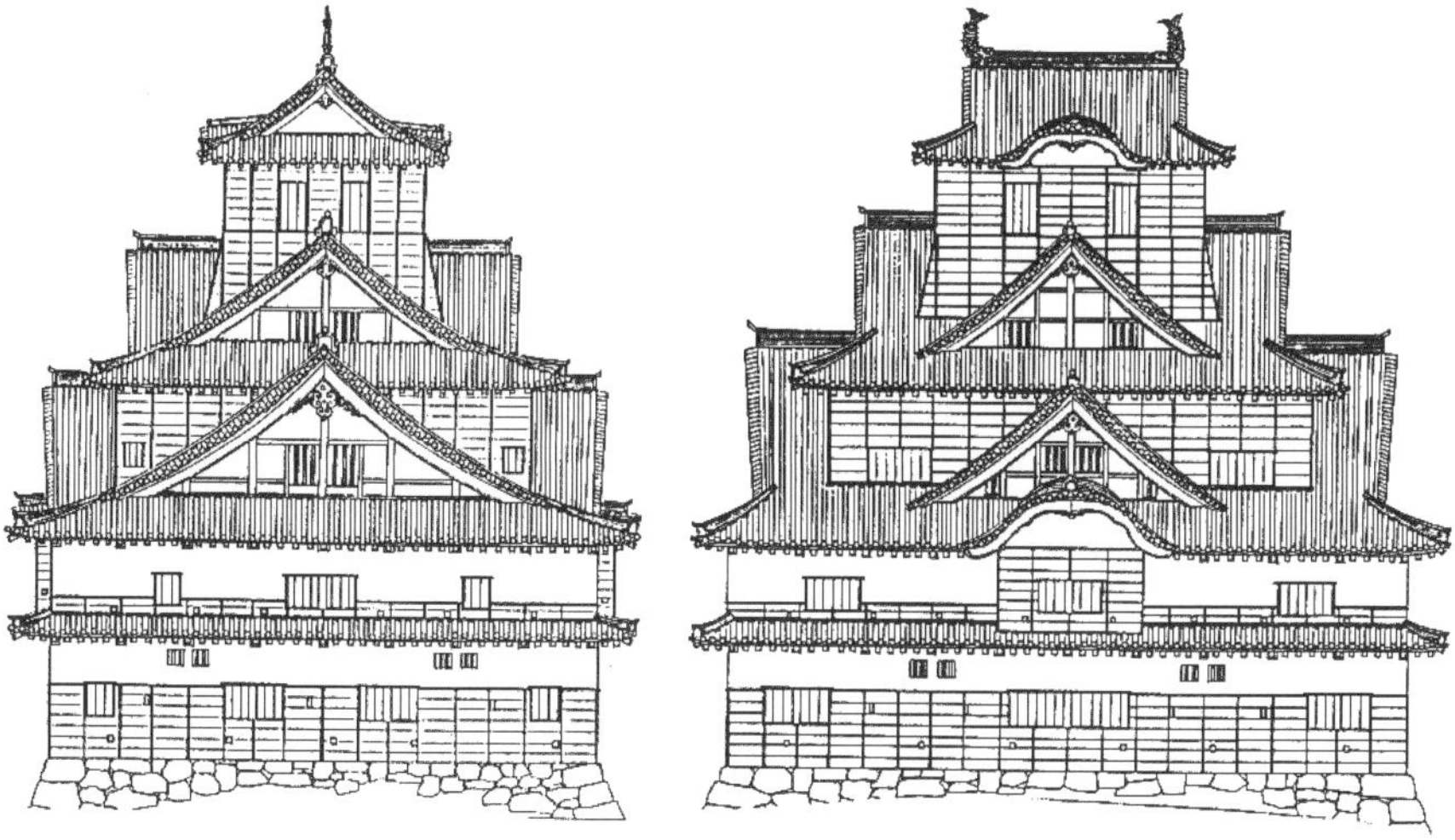

図13　米子城大天守復元図（三浦正幸案）（出典：三浦正幸「伯耆の米子城の復元」）

この二点を合理的に修正したものが三浦氏の復元図（図13）である。北東面と古写真に写る南東面（北西面も同じ）を描いたもので、北東面に千鳥破風が二つ重なり、二重目には唐破風出窓の隠し石落しが付いているのが特徴である。

以上、大天守に関しては古写真や絵図により概ね外観は分かるものの、史料不足により内部構造が一切わからないのが現状である。大天守の建築的な特徴としては、まず松江城天守のような穴蔵がなく、広島城や岡山城天守のように付櫓もなく、本丸から直接階段で天守へ出入りすることが挙げられ、防備の薄い平和的な天守である。また一階平面が完全な矩形であることは発達した石垣普請の技術である。全体的な構造としては、二重の入母屋造の基部の上に、一重の入母屋造の建物を載せ、さらに二階建ての望楼部を載せた三層構造をしており、いわゆる「望楼型天守」と呼ばれる古式な形式である。

ちなみに入母屋屋根を交差させず同じ方向で重ねると、屋根が干渉してしまい収まりが難しい。そのため入母屋屋根を同じ方向に三つ重ねた天守は「大阪夏の陣図屛風」に描かれる豊臣大坂城天守くらいしか類例がない。

米子城小天守の復元

幕末時　次に小天守について復元を試みる。小天守に関しては同じく松岡氏と筆者が復元を試みている。松岡氏の復元図（図12）は大天守と同じく北東面を描いたもので、右半分を立面図、左半分を断面図としている。全体的に「四重御櫓弐拾分一之図」の指図を忠実に図面化したもので、一番の特徴は最上階が三階よりひとまわり大きく張り出した「南蛮造」となっている点である。ただ各階の平面を考慮していないため、幕末に描かれた「四重御櫓地差図」をもとに各階の平面を詳細に考察してみたい。指図をもとに各階の平面を描き起こすと図14のようになる。

一階平面の特徴は、まず石垣に沿って大きく歪んだ不等辺五角形をしていることである。さらに隅には石落しが二つ、中央には唐破風出窓の石落しが二つある。小天守は城内でも一番高い石垣の上に建っているため石落しは有効であるが、これほど過剰防備をした実戦的な天守も例が少ない。内部をみると柱が交互に乱立しているため部屋を作ることができない。これは補強による改造の痕跡とみることができる。小天守の入口は北西面の「大戸口」と描かれた位置にあり、大天守同様に穴蔵や付櫓がなく直接入る構造となっている。

二階は一階と同型同大であるが、中央四本の柱だけで上部を支えている。小天守はさほど大きな建物ではないので十分であるが、上部の大入母屋屋根を支える梁が複雑に重なり合っているところが見どころである。この四本の柱で囲まれる部屋は八畳の広さがあり、周囲を幅約二間の武者走りが巡る。

三階は二間×二間の身舎に、北西面と南東面に入母屋屋根裏の破風の間が二室、北東面と南西面に出窓が二室付属している。それらの部屋を含めると全体で四間半×五間二尺となる。三階はほとんどが大入母屋屋根の内部で、いわば屋根裏部屋であり、開口部が入母屋の妻面にだけしか設けることができない。そこで入母屋屋根に出窓を設けて開口部を確保するとともに、壁面をより前に出すことにより眺望の死角を少なくする工夫がみられる。

四階は二間×二間の身舎があり、その四方を半間の入側が巡り、全体として三間×三間の平面構成となっている。

外観に関しては実は史料が乏しくはっきりしない。大天守は古写真より初重は窓の上部の高さまで、二重は窓の中間の高さまで下見板が張ってあるのがわかる。この古写真に写る大天守の外観を踏まえた上で種々の絵図を見てみると、大天守を正確に表した絵図は一枚もない。絵図のほとんどが下見板張りでない白壁の天守が描かれており、中には外観に柱が表れた真壁造りの表現がなされた「伯州米子之図」もあるが、古写真を見る限り大天守は真壁造りでなく、さらに初重からすべての重を真壁とする天守は現存例がない。したがって絵図に描かれている小天守の外観も参考にならないのである。

ゆえに外観に関しては推定復元となってしまうが、一般的に広島城・岡山城・熊本城天守などの関ヶ原の戦い以前の初期天守には下見板張りが施されており、時代が新しくなるにつれて白壁の天守に変わっていくため、時代的にみれば小天守も大天守と同じく下見板張りが施されていたと考えられる。よって窓の上部まで下見板張りを施し、下見板上部は漆喰塗りの大壁造りの白壁として復元した。なお下見板は無骨な印象を与える天守のデザインを決める重要な要素であるが、物理的な役割からみれば白漆喰壁を風雨から守るためのものであり、山陰の天守には不可欠なものであっただろう。

窓に関しては、城郭の窓は、基本的に格子の外に突き上げ戸か、もしくは格子の内側に引戸を置くかのどちらかである。しかし下見板張りの外壁を持った窓に引戸を設ける例は少なく、小天守も大天守と同じく突き上げ戸

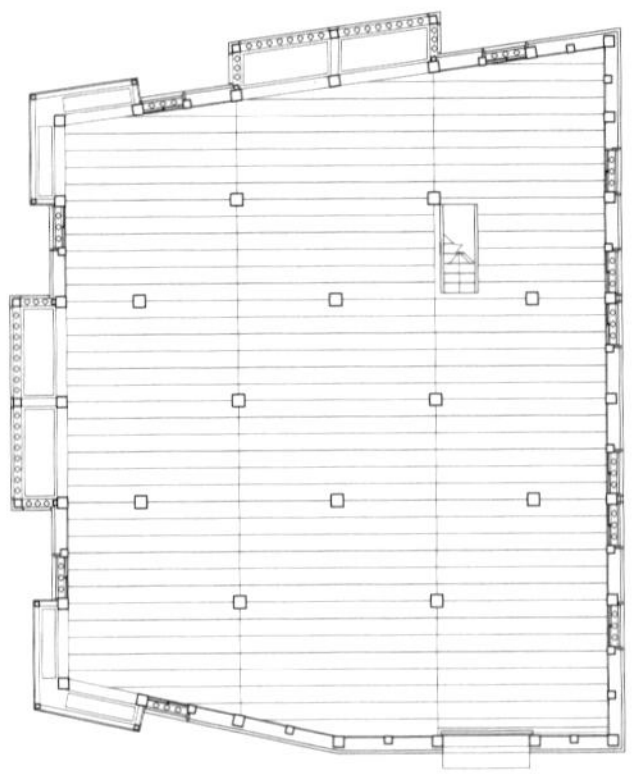

幕末期一階復元平面図

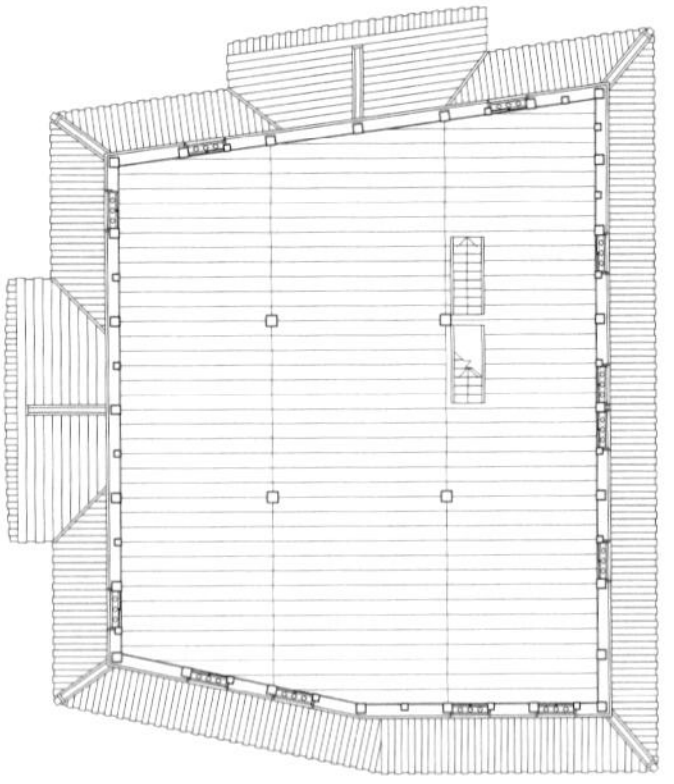

幕末期二階復元平面図

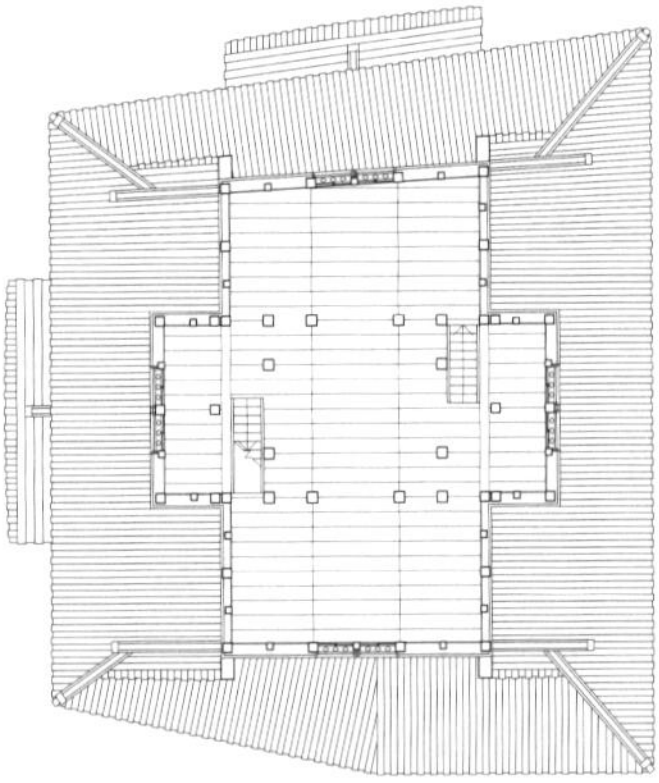

幕末期三階復元平面図

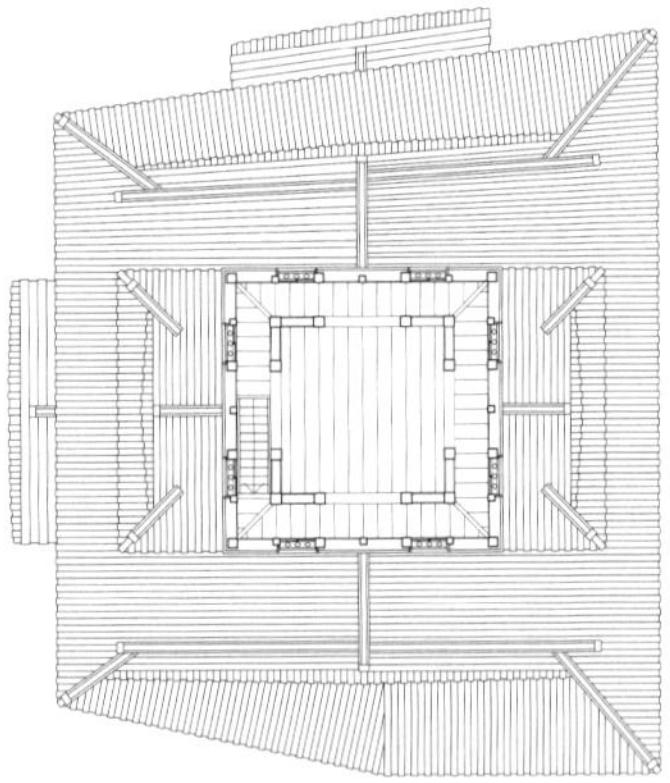

幕末期四階復元平面図

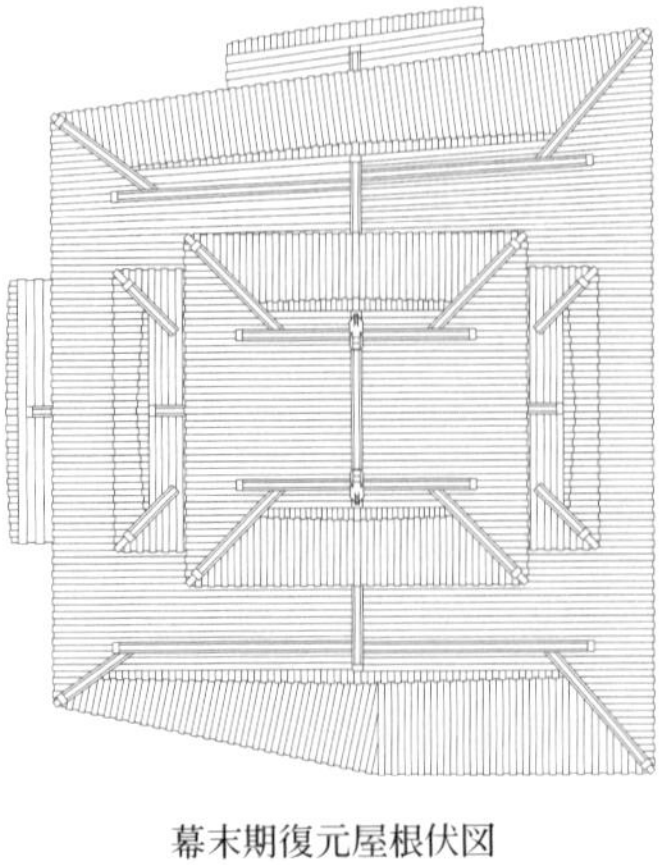

幕末期復元屋根伏図

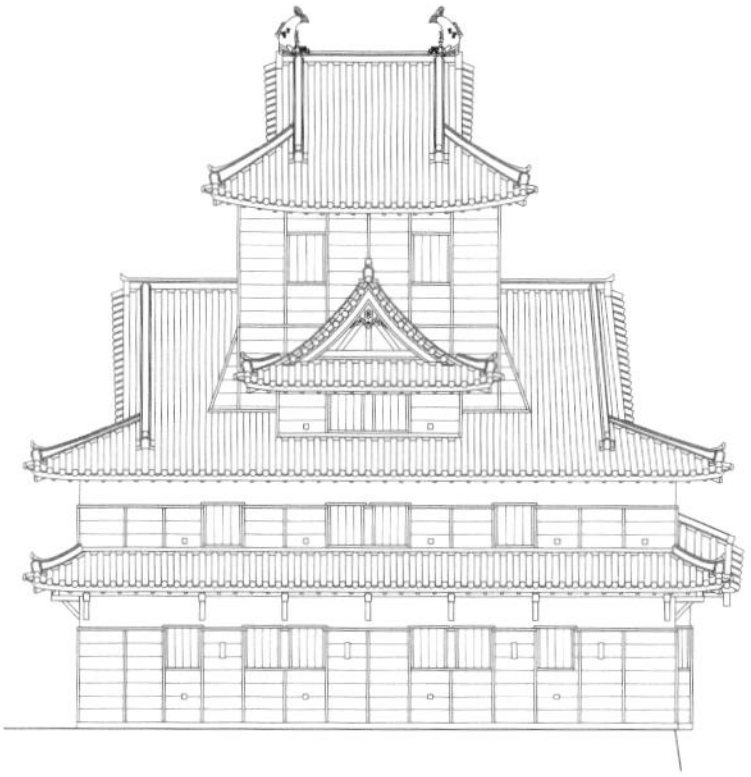

幕末期南西復元立面図

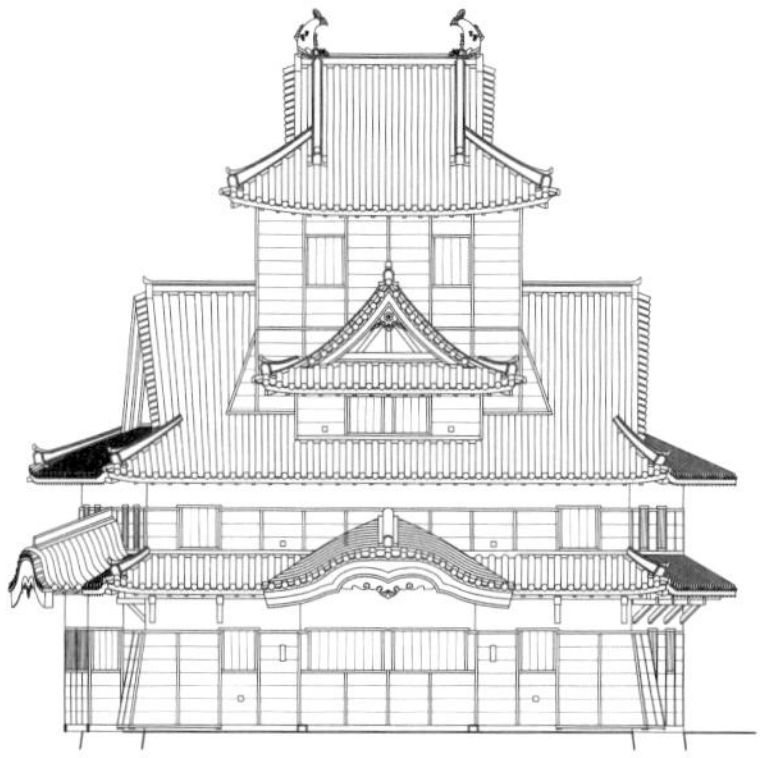

幕末期北東復元立面図

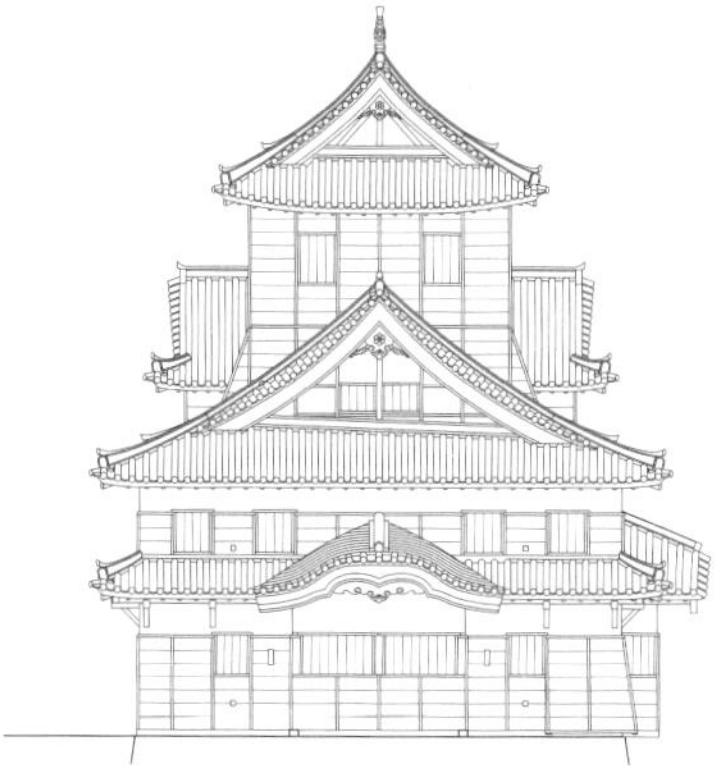

幕末期南東復元立面図

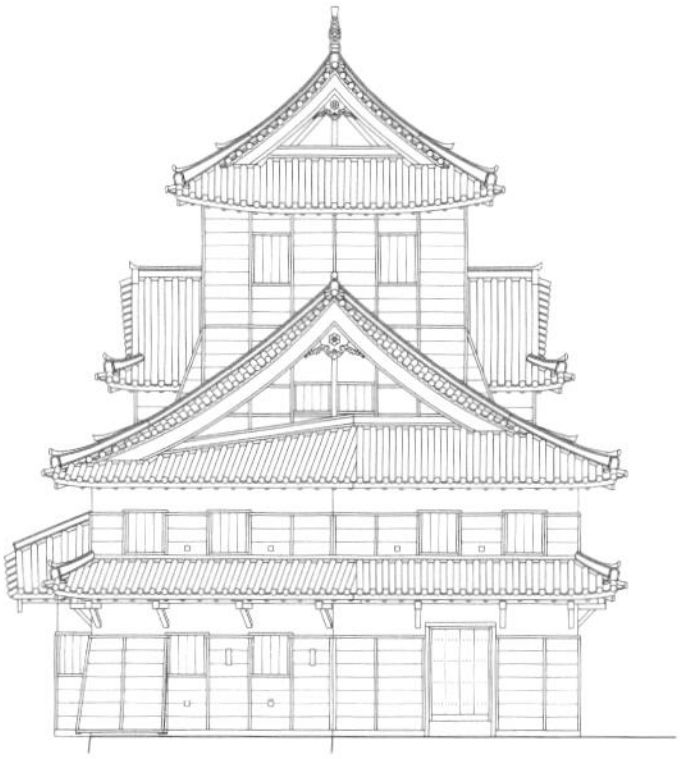

幕末期北西復元立面図

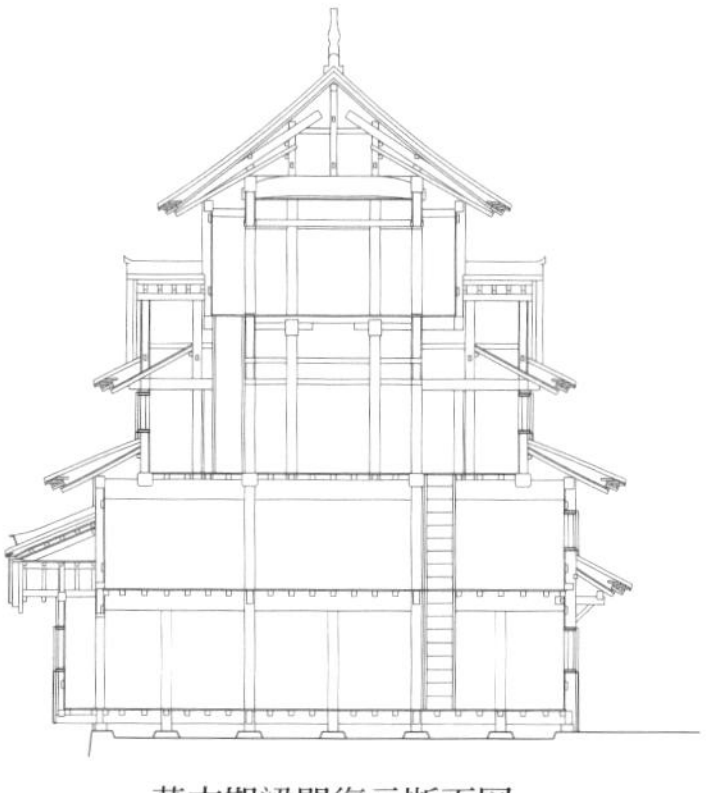

幕末期梁間復元断面図

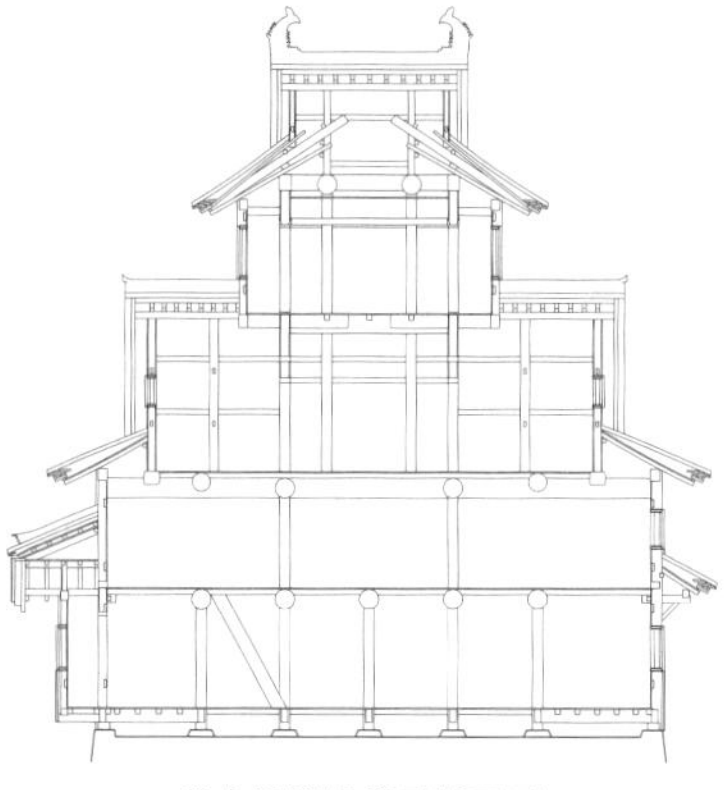

幕末期桁行復元断面図

図14　米子城小天守復元図（幕末期）
（出典：拙稿「米子城小天守（四階櫓）の復元―幕末期―」）

であったと考えるのが妥当である。窓の配置については、一般的に半間幅の窓を一定間隔で配置し、死角をなくすため原則的に上下階で窓位置をずらして配置する。米子城小天守に関しても、出窓や石落しの関係上、合理的に配置が決まる窓がいくつかある。それを配置した後、上記の原則に従えば、おのずと窓配置は定まった。

さらに細かいことではあるが、指図を見る限りでは屋根裏は塗り籠めておらず、垂木などの木部がそのまま見えていたようである。通常城郭建築は防火のために屋根裏を漆喰で塗り籠めるが、松江城天守も付櫓以外は屋根裏を塗り籠めておらず、山陰の地方色と捉えられるかもしれない。

創建時　さて指図より復元を試みた小天守であるが、これは幕末に描かれた指図を用いているため、幕末の姿を復元したに過ぎない。言い換えれば、建築後約二五〇年を経過し、何らかの改造が加えられた後の姿である。そこで改造部分を探り出し、もとに戻すことで吉川広家が創建した当時の姿の復元を試みる。

小天守に関して幕末の修理後までの大きな改造点は大きく二点読み取れる。まずは一階部分であるが、一般的に天守建築の平面は、中央部に数部屋が集まった「身《も》舎《や》」の周囲を、「武者走り」と呼ぶ廊下状の「庇」が取り囲む平面構成となる。特に平面が歪んだ望楼型天守では身舎部分を矩形で作り、平面上の歪み部分を庇部分が吸収するような工夫がなされる。以上を踏まえ幕末期の一階平面をみると柱が乱立しており、身舎と庇に分けて部屋を仕切ることができない。そこで創建時の柱位置を知るために現状の小天守台の礎石をみると、中央部の四ヶ所に大きな礎石が存在する（**94頁コラム図**）。ここに主柱を置き、八畳間を二部屋作り、それ以外の梁間方向の柱を六本取り除くと創建時のすっきりとした平面が復元できる。

ここでなぜこの中央部の四本の柱を取り除いて別の場所に六本の柱を加えたのか、ということであるが、幕末期の小天守の構造に着目すると、この四本の柱は通し柱ではないが、一階から四階まですべて同じ位置に柱が立っており、ほぼ小天守の中心荷重をこの四本の柱が支えているため、柱の根元が傷んでいたか、もしくは傾いていたとも考えられる。また幕末の小天守台の石垣の修理の際に石垣を積み直したわけであるから、小天守を宙に浮かせておかなければならなかった。そこで柱四本では頼りないため柱を抜き取り、柱を三本ずつ二列に立てて補強の梁をかけて上の階を支えるような構造に変えたものと思われる（**図17、18**）。

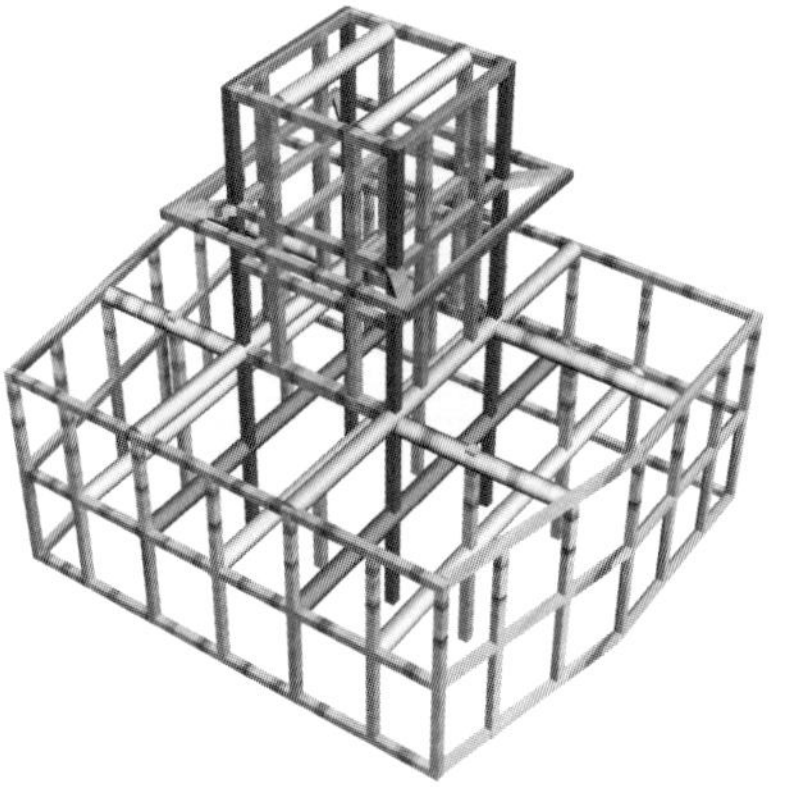

図17　創建時米子城小天守復元骨組CG
（作図：石原啓之）
創建当時は中央部の柱４本の柱位置が1階から4階まで一致していた

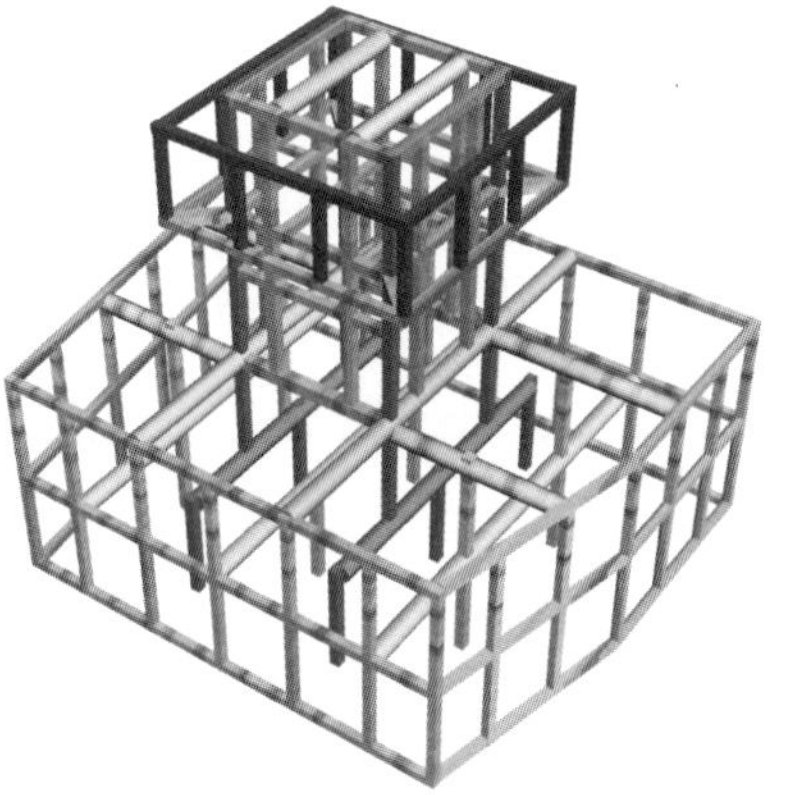

図18　幕末期米子城小天守復元骨組CG
（作図：石原啓之）
幕末修理時に中央部一階の柱を６本とし、最上階廻縁を仮設的な柱を立て覆った

もう一つ、一番の大きな改造は最上階の廻縁《まわりえん》を板壁で覆ったことである。小天守の最上階に廻縁があったことを示す史料として、「四重御櫓弐拾分一之図」では幕末期の小天守の最上階は三間で描かれるが、「伯州米子之図」ならびに「米子城御普請之事」の記載によると最上階の規模は二間四方とある。つまり周囲半間の廊下部分は室内寸法にカウントされておらず、もともと屋外の廻縁だったことを示している。この廻縁部分の外側を仮設的な板壁で覆ってしまった姿が幕末期の姿なのである。

加えて三階部分もあわせて考察を加える。指図より幕末時の平面を復元すると、この廻縁の下の部分に三階から四階に上る階段が描かれている。そうするとこの階段は大入母屋屋根を突き破って屋外に存在することになるため、この部分も板壁で覆わなければならなくなる。結果的には三階も四階も板壁で覆われて、幕末時には二間四方から三間四方になり、ひとまわり大きくなっていた。この姿は古写真に写る大天守と同じような姿を想像でき、最上階には中央部に縦長の開口部があり、三階部分は水切りのため下方に広がった腰袴状の板壁で覆われていたと考えられる。この仮設的な板壁を取り除けば三階と最上階とも本来の二間四方の壁面が現れ、最上階には廻縁が巡っていた創建時の姿を復元できる。

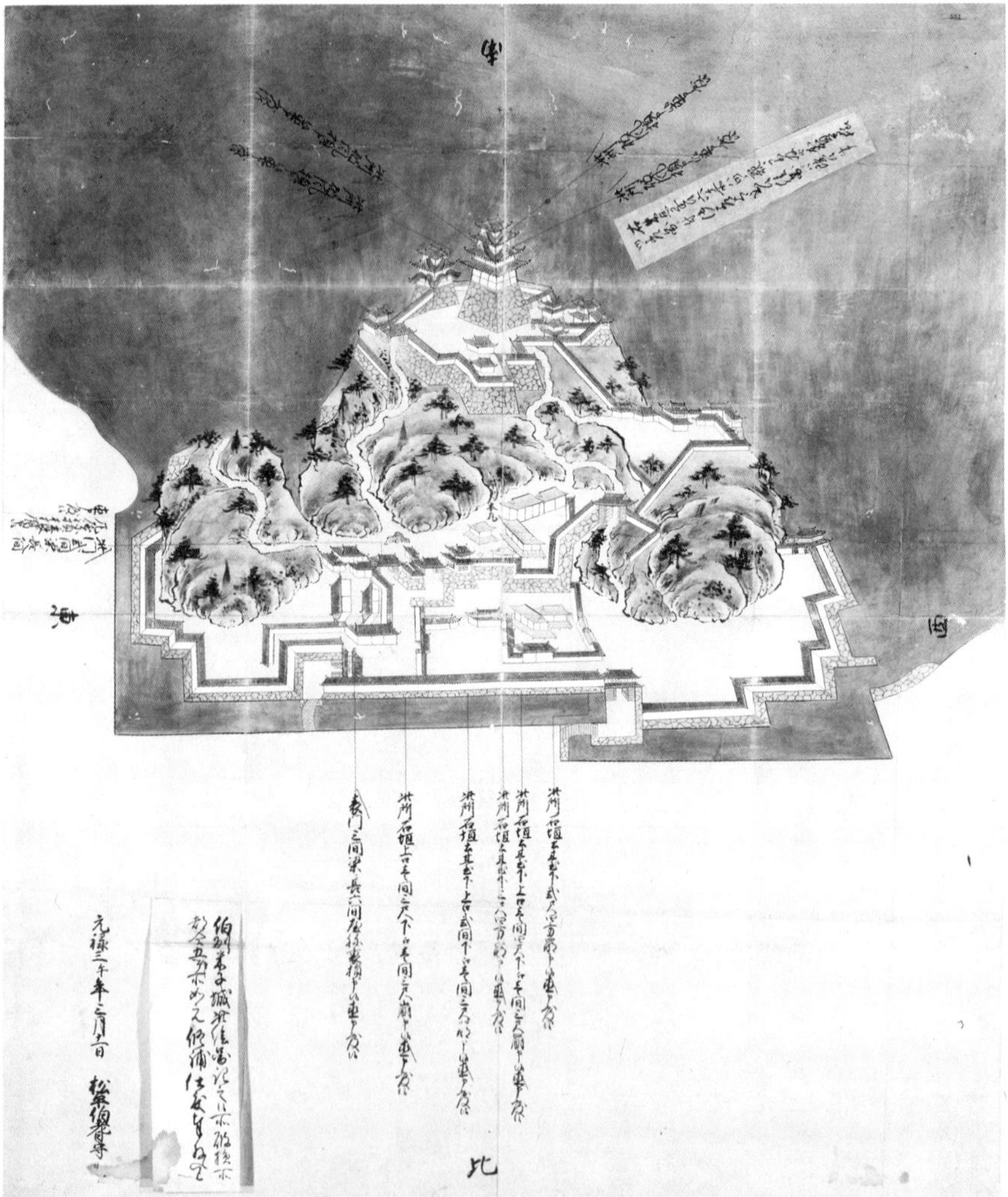

図15 「米子城修復願絵図」 元禄３年（1690） 鳥取県立博物館蔵 No.1001

加えていえば大天守も同様の改造が行われていたわけであり、大天守も創建時には最上階に廻縁が巡っていたことが合わせて考えられる。つまり幕末時には廻縁が板壁で覆われた同様の意匠を持つ大小天守が並んで建っていたと想像でき、古写真に写る大天守の最上部が何か火の見櫓のようなずんぐりとした形状になっている理由がうなずける。

この改造理由については、廻縁が風雨にさらされ相当傷んでいたからと思われる。特に山陰の厳しい風雪を考えると、廻縁の床板や高欄がはずれかかっており、雨漏りしていたのではないかと想像される。修理に際しては、天守に立て籠もって篭城することや、そもそも天守内に入ることを想定した時代でなくなったため、根本修理をせず、指図を見る限りでは傷んだ高欄を取り外し、新たに小柱を立て、仮設的な板壁で覆うだけの応急修理をしたようである。

さらにこの改造時期に関しては、修理願いの絵図を追うと、元禄三年（一六九〇）「米子城修復願絵図」（図15）には大小天守とも破風が損傷していることが記されており、これ以降の絵図には記されていないため何らかの修理が施されたことが読み取れる。この修理願いがこの改造を指していたものと考えれば、建築後一〇〇年も経過しないうちにすでに板壁で覆われた姿になったということになる。

以上、小天守は幕末期の指図があるため詳細な復元が可能であり、さらに改造前の創建時の姿まで復元考察できる（図16）。小天守の建築的な特徴としては、まず一階平面が石垣に合わせて大きく不等辺五角形に歪んでいることが挙げられる。遅れて築かれた大天守台石垣は正確な矩形で築かれており、現状の石垣を見るだけでも大小天守の時代が異なることが確認できる。その他、計四つの石落しが一階に取り付くことも、より実戦的な天守として築かれたといえるが、入り口に関しては付櫓や穴蔵がなく大天守と同じく直接天守へ出入りするため、この点は時代的に少し不可解である。

構造的には大天守と同じく二重の入母屋造の基部の上に、二階建ての望楼部を載せた典型的な「望楼型天守」である。現存する天守では規模や破風の形状、最上階の入母屋屋根の向きは異なるが犬山城天守によく似ており、小天守の姿を想像する助けになるかもしれない。

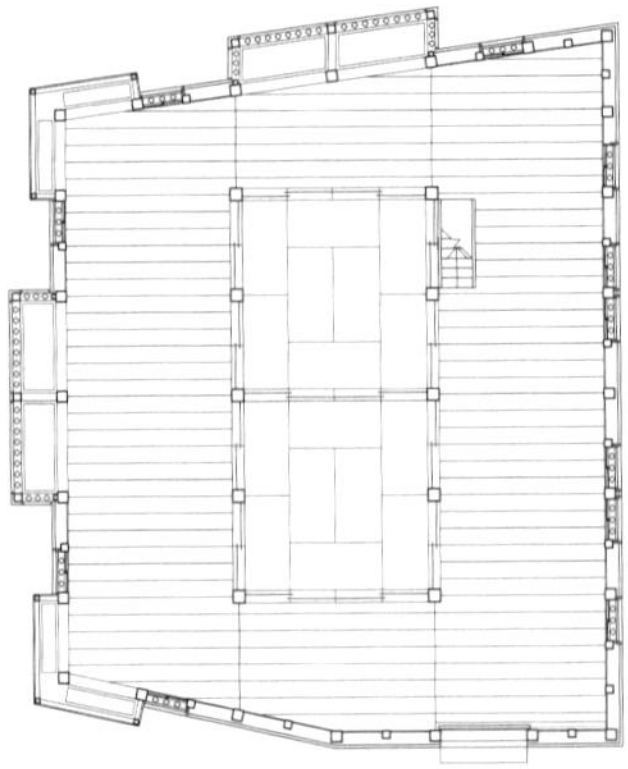
創建時一階復元平面図

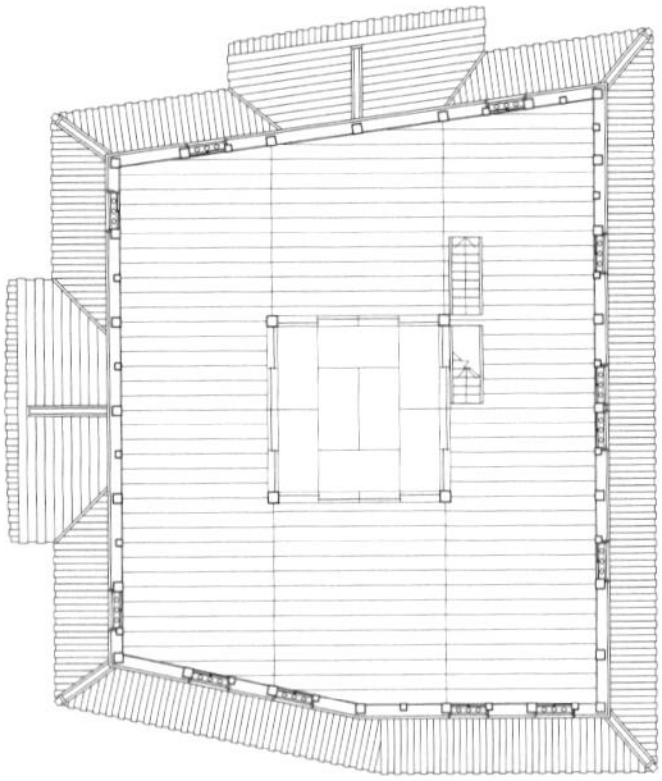
創建時二階復元平面図

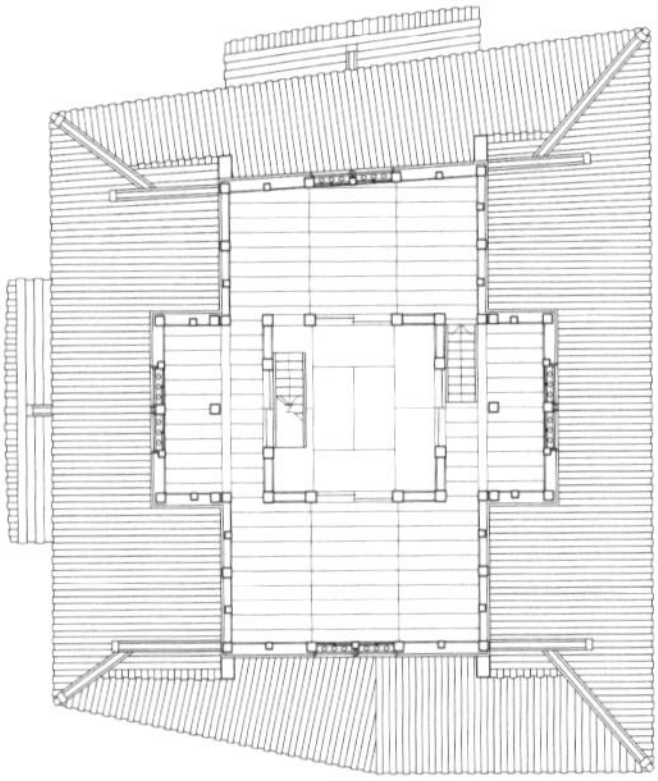
創建時三階復元平面図

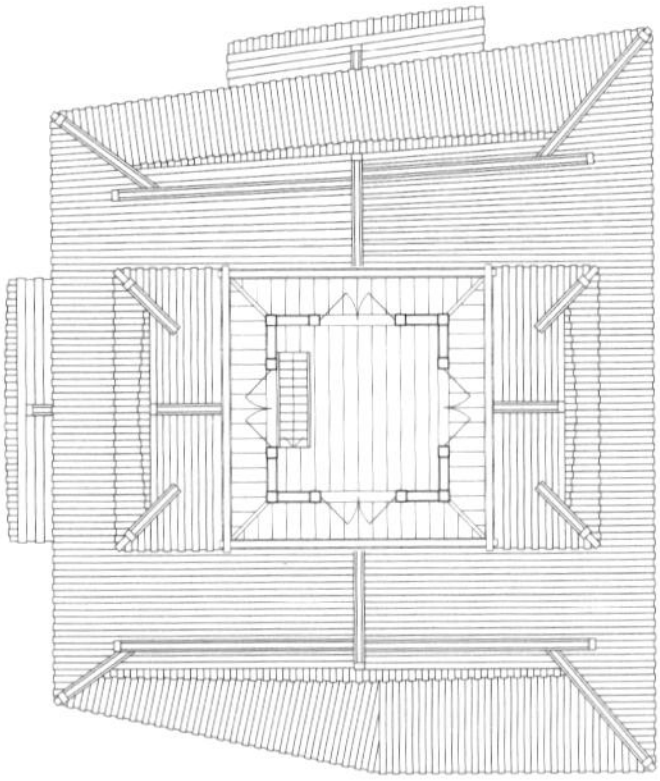
創建時四階復元平面図

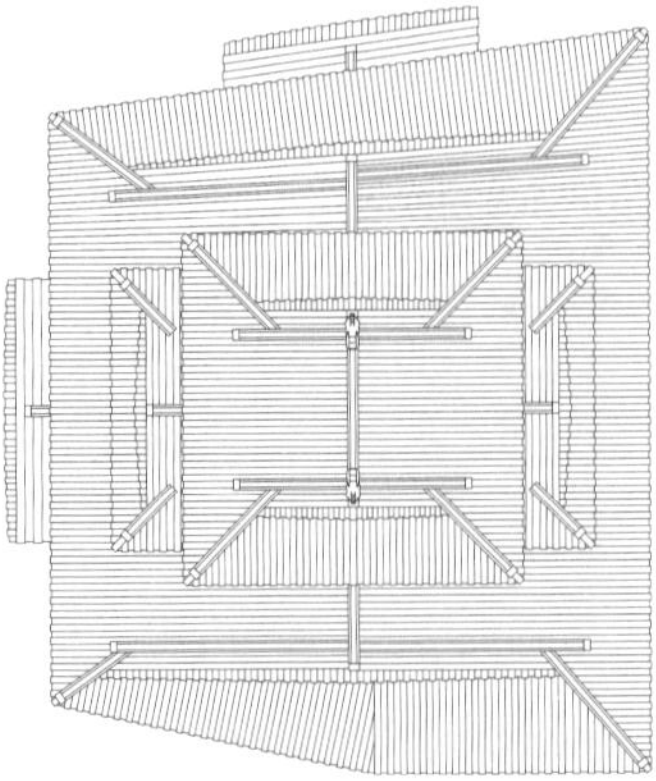
創建時復元屋根伏図

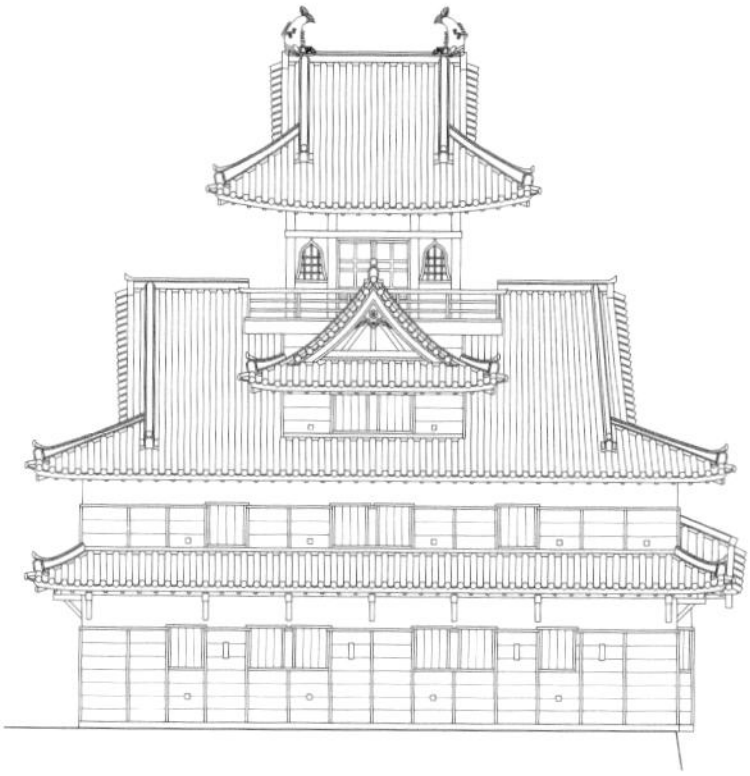

創建時南西復元立面図

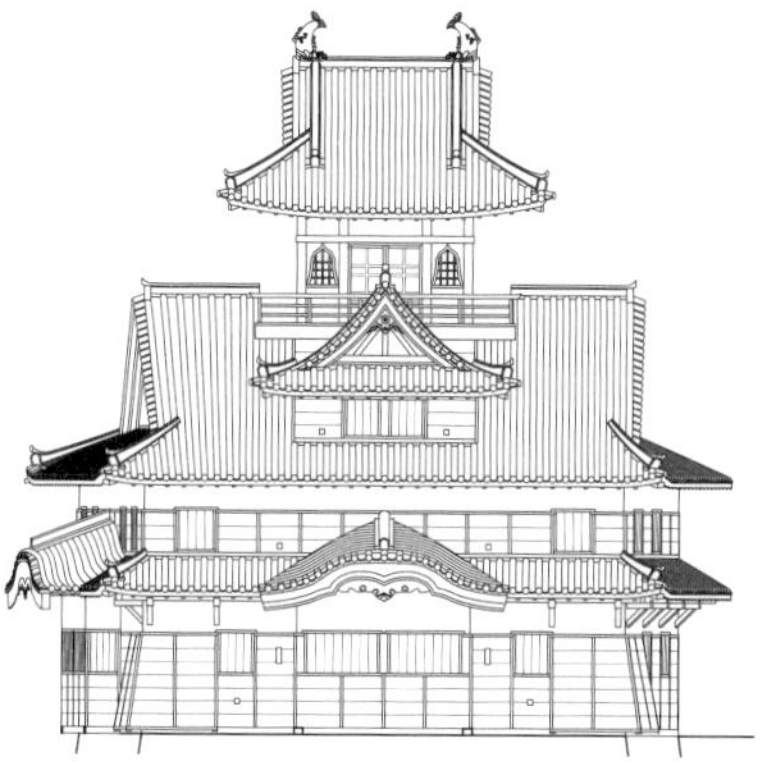

創建時北東復元立面図

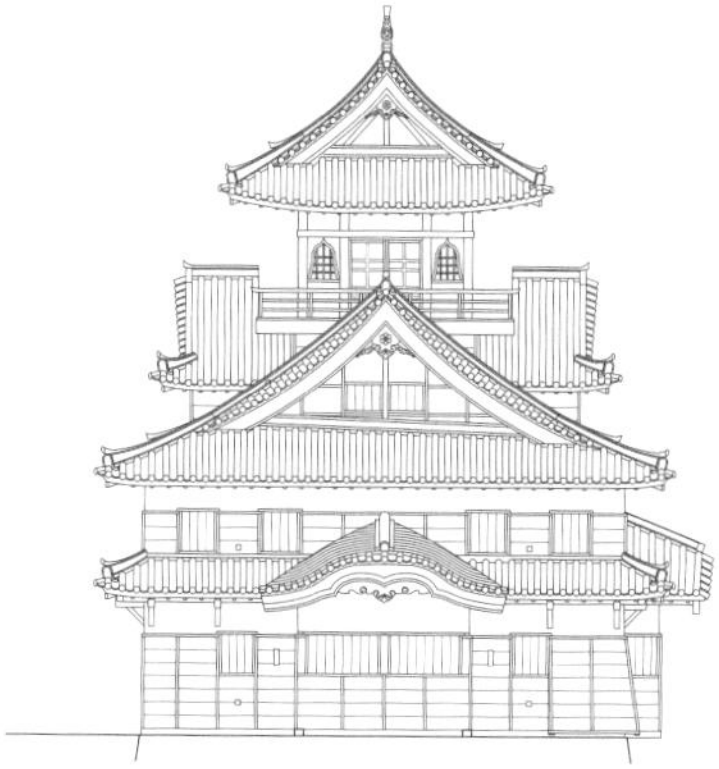

創建時南東復元立面図

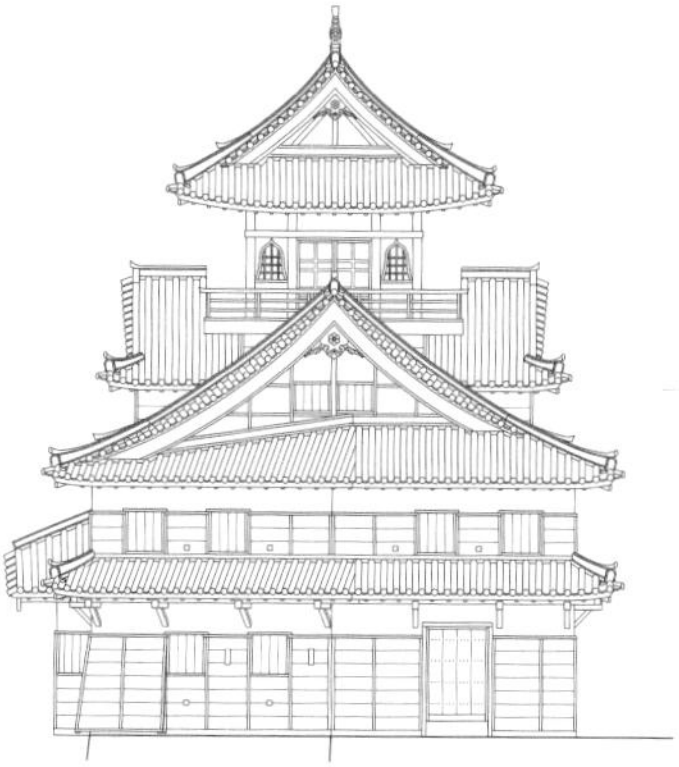

創建時北西復元立面図

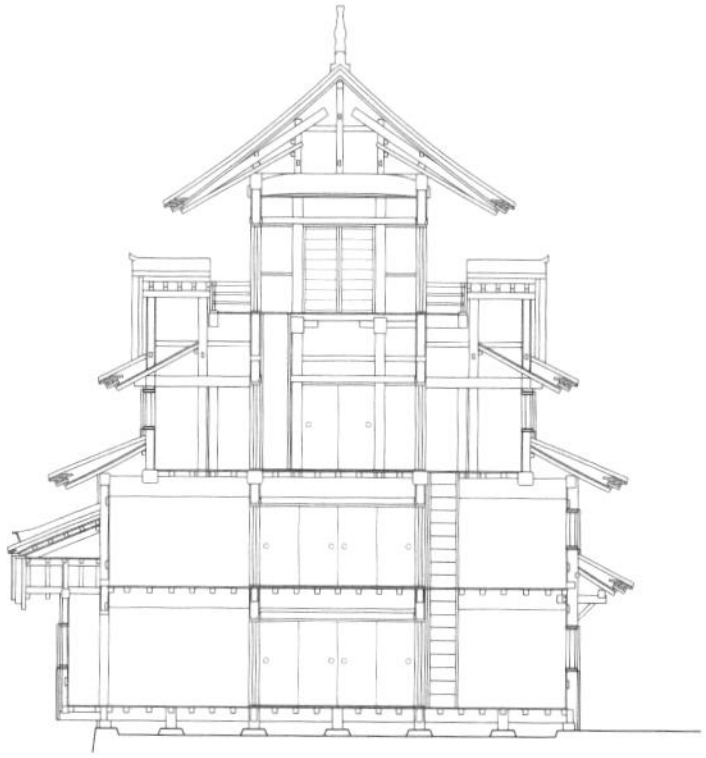

創建時梁間復元断面図

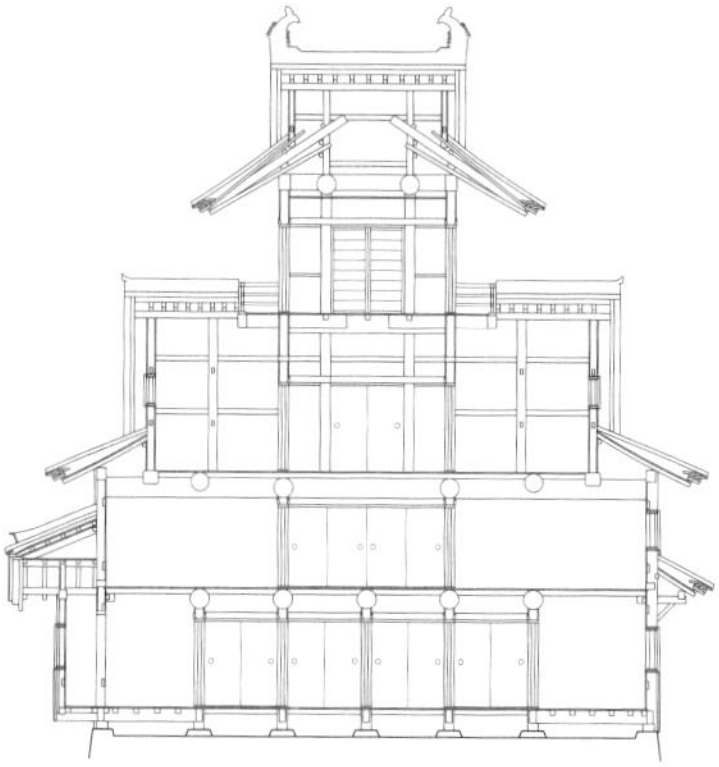

創建時桁行復元断面図

図16　米子城小天守復元図（創建期）
（出典：拙稿「米子城小天守（四階櫓）の復元—創建期—」）

コラム

新出の古写真

　ちょうどこの原稿を執筆中に地元紙で米子城天守最古の写真が発見されたとの報道があった。昭和九年（一九三四）出版の『よなご』や昭和四十二年（一九六七）出版の『米子の歴史』にも掲載されている古写真であるが、不明瞭なため一般にあまり知られていない古写真である。報道では明治五年（一八七二）頃に撮影されたとのことで、明治初期に取り壊された米子城や当時の城下を知るうえで重要な史料の一つとなるであろう。ただ明治五年（一八七二）頃の撮影となると、明治政府による廃城令は明治六年（一八七三）であり、それ以前に大天守以外の建物が取り壊されたとは考えられないため、実際の撮影時期は後述する古写真と同じく明治九年（一八七六）以降であろう。

　写真は現在の公会堂あたりから城山を見上げた構図で、不鮮明ではあるが大天守の平側（正面側）が写っている。これまで米子城天守を撮影した古写真は明治九年（十一年とも）に撮影されたもの一点のみが知られており、大天守の妻側（側面側）が写っている。あわせて不鮮明ながら大天守の外観二面を知ることができたのは大きな成果であろう。

　ところで写真機は幕末に日本に伝わった。坂本龍馬や勝海舟などの肖像写真が有名であり、さらに十五代将軍徳川慶喜は愛用した写真機で江戸城内を多く撮影している。城郭史の観点からみれば、廃城令により明治初期に日本中の多くの城郭が取り壊されたが、ちょうど取壊前の姿が写された古写真が多く残されており、絵図に描かれた建物の信憑性を検討するのに役に立つ。

　さて米子城のいずれの古写真も大天守のみが写っており、隣にあるはずの小天守や、本丸の櫓や門が一切写っていない。つまり大天守はすぐには取り壊されず、少なくともしばらくの間は単独で残存していたことを示している。これまで大小天守を含め米子城の建物は取り壊されて風呂屋の薪になったとのことで、廃城令で潔く一度にすべて取り壊された印象があった。しかし松江城天守のように廃城令後も象徴的な天守だけは取り壊さなかった例が多々あり、米子城も実は大天守だけでも残そうという動きが当初はあったようである。ただその後時期ははっきりしないが残念ながら大天守も取り壊されてしまった。かたや国宝指定となった松江城天守とは命運が分かれてしまった。

　幕末から明治の動乱期に米子城の建物がどうなったのか、風呂屋の薪説も踏まえて再考する必要がありそうだ。

（金澤雄記）

左の山の山頂に木陰に隠れてうっすらと大天守が見える。
中央の大入母屋屋根は近年取り壊された清涼寺本堂か？

コラム

小天守台石垣の角にある謎の石

小天守台の角には一つ大きな石が無造作に置いてある。付近の石垣の石かと思いきや欠けた部分はなく、謎の石である。米子城古写真を掲載した明治二十年頃の絵葉書には小天守台石垣の上にすでにこの石が写っており、百年以上置かれていることになる。

この石の出所を探ると、本文の「創建期の小天守の復元」の部分で、小天守台の中央部にひとまわり大きな礎石が四つ残っていると述べたが、実は西側の一つが欠けている。礎石の並びのちょうど縦列と横列の交点にあるべきはずの礎石がなく、結論的にはこの礎石を抜き取って石垣の角に置いたようだ。

ではこの目的は何か。小天守を取り壊した際に無意識に置いたものなのか、もしくは何らかの願掛けや取り壊しの儀式的なことでしたことなのか。さらに謎は深まる。

（金澤雄記）

小天守台の礎石（右上の礎石が外されて角に置いてある）

コラム

幕末の小天守の修理方法

小天守台石垣は幕末に崩れたため、一度積み直しが行われた。ゆえに紙一枚入る隙間のない切込ハギ積みの発達した石垣が現在でもみられる。では小天守台石垣を積み直す際に、上に載る小天守の建物をどうしていたのだろうか。

考えられる修理工程としては、例えば本文でも述べたように、小天守を宙に浮かせたまま石垣を積み直した方法が考えられる。天守を浮かせたまま石垣を修理した事例としては、名古屋城や諏訪高島城天守があり、小天守の修理方法として可能性が一番高いと考えている。ただ雨風の強い山陰では危険リスクの高い難工事であり、もし実行されたなら技術的にも注目されるべき工事であるため、城下に何らかの口頭伝承が残っていてもよいかと思うが具体的な話を米子では聞かない。

さらに他の方法を挙げれば、阪神淡路大震災で被災した明石城巽櫓・坤櫓の修復の際や、現在弘前城天守の石垣修理でも行われているが、一度天守を別場所に曳家してから石垣を積み直す方法もある。小天守は上に挙げた建物とほぼ同規模であり、さほど大きな建物ではないため、可能性がないわけでもない。ただ本丸の現状をみると小天守は本丸から突出した場所にあるため、曳家するにも地続きでフラットな場所がなく宙に浮かせて曳かなければならないため、可能性は低いだろう。

もう一つ考えているのは、小天守を一度全解体して組み直す方法である。時間とコストは一番かかるが、正攻法で最も安全な修理方法である。組み直しが必要だったために梁組まで記された指図が描かれたとも考えられる。

いずれにせよ時代は幕末で天守建築の存在意義は薄く、そもそも米子城は鳥取城預かりで城主不在であるわけであるから、普段使わない建物をよくぞ修理したものだ。

（金澤雄記）

天守を奥に曳家移動し天守台石垣を積み直し中の弘前城。小天守台石垣の積み直しも大工事であったことだろう

コラム

今は第三次築城ブーム

高い石垣と壮麗な天守を持ついわゆる近世城郭は全国に百余り存在するが、これまで三度の築城ブームと、三度の取り壊し・焼失の受難を繰り返してきた。

まず慶長五年（一六〇〇）関ヶ原の戦い後の配置替えから元和元年（一六一五）大坂の陣まで日本各地で近世城郭が盛んに築城された（第一次築城ブーム）。いわゆる慶長の築城ラッシュである。その後、元和元年（一六一五）一国一城令、明治六年（一八七三）の廃城令、昭和二十年（一九四五）太平洋戦争時の空襲による焼失といった三度の受難を経験し、現在まで残ったのが現存十二天守であり、その他諸々の御殿・櫓・門である。

戦後復興も終わった昭和三十～五十年代になると、日本各地の主に空襲で焼失した城郭の復興ブームが起きた（第二次築城ブーム）。ただこの当時の復元はもう焼失してほしくないという耐火建築の需要から鉄筋コンクリート造（一部鉄骨鉄筋コンクリート造）による外観復元が主流であった。約二五基の天守がこの時期に「外観復元」されたが、中には観光目的のため史実に基づかない昭和デザインの「模擬天守」を建てた例もたくさんあり、日本中に天守が乱立した時代であった。

平成に入り、模擬復元では間違った歴史認識を与えてしまうため、現在では文化庁の方針により発掘調査や史料に基づいて可能な限り昔と同じままの「木造完全復元」が行われる風潮になった（第三次築城ブーム）。現在のところ、首里城・掛川城・白河小峰城・白石城・大洲城に木造で天守（級の中心建物）が復元されている。その他、天守だけでなく御殿や櫓・門といった建物も木造で復元されている。近くでは松江城・津山城・備中松山城・広島城の櫓・門が木造復元されている。ただ逆にいうと、史実に基づかない観光目的の非木造の建物が再建できなくなり、それだけ城に関する詳細な歴史史料の発見や精緻な研究が求められる時代になったともいえる。

こうした中で特に米子城小天守は、幕末に修理した際の指図が残っており、日本の城郭の中でも詳細な復元研究が可能な数少ない天守の一つである。

最後に大胆にも今後の城郭史を予想すると、もう十数年後には、鉄筋コンクリートの耐用年数を迎え、また新耐震基準を満たさないため、戦後の第二次築城ブーム時に復興された鉄筋コンクリート造の天守を補強改修するか取り壊さざるをえなくなってくる。そこで築城ブームが再来することになるだろうが、取り壊して新たに建て替えられる場合、特に五重天守級の大規模な天守が木造で完全復元されることになる。ただし現在の建築基準法では木造三階建てまでしか許可されないため、史跡以外ではどうクリアするかが大きな課題となろう。

（金澤雄記）

昭和６年（1931）に再建された大坂城天守
徳川の天守台に建つ豊臣大坂城天守をモチーフとした昭和デザインの模擬天守

昭和20年（1945）空襲で焼失し、昭和34年（1959）に外観復元された名古屋城天守
現在木造完全復元を目指している

平成16年（2004）に木造完全復元された大洲城天守

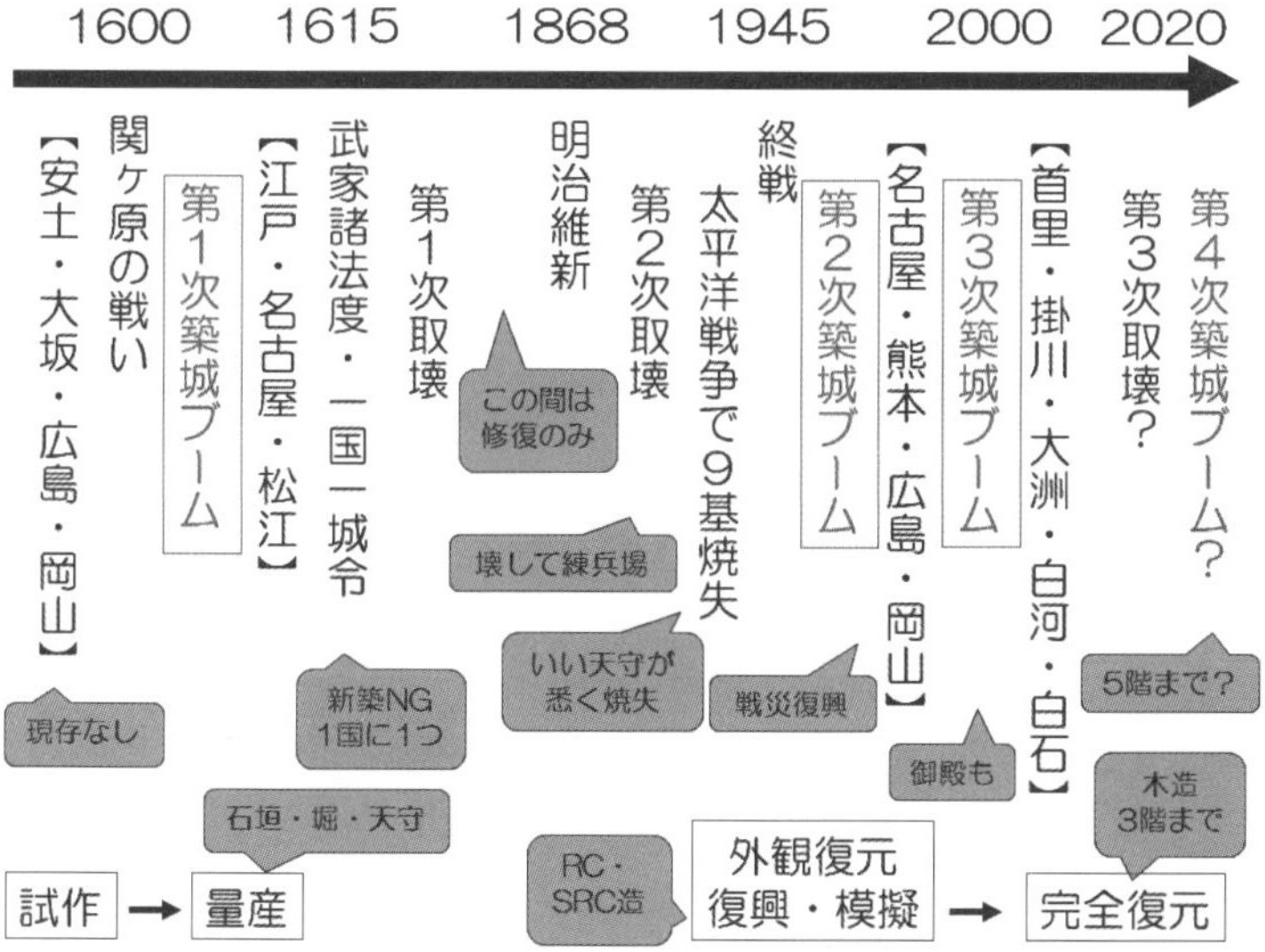

コラム

廻縁

戦後復興された観光目的の天守には必ず廻縁があるため、廻縁は天守の一つの特徴のようにも感じられる。しかし実は廻縁が付いた史実に基づく天守は少なく半数程度しかない。現存十二天守の中では、外に出て歩いて回れる廻縁があるのは高知城と犬山城天守のみで、犬山城に至っては一周回れるようになったのは後の改造による。彦根城・丸岡城天守にも廻縁が取り付くが、外に出ることができない見せかけだけの廻縁である。

実際廻縁は天守最上階に取り付くため、風雨にさらされやすい。廻縁の出入り口が現在のような高気密なアルミサッシであれば問題ないが、雨が吹きつければ最上階は浸水してしまう。また廻縁も板を並べただけで現在のように防水シートが施されたコンクリート製ではないので、仮に米子城大小天守のように廻縁が下階屋根に食い込んでいれば板の隙間から雨漏りしてしまう。そこで米子城大小天守と同じく福山城と津山城天守も幕末期には廻縁部分を仮設の板壁で覆って保護していた。

その他の天守は松江城天守のように廻縁の外側に外壁を設けて本来廻縁である部分を室内に取り込んで入側（回り廊下）とした。なかには小倉城・高松城・岩国城天守のように廻縁を取り込んだため下階より最上階がひとまわり大きくなり張り出した「南蛮造」となった天守もある。

廻縁は建物の格式を高めるが、設置するのも維持するのも大変であった。毎日城主が天守最上階の廻縁から城下を見渡している、というのは絵空事なのである。

（金澤雄記）

廻縁が仮設的な板壁で覆われた福山城天守（戦災焼失前）
出典：日本城郭古写真集成

図19　岡山城天守古写真（望楼型天守の代表例）
慶長２年（1597）頃完成　昭和20年（1945）戦災焼失（出典：日本城郭古写真集成）
一階平面は大きく歪んだ五角形で、安土城天守とともに日本建築で最も歪んだ建築であり、複雑な造形美である。二重目の大入母屋で歪みを吸収し、三重目は長方形となり、三重目の大入母屋でさらに歪みを修正し、最上階は正方形となる。

望楼型天守と層塔型天守

さてここで少し天守の構造に関して話しておきたい。まず大前提として天守建築は古式な「望楼型天守」から新式の「層塔型天守」へ移行していった。望楼型天守とは入母屋造の基部の上に望楼部を載せる形式をしており、御殿の上に望楼を載せたという天守建築発生の起源を具象化した形をしている。広島城・岡山城（図19）・姫路城・松江城天守などが相当する。メリットは入母屋造の屋根は基本的にどんな歪んだ平面の上にも載せることができることであり、特に一階平面が歪んだ天守は望楼型しか築くことができず、基部で平面上の歪みに見切りをつけ、完全な方形の望楼部を載せるダイナミックな造形をしている。

対して層塔型天守は塔のように寄棟造で積み上げていく形式であり、一階平面から上部にかけて梁間・桁行方向とも同じ間数だけ規則的に逓減しなければならない構造的な制約がある。寛永度江戸城・名古屋城（図20）・徳川大坂城天守などが相当する。規則的で単純な構造のため、

図20　名古屋城天守古写真（層塔型天守の代表例）
慶長17年（1612）完成　昭和20年（1945）戦災焼失
（出典：日本城郭古写真集成）
一階平面は完全な矩形で17間×15間あり、建物の高さ約36メートル、総延べ床面積は日本最大の天守。大入母屋破風がなく、塔のように積み上げた構造をしており、装飾として千鳥破風や唐破風を付ける。

より高く巨大で象徴的な天守を作りやすいメリットがある。

　この二つの構造の違いは、高い石垣を正確に築ける技術面が大きく影響した。石垣は二方向から圧力がかかるため角が崩れやすく、初期の石垣は角を直角に築くことができず、直線により近い一二〇度程度の鈍角にならざるをえなかった。そのため石垣の上に載る天守や櫓は石垣の塁線と建物を合わせるため、どうしても一階が不等辺多角形に歪んでしまい、構造的には望楼型の天守しか築くことができなかった。

　しかし慶長六年（一六〇一）頃から石垣の角を「算木積み」で築くようになり、石垣の角を直角に築けるようになったため、正確な長方形・正方形の天守台石垣が築けるようになった。そこで層塔型天守の構造が考案され、以降一般的になっていった。

　以上を念頭に改めて米子城大小天守を評価すると、まず小天守（吉川天守）は完成時期がはっきりしないが戦国期に作られた天守であり、城郭史上でも安土城（一五七六年）・豊臣大坂城（一五八三年）・岡山城（一五九七年）（図19）・広島城（一五九八年）天守などに次ぐ古式な天守である。もし明治に取り壊されず現存していれば現存最古の天守となる。それゆえ形式も古式であり、一階と二階は大きく歪んでいるが、二間四方の完全な方形の望楼部を載せている。

対して大天守は関ヶ原の戦いの直後の江戸期の天守であり、時代的には層塔型天守へと移行する過渡期の天守である。一階平面は完全な矩形であるため層塔型天守を築くことも可能であるが、あえて小天守に合わせて古式な望楼型天守を築いたことが興味深い。なお大天守は慶長七年（一六〇二）完成ということであれば、実は城郭史上初の完全なる矩形の天守台となる。この点は少し疑問が残るので、大天守の建築年代に関しては再検討が必要かもしれない。

このように建築学的な視点から評価すれば、米子城には関ヶ原の戦いを挟んで建築年代の異なる二基の大小天守が存在したことが一番の魅力である。全国的に天守が二基以上ある事例は広島城・姫路城・名古屋城（図20）などあり珍しいことではないが、増築して建築年代の異なる大小天守が存在する事例は松本城・熊本城くらいしかない。その中で特に米子城はそれぞれの天守を関ヶ原の戦いをまたいで豊臣方と徳川方の相対する武将が建てたことが他に類をみない特色である。

吉川時代の本丸の復元

さて『戸田幸太夫覚書』には「十の内七つ程も出来」ていたとあるため、現在の米子城のほとんど七割を吉川広家が築城したものと錯覚してしまう。しかしこれは中村入城時のことを述べているため、吉川が計画した縄張りのほとんどが完成していたことを表しており、その後増築された現状の縄張りの大部分を吉川が築城したとは解釈できない。

そこで、吉川広家がどこまで城を築いていたのか本稿では本丸部分のみの考察を加えたい。というのも、建築学的な視点から建物だけを見れば小天守は古式であり、吉川広家が建てた天守といえるが、現状の縄張りに当てはめた場合、小天守に関して不自然な点が以下四点ある。

・大小天守が連結しておらず土塀で接続するのみ
—通常二基以上の天守が存在する場合、連結・連立（渡櫓で接続）するか、名古屋城のようにせめて同じ天守台石垣に建つ
・小天守にスロープ状の土橋で下って入る
—通常、天守の入口は付櫓か石段あるいは穴蔵から登る
・小天守が最高所になく、本丸天守曲輪が高い

―例外を除き、天守は本丸最高所にある
・小天守脇に天守郭の正門にあたる鉄御門がある
―小天守一階と鉄御門一階がちょうど同じ高さになるが、土壁で仕切られ行き来できず、そもそも天守に同じ高さで櫓門が接する縄張りはまずない
加えて現状では大天守の下に二段の帯曲輪《おびぐるわ》（犬走り）があるが、石垣を登らないと入ることのできない空間であり、また有事の際は敵の足がかりともなってしまうため、存在意義が不明な空間である。

以上の理由によって小天守は天守ではなく、中村時代に大天守と一緒にただの櫓として作ったとの見方もできるが、小天守は建築的に見ると、極小二重櫓が建ち並ぶ中でやはり廻縁を持った天守以外何物でもないため、上記の不自然さは中村の増築の結果と考えられる。そこで本丸部分において吉川がどこまで城を築いていたのか、逆をいえば中村がどこを増築したのか、考えてみたい。

その手法としては二つあり、まずは現状の石垣を場所ごとに年代判定して吉川時代と中村時代の石垣を見分けることである。もう一つは小天守が吉川の時代の天守と仮定して、天守は最高所にあるという常識から、小天守より高い部分は中村の増築と合理的に証明する手法である。

まず、米子城本丸に残る現状の石垣を見ると、以下のように大きく四つの時代の石垣に区分することができる。

1 吉川創建時の石垣（**図21**の中で「吉」と示す部分）
小ぶりな自然石による野面積み。算木積み未発達。

2 中村増築時の石垣（同「中」と示す部分）
比較的大きな自然石による野面積み。角が割り石による算木積み。

3 幕末修理時の積み直しの石垣（同「幕」と示す部分）
割り石による切込ハギ積み。

4 近年の積み直しの石垣（同「直」と示す部分）
黒っぽい割り石による打込ハギ積み。昭和五十八〜五十九年（一九八三〜八四）ならびに平成十二年（二〇〇〇）鳥取県西部地震後の積み直し。

以上、本丸における石垣を年代判別したものが**図21**である。概ね、本丸下段には吉川時代の石垣が残存し、大天守台には発達した中村時代の石垣がみられる。加えて小天守台は幕末に修理されたため切込ハギ積みである。それ以外の大部分は近年の積み直しである。

次に天守は最高所にあるという前提で、吉川天守より高い位置にある部分は中村による増築部分と仮定した。そこで本丸における各所のレベル差を測量し、吉川天守との相対的なレベル差を重ねて**図21**に重ねて示す。大天

守・天守曲輪・水の手曲輪が小天守（吉川天守）より高い位置にあることが測量の結果で分かった（曲輪名称は便宜上名付けたもの）。

以上、現地調査と論理的な推察をもとに吉川創建時の縄張りを推定復元すると**図22**のようになる。復元した本丸の特徴は以下五つある。

・吉川天守（のちの小天守）は本丸より一段高く設けられており、独立して建っていた
—小天守の入口に関しては発掘調査がされていないため不明であるが、単純に天守曲輪からの石段があったか、付櫓が存在したか、もしくは時代的には穴蔵が存在した可能性も否定できない
・遠見曲輪と大天守の下の帯曲輪（現状で犬走り）のレベルがほぼ等しいことから、本来同じレベルでつながっており、そこが本丸中心部（天守曲輪）であった
・吉川時代の石垣が東と西の二ヶ所（**図21**、**22**のⓐ・ⓑで示した部分）が途切れており、そこから先は中村時代の石垣がみられるため、途切れている部分より先は吉川が築いていなかった
・本丸中心部に入る部分（**図21**、**22**のⓒの部分）が枡形ではなくスロープ状になっており、城部としてはありえない縄張りであるため、築城の部材搬入口だった可能性がある（築城後は掘り戻すつもりだったと考えられる）
・現在大天守台石垣の下は二段の低い石垣となっているが、上の段が吉川時代の本丸の高さであり、下の段は大天守台を増築した荷重で石垣が崩壊するのを防止するための「巻き石垣」である
—加えて大天守台北側の一段低い石垣も巻き石垣である
・吉川時代の築城範囲は朝鮮出兵のため築城途中であった

ここで復元した吉川時代の縄張りを絵図などの史料から実証することはできないが、断片的な証拠としては、数多くある修理願絵図（**図23**）を通して見ると、幕末までに本丸部分で崩壊した石垣部分と、ここで示した吉川の縄張りの石垣部分はすべて合致することが指摘できる。これは吉川時代の石垣の造成技術が未熟であるがゆえ、江戸期の間に大部分が崩壊したことを示している。なお小天守台（**図23**中のA）は幕末に豪商鹿島氏の金銭的援助により積み直しているが、大天守下部分（**図25**中のB）は修理許可が出ず、昭和五十八年（一九八三）の修理まで崩れたままであったようである（**図24**）。

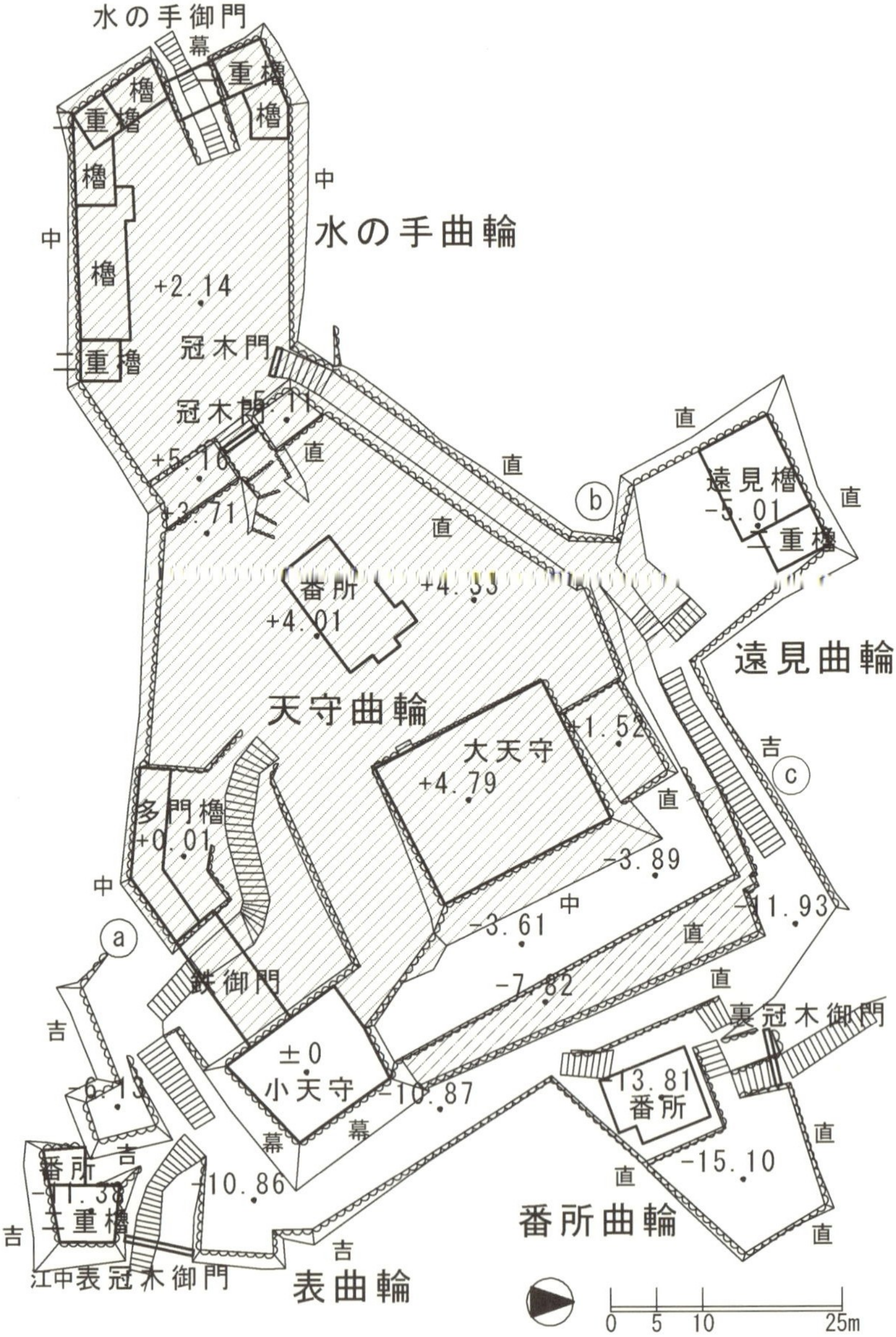

図21　米子城本丸の現状縄張り図（米子市教育委員会提供の実測図に加筆）（作図：永井萌）
曲輪の名称は便宜上つけたもの　±の数値は小天守台上部を0としたときのレベル差
吉ー吉川時代　中ー中村時代　幕ー幕末の積み直し　直ー平成の積み直しの石垣を表す
斜線部は中村時代の増築部分と推定

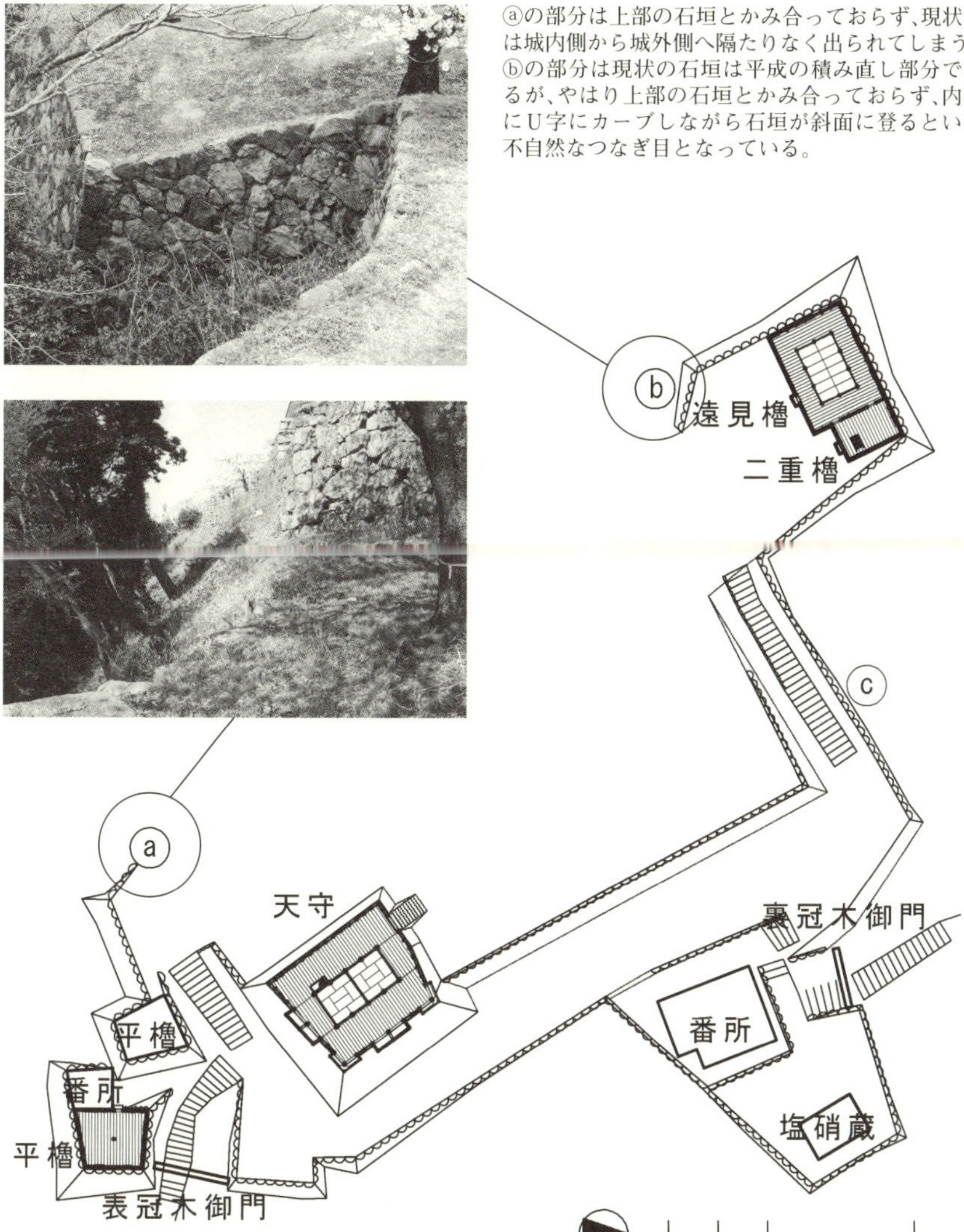

ⓐの部分は上部の石垣とかみ合っておらず、現状では城内側から城外側へ隔たりなく出られてしまう。ⓑの部分は現状の石垣は平成の積み直し部分であるが、やはり上部の石垣とかみ合っておらず、内側にU字にカーブしながら石垣が斜面に登るという不自然なつなぎ目となっている。

図22　吉川時代の縄張り推定復元図（米子市教育委員会提供の実測図に加筆）（作図：永井萌）
小天守は独立して建っており、本丸（天守曲輪）があったと思われる
現状はⓐ・ⓑで石垣が途切れているが、その先は埋もれており不明
写真はⓐ・ⓑ両端の途切れた石垣部分

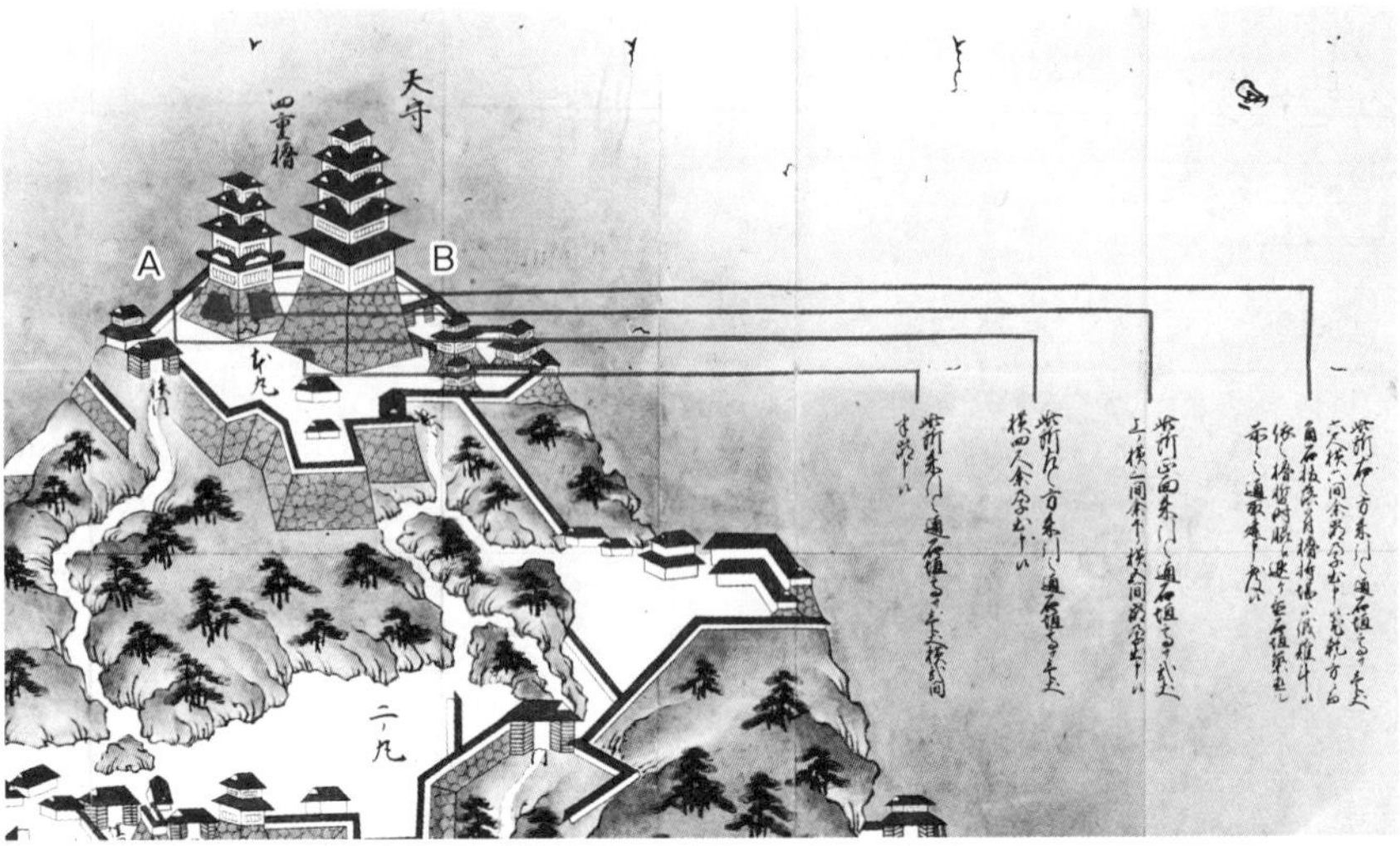

図23 「伯耆国米子城絵図」 年代不詳 鳥取県立博物館蔵 No.1042

図24 崩壊部分B 昭和58年(1983)(米子市教育委員会提供)

図25 小天守台脇の地山の岩盤
岩盤を割った矢穴の跡が残る。岩山の高い部分を切り割りしながら整地しつつ本丸を築き、割り砕いた石で石垣を積み上げ、軍港のある深浦が見下ろせるちょうどいい場所の岩山の上に小天守台を築いたと考えられる。

以上、現状の石垣から吉川時代に完成していたと思われる本丸部分を示した。一応のところ吉川天守（のちの小天守）は本丸の最高所にあり、東側部分は完成していたとみられ、縄張りに矛盾を感じない。現状でも小天守台付近や大天守台下、水の手曲輪付近に地山の岩盤がみられ（図25）、このあたりが湊山のもとの山頂付近だったことがわかる。水の手曲輪方向の西側をどうするつもりだったのかは地面に埋もれているためはっきりしない。その後中村時代に吉川の本丸の北側に大天守を増築し、地山より一段高く天守曲輪を設けた、というような築城経緯を現段階では考えている（図26）。

なお幕末までに大きく崩れた石垣は技術が乏しい吉川時代の石垣という仮定が成り立つとすれば、現在は地中に埋もれているため遺構を目にすることはできないが、埋もれているため吉川時代のものと想定することができる。例えば三の丸は比較的低い石垣ながらたびたび崩れているため吉川時代のものと想定することができる。また反対に崩れていない石垣は中村時代以降のものと考えれば、二の丸は比較的高い石垣ながら一度も崩れていないため、少なくとも吉川時代には存在しなかったと考えられる。ここでは本丸のみの築城過程の推定となってしまったため、米子城全体の築城過程に関しては今後考察の余地がある。

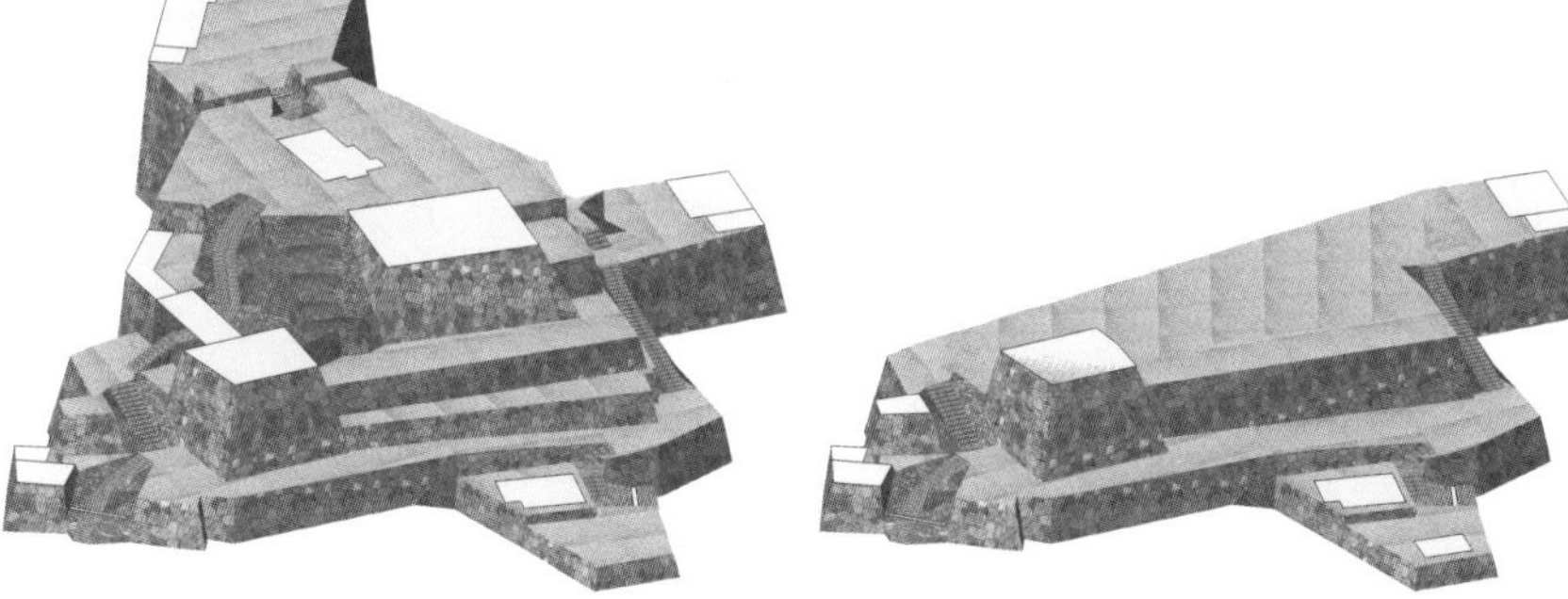

図26　吉川創建時（右）と中村増築後（左）の縄張りCG（作図：福田李怜）
吉川の本丸に中村が大天守を含む本丸を載せた経緯が立体的にわかる。

コラム

天守の入口

櫓や櫓門の入口は厚い土戸の引き戸だけであるが、天守は厳重な入口となり櫓と差別化が図られている。まず古式な天守に多いのが穴蔵である。穴蔵とは天守台石垣内にある地階のことで、天守台石垣の一部分を欠いて門を作り、一旦石垣内の地階を通過して天守へ入る形式である。安土城・犬山城・姫路城・松江城天守などの事例がある。

その他には、天守に付属する小天守や付櫓、渡櫓に入口があり、別の建物を介してそこから天守へ入る形式もある。中には隣接する本丸御殿から廊下で接続する場合もある。いずれも少なくとも二つの門を通過しなければならず、厳重さが増す。岡山城・松本城・姫路城・松江城・名古屋城天守などの事例がある。

穴蔵形式でも付櫓形式でもなく、櫓と同じく土戸一枚だけで容易に入れてしまう天守はほぼ皆無に等しい。現存天守でいえば丸岡城天守と、隅櫓を改造した弘前城天守が例外的に存在するだけである。

では米子城の大小天守はどうであろうか。現状の石垣から単純に想像すると、まず大小天守に穴蔵は存在せず、付櫓も存在したかどうかは不明である。

ここで毛利が築いた広島城・萩城天守、ならびに吉川が転封後に築いた岩国城天守と比較すると、三天守ともいずれも本丸から一段高く天守台石垣が築かれるものの穴蔵はなく、付櫓もしくは渡櫓から天守に入る形式である。さらに特徴的なのは、一段高い天守一階に石段や梯子階段で登るのではなく、付櫓もしくは渡櫓が一部二階建てになっており、櫓内で天守と同じ床高さの二階に登り、そこから天守へ入るという構造になっている。ゆえにいずれの天守台石垣も付櫓の建物がないと登れない特徴がある。

以上をもとに再度小天守を考えると、まず小天守は現状ではスロープを下って一階レベルに直接入る不自然なアプローチになっているが、本文で示した通り吉川時代の縄張りに復元すれば吉川時代の本丸から一段高い天守台が存在することになる。本文では石段もしくは穴蔵の可能性を示したが、上記三城と同様に一部二階建ての付櫓から天守に入った可能性が高く、この形式が毛利系の天守の特徴といえるかもしれない。

（金澤雄記）

毛利輝元が築いた広島城天守
慶長３年（1598）頃完成
昭和20年（1945）戦災倒壊
昭和33年（1958）再建
渡り櫓から二階へ登り天守一階へ入る
もとは手前（南側）に三重の南小天守があり渡り櫓が続いた

コラム

大手道

現在山頂の本丸に登るには、国道九号沿いの城山大師脇から、もしくは新加茂川橋脇から小天守下に登るルートと、二の丸の枡形を抜け旧小笠原家長屋門の脇を通りテニス場から、もしくは自家用車で来る場合は湊山公園駐車場から大天守下へ登るルート、加えて幕末に砲壇の設けられた出山から水の手に登るルートがある。また山頂の本丸では鉄御門と水の手御門から天守郭に入ることができる。これらのうちメインとなる大手道はどのルートであろうか。

大手道がどこかを見分けるには石垣を見れば一目瞭然で、大手道の石垣は威厳を示すため比較的大きな石を部分的に見える範囲だけ積んでいる。

米子城の場合では、本丸の小天守下の虎口に登城者に見せしめるかのように数石の大きな石が積んであるのが見て取れる。つまり三の丸の大手門を通り、そのまま直進して城山大師の脇から登り、小天守の下を抜けて本丸に至るルートがメインの大手道ということになる。中村の時代にはさらに増築した鉄御門を通って天守郭に入ることになる。

ともすると一般的には三の丸→二の丸→本丸と登るルートが正規の登城道であるが、米子城の縄張りでは二の丸を一切通過せずに本丸へ登るルートが大手道であって、大型の二重櫓で完全防備した二の丸枡形や二の丸御殿の脇を通過しないことになり非常に違和感がある。

この縄張りの矛盾こそが二の丸が遅れて増築されたことを如実に示している。

（金澤雄記）

小天守下の石垣
吉川時代ながら大きな石（鏡石）が故意的に上部に2つ積まれており、ここが本丸に至る大手道であったことを示す。

二の丸御殿の復元

二の丸御殿の史料

続いて二の丸御殿の復元を試みたい。御殿とは藩主の生活空間ならびに藩政を行う重要な建築である。二の丸御殿も明治初期に取り壊され、御殿のあった二の丸は現在では市営テニスコートとして利用されている。しかし三メートルほど地面が掘り下げられているため、礎石も残っておらず、発掘調査もできない状況である（図27）。

二の丸御殿については数枚の「指図」と「絵図」が現存している。間取りを示した指図

図27　米子城二の丸の現状

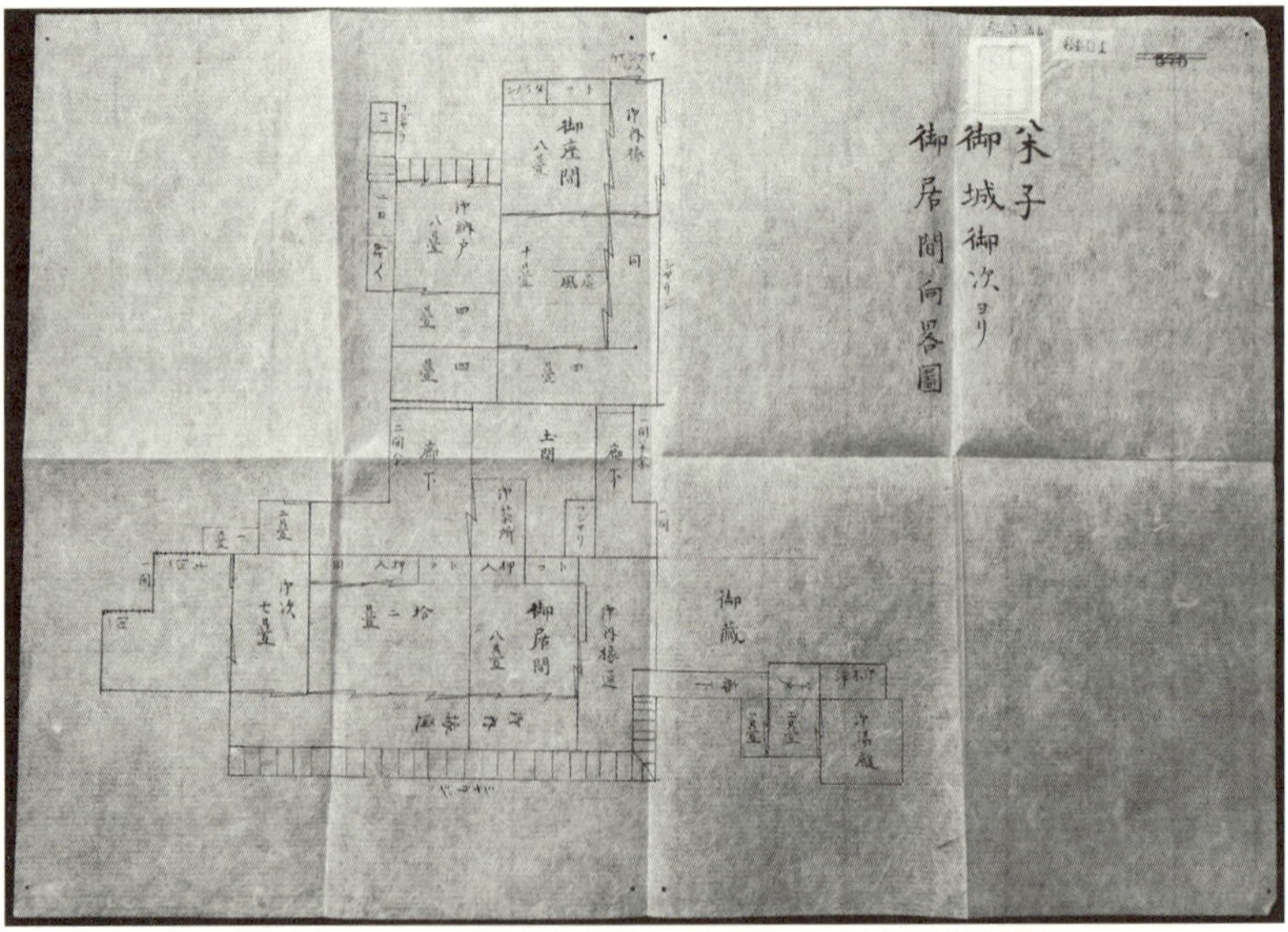

図28 「米子御城御次より 御居間向略図」 年代不詳 鳥取県立博物館蔵 No.1045
二の丸御殿の御居間から御座間（御寝所）にかけての間取りが描かれており、室名・畳数・一部建具が表されている。19世紀前期の米子城二の丸御殿を描いたものとみられる。

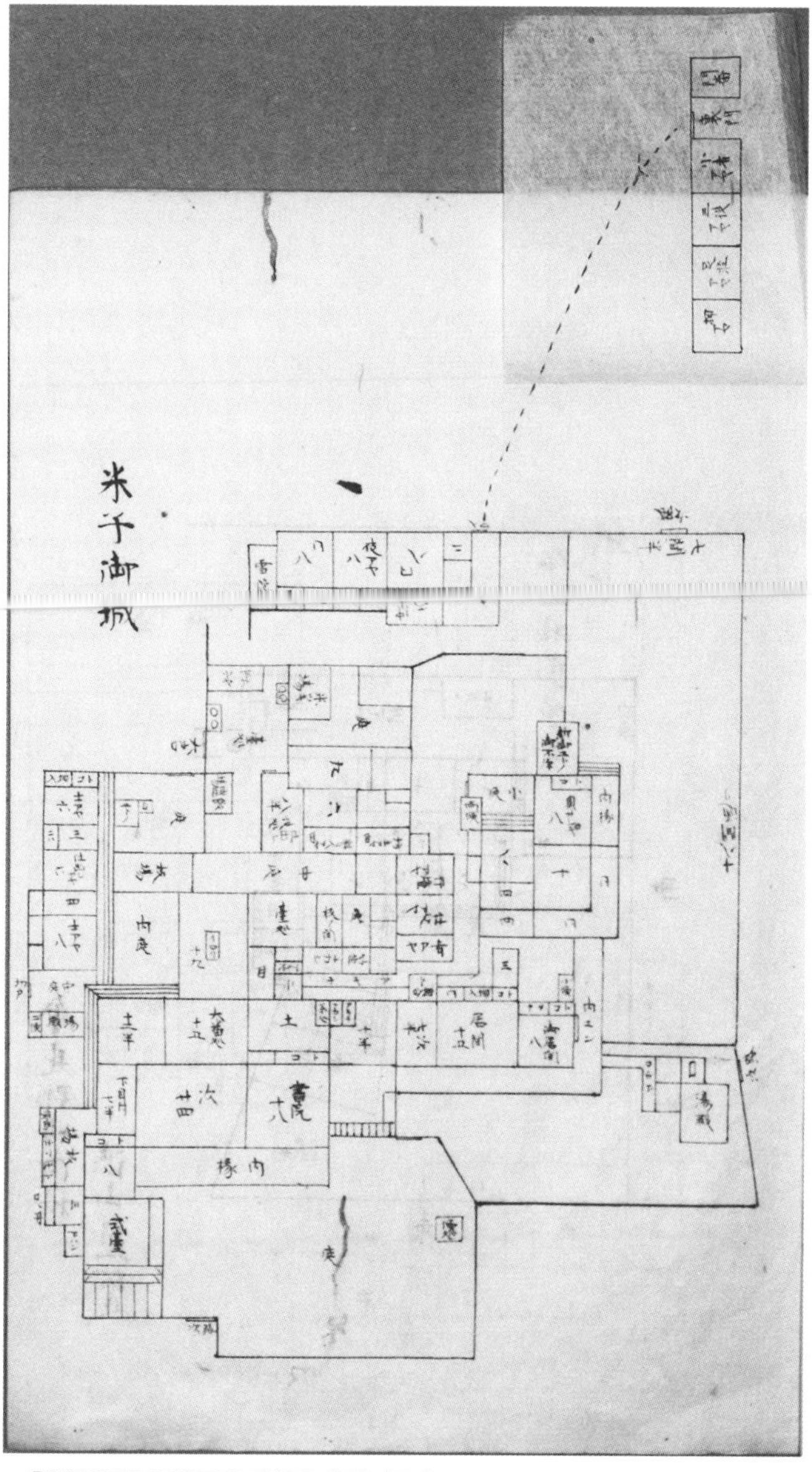

図29 「御泊鷹野 御巡國 御休泊御本陣略図」 年代不詳 鳥取県立博物館蔵 No.992
鳥取県（因幡・伯耆国）下24ヶ所の本陣・休泊所の間取り図が描かれているうちの１つとして、「米子御城」が含まれている。二の丸御殿全体の間取りが描かれており、室名・畳数・塀が表されている。建具の表記については、塀の出入口は描かれているが、襖など室内の建具は一切描かれていない。その他、例えば２棟の台所の間の空き地や、御居間隣の御蔵が描かれておらず、全体的に精度は低い略図である。文久２年(1862)の池田慶徳の領内巡国時に用意されたものとみられる。

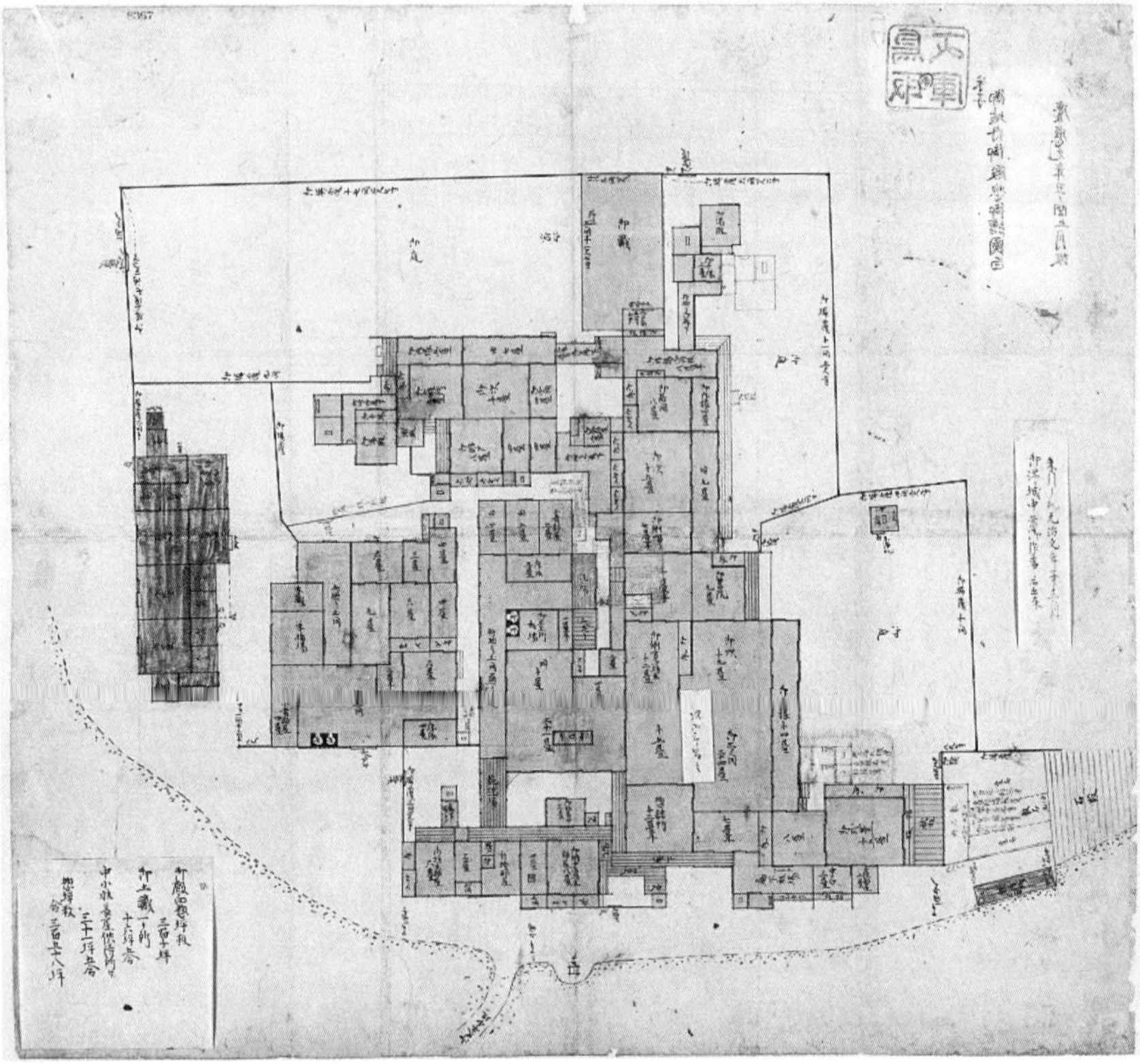

図30　「米子 御城内御殿惣御絵図面」　慶応元年（1865）　鳥取県立図書館蔵

二の丸御殿全体の間取りが描かれており、室名・畳数・坪数・建具・塀・井戸などが表されている。二の丸御殿を表した現存する指図のなかで最も新しい指図であり、明治に取り壊された最後の御殿の様子を描いたものと考えられる。また建具や塀の長さまで最も詳細に描かれている。主に不浄（便所）に関しての増改築の計画線が赤線で描かれている。

からは平面の概要を知ることができ、また城山全体を鳥瞰し、建物の姿図を描いた絵図からは大まかではあるが御殿の外観を知ることができる。

まず指図に関しては、「米子御城御次より　御居間向略図」（**図28**、以下「御居間向略図」）・「御泊鷹野　御巡國　御休泊御本陣略図」（**図29**、以下「御休泊御本陣略図」）・「米子　御城内御殿惣御絵図面」（**図30**、以下「御城内御殿惣御絵図面」）の三枚がある。いずれも部屋の名前と広さ（畳数）が記載されており、「御居間向略図」・「御城内御殿惣御絵図面」には一部建具表記がある。作成年代が記されるのは「御城内御殿惣御絵図面」のみで慶応元年（一八六五）五月である。

三枚を比較すると、湯殿や不浄（便所）の位置や形状、御居間から御寝所へ向かう御内縁や廊下の形状など細かな違いがあるが、平面上の大きな違いは、御寝所の御湯殿・御不浄の位置変更と、居間が十二畳から十五畳へ拡張された点である。以上を考察し編年を行うと、「御居間向略図」・「御休泊御本陣略図」・「御城内御殿惣御絵図面」の順で描かれた時代が下る。ただし「御居間向略図」と「御休泊御本陣略図」の描かれた年代を特定するには至らなかった。

　ここでは特に年代が慶応元年（一八六五）と判明しており、建具や塀の長さに至るまで最も詳細に描かれている「御城内御殿惣御絵図面」を一級史料として扱い、他二枚の指図も比較しながら復元を試みたい。

二の丸御殿の平面の概要

　まず指図による二の丸御殿の概要を述べたい。御殿全体の規模に関しては「御城内御殿惣御絵図面」より

・御殿向惣坪数　三百十坪
・御土蔵一ヶ所　十六坪五合
・中小姓長屋供侍所共　三十一坪五合
・惣坪数　合　三百五十八坪

と記載されている通りである。

　指図を見ると全体的に多数の部屋が複雑に入り組んでいるため建物の概要がわかりづらいが、大きくみれば御式台・御書院棟・御居間棟・御寝所棟・表台所・内台所・坊主部屋棟・中小姓長屋・御蔵の計九棟から成り立っている。

　「御式台」は御殿群の南東に位置する御殿の正式な玄関である。御式台の外には、従えたお供が待機する「供侍所」が付属する。

　「御書院棟」は「御書院」・「御次」・「三の間」といった八部屋から構成される、表向きの公的な対面に使う空間である。棟の全体の規模は六間半×十一間であり、全体的には二列四室の間取りである。「御書院」には御内縁廊下が接しておらず、空間上は行き止まりとなるため、「御次」までが一般の登城者が入室を許された部屋である。部屋名に用途が示されない裏側の部屋は、対面の支度を整える控え室である。

　「御居間棟」は「御居間」・「御次」・「御側」の三部屋からなり、御書院棟よりも内向きの私的な対面に使う空間である。棟の全体の規模は三間半×七間半であり、全体的には一列三室の間取りである。御内縁の奥から手前に向かって「御居間」・「御次」・「御側溜り」の順に部屋が並んでおり、格式の高さもこの順である。「御居間」は藩主の日常生活空間および最も私的な対面に使う部屋

で、二の丸御殿で唯一の付書院が設えられており、最も格式の高い部屋である。「御次」は内向きの私的な対面に使う部屋で、「御側溜り」は御側衆の控え室である。御内縁の突き当りには、御湯殿がある。御次の裏側には三畳ほどの「御茶部屋」があるが、先に挙げた二枚の指図と比較すると三枚とも位置がわずかに異なっており、単なる誤記か、もしくはたびたび建て替えたのかは定かでない。

「御寝所棟」は「御寝所」・「御次」・「御納戸」といった六部屋と、御湯殿や不浄（便所）で構成される藩主の生活の場である。棟の全体の規模は五間半×六間であり、全体的には二列三室の間取りである。御寝所棟は御書院・御居間棟とは棟続きとならず独立した建物であり、塀覆（土塀）で細かく仕切り、御庭に面した以外は開口部を設けないなど、非常にセキュリティの高い建物である。なお御寝所棟は内部の間取りが特徴的で、まず三室ずつ二列に並んでいるが、中央部は土壁で完全に仕切られており、御寝所と御納戸にそれぞれ御湯殿と不浄が付属している。御居間棟からもそれぞれに二本の廊下がつながっており、御寝所棟には二つの世帯が寝所として使用することを想定した建物とみなせる。

対面する客人用の食事を作る表向きの「表台所」は、御書院棟に隣接しており、棟の全体の規模は三間半×一〇間である。中庭に面して二十一畳の「イロリ」の部屋があり、「板場」・「洗場」・「小者部屋」など計八つの小部屋と、「折廻し土間通り庭」で構成される。小者部屋は三室あるが、「御休泊御本陣略図」には左から「行灯部屋」・「仕込部屋」・「肴部屋」と記される。

藩主やその家族の普段の食事を作る内向きの「内台所」は、十の小部屋と惣土間・折廻り土間・米研場・木蔵で構成される。棟の全体の規模は表向きの台所より一回り大きく、七間×七間半である。広い惣土間の大戸口脇にはカマドがあり、隅には小者部屋や板張りの四畳部屋がある。折廻り土間と惣土間とは戸で仕切られており、折廻り土間の左側には木蔵・米研場が、右側には畳敷きの小部屋が並ぶ。

御書院棟から廊下でつながる「坊主部屋棟」は五部屋で構成されており、棟の全体の規模は二間半×七間である。坊主とは雑役を務めた者のことであり、この棟は御坊主と御納戸坊主が生活する場である。

長い廊下の突き当りから手前に「御坊主部屋」・「三畳」・「行灯部屋」・「四畳」・「御納戸坊主部屋」の順で部屋が並び、廊下をはさんだ反対側には中庭に面して三畳の「御数寄屋」と簡易的な湯殿と便所がある。

御殿の北西に位置する「中小姓長屋」は中小姓が駐在する七部屋からなり、物置や便所が付属する、独立した棟である。

最後に、御書院と御寝所の間に位置する「御蔵」は、風変わりな建物として注目できる。二の丸御殿の姿図を描いた絵図（**図31**）をみると、御殿群の三の丸側に、入母屋造・瓦葺き、特に二階が逓減した二重櫓のような建物が描かれている。通常二階建ての土蔵は一階と二階が同型同大の切妻造であるため、一般的な土蔵とは考え難く、結論的には御殿に付属する二階楼（御亭・月見亭・二階茶室などの類）ではないかと推察される。すなわち、一階は土蔵とするが、二階は三方もしくは四方を雨戸で吹き放った風流な数奇屋建築であったのではないかと考えられる。

以上をもとに二の丸御殿の平面を図面化すると**図32**のようになる。

屋根

御殿の屋根は非常に複雑で、幾重にも屋根が折り重なっている。ただ基本的には入母屋屋根の集合体であり、入母屋屋根どうしの接合部や廊下などには谷間が生じないように屋根を掛け、床・押入れや縁などの平面上の凸部には一段低い庇屋根を掛ければよい。

屋根素材については、絵図（**図31**）に従えば、ほぼすべての絵図が天守や櫓などの色彩と異なり、御殿部分の屋根を単色の茶色系統で描いているため、檜皮葺もしくは柿葺《こけらぶき》を表していると考えられる。唯一「米子御城下図」では天守や櫓などの色彩と同じ灰色系統のため瓦葺きを表しているとも捉えられるが、単に絵図精度の違いで屋根材の違いを塗り分けなかっただけであろう。ただ「米子御城正門之御絵図面」では式台・広間・寝所を檜皮葺もしくは柿葺として描き、台所を瓦葺きで描き分けている。

通常御殿では格式の高さを表すため表向きの部分を檜皮葺もしくは柿葺にし、台所や付属屋は防火のため瓦葺きとすることが多い。ただ幕末までには防火や維持管理のため全体を瓦葺きに葺き替える傾向にある。

米子城の場合も御殿を一番写実的に描いている「米子御城正門之御絵図面」に従えば、式台・広間・寝所は檜皮葺もしくは柿葺、台所と付属屋は瓦葺きであったと考えるのが自然である。以上をもとに屋根を掛け立体的に起こすと**図33・34**のようになる。

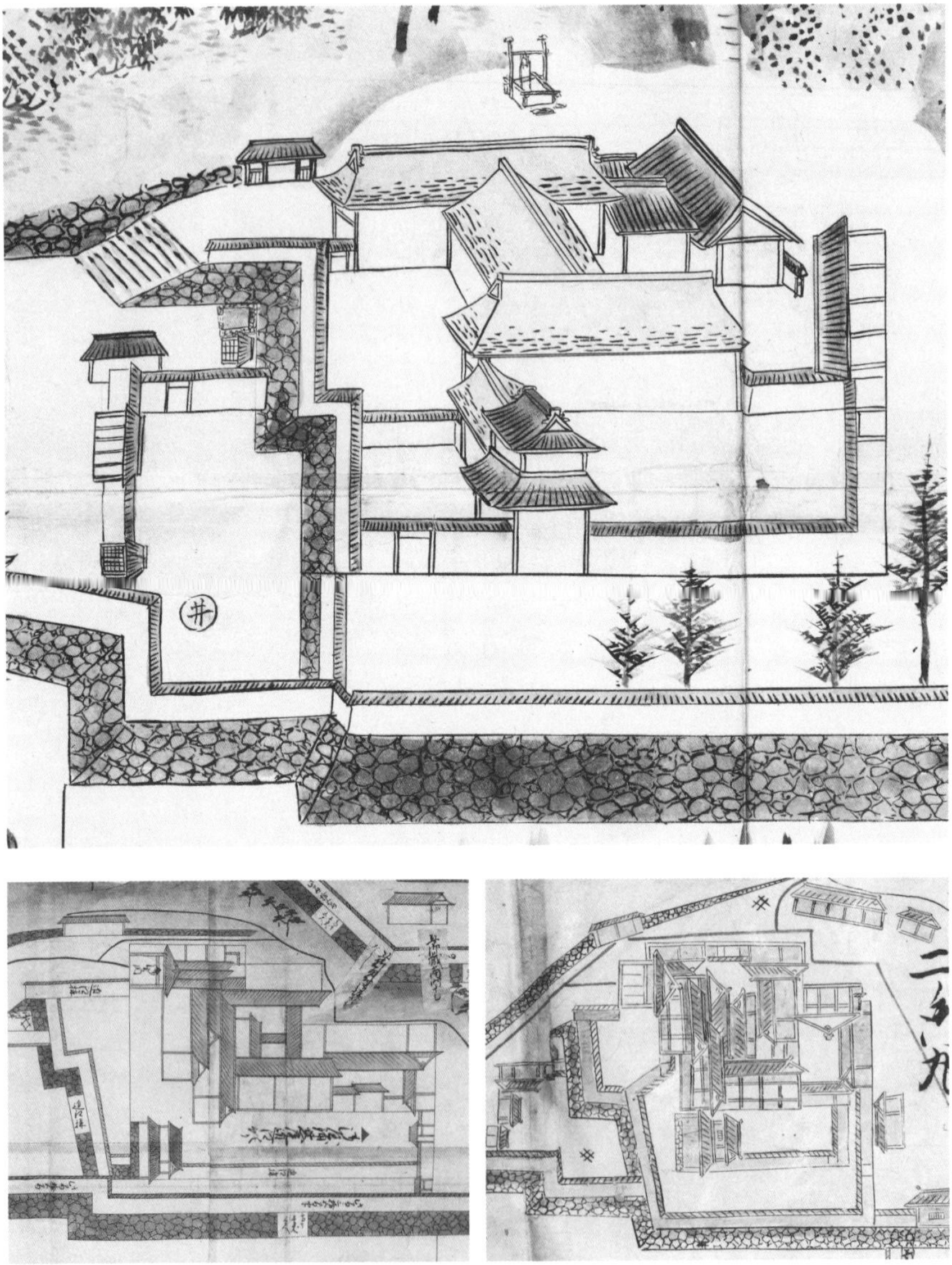

図31　絵図に描かれる二の丸御殿

上　：「米子御城正門之御絵図面」　弘化４年（1847）　鳥取県立博物館蔵　No.1030

右下：「米子御城下図」　明和６年（1769）　鳥取県立博物館蔵　No.994

左下：「伯州米子之図」　年代不詳　鳥取県立博物館蔵　No.997

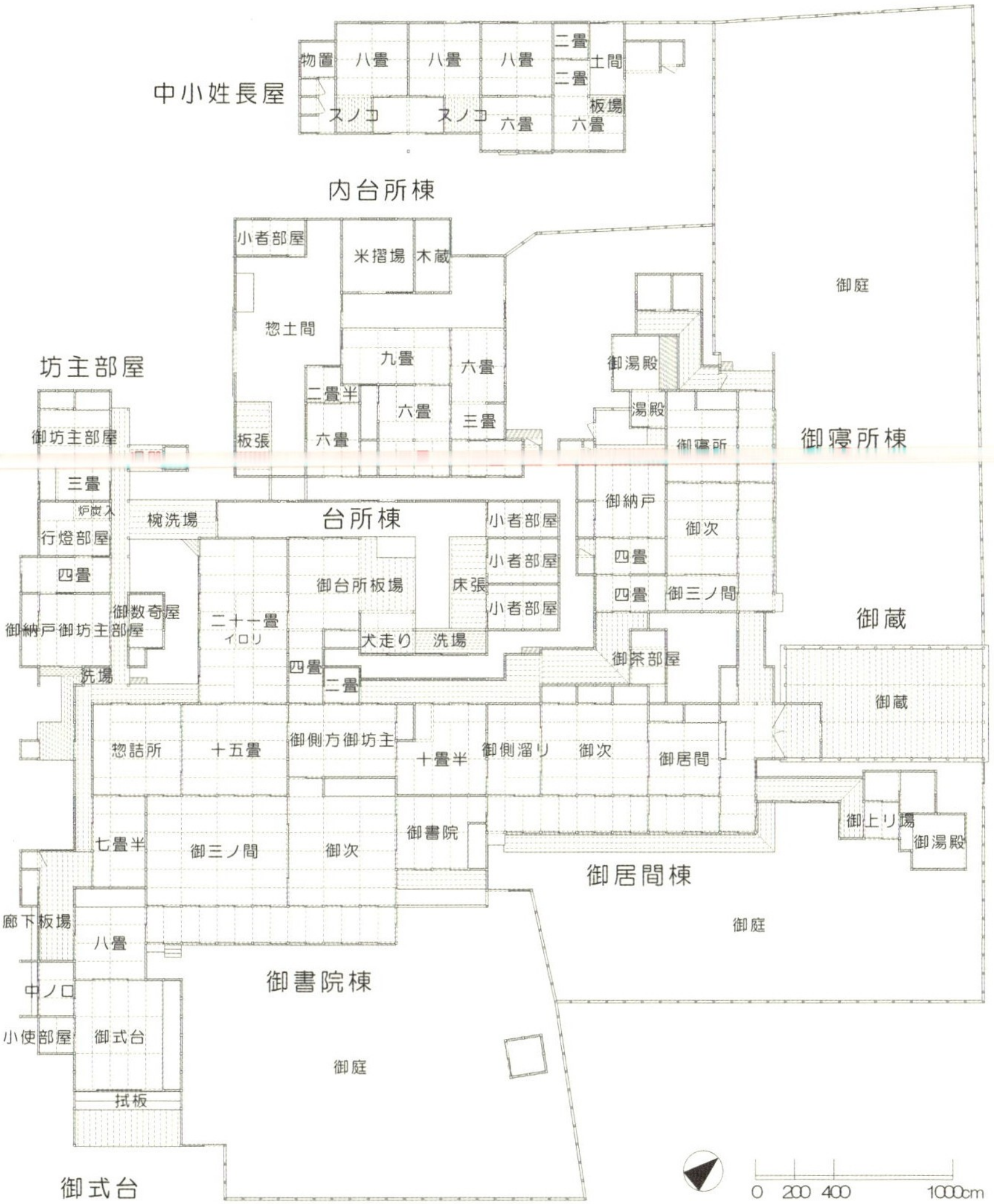

図32　米子城二の丸御殿復元平面図（作図：加納菜月）

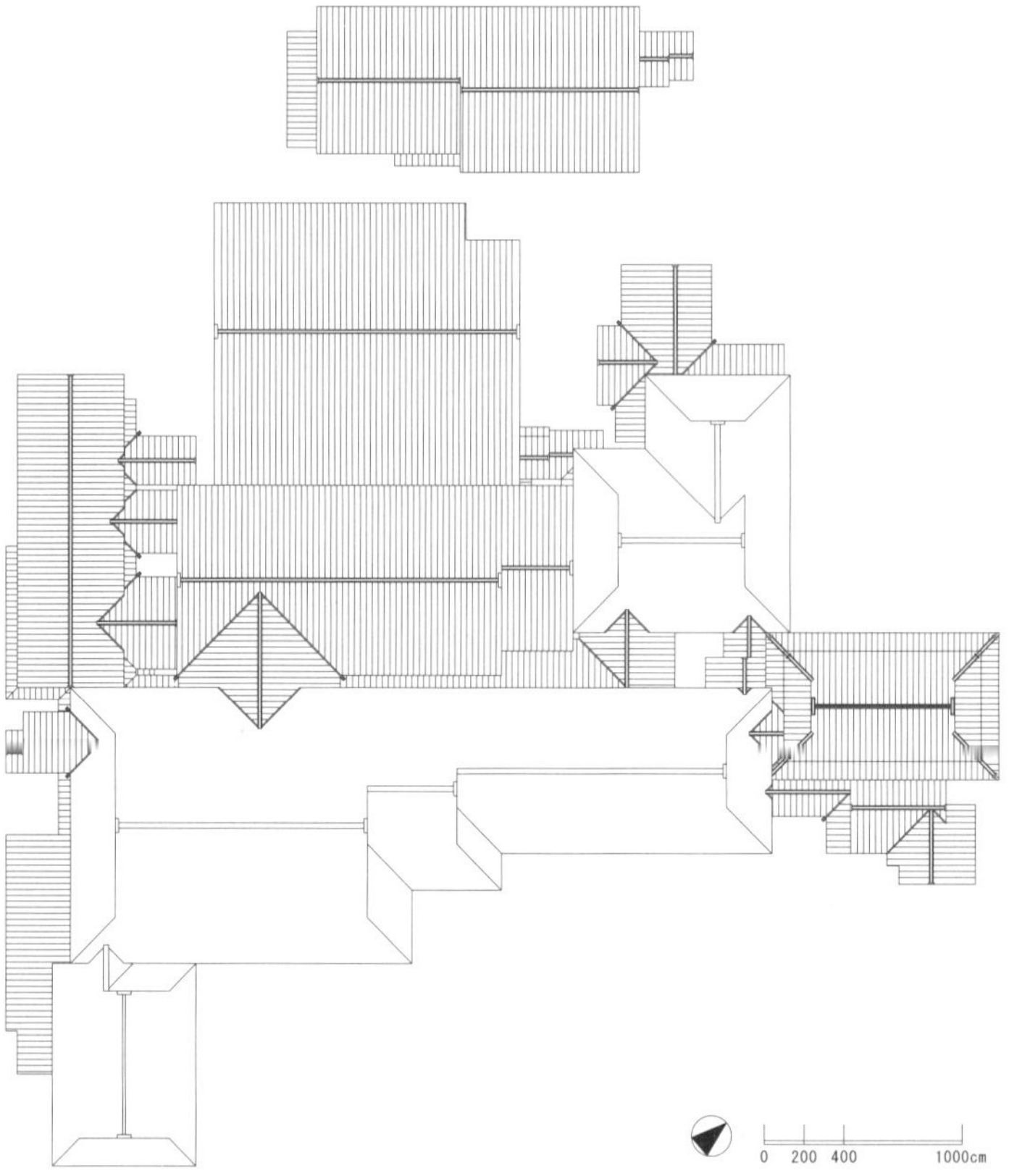

図33　米子城二の丸御殿復元屋根伏図（作図：加納菜月）

二の丸御殿の建築的特徴

ここで二の丸御殿と、例えば鳥取城二の丸御殿（図35）や三の丸御殿（図36）と比較すると、まず単純に面積だけみれば、寝所・居間・台所は大差ないものの、式台と書院は半分程度しかない。つまり米子城二の丸御殿は大規模な対面儀式を想定していない御殿である。

また奥向きの建物が一切存在しないことも大きな特徴である。通常の御殿であれば、藩主奥方の生活空間のための奥向きが寝所の奥に配置されるが、米子城二の丸御殿では奥向きが存在した平面上の痕跡もなく、二の丸の面積的にも存在した可能性はない。さらにいえば、一般的には主たる御殿（本丸御殿もしくは二の丸御殿）が手狭な場合、三の丸や他の曲輪にも別の御殿があり、奥方のための御殿や嫡男のための世継ぎ御殿、もしくは藩主の隠居御

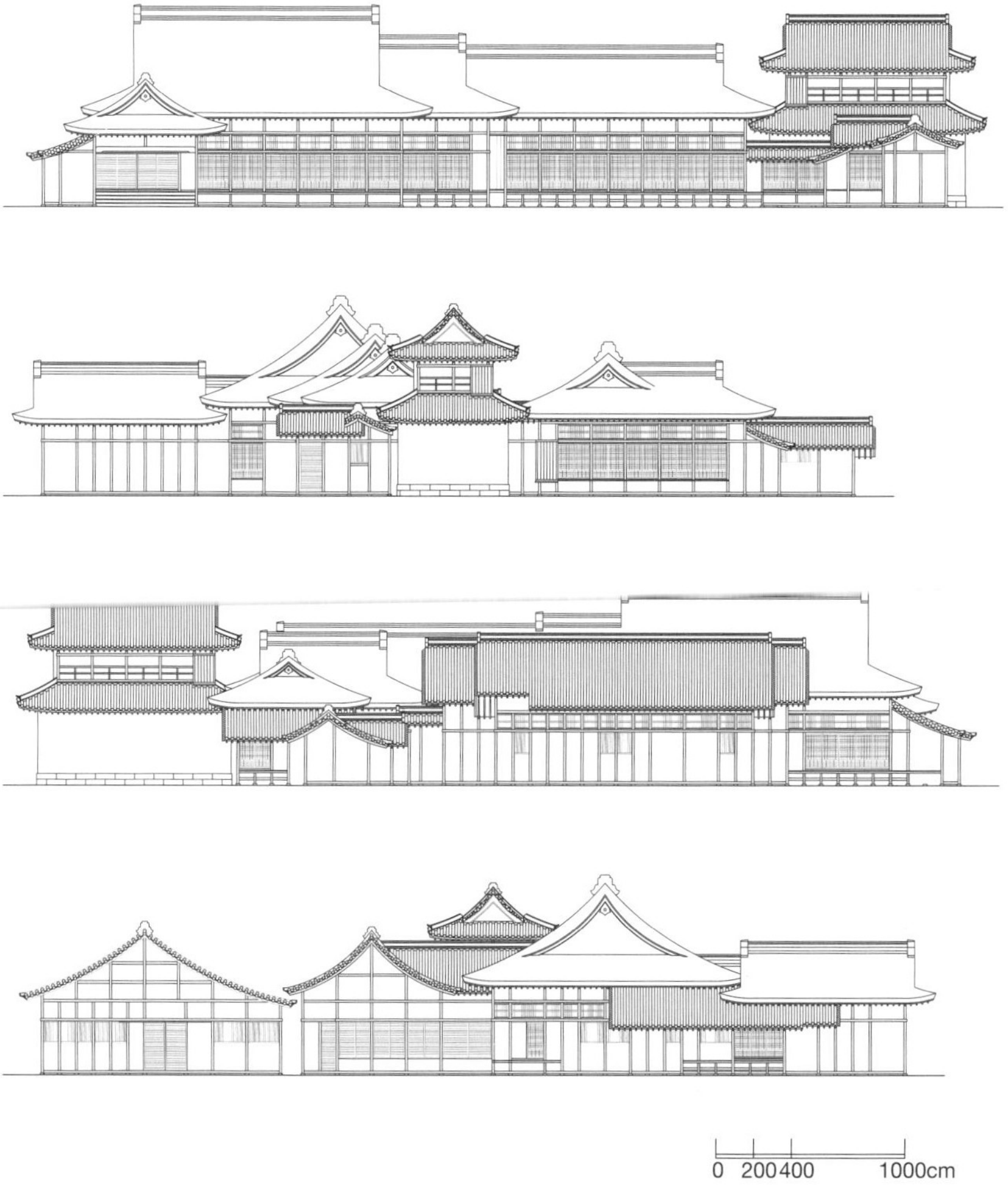

図34　米子城二の丸御殿復元立面図（作図：加納菜月）

殿として使用されるが、米子城には二の丸以外に御殿がない。

その他、武術を鍛錬する「稽古場」や、書簡などを記す「祐筆部屋」、藩財政を司る「勘定所」といった二次的に必要な施設も備わっていない。

室内装飾をみると、座敷には御床はあるものの、御棚（床脇・大目付）がいずれの部屋にも存在せず、すべて実用的な押入れである。また通常式台や広間などの対面所は障壁の題材にちなんだ部屋名称が付けられるが、指図を見る限りでは松の間や筒の間といった名称は見当たらないため、派手な障壁画のない質素な室

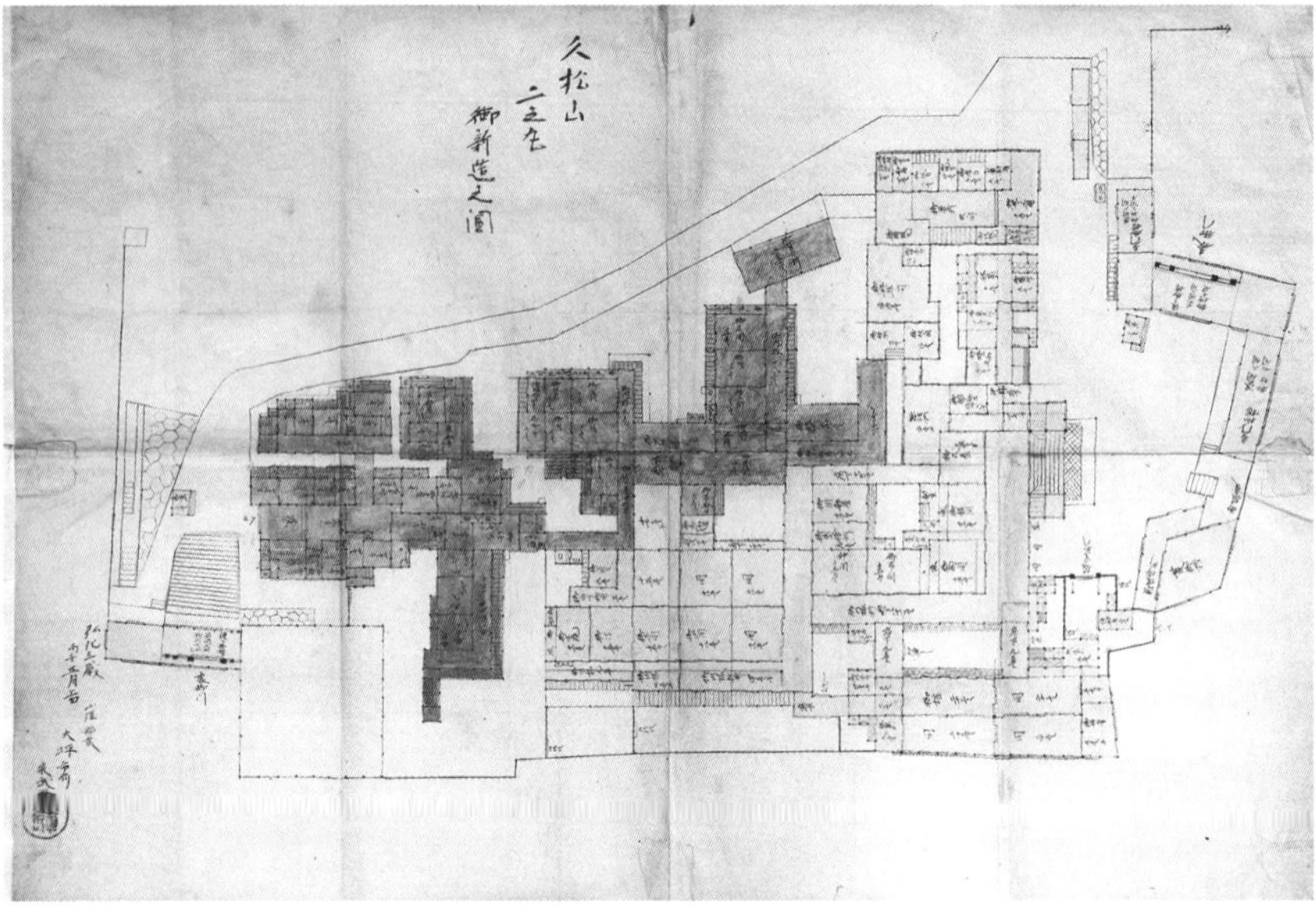

図35　鳥取城二の丸御殿指図　弘化３（1846）年　鳥取県立博物館蔵　No.883
弘化元年（1844）再建された二の丸御殿を描いた指図。表向きを黄色、内向きを青、奥向きを赤で塗り分ける。

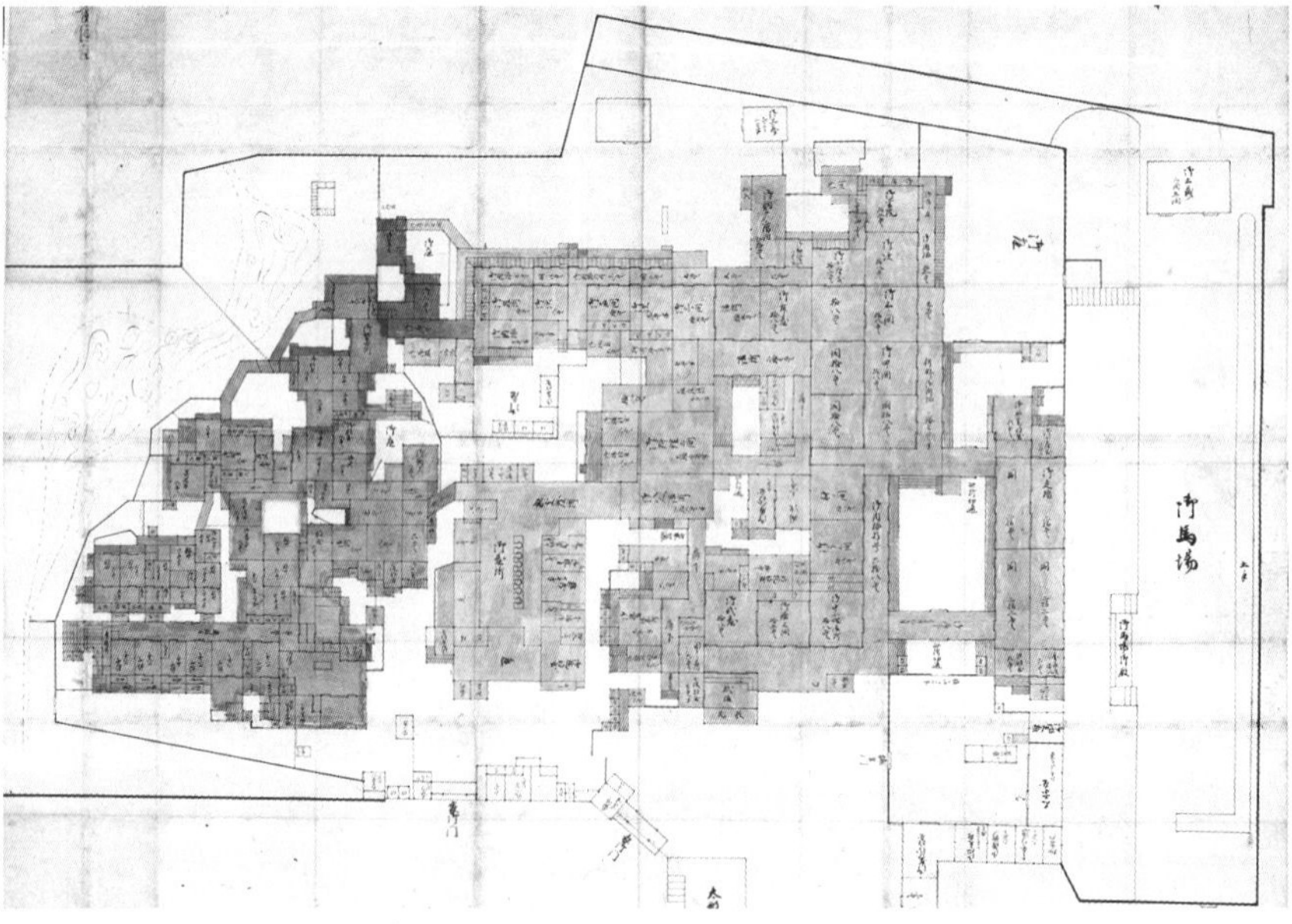

図36　鳥取城三の丸御殿指図　延享４～天明３年　鳥取県立博物館蔵　No.894
享保５（1720）年石黒大火焼失後に再建された三の丸御殿を描いた指図。表向きを黄色、奥向きを赤で塗り分ける。

空間であったと考えられる。
以上、米子城二の丸御殿の平面上の特徴を端的にいえば、御殿機能として必要な藩主の生活空間と政治空間の必要最小限の部屋を集約した小規模な御殿といえる。

二の丸御殿の用例

では米子城二の丸御殿はどれほど実用されたのだろうか。各部屋の用途を前述したが、これは指図に記される部屋名称をもとに一般的な御殿の部屋用途を参考として想定したにすぎず、実際のところ文献からは藩主の生活や対面儀式の詳細は明らかでない。特に「藩主」という言葉を多用したが、実際には米子城には池田由之以降は藩主はおらず、米子城は鳥取藩預かりとして家老が管理したに過ぎなかった。さらに言うなれば、池田由之・由成は米子城に常駐していたようだが、荒尾の代には家老日記を紐解く限りでは、数年に一度鳥取城から巡見に来て、一ヶ月程度米子城に滞在するのみであった（**表2**）。公の記録上では二の丸御殿は普段は空き家だったのである。

それゆえ、二の丸御殿が必要最低限の御殿であることも、米子城内にその他の御殿が存在しないことも説明がつく。ただ、湯殿や便所が何度か建て替えられているため、まったく使用されていなかったとも考えがたく、御殿を含め、櫓や番所といった城内の建物が日常的にどう使用されていたか、今後資料より読み解く必要がある。

二の丸御殿の建築年代

さらに復元した二の丸御殿はいつ造営されたのであろうか。まず諸文献では二の丸御殿の造営年代に関しては明らかでない。初見する史料としては、少なくとも米子城を描いた年代の明らかな一番古い寛文七年（一六六七）の絵図（**図4**）にはすでに二の丸御殿が描かれている。

ここで御殿の必要性を考えれば、米子城を築城した吉川広家、もしくは中村一忠の時代にはすでに二の丸御殿が造営されていたと考えるのが筋ではあるが、もちろん御殿に相当する何かしらの居住施設があったにしろ、それがここで復元した二の丸御殿であったとは限らない。仮に吉川・中村時代に二の丸御殿が造営されていたとするならば、なぜ奥方や嫡子が一緒に住むことのできない最小限の御殿を築いたのかという疑問が生じる。

ここで二の丸御殿の建物そのものが残存しないため、二の丸の石垣に着目し、そもそも二の丸がいつ造営されたかを考察する。二の丸の石垣は米子城内でも屈指の高石垣ながら、石垣の修復願いの絵図を追う限り、江戸期

表２　家老日記に表れる藩主および荒尾の米子滞在日程

（作成：坂本敬司）

年号	西暦	藩主・荒尾滞在
慶安３	1650	10月、光仲、成利招請
寛文５	1665	（３月、荒尾修理）
寛文９	1669	９月、綱清、成直招請
寛文12	1672	10月、修理成直
延宝２	1674	（９月、修理成直）
延宝４	1676	家譜、成直12月に米子より帰着
延宝５	1677	家譜、成直３月米子逗留中、湯原温泉行許可
元禄３	1690	（11月、但馬成重）
元禄６	1693	４月、修理成紹
宝永４	1707	10月、近江・豊後
宝永７	1710	４月、巡見使、近江
享保２	1717	４月、巡見使、近江
享保16	1731	４月、但馬成倫
享保17	1732	３月、但馬成倫
享保19	1734	３月、但馬米子行許可
元文４	1739	３月、河内成昭米子行許可
寛延２	1749	８月、巡見使、近江
宝暦７	1757	９月、近江
安永４	1775	９月、近江
天明８	1788	３月、修理（近江）母
寛政１	1789	３月、巡見使、近江
寛政７	1795	５月、修理（近江）母
寛政11	1799	２月、修理（近江）母
文化４	1807	２月、修理（近江）母
文政２	1819	８月、近江
天保14	1843	５月、但馬米子行許可
嘉永５	1852	９月、但馬米子行許可
文久３	1863	３月、但馬・悴近江
元治１	1864	11月、慶徳（征長）
慶応２	1866	７月、但馬
明治３	1870	３月、慶徳

を通じて一度も崩れていない。これは技術的にも発達した比較的新しい時代の石垣であることを示している。加えて現存する二の丸の石垣を見ると、特に隅部は割り石を使用した発達した算木積みで築かれている（図37）。この二の丸の高石垣を現状の米子城内の石垣と比較すると、少なくとも中村時代に築かれた大天守台石垣よりも新しい石垣である。

　以上を加味すると、復元した明治初期まで残存した二の丸御殿は、荒尾の時代に造営したのではないかと現段階では推察している。もう少し言えば、米子城の築城の過程として、二の丸を築いた後に三の丸を拡張したのではなく、先に三の丸を比較的早い時期（たびたび石垣が崩れているためおそらく吉川時代）に築き、城の外郭を定め城下町と隔てた後に、遅れて二の丸を山麓に張り出して整備し、御殿を造営したと考えている。

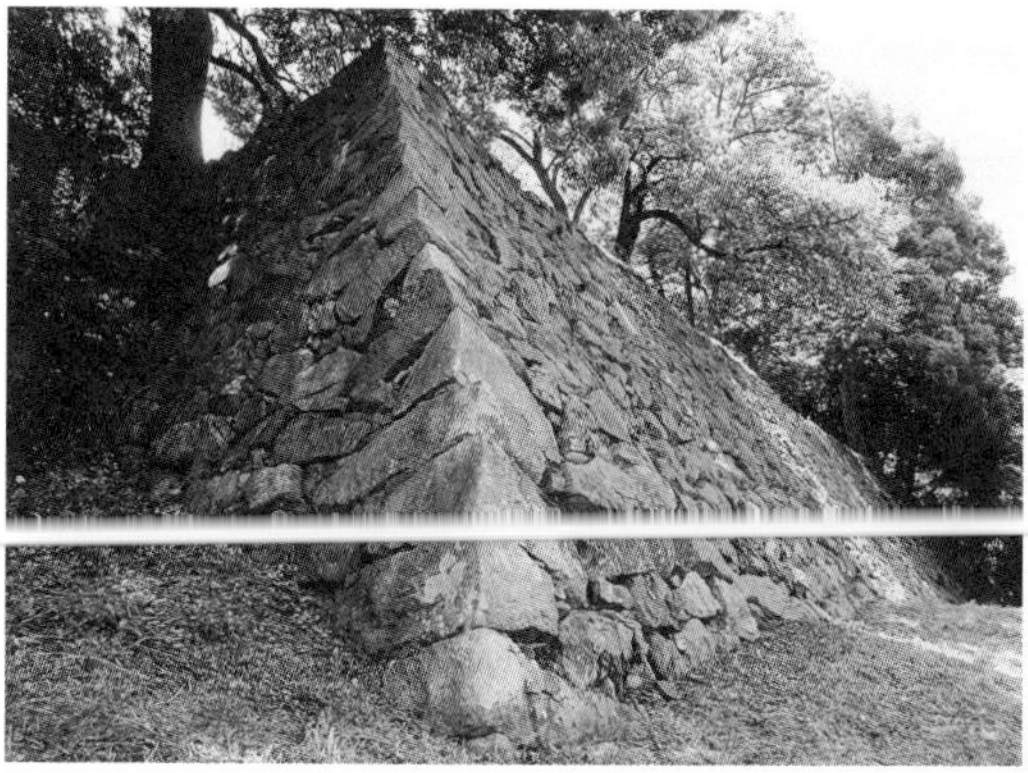

図37　米子城二の丸の石垣

　そうすると荒尾以前の吉川・中村・加藤・池田の時代の御殿はどこにあったかなど疑問が残る。これに関しては同じく推測の域を出ないが、まず修復願いの絵図に関しては寛文から幕末の安政・文久まで三の丸に御殿らしき建物が描かれている。ただ修復願いの系統と異なる絵図を見ると、元禄の絵図より三の丸には御殿らしきものが描かれておらず、変わって材木小屋が二棟描かれるようになる。基本的に修復願いの絵図は寛文の絵図を通して踏襲しているため、幕末まで三の丸御殿があったとは断定できず、城内を正確に描くことに努めた絵図を信用するならば、三の丸御殿は宝永期までには取り壊されたと考えられる。三の丸御殿に関しては指図などの史料が一切ないが、これが築城初期の御殿ではないかと考えている。加えて二の丸御殿の隣接する南側に荒尾近江・但馬居宅の廃地が描かれており、ここにも何か御殿に相当する建物があったことを示している（図38）。

　現段階では資料不足で断定するに至らないが、御殿の推移や増改築、ひいては米子城全体の築城過程も含め、整理する必要がある。

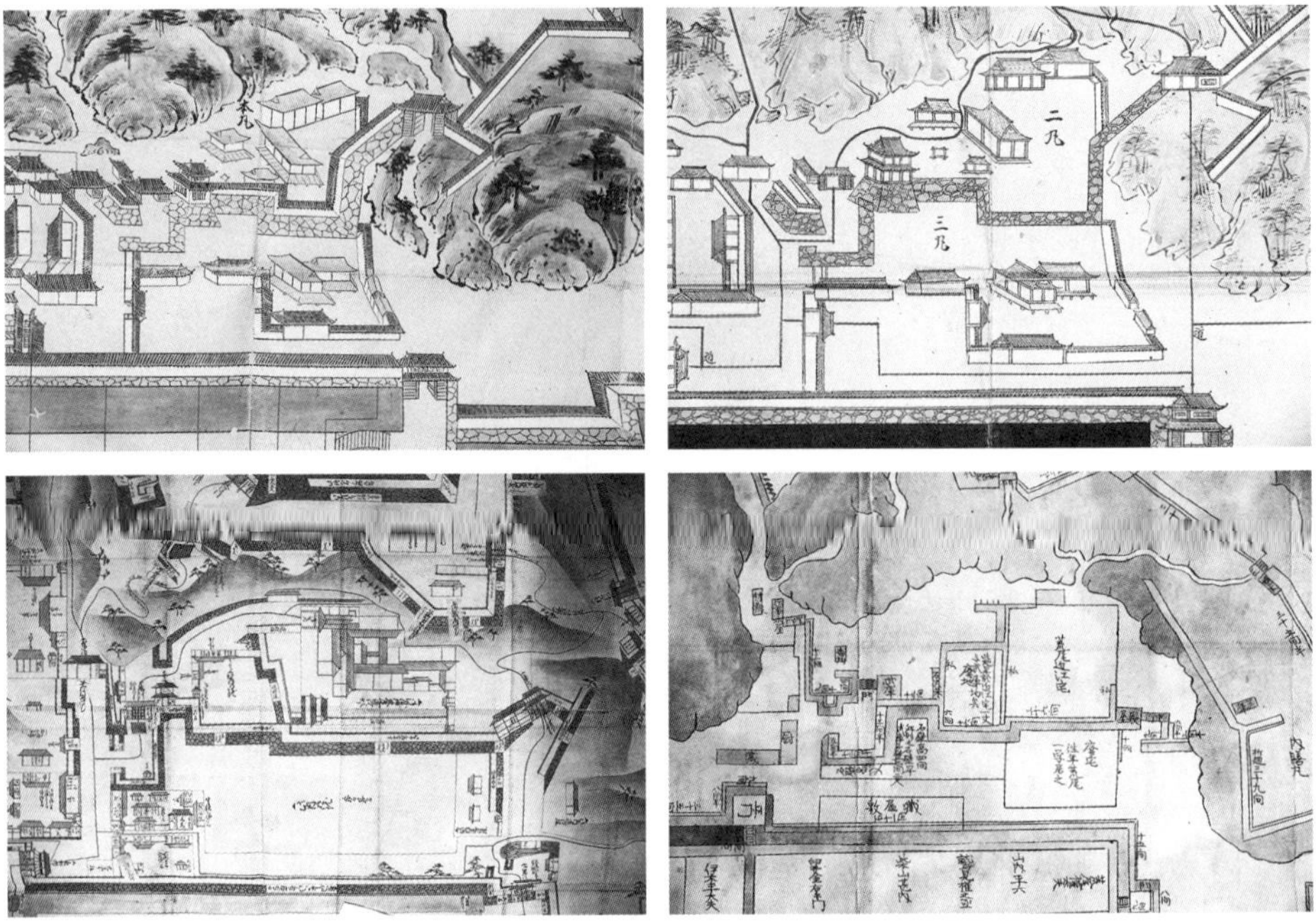

図38　米子城二の丸・三の丸の御殿の推移

右上：「米子城石垣御修覆御願絵図」　寛文７年（1667）　鳥取県立博物館蔵　No.998

鳥瞰的に城内のみを描いた修復願図。米子城を描いた絵図で最古。三の丸北東側の石垣の修復を願い出ている。これ以降の修復願絵図はこの絵図をベースに描く。

左上：「米子城修覆願絵図」　元禄３年（1703）　鳥取県立博物館蔵　No.1001

鳥瞰的に城内のみを描いた修復願図。大小天守の破風屋根と三の丸石垣などの修復を願い出ている。

右下：「伯耆国米子平図」　宝永６年（1709）　鳥取県立博物館蔵　No.993

城内と城下町を描いた絵図。城内の建物は配置のみ示す。武家地は人名を記載する。町人地は狭められているが、城内と武家地の平面的な配置はほぼ正確である。絵図題にもあるように、現在の地図に相当するような城と城下町を平面的に描くことを目的とした絵図である。

左下：「伯州米子之図」　年代不詳　鳥取県立博物館蔵　No.997

城内と城下町を描いた絵図。城内の建物の姿図を詳細に描き、建物の規模や高さ、石垣の高さなどを記載する。

おわりに

以上、限られた史料から大小天守と二の丸御殿の復元的な考察を試みた。大天守に関しては既存の研究成果を示し、小天守に関しては幕末の修理時に描かれた指図から幕末時と創建時の姿の復元を試みた。また大小天守は似てはいるが、建築年代が異なることから技術的な差異があったことを示した。加えて二の丸御殿に関しては、これまであまり触れられることもなかったが、機能的に最小限の御殿であったことを述べた。あわせて本丸にはかなり規模の小さい二重櫓が建ち並んだことを考察した。

最後に、実際の建物がないため可能な限り視覚的に理解・想像しやすい図版と文章を心掛けたが　まわりくどい説明になってしまったことをお詫びしたい。また復元図は一つの案や仮説であることを断っておき、米子城研究の足がかりとなることを願い、今後学生とともにさまざまな視点から米子城全域の建物や築城過程、さらには城下町の調査研究を進めていきたい。

（金澤雄記）

【語句説明】

天守　城内の最高所にある高層の櫓。

櫓　武器や食糧を貯蔵するための土蔵造の建物。

多門櫓　長屋状の櫓。内部は片側廊下で城内側に小部屋が並ぶ。

門　曲輪の出入り口に置かれる建物。

櫓門　門の上に櫓を載せた厳重な門。

冠木門　門柱（鏡柱）を貫（冠木）で固定し門扉が付いただけの簡素な門。厳密には屋根がないものを指すが、屋根がある棟門も指す場合がある。

番所　主要な出入り口近くにあり、出入りする者を監視する門番人が駐在するための建物。

千鳥破風　三角形状の屋根形式。装飾のために用いられるが、城郭建築では内部に小部屋（破風の間）を設け、屋根裏の採光や隠し狭間として用いることが多い。

唐破風　反転曲線（S字カーブ）を用いた屋根形式。格式高い装飾である。

穴蔵　石垣内の地階のこと。

石落し　床から幅二〇センチほど張り出した下方に向けた開口部。文字通り石を落とすとの説明も見られるが、実際は死角になる目下の敵兵に鉄砲を撃つための銃眼である。

重と階　外観に見える屋根の重なりが「重」、内部の床の数が「階」である。特に望楼型天守は構造上、大入母屋屋根の屋根裏階ができるため外観の重と内部の階がそろわないことが多い。

廻縁　天守などの格式高い建物の最上階の外側に取り付く高欄のついた板敷。実際に外に出られるものと、装飾のために見せかけだけのものがある。

算木積み　細長い石材を使い、石垣の角を左右交互になるように積み上げること。

第五章　城下町と町家

はじめに

米子の町の成立は吉川広家の米子城築城時に始まった。もちろんそれ以前に人々の暮らしはあったはずだが、現代に続く米子の町は米子城の城下町としての都市形成が基盤となっている。米子城下町の歴史に関しては、例えば『米子市史』・『新修米子市史』各巻や『伯耆米子城』・『米子商業史』などに叙述されている。そこでここでは現在に残る旧城下町に焦点をあて、建築的な観点から特に街区（町筋）や町家（町屋）に着目しながら城下町の名残や痕跡を垣間見たい。

城下町としての都市構造

先に一般的な城下町の構造に関して述べておきたい。現在の県庁所在地や第二、第三の都市の多くは近世の城下町を礎として発展した。

まず中心となる城郭であるが、立地条件により急峻な山の山頂付近のみを利用した「山城」、丘陵地の山頂に本丸などの主郭を置き山麓に御殿を配置した「平山城」、平野部のみを利用した「平城」の三つに大別される。戦国期だった中世はもっぱら山城であったが、藩政を重視した近世では平山城がほとんどであった。それゆえ近世の城下町には目立つ小高い丘陵地に城郭があり、山頂部分に本丸、山麓に二の丸や三の丸が広がるのが一般的である。

そして城下町は城郭を中心として都市が発展していくが、実際は城郭を中心に同心円状に城下町が展開することはなく、一方向に城下町は広がっていく。これは築城の際に、城郭の三方を防御のために河川や山などで囲まれた土地を選地するため、おのずと城下町は残りの一方向に展開することになる。また城下町には主要街道が通るため、主要街道に沿って町が形成されるためである。

城下町の構造としては、武士と町人の居住地が明確に分けられた点が一番の特徴である。端的には城の近くに武家地（侍町）があり、その外側に町人地（商家町）があるという構造であった。

武家地からみると、侍町にもヒエラルキーがあり、名のある上級武士の邸宅と、中下級武士の住居で区別された。上級武士の邸宅は城に隣接するか、中には三の丸などの郭内に設けられた。概ね五〇〇～一〇〇〇坪程度の広大な敷地が与えられ、長屋門と土塀で囲った。敷地の中心には対面の場となる表と生活の場である奥をもった主屋がある。その他離れや茶室、土蔵や馬屋、さらには庭園や前庭などが配置された広大な屋敷である。こうした上級武士の屋敷地は石高にもよるが一つの城下町に概数として一〇〇件程度ある。

　対して中下級武士の住居はその外側に設けられ、概ね一〇〇坪にも満たない敷地を棟門と板壁で囲い、簡素な主屋が建つくらいであった。質実剛健と言い表せば聞こえがいいが、これらの屋敷はいわば藩の賃貸住宅であり、階級が上がるにつれて転居を繰り返した。

　このように武士のなかでも封建社会が大きくみられ、特に中下級武士の屋敷は非常に質素で、地方の豪農の方がより立派な住居に住んでいた。また武士としての賃金が安いため内職するものが多く、今となってはその産物が地域の特産品となっているものがある。

　なお現在では侍屋敷のことを総称して武家屋敷と称するが、厳密には武家屋敷とは武家の江戸や大坂での別宅を含めた大邸宅を指し、城下町に残る中下級武士の住居は侍屋敷と区別する。

　ただこうした侍屋敷は都市の中心という土地と建物が簡素という理由で残存しにくく、今となってはあまり目にすることができない。稀に残っていたとしても築城当時の江戸前期の建物は皆無であり、概ね幕末期に建替えられた屋敷が残っている程度である。また上級武士の邸宅（武家屋敷・大名屋敷）も残存しにくく、東京大学の赤門のようにわずかに表門が残る程度である。ゆえに絵図や指図といった絵画史料から往時を偲ぶしかない。

　次に町人地についてであるが、町人（商工業者）が密集して住まう住居を一般的に町家（町屋）と呼ぶ。街道に沿って町家が建ち並ぶが、城に向かっている町筋を縦町（立町・竪町）、城を横切るような町筋を横町と呼び、現在でも町名として残っていることがある。町家の特徴としては、まずは街道に主屋が直接面し、間口が狭く奥行きが長いことが挙げられる。この理由を一般的には間口に応じて課税されたと説明されるが、街道に面して同じ条件で多数の敷地を与える場合、短冊状になってしまうことは必然である。

　主屋の基本的な間取りは、間口が狭いため片側を通り庭（土間）とし、床上には一列三室で部屋が並ぶ。街道に面した部屋をミセと呼び、生業とする商いをするスペースである。対して奥の二部屋の室名はまちまちであるがプライベートな生活スペースである。中央の部屋は窓

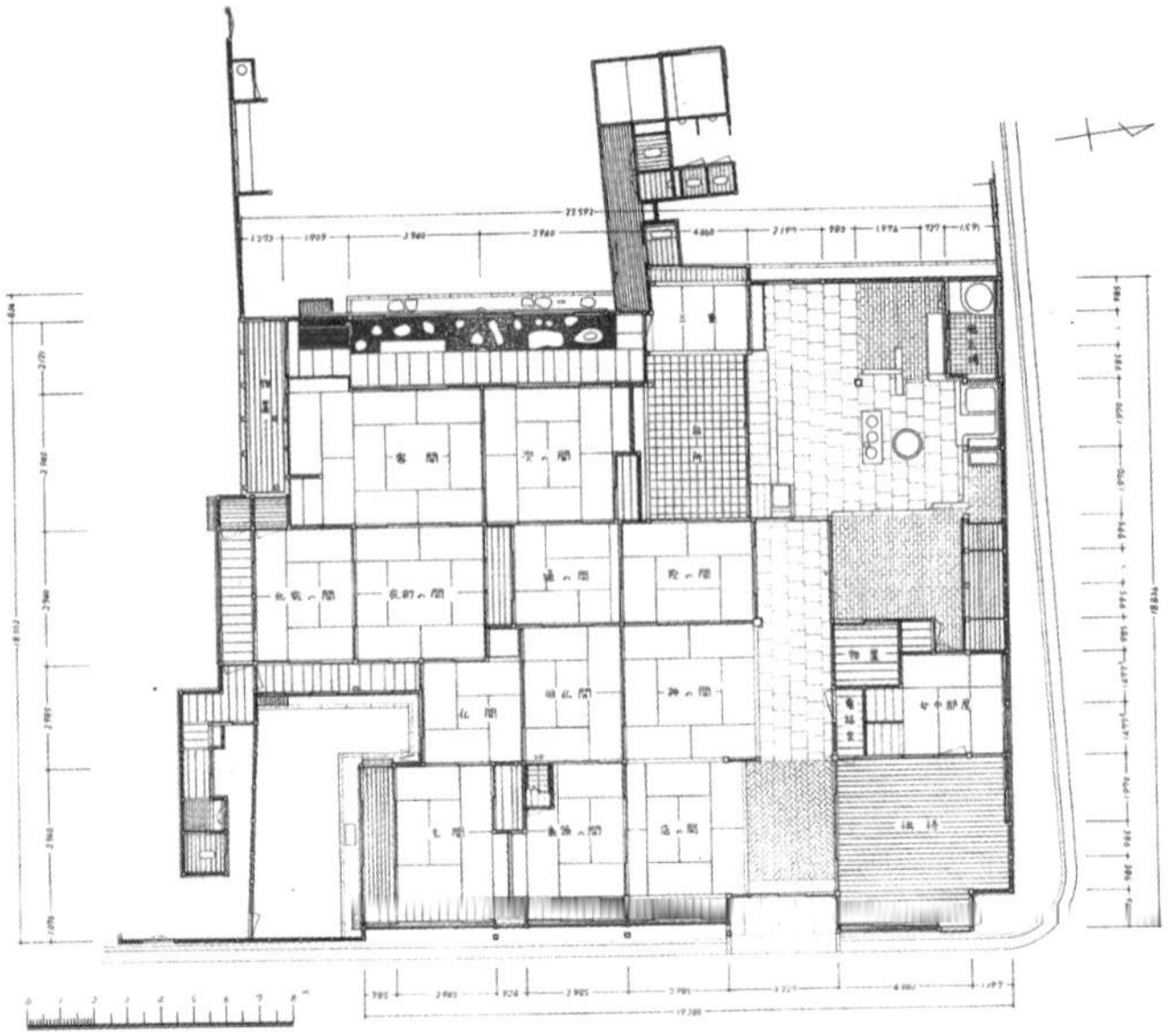

図1　後藤家住宅平面図（『修理工事報告書』より）
大規模な町家であり、2列3室型の町家に座敷が増築されている

が設けることが構造上できないため、吹き抜けとして天窓などを設ける場合が多い。規模が大きな町家では床上が二列三室以上になる（図1）。

二階は、江戸期の町家は二階が低く厨子《つし》二階《にかい》となり、物置や使用人部屋に用いられるが、明治・大正期になると二階が高くなり、二階座敷が設けられるようになる。

敷地はさらに奥に続き、風呂・便所は中庭に張り出して設けられる。奥には増築された離れや、食料品や生活品などをしまう土蔵が建つ。

屋根は隣家との雨落ちの都合で切妻造平入となるのが一般的であ

図2　後藤家住宅の格子と虫籠窓
江戸中期の古い町家らしく2階は建ちの低い厨子二階となる

るが、奥行きが長いと必然的に屋根が高くなりすぎてしまう。なかには隣家とそこまで密集しない町では福岡県八女福島のように妻入の町家が建ち並ぶ軽快な町並みもある。町家の屋根は古くは板葺き（トントン葺き、もしくは石置板屋根）もしくは草葺きであったが、江戸中期には防火のため瓦葺きが奨励され、また近代ではトタン葺きに改められた町家もある。

　町家の意匠は秀逸であり地方色が表れる。まず町家を代表する意匠として「格子」（図2）がある。格子そのものは内部を見えにくくするための設備であるが、格子の長さをリズミカルに変えたものなどこだわりが表れている。さらに二階の換気窓として用いられる「虫籠窓《むしこまど》」（図2）にも遊び心がみられるものがある。ミセの開口部として、現在のシャッターのように開口部を全開放する「大戸」（図3）と「蔀戸《しとみど》」（図4）がある。大戸は出入口部分に用いられる建具で、普段はくぐり戸を用いるが、大きな荷物の出し入れの際は約一間四方の大きさの戸が、横に引くか、金具で回転するか、上に跳ね上げるかして開く。蔀は床上部分の開口部に用いられる建具で、一間ごとに吊り下げられ、内側に跳ね上げて吊り下げる戸である。下半分も取り外せるようになっており、取り外した戸は立てかけるか吊り下げ

図3　後藤家住宅の大戸

図4　後藤家住宅の蔀戸（外に開く）

図5　長田茶房の袖壁（卯建）

た蔀の上に置く。

さらに防火壁としての「卯建《うだつ》」も印象的である。厳密には二階の窓の側面に設けられる防火壁を「袖壁」(図5)、屋根より高く設けられる防火壁を「卯建」と呼ぶが、最近では袖壁も卯建と呼び、徳島県脇町のように卯建の町として観光資源としている町並みもある。左官仕上げの装飾が施されるものもあり、町のアクセントとなっている。ただ卯建が実際のところ火災時にどれだけ効力を発揮するかは定かでない。さらに都市火災に対する備えとして、埼玉県川越市に建ち並ぶ町家のように町家そのものを土蔵造りにした重厚な印象を受ける町家もある。

現代となっての町家の問題点は、建物面では採光が確保しづらく、生活面では前面に駐車場が設けられないなどあり、また隣家を取り壊すと傾いてしまうこともある。

ただ利点も多くあり、そもそも町の中心であるので立地条件がよく、駅や役所、病院などの公共施設へ近い利便性がある。また町並みがそろうと景観的に美しく、祭りなどのハレの日の賑わいも魅力である。

米子の城下町の構造

以上をもとに米子の城下町をみていこう。まず中心となる米子城は典型的な平山城であり、山頂に天守がそびえる本丸を置き、山麓に二の丸・三の丸が広がる。武家地をみていくと、まず三の丸の郭内には鳥取藩の家老である荒尾の居宅があったようだが、実際に住まうことはなく十八世紀初期までには取り壊されてその後は広大な空地となっていたようである。それ以外の武家地は三の丸の外にあった。

三の丸の外側には内堀が巡り、その外側に侍町が広がった。内堀には大手と搦手の二つの橋しかかけられておらず、城と侍町を隔てた。侍町に住む家臣については数枚の米子城絵図に名前が記されており、例えば宝永六年(一七〇九)の「伯耆国米子平図」(図6)からは概ね八十世帯ほどの家臣が住まわっていたことがわかる。侍町の各戸の敷地は、三の丸に隣接する敷地は広いが、城から遠ざかるにつれて敷地は狭くなっていく。

侍町の外側には城の二辺を囲むようにL字型の外堀があり、外堀の外側には町人町が広がった。それゆえ米子

コラム

旧小原家長屋門

現在二の丸の枡形を入り、石段を登ったところに赤瓦葺きの長屋門がある。一見米子城の城門かと思いきや、侍屋敷である小原家の長屋門を昭和二十八年（一九五三）に移築したものである。移築後は米子市の有形文化財に指定され、内部は山陰歴史館として昭和五十九年（一九八四）まで利用された。

小原家はもともと大手門を出たすぐのところに位置しており、荒尾百二十石の家臣であった。長屋門は江戸中期から後期の建築とみられ、城の近くに住まう上級武士の屋敷の表門として堂々たる長屋門である。

長屋門の中央の開き扉は上客の出入りの際に開かれ、普段は向かって左脇のくぐり戸を用いた。くぐり門の脇には出入りを見張る番所の武者窓がある。内部は三室に分かれ、右側の一室は物置、左側は番所と使用人部屋に用いたのであろう。使用人部屋には外部に面して出格子窓が付いており、通行人を見張ることができた。

壁面は白漆喰に下見板張の武骨な外観であり、大手門へと続く道筋の当時の町並みの一端を想像させる。町人町のにぎわいとは異なった、閑静ではあるが、誰かにいつも見張られているような殺伐とした武家地独特の雰囲気が伝わってくる建物である。

（金澤雄記）

旧小原家長屋門

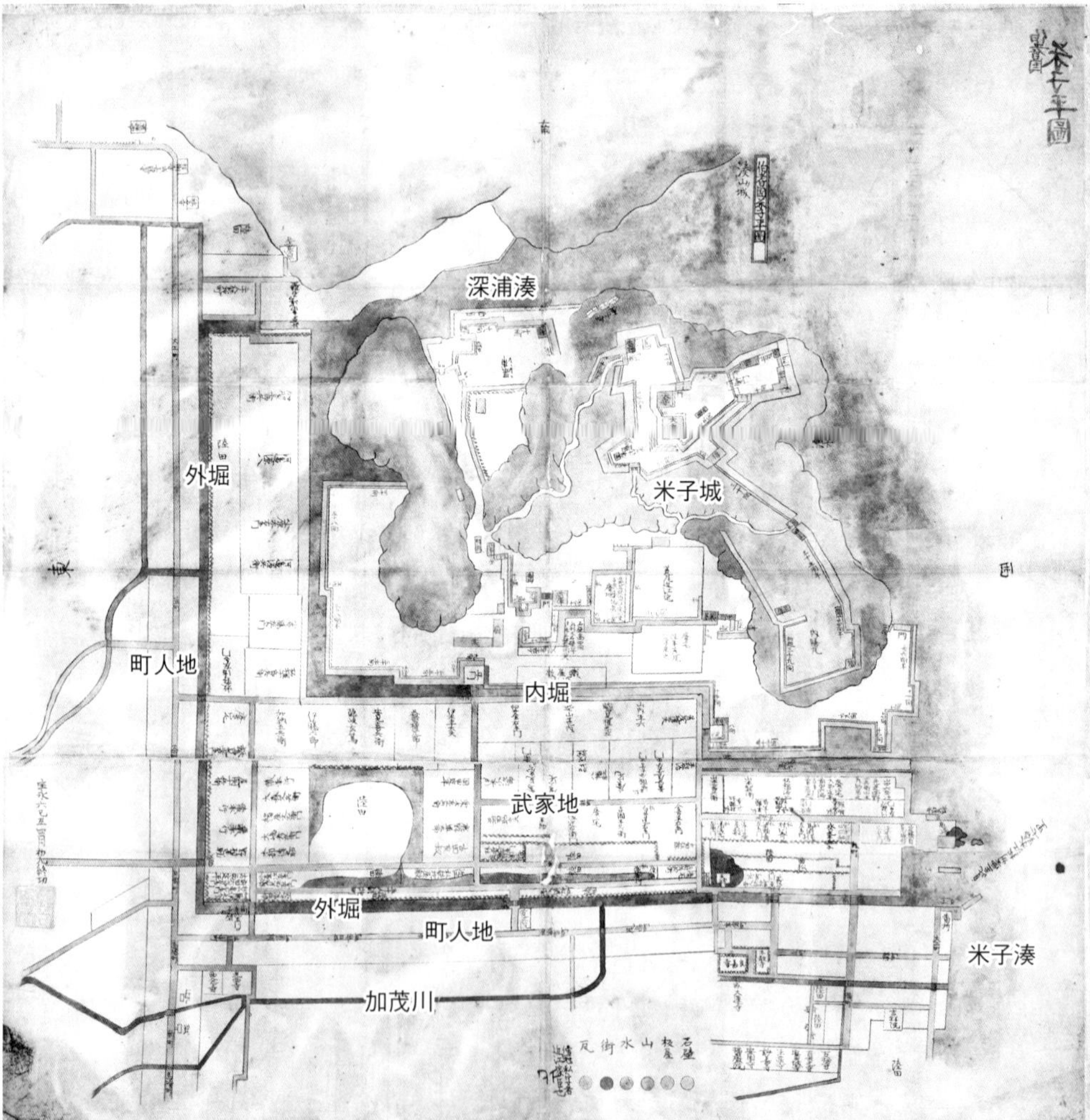

図6　「伯耆国米子平図」　宝永6年(1709)　鳥取県立博物館蔵　No.993

図７　米子市街地図（平成26年（2014）作成　米子市教育委員会提供）

図８　内堀跡

図９　外堀跡

図10　外堀の痕跡（善五郎蔵）
もと外堀に面した土蔵で、堀端の石垣が往時を偲ぶ

表１　米子城下町の各町の町録

（作成：山口みなみ）

町名	町録された品物（藩政期以降）
灘　町	船問屋・船宿・海産物・野良稼ぎ・飯盛女の設置（安政以降）
立　町	綿商・傘店
内　町	煙草店
片原町（天神町）	船業（主に官船）・船宿・艀持株
岩倉町	昆布・乾物商
尾高町	小間物商・呉服商・太物商（綿・麻織物）・畳表・ござ
西倉吉町	宿屋・呉服商・小間物商・太物商・畳表・ござ・三度飛脚
東倉吉町	宿屋・呉服商・小間物商・太物商・畳表・ござ・三度飛脚・芸者の置屋・履物
四日市町	鍛冶屋・刀鍛冶
紺屋町	野道具店・傘屋（日野町から権利を35両余で買取る）・樫木細工・紺屋
法勝寺町	唐津物商（陶器）・古手屋・太物商（幕末）・小間物商（幕末）
大工町	日雇
茶　町	長稼・船稼・仲仕業・一杯酒屋
日野町	大工・左官・諸事手伝・太物商（幕末）・小間物商（幕末）
道笑町	酒屋・油屋・魚屋・薬屋
糀　町	糀の製造・販売・醸造
博労町	牛馬市場

の城下町は旧山陰道と、直行する本町通りの二本の街道沿いにT字型に展開するのが特徴である。なお、後藤家住宅のある現在の内町と天神町だけ外堀の内側に町人地が位置しているが、特別な町人地とみるよりは、城下町整備以前より加茂川河口にあった中世の港町を内包した結果とみるほうがよいだろう。

侍町と町人地は外堀にかかる八つの橋でのみ結ばれていた。町人地は町筋に沿って細かく十八の町《まち》に分かれており（図7）、十七世紀末までには各町で扱う商品の町録制度が定められていた（表1）。

これらの城下町の街区の痕跡を探すとなると、まず内堀は明治二十年代に早々に堀の痕跡が分からないほど完全に埋め立てられ、現在では街路や住宅地、鳥取医大施設となっている（図8）。外堀は加茂川と合流する西倉吉町より南側は埋め立てられ、市道となっているが、実は暗渠として残っている（図9）。市道の東側脇をみると、もともと外堀に面していた土蔵が現在でも幾棟か残存しており、また地表面に現れる島石（大根島から産出される溶岩石）で築かれた石垣の一部から往時の外堀を偲ぶことができる（図10）。

米子の町家

続いて米子の城下町を構成する町家について現在までの調査をもとに特徴をまとめてみたい。これまでに米子の城下町や町家を網羅的に調査した報告書はなく、一般には『地域再生への願いをこめて』、『鳥取県の近代和風建築』などに代表的な数件の町家の図面が掲載されるのみである。

米子の町家の総数

まず平成二十五年（二〇一三）度より二年間、米子の町家の現状把握のため旧城下二十六町をくまなく歩き、一件ずつ町家の残存状況と規模を調べ、地図にプロットする作業を行った。すると米子旧城下において住宅地図による総世帯数約二七五〇件のうち、約七三〇棟の町家が残存していることがわかった（表2）。空き地や、街道に面さない裏路地の住居をカウントするかなど母数を精査すればもう少し違った数値が出るかもしれないが、米子の旧城下町には概数として現状で四件に一件、約二五％の町家が残存しているということになる。

また外観より建築年代を推定し整理すると、江戸期にさかのぼる古い町家は多くなく、明治中後期から大正、昭和前期の築百年程度の町家が多く残存していた。また規模に関しては概ね間口が二間から二間半の町家が大多数を占めている。米子のような地方都市にあって江戸や京都・大坂などの大都市圏と変わらないほどこれだけ狭小な町家が密集している現状をみると、山陰の大坂と称されるほど往時は商業の町として栄えていたと察せられる。

図11　町家が多く残存する岩倉町（上）と旧加茂川沿いに土蔵が建ち並ぶ尾高町（下）の町並み

コラム

立町と横町

米子の旧城下の町並みの地図を俯瞰すると、立町と岩倉町を境として北側と南側で道筋が大きくずれているのがわかる。特に岡本一銭屋の角で大きくクランクしている。まるで城下町によくある見通しの利かない枡形のようにも思えるが、道筋の角度が異なるため、どうも成立時代の異なる二つの町が合わさっているようだ。

ここで立町という地名に着目すると、一般的に立町の町筋は城に向かうが、米子では城を横切っており、横町と称されるべき町筋を立町と呼んでいる。同じく京橋筋も古くは横町と呼ばれているが、城に対しては縦町である。では何に対して立町・横町なのかをたどると、港に行き着く。つまり築城以前の中世に存在した港町の名残といえるだろう。築城にあたって城下町を築く際、まずは山陰道に沿って城下町が整備されたが、それ以前に存在した港町に向かってさらに町筋が伸びて城下町が広がった。そのため米子の城下町はT字型の特徴的な城下町構造をしているのである。（金澤雄記）

立町と岩倉町境のクランク

表 2　米子城下町の町家の総数と建築年代

町名	家屋件数（件）	町家数（棟）	町家率（%）	建築年代（棟）							既存調査のある代表的な町家
				江戸後期	明治前期	明治中期	明治後期	大正	戦前	戦後	
内町	120	24	20	2		1	9	11	1		後藤家（国指定）
天神町1	23	10	43			2	2	3	1	2	
天神町2	52	8	15			2	1	1	2	2	船越家
灘町1	63	29	46	1	5	11	5	5	2		後藤家（取壊）
灘町2	130	44	34	1	3	7	8	20	5		
灘町3	122	20	16		1	12		4	1	2	
花園町	157	19	12					2	15	2	
立町1	69	40	58		4	13	11	11	1		岡本家
立町2	69	17	25		2	4	7	2	2		鹿島家
立町3	100	27	27		5	2	3	13	4		
立町4	90	16	18	1	2	3		6	4		
寺町	90	25	28			6	7	5	6	1	
岩倉町	81	32	40		2	9	7	7	5	2	長田茶店
尾高町	167	44	26	1	2	6	7	10	17	1	坂口家（登録） 今井書店
西倉吉町	98	10	10								
朝日町	198	120	61								
東倉吉町	86	20	23								住田家
四日市町	82	25	30								
紺屋町	121	29	24								大寺屋
法勝寺町	85	18	21								平野家
日野町	80	20	25								
道笑町1	89	19	21								
道笑町2	108	25	23			4	10	9	2		
糀町1	140	27	19	1	3	5	5	12	1		
糀町2	142	18	13					8	5	5	
博労町1	192	42	22	3	1	1	4	21	8	4	
計	2754	728	26	10	30	88	86	150	82	21	11

※西倉吉町～道笑町・日野町の地域はアーケード設置により町家の外観が大きく改造されているため、一見して町家の判別や建築年代の推定ができなかった。

コラム

寺町

城下町には必ず寺院が密集した寺町がある。職業ごとに集住させた城下町において寺院を集めることは当然とも思えるが、それにしては高い石垣の上に広い境内があり、櫓のような鐘楼がそびえる寺院はあたかも要塞のように思える。それもそのはず、寺院の境内は有事の際には兵溜りとして利用できるため、城下町における寺町は主要街道の城下への入口や防備が薄い場所に意図的に配置されている。とりわけ慶長二十年（一六一五）の武家諸法度後はむやみに城郭を増改築できなくなったため、城郭ではない要塞化した寺院が城下町に造られた。

米子城下にも立町の北側に寺町が存在する。西から万福寺・心光寺・法蔵寺・実成寺・妙興寺・妙善寺・安国寺・瑞仙寺・福厳院と九つの寺院が片側に連なる厳かな景観である。近代的な本堂に建て替えられた本堂もあるが、実成寺・妙興寺・妙善寺・安国寺・瑞仙寺・福厳院には江戸後期から昭和初期の木造本堂が残っている。いずれも中村時代以降の慶長から元和年間に創建・移建された寺院である。米子城と城下町の北側の防衛ラインとも見受けられるが、特に北側に街道がないため、米子の寺町の場合は中世の湊町時代に存在した寺院の延長のような印象も受ける。

その他城下の絵図を見渡すと、米子城下町を横断する山陰道の西側と東側の入口に寺院が配置されていることに気付く。まず西側には山陰道を見張るかのような山裾に総泉寺・桂住寺・感応寺がある。東側にも同じように法城寺・了春寺・光西寺が位置する。とりわけ東側の三寺院は武家諸法度後に創建・移建されており、意図的に配置された米子城の出城のようである。

寺町の景観

（金澤雄記）

米子の代表的な町家

次に新たに調査し図面化した町家も含め、現在に残る代表的な町家を取り上げ、米子の町家の特徴について断片的に触れてみたい。

景山屋　景山屋は糀町一丁目に位置する、醸造業を営んだ商家である。酒造業や醸造業を営む町家は格段に規模が大きく、多様な土蔵群があり、地域ではひときわ目立つ町家である。

現状の主屋の規模は間口六間×奥行き八間であり、間口が三間の建物二件が合わさっている。建築年代は棟札より右側の主屋が嘉永元年（一八四八）である。明治三十四年（一九〇一）の家相図との比較から左側が明治三十四年以降の増改築である。手前の味噌蔵と一番奥の土蔵に明治七年（一八七四）の棟札があり、奥の醸造場一帯は明治七年の建築のようである。

敷地は非常に細長く、間口は約六間半（約一三・三メートル）に対し、奥行きはわずかに湾曲しながら約三七間（約七三・四メートル）もある。近年まで糀屋を営んでいたため、広大な糀の醸造場が主屋の裏手側に完残している。主屋の奥には糀を作るためのムロや米を蒸す大釜がある。外に出て左手の土蔵は味噌を作るための蔵である。さらに奥に進むと中央一帯は醤油醸造場であり、同じく大豆を蒸すための大釜や醤油の種糀を作るムロが二ヶ所、さらには仕込み桶が約十残っている。奥には近年作られたコンクリート製の仕込み桶（もろみ発酵タンク）が二ヶ所ある。続いて右側奥はきな粉製造所であり、大豆を炒る大釜と粉砕する機械が残っている。左側奥は米粉（もち粉）製造場であり、製粉機やふるい、さらにはレンガ造の温風機まである。近代における一大家内工場であったが、平成二十七年（二〇一五）に惜しくも取り壊された（図12）。

野波家　野波家は法勝寺に位置する、古くは紺屋、その後は醤油醸造業を営んでいた商家である。

現状の主屋をみると、間口六間×奥行き七・五間であり、間口が二間の建物が三軒合わさっている。建築年代は棟札より中央の主屋が明治十八年（一八八五）である。右側の建物は中央の主屋と屋根の高さが変わらないことや内部構造から中央の建物とほぼ同時期に建てられたと考えられる。左側の建物は外観の様式から少し遅れて明治中期の建物であると推定される。

もう少し家系図を元に建築経緯を考察すると、中央の主屋が建築された明治十八年（一八八五）は、五代目常重（明治三十四年没）は六十二歳、六代目令蔵は三十七歳である。右側の主屋はほぼ時を同じくして使用人部屋として増築され、遅れて概ね十年後に左側の主屋が増築されたわけであるが、これは五代目の隠居部屋として建築されたとみることができる。

紺屋時代は洗い場が必要なため加茂川まで野波家の土地であり、その後広大な敷地には醬油蔵がいくつも建てられたようだが、現在は隣家に一棟土蔵が残っているのみで面影が失われている。前面のアーケード取壊に伴い、平成六年（一九九四）に正面外観を従来の町家風に修景した（図13）。

津田家　津田家は灘町一丁目に位置する、綿業を営んだ商家である。現状の主屋の規模は間口四間×奥行き七間である。建築年代ははっきりしないが、帳簿が明治九年（一八七六）から残っているため明治前期とみられる。

背後の加茂川を水運で利用した典型的な町家であり、主屋の奥には加茂川に面して荷揚げ用の土蔵があり、加茂川に開いた門と石段でアプローチするよう工夫されている。津田家では綿を仲買から仕入れ、米子から山陰、さらには北国筋へと売り立てしていた。明治中期には舟運が衰退し始めたようで、生鮮加工や刻み煙草の卸売りなどに変容していった（図14）。

旧茅野家　旧茅野家は灘町一丁目に位置する、古くは魚問屋、近年では畳屋を営んだ商家である。境港の外江から移り住んだらしく、屋号を外江屋という。現状の主屋をみると、間口四間×奥行き五間であり、間口が二間の建物二軒が合わさっている。主屋の建築年代は神棚にあった棟札より慶応二年（一八六六）と明らかであり、幕末にさかのぼる米子では比較的古い町家である。右側の主屋は「ミセ」・「中の間」・「居間」と続き、それに合わせて左側の主屋も「ミセ」・「中の間」・「座敷」と続く。ミセ部分と中の間部分は畳屋時代にL字型に土間化され、正面も全面ガラス戸となった。土間には四間長さの大梁があり、手斧仕上げの古い転用材のため出所が気になる太梁である。二階は厨子二階となっており、古い町家の形式を残している。

約十年間空き家となっていたが、保存活用を図るため「米子の町家・町並み保存再生プロジェクト」の活動として二年がかりで復元的に改修を行った。外観はトタンを剥いだところ白漆喰でなく荒土壁仕上げとなっていたため荒土壁風の仕上げにし、内部は間取り変更をせず従来の町家の特徴を最大限に残した。平成三十年より「米子観光まちづくり公社」が入り、米子の観光と地域コミュニティの拠点として運営を始めた（図15）。

松浦家　松浦家は博労町に位置する、醸造業を営んだ商家である。現在は食用酢を販売している。

現状の主屋をみると、間口四間×奥行き六・五間であり、間口が二間の建物が二軒合わさっている。建築年代は棟札より右側が大正四年（一九一五）建築、左側が大正十年（一九二一）増築と明らかである。

右側の主屋をみると右側に幅一間の土間があり、「ミセ」・「中の間」・「座敷」と三室並んでいる。左側の主屋は右側に合わせて座敷が三室並ぶ。現状では手前三室がL字型に土間化され改造されている。建築年代が比較的新しいため吹き抜けがなく総二階となっており、そのため神棚が二階にあるのが特徴である。

現在の当主は四代目で、初代（昭和四年没）は二代目（昭和二十六年没）と共に島根の平田より移住したと伝わる。明治四十五年（一九一二）発行の『米子商工案内』に松浦嘉五郎の名前があるが、明治三十七年（一九〇四）発行の『実業人名録』には名前がないことから、明治三十七年から四十五年の間に博労町に移住してきたと考えられる。主屋は大正四年建築であるため、少なくとも移住して数年間はおそらく江戸時代に建てられた既存の古い町家で仮住まいしていたと考えられる。稼業が軌道に乗ってきたことで資金ができ、既存の家を取り壊して新しい家を建築し、六年後にさらに左側へ棟を建て、壁を抜いて増築したような経緯が想像できる。増築理由は初代の没年から考えれば初代の隠居部屋の需要からであろう（**図16**）。

旧まつや旅館　旧まつや旅館は東倉吉町に位置する、旅館業を営んだ建物で、現在では飲食店として利用されている。建築年代ははっきりしないが、明治中期と思われる。敷地は細長く、間口は約二間（約四・二メートル）ほどに対し、奥行きは約二六間（約五二メートル）もある。細長い敷地には客室棟が三棟建ち並んでおり、街道に面する棟は米子では数少ない木造三階建てである。造作の凝った客座敷が九室あり、米子で現存する上質な町家の一つである。棟と棟の間の中庭部分に二階床の高さに鉄筋コンクリート造の人工床を設けた改修が特異である。往時は裏手が外堀に面していたが埋め立てられてすっかり景観が変わってしまった（**図17**）。

米子の城下町では明治期の旅館建築が五、六件残存しているが、いずれも二階に客室を設けるため総二階となり、明治期でありながら建ちの高い町家である。米子城下町の明治期の様子を思い浮かべると、厨子二階や屋根裏部屋程度の建ちの低い町家が軒をそろえる中で、二階に客室をもった旅館建築が突出して存在し、中には旧まつや旅館のように三階建ての町家もあった。つまり町家建築の二階が発達する中で旅館建築は先駆的な存在だったといえよう。

日の出湯　日の出湯は立町三丁目に位置する、現在米子市内で銭湯を営む三件のうちの一件である。

現状の主屋をみると、間口六間×奥行き三・五間であり、間口が三間の建物二件が合わさっている。間取りは銭湯のため通常の町家と異なり、一階は脱衣所で（右が女湯・左が男湯）、湯船は別棟で奥へと続く。

まず主屋の建築年代であるが、日の出湯の建築年代を示す直接的な史料はないが、日の出湯の近辺は大正十四年（一九二五）に火災で焼失しており、翌年の大正十五年頃に日の出湯を含め隣家が再建されたようである。

聞取調査により、まず昭和二十四年（一九四九）に現在の当主の父が銭湯を購入し入居した。その後、家族が増えたため向かいの家を借りるなどして間口の狭い家に住み続けていたが、昭和四十二年（一九六七）頃に隣家が売りに出されたため購入し、昭和五十五年（一九八〇）に隣家の二階と銭湯の二階を改造して合体させた。既存の建物どうしを合体しているので、二階の部屋と部屋の二本の柱位置が若干ずれている上、つなぎ目の床面に段差が生じている。なお、左側主屋の一階部分は銭湯に訪れる客用の駐車場とするため鉄骨を入れ吹抜けとして改造した（**図18**）。

コラム

家相図

家相図とは家の間取りや方位等から吉凶を判断するために描かれた家屋全体の平面図（配置図）のことである。全国的には十九世紀頃から神谷古歴・松浦東鶏・松浦琴鶴の一派によって家相図が作成されるようになり、幕末から明治時代に多く作成された。現状で把握されている家相図は全国で約三〇〇点であるが、くまなく調査すれば膨大な数が存在するだろう。山陰では古庄美明・松浦西湖・大江重光・池田鐵光堂といった家相見が描いた家相図が存在する。

家相図には敷地形状や建物の配置が正確に描かれており、なかにはイロリ・カマド・コタツ等の火元や、流し・風呂・便所等の水回りを対象に水の考え方をもとに吉・凶を診断し、改築指示を記したものもある。主屋の新築や増改築をするだけの目的ではなく、身内に不幸があった際の願掛けのために家相を見てもらう傾向があったようだ。

建築学的な観点から家相図をみると、改築前の状況や、失われた建物の詳細を知ることができる近代を象徴する歴史絵画史料である。

（金澤雄記）

外観

座敷

大釜

味噌蔵

桶

醤油タンク

ムロ

土蔵

図12　景山屋図版

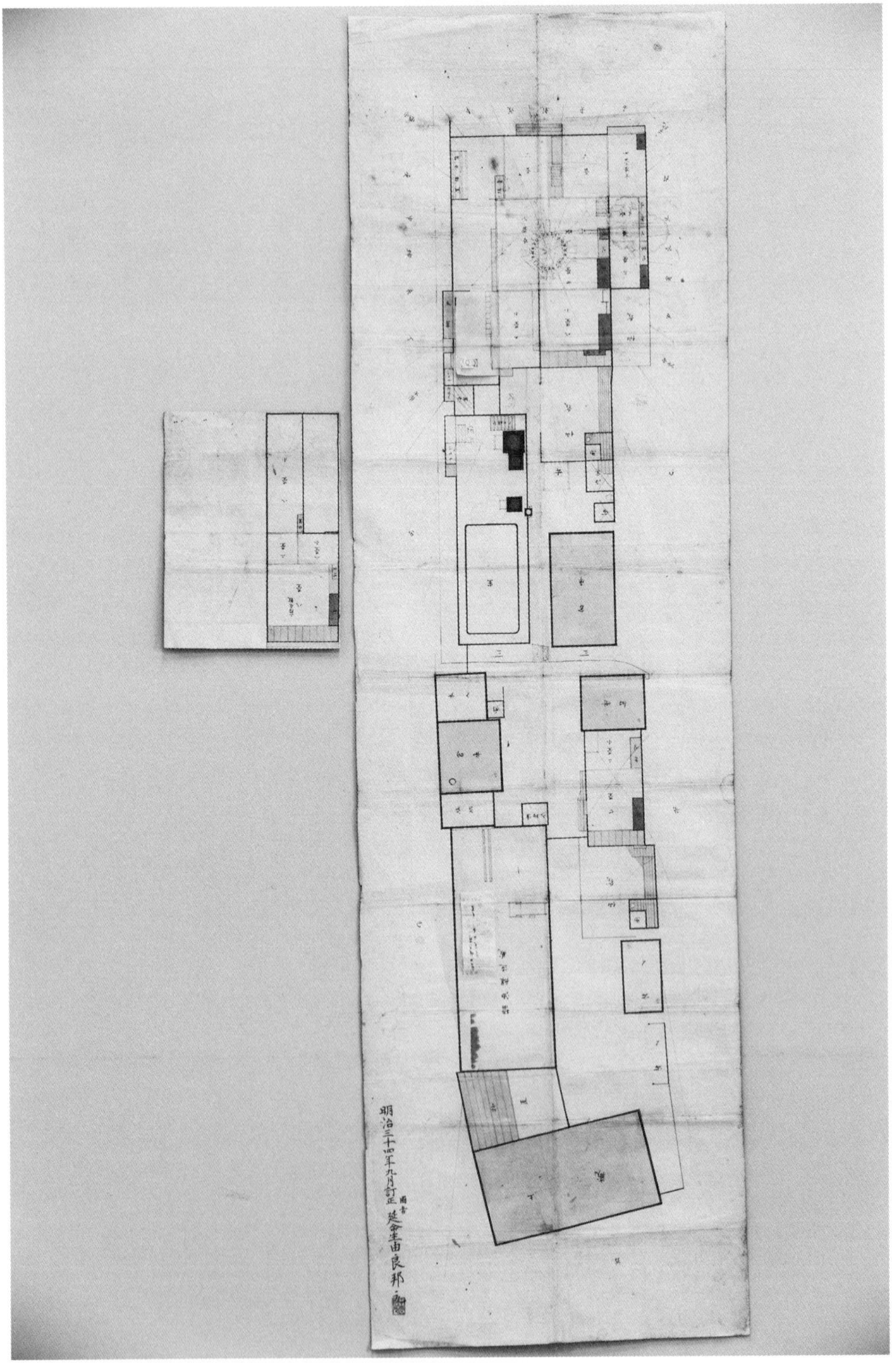

図12　景山屋図版

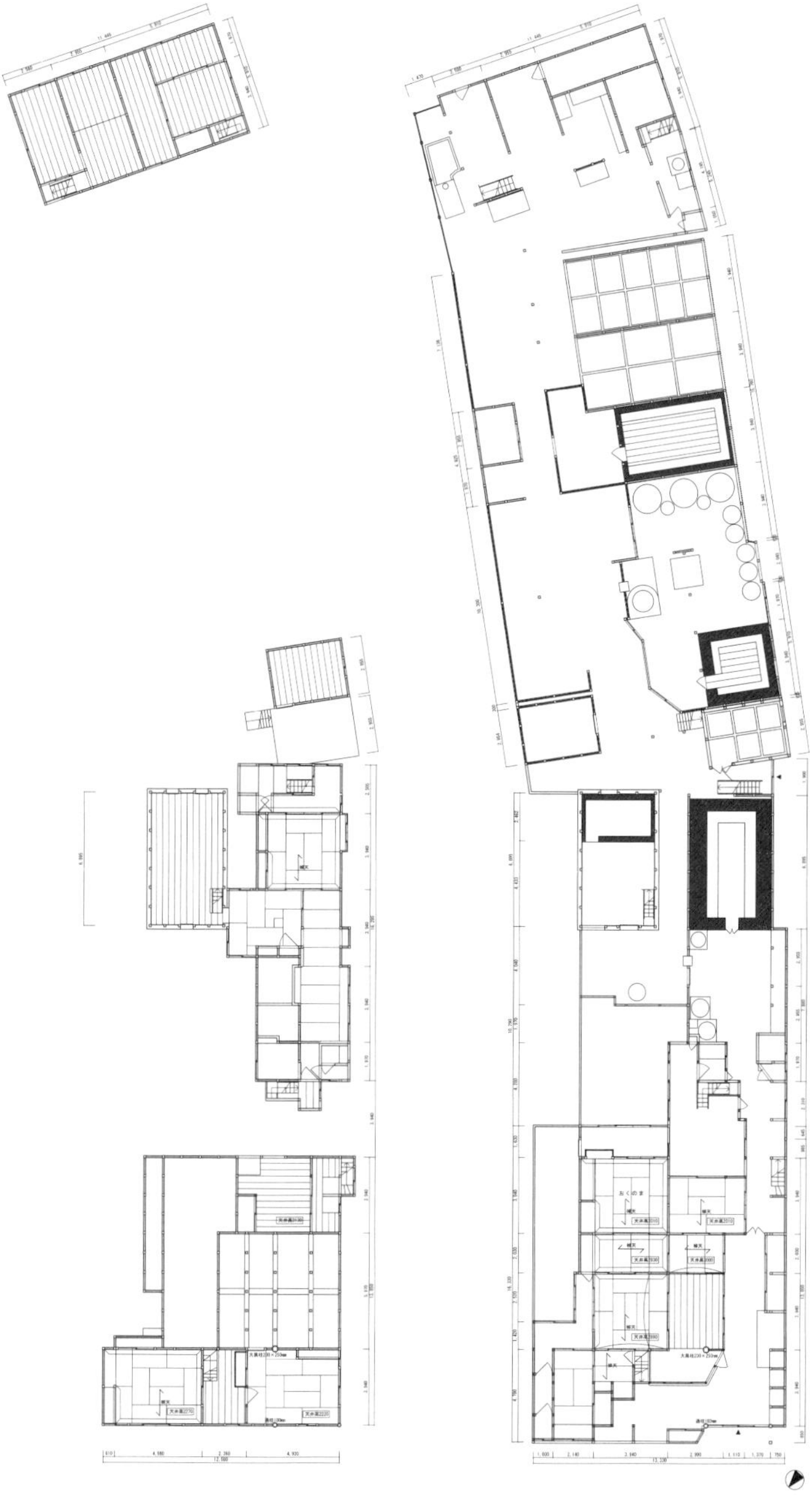

図12　景山屋図版

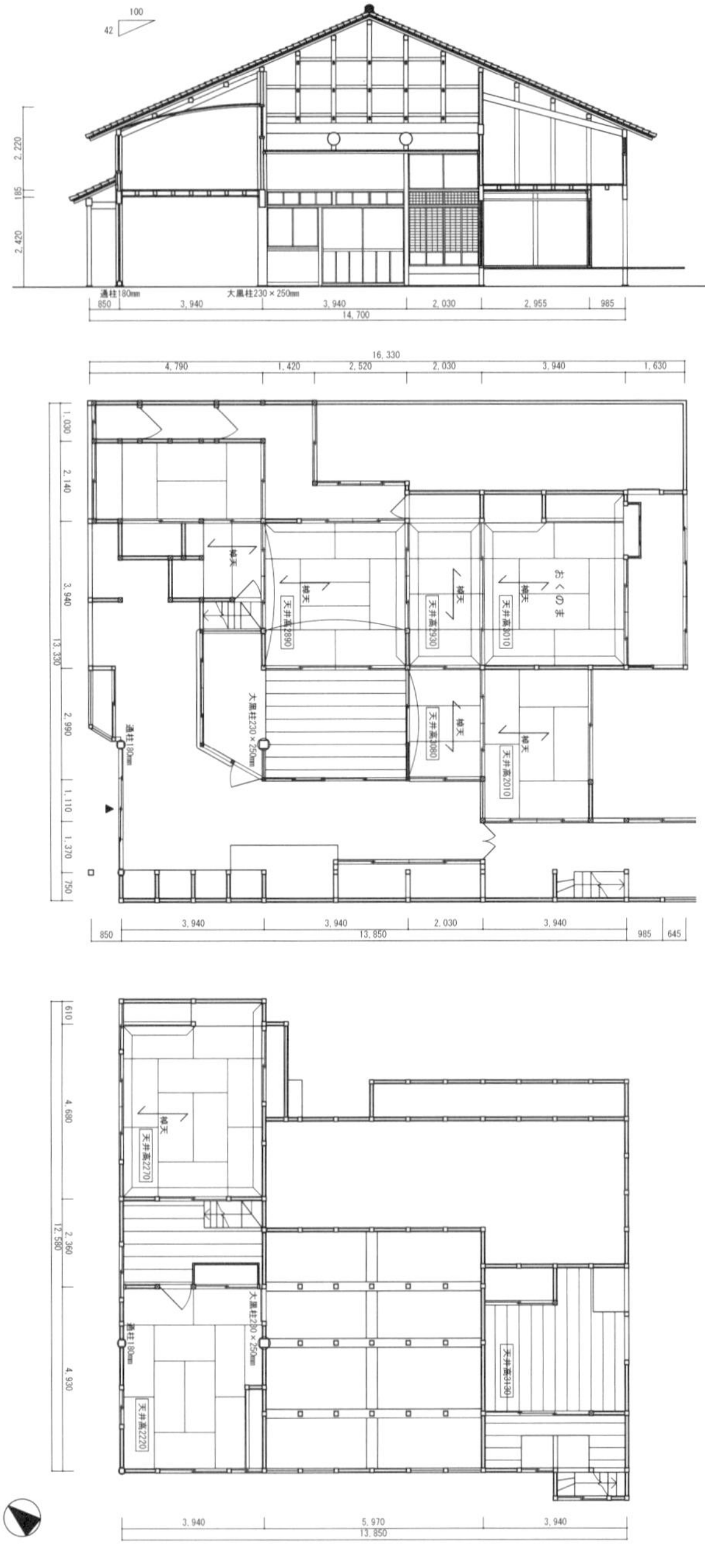
通柱180mm
大黒柱230×250mm
おくのま
竿天
天井高2890
天井高2930
天井高3010
天井高3080
天井高2010
天井高2270
天井高2220
天井高3130
大黒柱230×250mm
通柱180mm
14,700
16,330
13,850
13,330
12,580

図12　景山屋図版

外観

1階客間

米子城廃材と思われる梁

厨子2階

神様の間

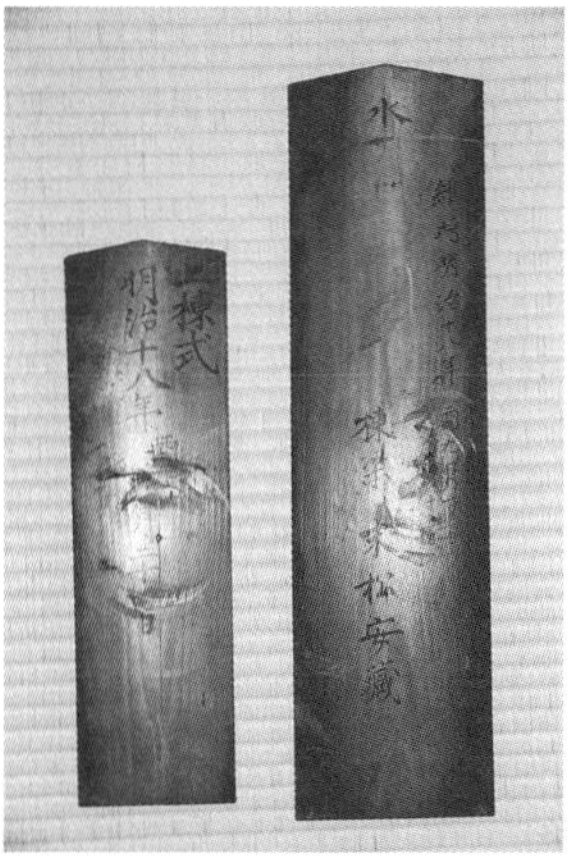

主屋棟札

図13　野波家図版

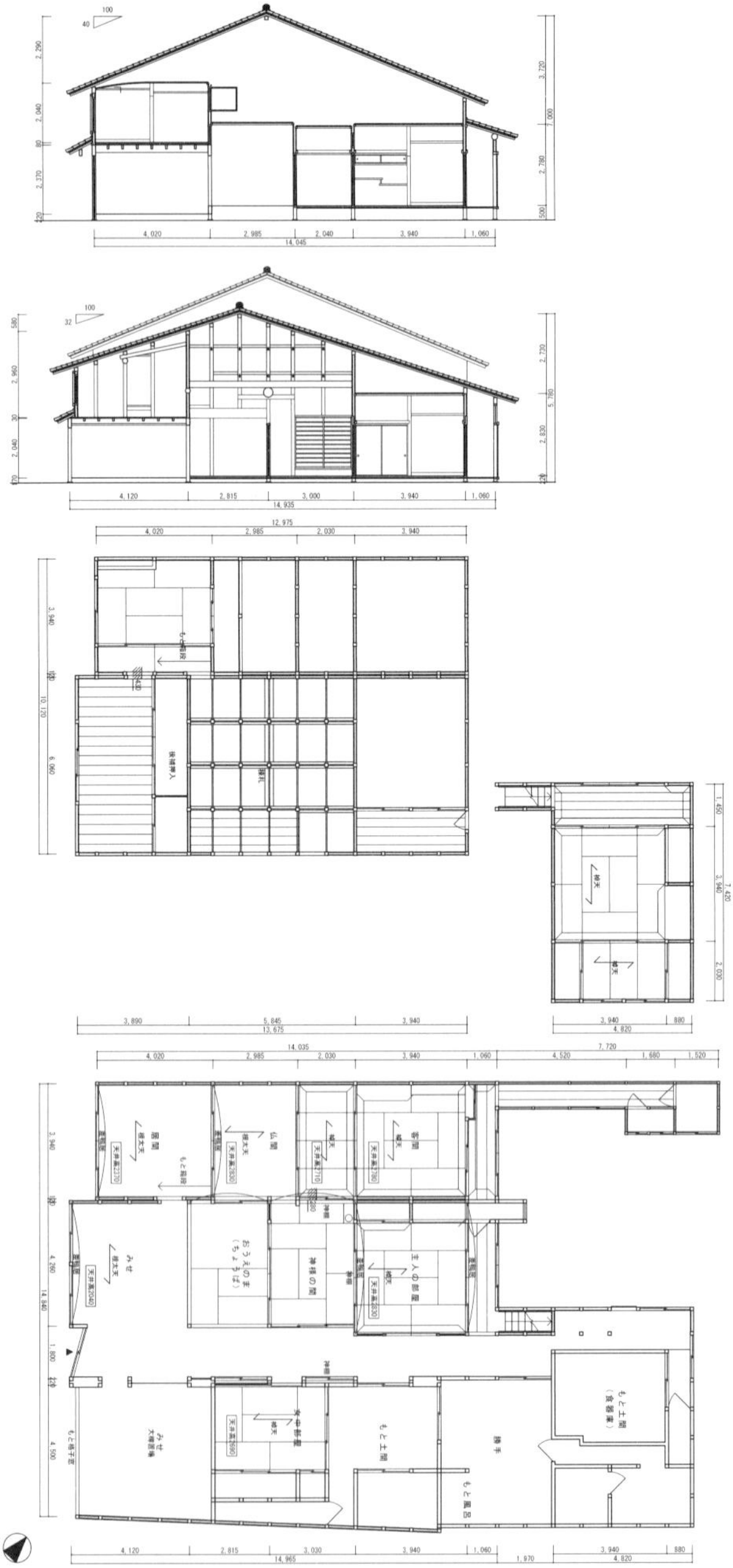

図13　野波家図版（作図：松下華子）

外観

1 階座敷

中の間の神棚

2 階

勝手

加茂川に面した裏門

加茂川沿いの土蔵

加茂川

図14　津田家図版

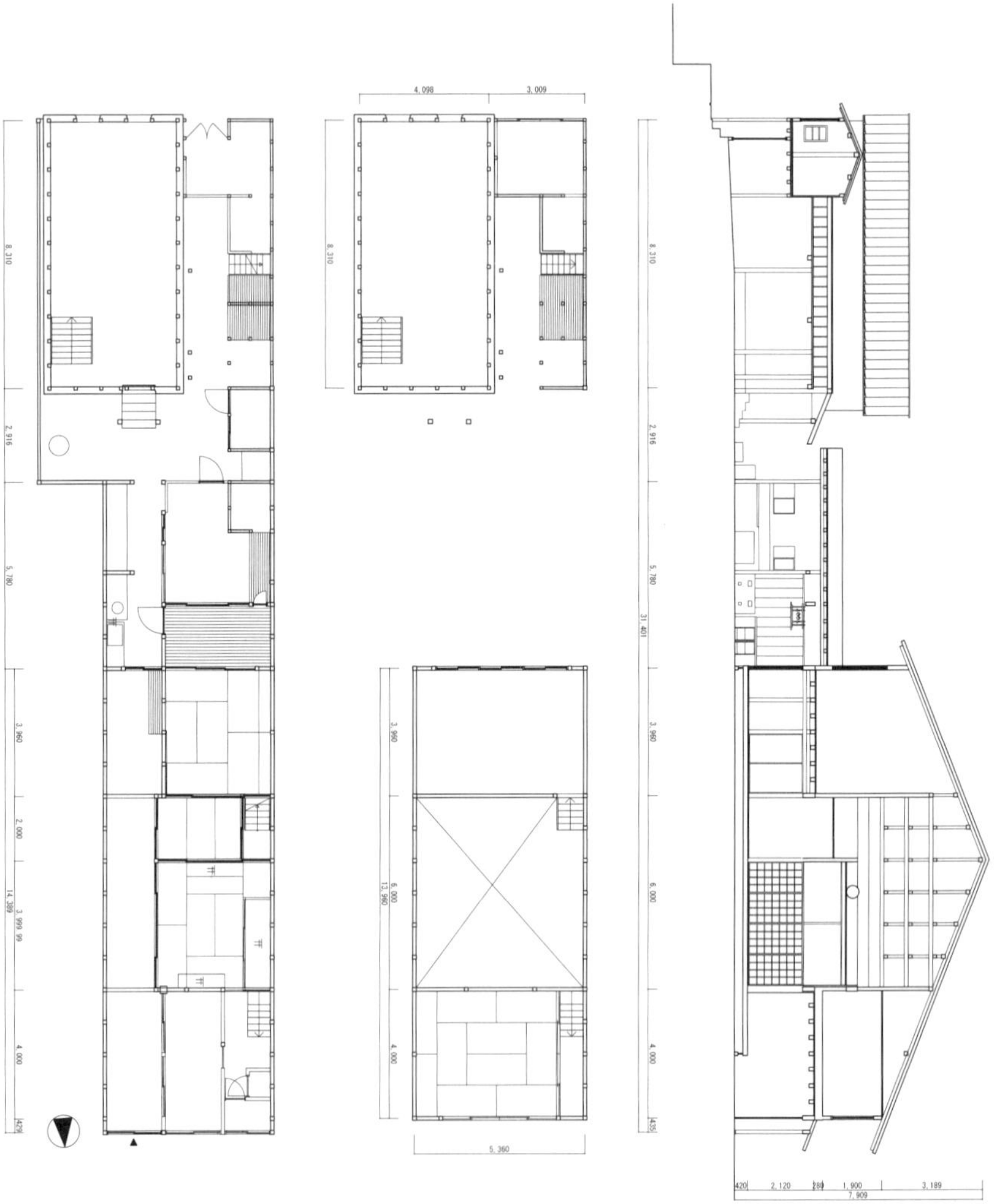

図14　津田家図版（作図：山口みなみ）

改修後

外観

1階ミセ

1階座敷

転用材の梁

棟札

2階

図15　旧茅野家図版

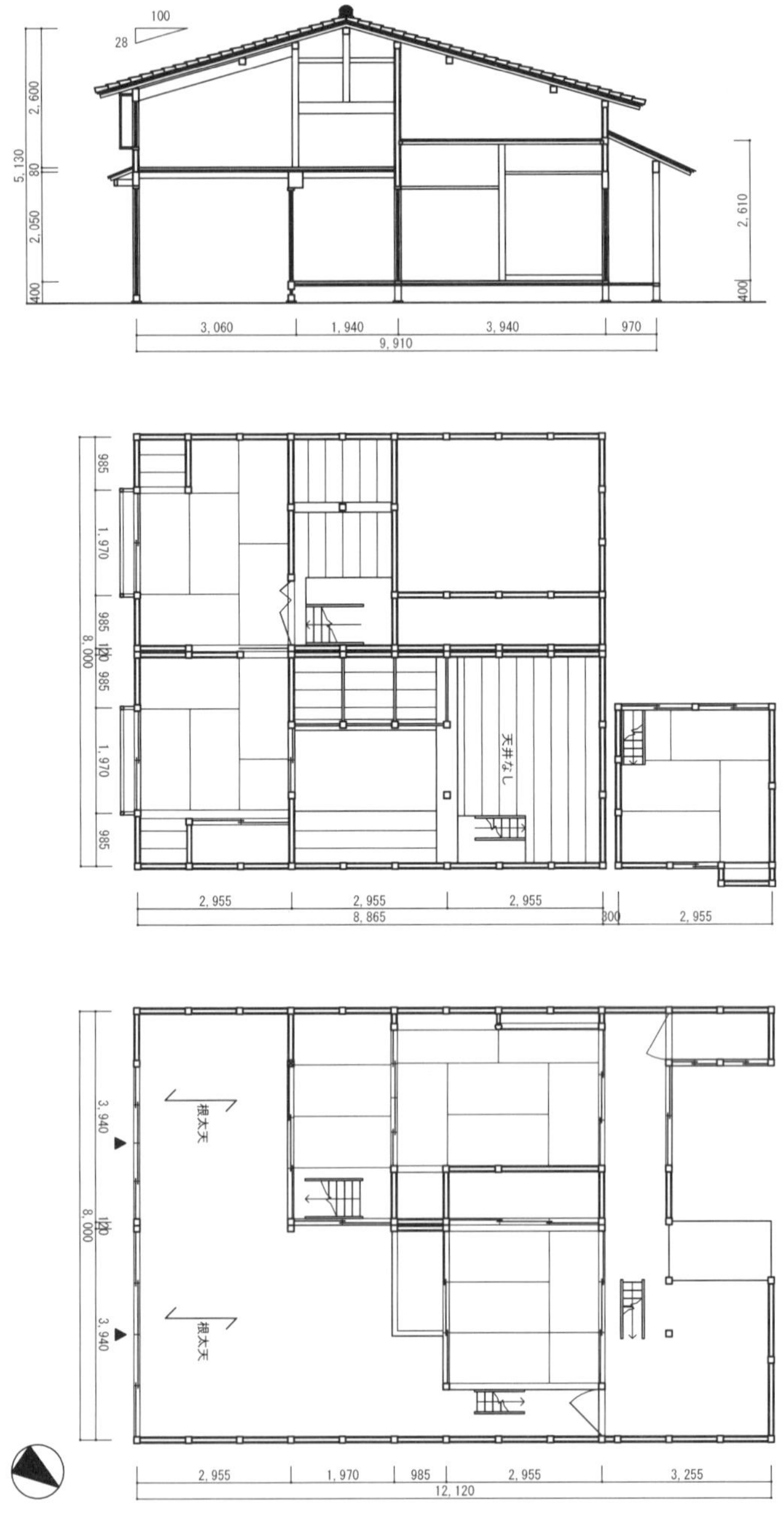

図15　旧茅野家図版（作図：松下華子）

外観

1 階土間

1 階座敷

2 本抱き合わせの柱

2 階座敷

2 階神棚

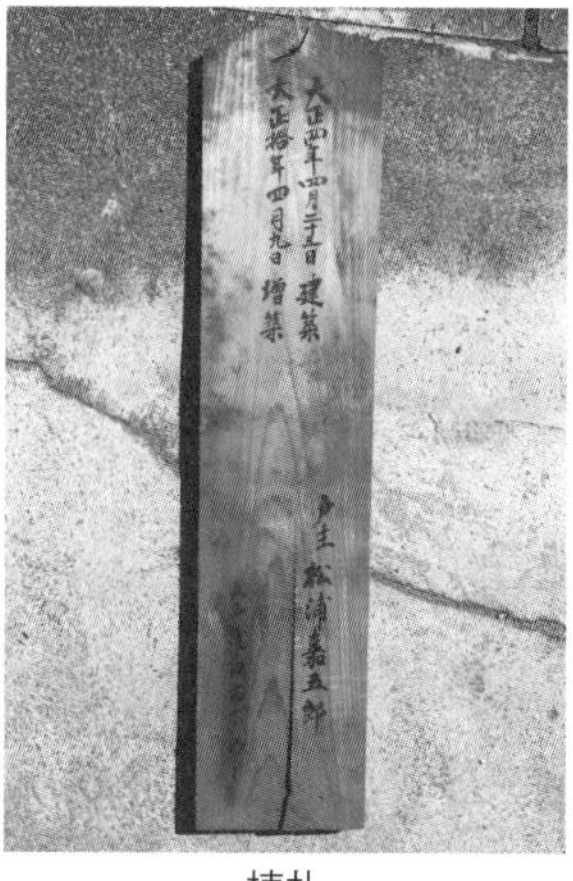

棟札

図16　松浦家図版

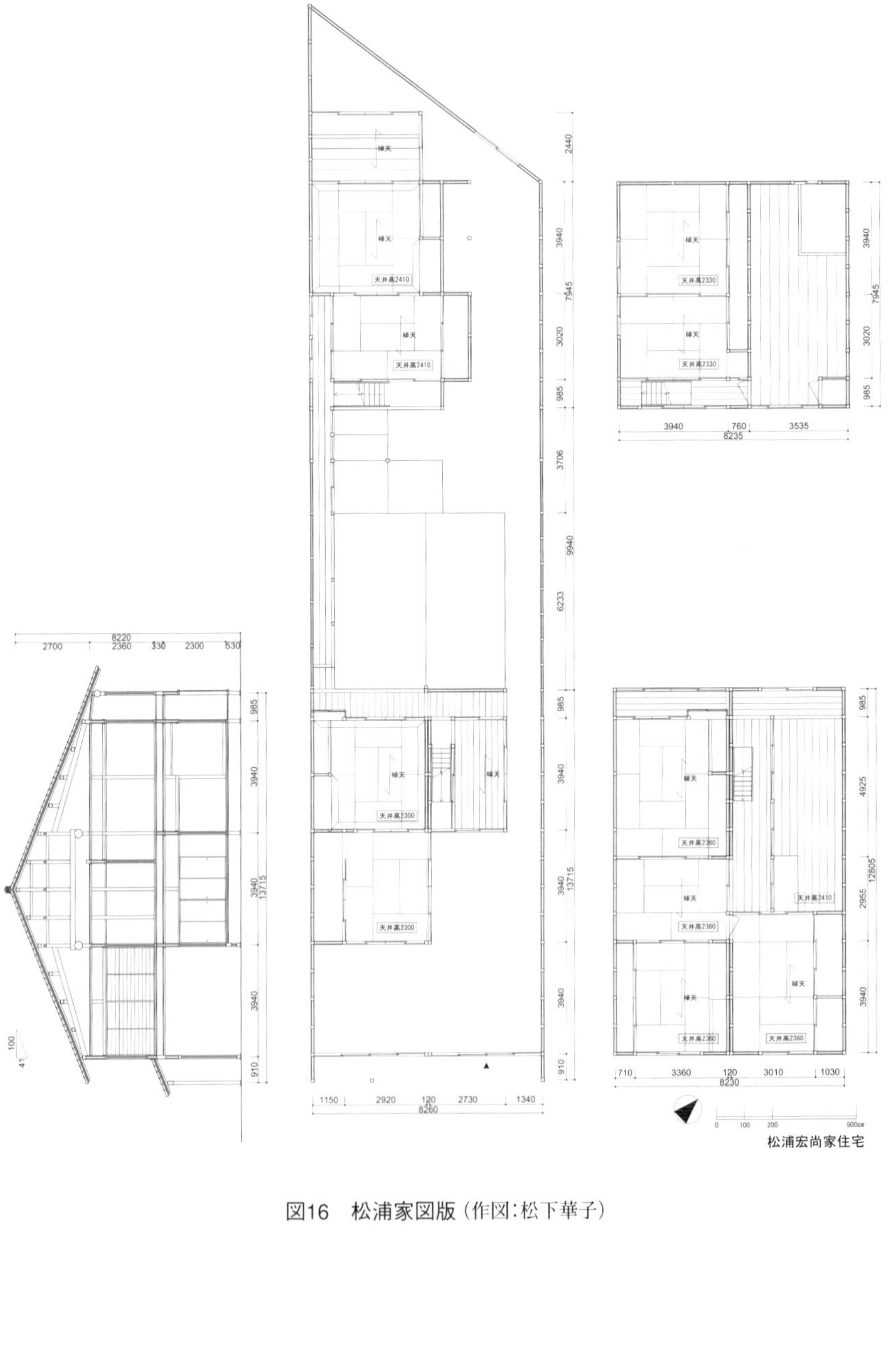

図16　松浦家図版（作図：松下華子）

外観

1 階帳場

2 階座敷

外堀に面した背面

2 階奥座敷

2 階人工床

1 階座敷

図17　旧まつや旅館図版

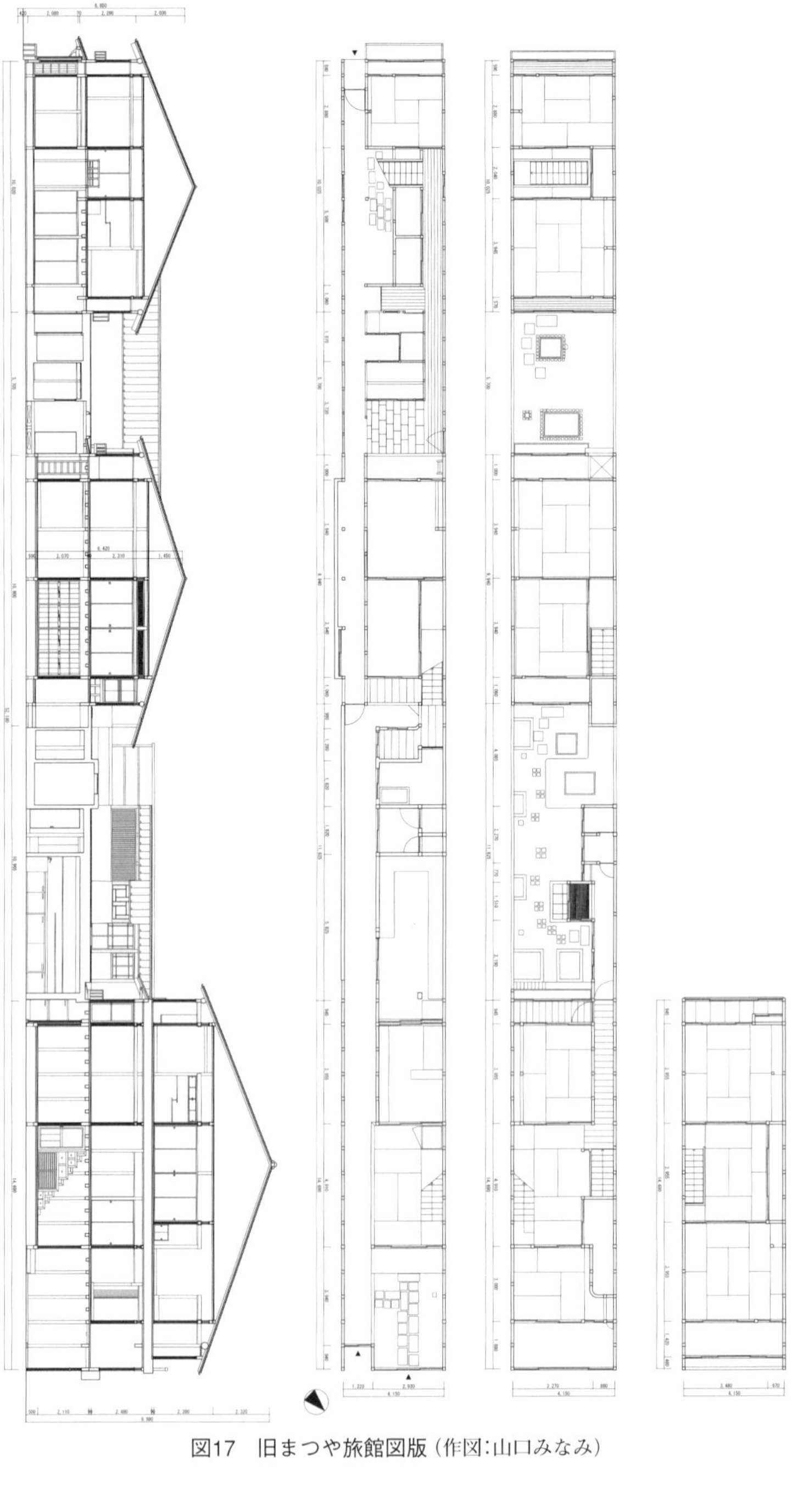

図17　旧まつや旅館図版（作図：山口みなみ）

外観

合体させた隣家

銭湯部分外観

番台

脱衣所

女湯

男湯

図18　日の出湯図版

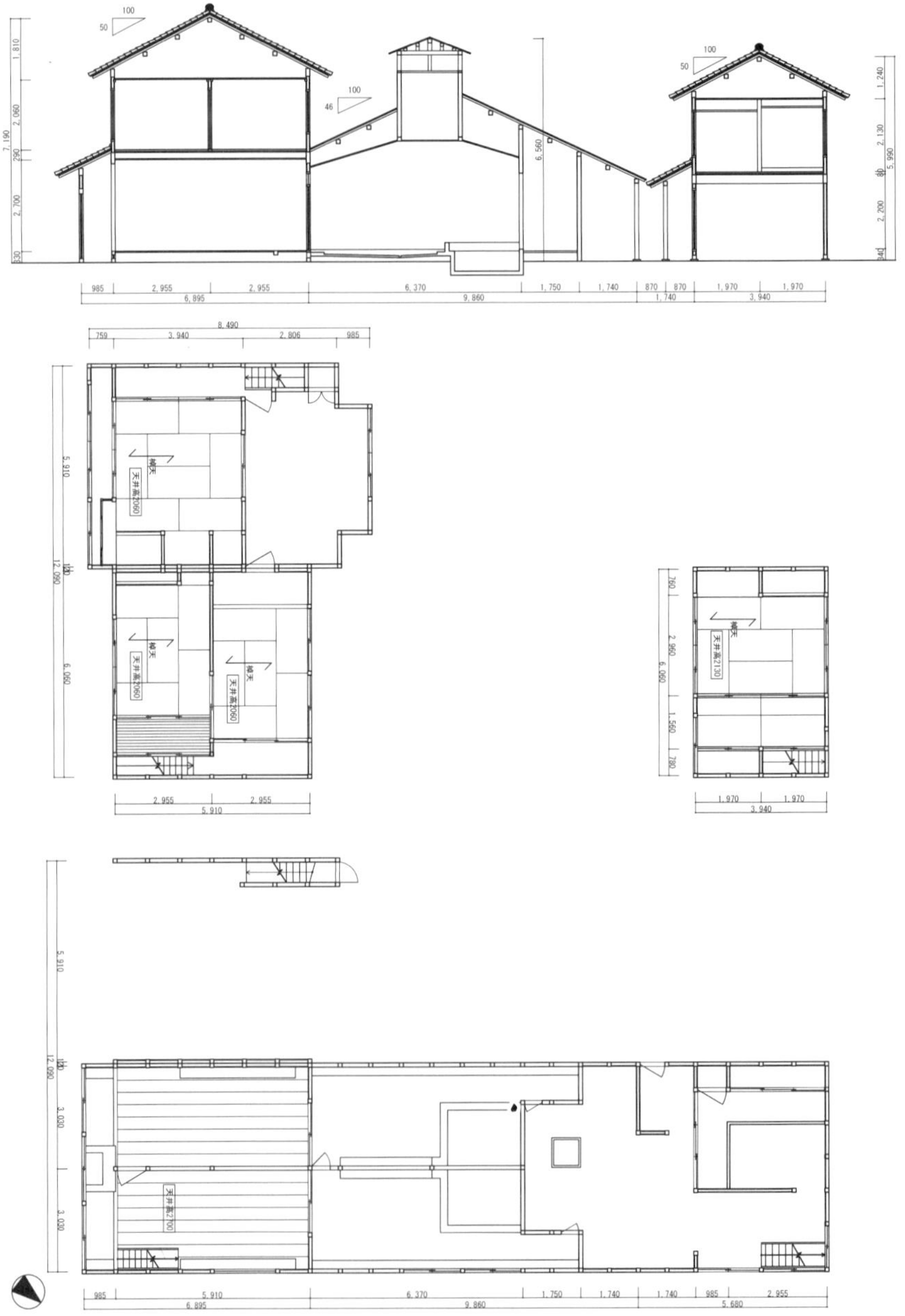

100
50
100
46
100
50
7,190
1,810
2,060
290
2,700
330
6,560
1,240
2,130
80
2,200
340
5,990
985
2,955
2,955
6,370
1,750
1,740
870
870
1,970
1,970
6,895
9,860
1,740
3,940
8,490
759
3,940
2,806
985
5,910
12,090
6,060
天井高2060
天井高2060
天井高2060
2,955
2,955
5,910
760
2,960
6,060
1,560
780
天井高2130
1,970
1,970
3,940
5,910
12,090
3,030
3,030
天井高2700
985
5,910
6,370
1,750
1,740
1,740
985
2,955
6,895
9,860
5,680

図18　日の出湯図版

建築年代

ここでまず米子の町家の建築年代の指標を考えてみよう。歴史ある建物の建築年代を確実に知るには、まず棟札や普請帳といった史料がある。ただ経験則上、棟札がある建物は二割ほどであるため、建物の特徴から建築年代を推察するしかない。ここで示した町家やその他の調査報告も含め、建築年代順に並べて特徴を追ってみたい。特に外観に特徴が現れればありがたい。

まず江戸期の町家となると事例数は少ないが、格段に古い後藤家住宅（国指定）や、景山屋・野波家・旧茅野家をみると、二階がいわゆる厨子二階になっており、非常に建ちが低い。概ね成人身長以下である。

次に明治前中期となると野波家・津田家のように二階の建ちが高くなり、二階にも居室が設けられるようになるが、部屋の外壁側が屋根と干渉するため、天井の端が切り落とされている傾向がある。

さらに明治後期から大正にかけては民家がもっとも発達する時代であり、二階にも座敷が設けられたため、二階が一階と同じ高さとなる。内部は松浦家のように中の間の吹き抜けがなくなり、総二階へと変化した。

昭和になるとガラスサッシが完全に普及したため、日の出湯のように二階の窓にはガラス戸がはめられ、格子がなくなる代わりに雨戸と戸袋が付くようになる。また一階正面も格子が消え、全面ガラス戸で開放し、ミセ部分が土間になっていく。

こうした外観的な特徴をもとに米子の町家すべての建築年代を推定し整理したものが**表2**である。

二軒家

さて次に「二軒家」という特異な町家について触れてみたい。二軒家とは間口の狭い町家を拡張するために隣家を買い取って増改築を行った家のことであり、二軒を一軒に合体させた町家のことを指すこととする。「隣の家は倍払ってでも（借金してでも）買え」という諺を具象化したような町家のことである。ここで挙げた景山屋・野波家・旧茅野家・松浦家・日の出湯が該当する。

二軒家の特徴としては、二つの建物の壁を抜いて合体させるため、①二棟の接続部分の柱が不自然に添え柱のように二本抱き合わせになっていること、②壁を抜いた貫穴の痕跡を隠すため柱に薄い板の覆い（カバー）がかけられていること、③屋根や床面に不自然な段差があること、などが挙げられる。

現状では米子の旧城下町で二軒家を二十二件確認して

いるが、感覚的にはもう倍ほど存在すると思われる。ゆえに米子の町家の一つの特徴でもあり、近代における町家の行く末ともいえるだろう。

ここで二軒家に至る経緯を考えると、「隣家を買い取って合体した」という言い伝えが残っている家もあることから、文字通り既存の二棟の建物の壁を抜いて合体させたように感じるが、建物をよく見るとどうもニュアンスが異なるようである。というのも、もし既存の二棟を合体させたならば、通り庭や風呂・便所などが二つ存在するわけであり、また床の高さや柱の位置にズレが少なからず生じるはずである。この点に注目して上記事例をみると、日の出湯は確かに近年に既存の二棟を合体させたため床や柱のズレがあるが、その他の四件に関してはズレがまったくなく、さらに言えば通り庭が二ヵ所にあった痕跡もない。以上より二軒家に至る経緯としては、隣家を買い取り、隣家の建物を取り壊した後に、既存の主屋の壁を抜き、その隣に間取りに合うように新しく建物を増築したものの方が多いようである。

もう一つ、二軒家に至る目的や社会的意義を考えたい。とりわけ完全な建て替えではなく、あえて二軒家という増改築手法をとったかを考えると、単純にコストを抑えるといった経済面や、狭小住宅の拡張といった物理的需要面が挙げられるが、他にも要因がありそうである。

まず一つは生活スタイルとして、二軒家は「現在でいう二世帯住宅である」ということである。つまり核家族世帯で家屋に入り、子の成長とともに二世帯となった際に、何らかの理由で隣家が空いた際に隣家を買い取り、隠居屋を増築するといった建築行為が行われていたことを示している。一般的には裏手に離れを増築する例が多いが、極端に間口が狭い町家では横へ拡張するほうが有効である。

次に精神面として、古くからの商業生活共同体の中で、隣家に新しく見知らぬ世帯が入ってくることに対する不安の表れとも捉えられる。現在でもどんな住宅であれ隣家との日照や騒音問題は付き物であるが、排他的な精神的理由が過去にも存在したのではないかと思われる。

最後に構造面として、近年商業市街地をみると空地が目立つようになっているが、町家は細長い形状の建築であるため、隣家が空地になるとどうしてもそちらに傾いてしまう。過去にも同じ現象が起きていたはずであり、ゆえに隣家が空き地になると主屋の補強目的のために建物を増築せざるを得なかったのではないかとも考えられる。以上、二軒家は城下町の狭小町家の中で展開する人間ドラマを色濃く示す建築といえるだろう。

米子城の廃材を転用した町家

最後に米子城の廃材を転用したと思われる町家について取り上げたい。幕末まで存城した日本の城郭は、明治六年（一八七三）の廃城令の後に多くが取り壊された。例外なく米子城も明治十四年（一八八一）頃から随時取り壊しが行われたらしく、城内の建物は尾高町の古物商山本新助が三十七円で買い取り、取り壊した廃材は風呂屋の薪になったとの言い伝えが残っている。実際、細い小さな部材であればおそらく焼却したであろうが、ただ江戸の封建社会が終わって建物制限がなくなり、建物が豪華かつ巨大化していく明治時代の社会背景にあって、城郭建築に用いられた太く立派な梁材などを切り刻んでみすみす薪として焼却したとは考えがたい。実際全国的にみても廃城令で多くの城郭が取り壊されたが、門や御殿などは近隣の寺社へ移築され、廃材は民家などに転用されることが多い。

現在米子の城下町の町家調査を進めているが、おそらく米子城の廃材と思われる梁材がいくつかみつかっている。まず野波家の主屋は棟札より明治十八年（一八八五）の建築であり、手斧削りの太い丸太材の転用材が三本ある。また、東倉吉町の旧住田家（現ＴＨＥ ＰＡＲＫ）の主屋は棟札より明治十六年（一八八三）の建築であり、手斧削りの太い丸太材の転用材が二本ある。いずれの材も民家にはそぐわない太材の転用材であり、米子城が明治十四年以降に随時取り壊されたことと、それぞれの主屋の建築年代を照らし合わせると米子城の廃材を転用した可能性が十分考えられる。

もっと町家の調査を進めれば、おそらく米子城の廃材と思われる転用材を発見できるものと思われる。ただ物理的に米子城の廃材と証明することは難しく、筆者の希望的観測を含めた一説として書き記しておく。

おわりに

以上、ここでは現在に残る米子の城下町と、城下町を構成する町家に関しての現在までの調査報告を行った。町家においては空き家も増えており、取り壊された立派な町家も少なくない。米子城と城下町をセットで考え、城下町米子の景観や風情を少しでも後世に残していければと願う。

（金澤雄記）

コラム

商店街アーケード

昭和三十二年（一九五七）に元町・本通り・笑い通り商店街にアーケードが設置され、昭和四十七年（一九七二）に改修された。商店街のアーケード設置は当時の流行であり、天候に左右されずショッピングが楽しめるという点で有利であった。しかし老朽化と維持の問題から平成二十一年（二〇〇九）には日野町から法勝寺にかけて、平成二十六年（二〇一四）には東倉吉町から西倉吉町にかけてのアーケードが撤去された。現在では四日市町から紺屋町にかけてのアーケードが残るのみとなった。

　アーケードを設置するとアーケードの天井部分と周囲の町家との間に隙間ができてしまうため、町家の一階の屋根の上に看板状の外壁を設けてこの隙間をふさいだ。そのため、通りから一見すると平たい外観のためビルディングに見えてしまい、従来の町家の外観が大きく損なわれてしまった。特にアーケードを撤去した区間の町並みは顕著に現れていて、町家が建ち並ぶ従来の町並みとは異なり、どこかエキゾチックでハイカラな表情の看板建築が建ち並んでいる印象を受ける。

　アーケード撤去により日差しが入る明るい商店街となった。増設した看板を取り外せばもとの町家の表情が戻るため、今後はそうした修景も必要になってくるかもしれない。

（金澤雄記）

アーケードの残る紺屋町

アーケードが撤去された法勝寺町

２階に看板状の外壁を設けた町家

第六章　発掘された米子城と城下町

第一節　米子城跡の発掘調査

はじめに

米子城については、近世期に描かれた絵図が比較的多く良好な状態で残されていることから、その縄張りや変遷は、各時代の絵図によってある程度知ることができる（**表1**）。このような資料は、遺構調査のうえにおいて、欠かせない。

一国一城令と武家諸法度が出された元和元年（一六一五）以降、居城修理にあたっては、幕府の許可が必須となり、藩は城郭の修理箇所を示した城郭修理願絵図を添付した修理願が毎回提出することとなった。この修理願絵図は、実は発掘調査の際において、その石垣の履歴を知ることができる貴重な一次資料である。しかし、**表1**を見ると、現存する絵図はいずれも十七世紀後半から十九世紀代に作成されたものである。すなわち、築城初期の米子城の縄張りを描いたものは今のところ見つかってはいないのである。

ところで、米子城に関連する文献資料については、別稿（第二章参照）に詳述されているように、築城期のものとして、吉川広家が湊山に築城した際（天正十九年（一五九一））の自筆覚書「吉川広家自筆覚書」『吉川家文書』に記述がみられる。また、「戸田幸太夫覚書」『吉川家文書』によると、周防国岩国転封の際には「十の内七つ程も出来候」とあり、慶長五年（一六〇〇）の段階で米子城は七割方出来ていた事と推察される。

では、吉川広家が築城を開始し湊山に描いた米子城の縄張はどのようなものであったのか、七割とはどの段階まで完成していたのか、中村一忠が完成させたという築城初期の米子城はどのような姿であったのか。このような絵図に描かれない時期の米子城の姿については、謎に包まれている。それを解明する糸口となるのが、考古学的手法、すなわち、発掘調査なのである。

ここでは、米子城内の最新の発掘調査成果から、米子城のどのような姿が見えてきたのか、述べてみたい。

米子城跡の発掘調査について

米子城内において、現在までに発掘された遺構は、本丸、内膳丸、山腹部及び、三の丸の一部である。いずれも限定された範囲内の調査ではあるが、絵図では知り得ない郭や堀や溝等の生々しい城の構造を具体的に物語っている。

本丸、内膳丸の発掘調査

米子城内では、現在までに石垣補修や修理等に伴う発掘調査が二回、整備事業に伴う遺構確認調査が二回実施され、本丸では番所郭、遠見郭、水手郭、天守郭において櫓の建物礎石の一部等が確認されている。また山腹では、八幡台・水手御門下の郭や登り石垣等が新たに確認されている。以下、その詳細についてみてみよう。

石垣修理に伴う発掘調査

米子城跡の大規模な石垣修理は、経年劣化や地震被害などによるき損箇所の発生に伴って、過去二回実施されている。

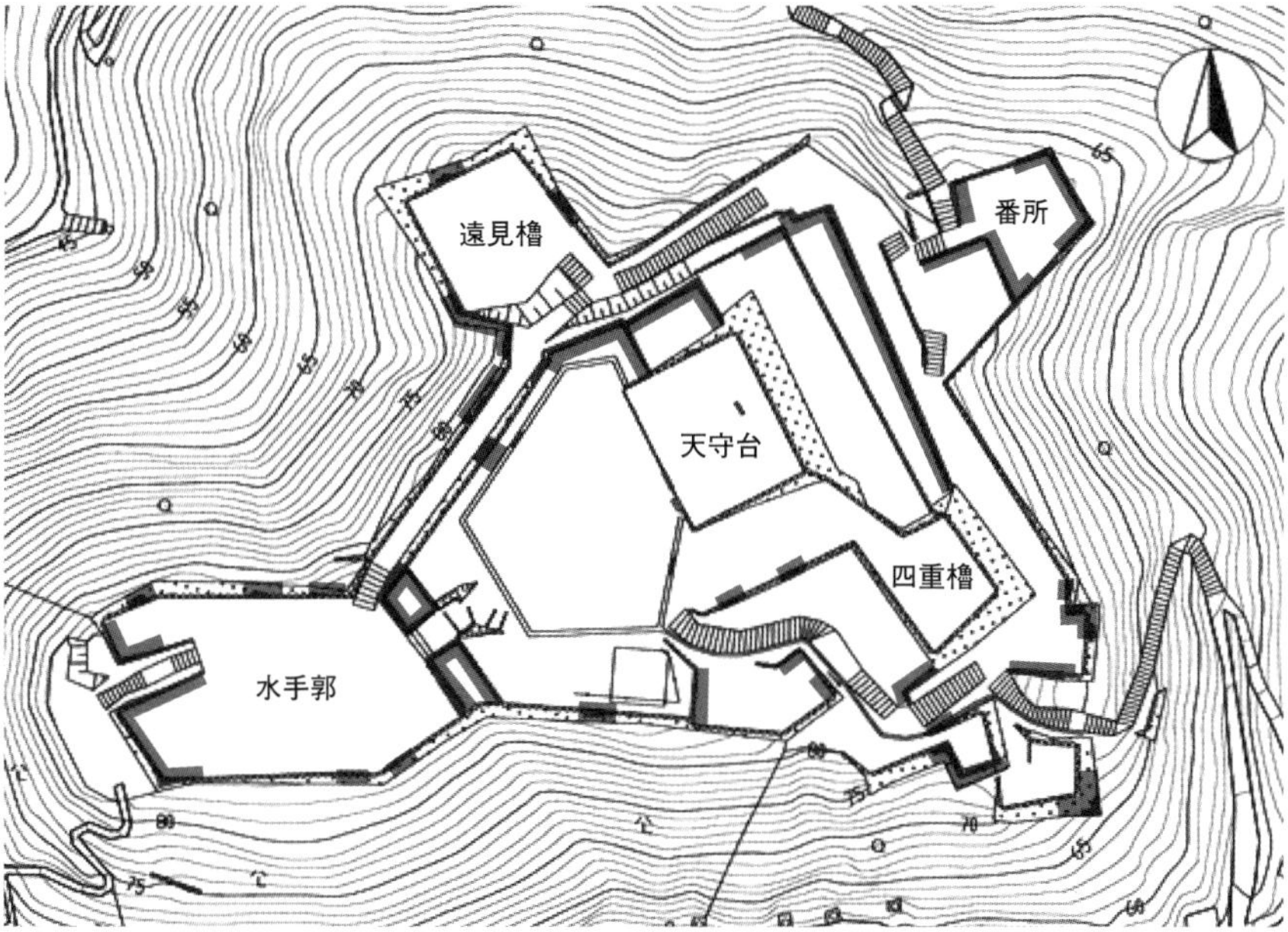

図１　本丸石垣修理箇所（太線部分）（昭和57～59年）

①昭和五十七～五十九年（一九八二～八四）の石垣修理に伴う発掘調査

廃城令後、経年劣化により石垣の崩壊が目立つことにより、初めて本格的な石垣修理が行われたのは、昭和五十七年～五十九年にかけてである（**図1**）。まずは修理に先んじて昭和五十四年（一九七九）十一月～昭和五十五年（一九八〇）三月にかけて、史跡指定範囲を対象にした石垣現況調査を行い、それを基に、崩落や孕み出し等、経年的なき損の著しい石垣の修復が実施された。特に、本丸の遠見郭、控え郭、本丸郭東、水手郭、番所郭、内膳丸などの石垣の崩落、孕み出し、石材の抜け落ちなどのき損の多い箇所については、解体し積み直し作業を行った。補完石には、城山の石材と近隣では最も類似する米子市淀江町稲吉の凝灰岩を使用している。これに伴い、遺構の残存が推定された部分については、遺構確認調査を実施した。

調査の結果、水手御門南側では、縁石や礎石の一部が確認されている。『米子御城明細図』には、多門御櫓二間×三間、並びに続多門櫓三間と記されており、検出された遺構はこれらの建物基礎の一部と推察される。

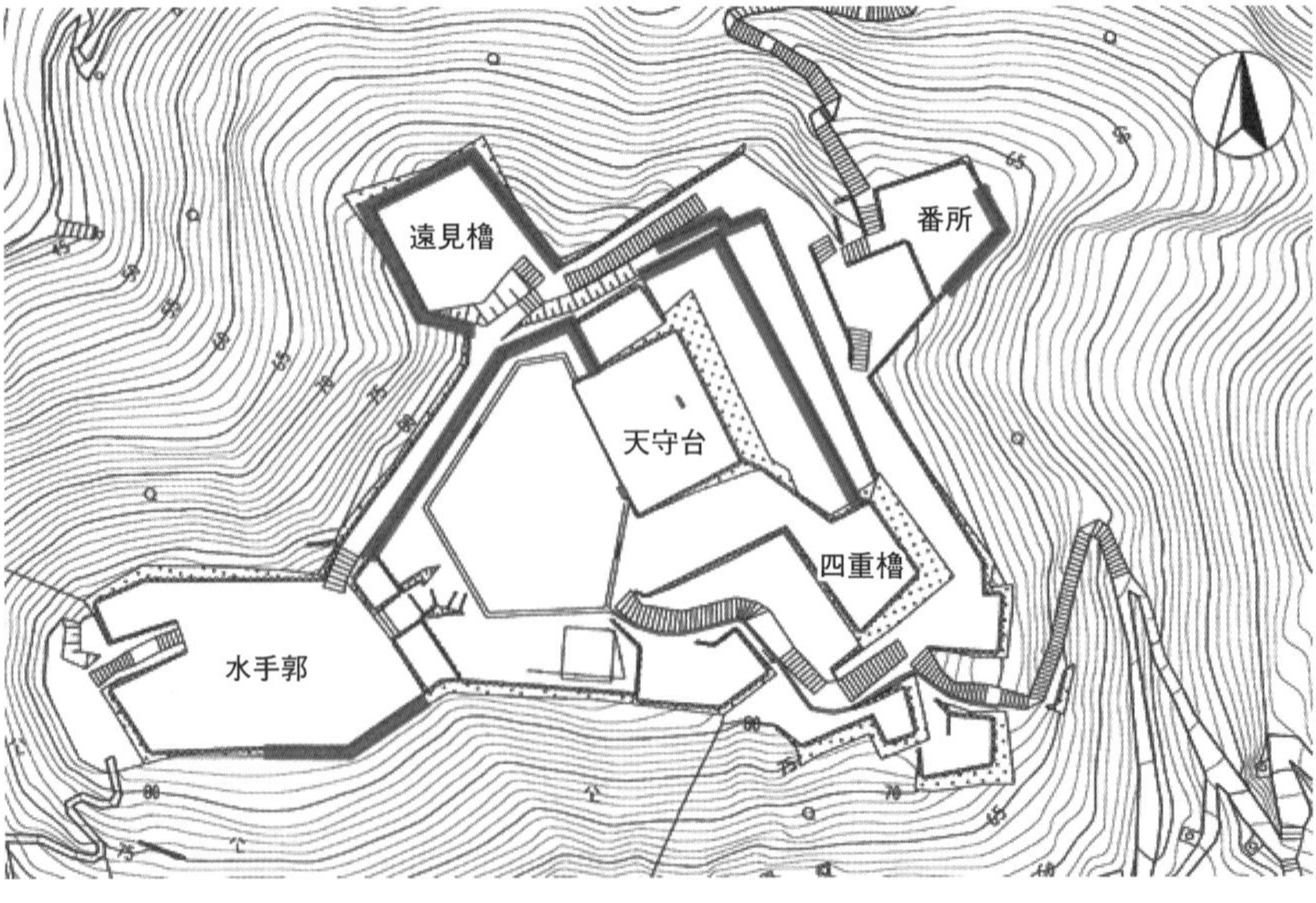

図２　本丸石垣修理箇所（太線部分）（平成13～14年）

②平成十三年〜十四年（二〇〇一〜〇二）の石垣修理に伴う発掘調査

平成十二年（二〇〇〇）十月六日に発生した、鳥取県西部地震により、米子城跡の石垣の一部が崩落、数か所で変形や落石などの甚大な被害を受けた。このため平成十三年（二〇〇一）一月から平成十四年（二〇〇二）三月にかけて、建設省都市公園災害復旧工事として石垣積み直し事業を実施している（図2）。この事業では、本丸の遠見郭、番所郭、本丸郭北側、控え郭、水手郭、内膳丸を中心に崩落、孕み出し、亀裂等のき損及び危険か所の石垣の積み直し等を都市公園災害復旧工事として行った。また、遺構の残存が推定された部分については遺構確認調査を実施した。

写真１　天守の礎石

写真２　天守、遠見櫓石垣修理風景（平成14年）

調査の結果、まず本丸では、天守礎石が一部抜き取られてはいるものの、元位置に遺存しており、十間と八間の建物規模であることが判明した（写真1）。

また、本丸遠見郭では、遠見櫓と二重櫓の礎石や縁石の一部の遺存が確認されている。前述の『米子御城明細図』には、遠見郭には東隅に四間半×三間の二重櫓が、西隅に四間半×四間の遠見御番所が記載されており、今回検出された遺構はこれらの建物の基礎の一部と推察される。

内膳丸については、上段北東隅部と下段南西隅部の平面調査を行い、縁石や礎石の一部が確認されている。『米子御城明細図』には、下段南西隅には御番所二間×四間が記載されており、検出された遺構はこの建物の礎石の一部と推察される。

また、本丸の石垣は、打込接の乱積みや、切石の乱積み、明治以後の乱積み等があり、各時代の石積技法の違いを見ることができるが、石垣修復の際に確認された築城時と思われる裏込めは、比較的幅が短く大ぶりの割石が込められており、あまり丁寧な裏込め工事ではなかったようである。

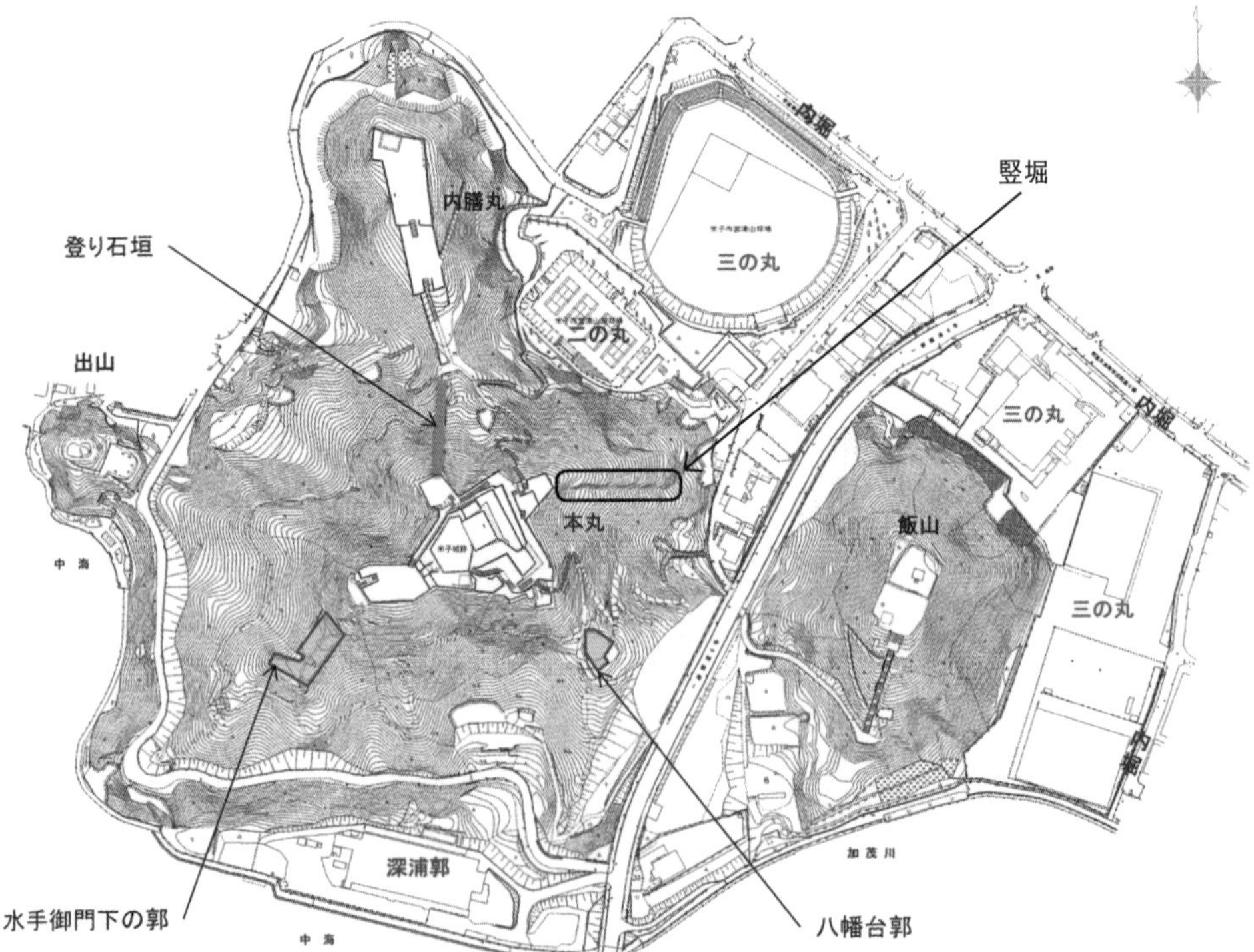

図３　平成27年度～米子城跡発掘調査位置図

山腹の遺構確認調査

米子市教育委員会では、史跡米子城跡保存整備事業に基づき、平成二十七年（二〇一五）度から、史跡内の内容確認調査を進めている。実は発掘調査に先んじて行った現地踏査の結果、山腹の樹木内に様々な遺構が眠っていることがわかったのである。特にこの段階で着目したのが、本丸南側の郭の存在である。この場所は米子城の軍港である深浦側に張り出しており、防御上非常に重要な場所と考えられる。ここでは、現在までに判明した調査成果をみてみよう（図3）。

①八幡台（本丸南東側）の郭

米子城は、幕末、嘉永年間に四重櫓の改修を行っている。当時藩の財政は困窮していたため、西伯耆随一の豪商鹿島家がその費用を肩代わりし、工事を請け負ったという。今も、私達の目を引く、四重櫓台の優美な勾配や精緻な切込接の石垣が、その完成度の高い事業を物語っている。

改修工事にあたり、鹿島家は本丸鉄門近くの八幡台という場所を作業場として使用したと伝えられているが、その場所がどこであるかは不明であった。平成二十七年（二〇一五）度の調査は、まずこの八幡台の解明から着手した。

事前踏査の段階で、八幡台と目された郭は、湊山山頂から南東に張り出した尾根の頂部、本丸鉄門から表坂をやや降った尾根筋の標高五四・五メートル付近の場所であった。鬱蒼と茂る下草を除去したところ、一辺二〇メートルほどの人為的な平坦面が現れた。トレンチを設定し、表土を一〇センチほど下げると、整地盛土による地業面全体に築石加工時の砕片や、大型の切石、さらには矢穴の残る石材などが散乱している状況が

写真3　八幡台郭

写真4　嘉永癸丑と刻印された瓦

確認された（写真3）。また、石の欠片に混じって、面上からは幕末頃の磁器碗破片や多量の瓦が出土した。そして、この場所が八幡台であるという確証を得たのは、出土した瓦のいくつかに嘉永癸丑（嘉永六年（一八五三））の年号が刻印されていたことによる（写真4）。この記年銘資料の出土から、この平坦部が、嘉永六年（一八五三）の石垣加工場、すなわち八幡台であることが判明したのである。

幕末、嘉永年間の米子城四重櫓の補修工事については、『鹿島家文書』や、瓦師松原新平氏の日記などに詳述されている。

鹿島家文書によれば、米子城の補修工事は、嘉永五年（一八五二）から七年（一八五四）にかけて行われ、深浦から荷揚げした切石を城山内の「八幡台」まで運び上げ、そこで築石に加工したうえで天守に積み上げたと記されている。

また、市指定文化財の米子城鯱瓦を焼いた瓦師、松原新平氏の日記には、嘉永六年（一八五三）に四重櫓改修のための瓦を焼いた、という記述がみられる。瓦の年代については後節（第六章第二節参照）に述べられているので詳細は省くこととするが、年号の刻印から、出土した瓦はこの時に焼かれたものであることは明瞭である。

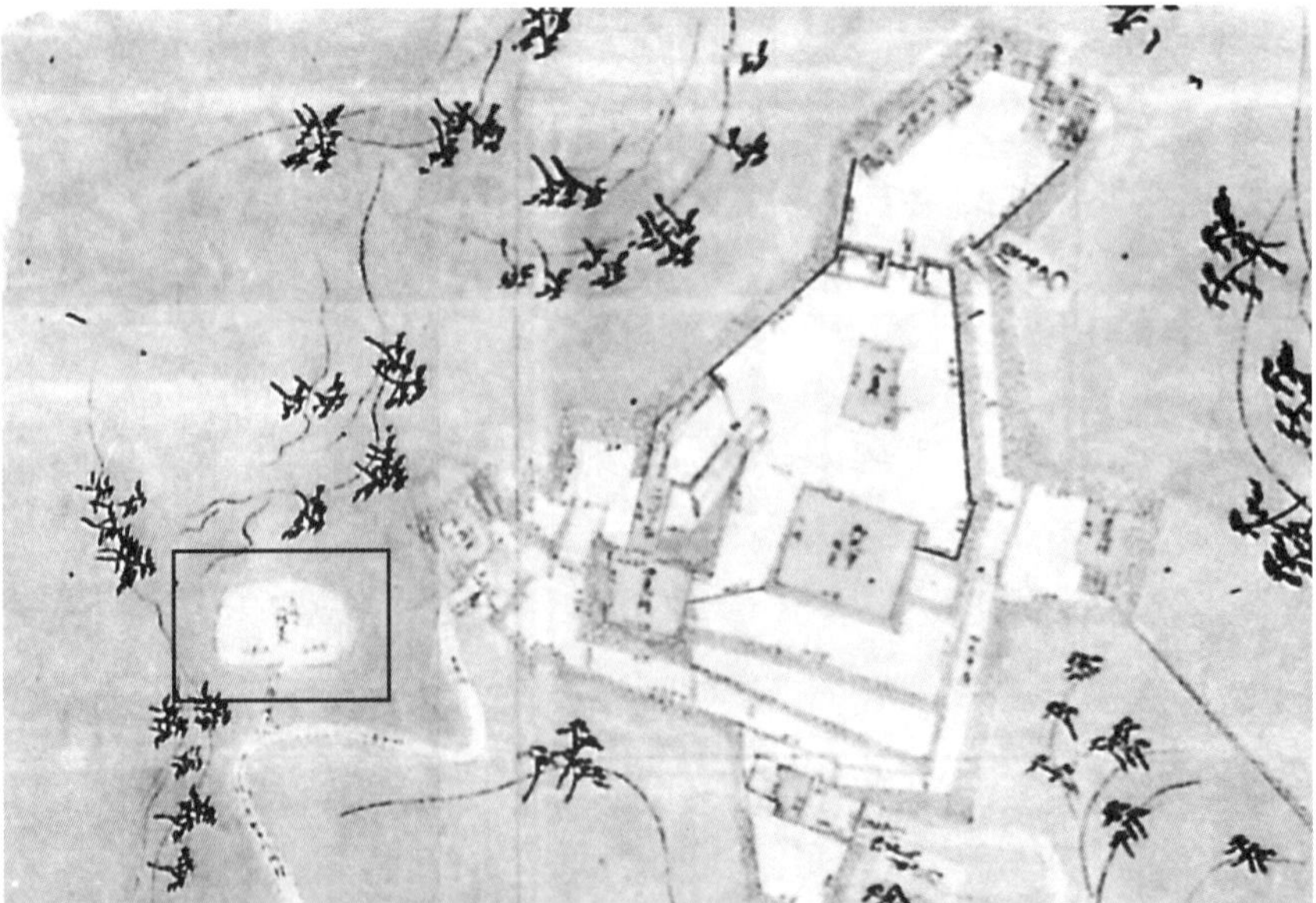

図4　「米子御城平面図」に描かれた八幡台郭

また、並行して資料調査を進めたところ、江戸末期に描かれた『米子御城平面図』に八幡台が記載されていることが判明した。絵図の天守左側の登城路に楕円形の郭が描かれ、そこに

八幡臺（台）　六間斗　四間斗　六間斗

と記されている（図4）。

この場所は、発掘調査で検出された郭の位置と概ね合致している。なぜ、この絵図にのみ八幡台が記載されているのか疑問に思われるだろうが、実はこの絵図には出山や三の丸に砲台が描かれており、幕末に制作されたものと考えられている。黒船来航などにより、海防重視の機運が高まる中、鳥取藩内にも各所に御台場が築かれた時代である。この時期に四重櫓の改修を行ったということは、有事の際、外国船を米子城で迎え撃とうと考えていたのかもしれない。おそらく、四重櫓の改修工事が行われたことにより、この場所が八幡台であると認識され、絵図に記載されたのであろう。

以上のことから、今回発見された郭は、幕末に鹿島家が行った四重櫓の補修時の作業場「八幡台」であると考えられる。これは発掘調査成果を、文献・絵図資料が裏付けるという貴重な事例である。

さらに、八幡台の調査を進めると、幕末の地業面の一・五メートル下に半ば埋もれるようにして、野面積の石垣が発見された（写真5）。この石垣は郭南東端にL字

写真5　八幡台の築城時の石垣

状に屈曲して築かれている。上層の盛土や廃棄された破砕石片に覆われたり、明治以降の園路造成により既に失われている部分もあり、遺存状態は良くない。残念ながら、幕末の遺構面で調査はとどまったため、全貌は明らかにし得なかったが、現況で総長九・五メートル、四段以上は横長に積んでいることが確認された。築石は、八〇センチ×五〇センチほどの火山礫凝灰岩や花崗岩の自然石を用い、大型のものは一一〇センチを超える。

この石垣は、前述の幕末の整地盛り土に覆われていることから、幕末以前の築造であることは明らかである。また、野面積の石垣の形状は飯山で見られる石垣の積み方に近似していることからも、築城初期の構築であることが推察できる。

なお、『伯耆志』会見郡巻七　賀茂社の項には

軍陣八幡宮…往古は城内に在て城主の鎮守也しと云えり　舊社地今八幡丸と呼ぶ

とあり、『米子神社由来記』には

軍陣八幡宮…当社ハ中頃まで御城内にご鎮座ありしなり。今も八幡台とて鉄御門の下に石垣有り、慶長年中加茂の社地へ勧請

とあり、城内鉄門下の軍陣八幡宮が勧請されていた場所を八幡丸もしくは八幡台と呼称していたことが記されている。

写真６　水手御門下の郭

ただし、いずれの資料も江戸時代末期のもので、同時代資料ではなく、その信憑性に欠ける点もあるが、八幡台の郭名の由来を考察するうえでは興味深い。

残念ながら、調査は幕末の遺構面の確認に留まったた

め、検出された郭の全容やその性格について解明することはできなかった。ただし本丸南東に張り出したこの郭からは、深浦や飯山、さらには安来方面を見渡せる。ということは、築城当初、この郭は水軍を要する深浦防御のための郭として構築されたことは想像に難くない。築城初期に存在し、江戸時代には放棄されていた郭を、幕末に作業場として利用したということである。

②水手御門下（本丸南西側）の郭

一方、本丸南西に張り出した尾根頂部、水手御門下方の標高六三・五～六六メートル付近の尾根頂部では、下草を除去したところ、尾根方向に平行して石垣を廻らせた上下二段の郭が確認された（写真6）。

郭の形状は、上段が尾根に平行する一辺一六メートルの方形で、本丸側には幅七メートル、深さ一メートルの堀切で隔てられ、中央部には上幅三メートルの土橋が設けられている。下段の郭は出山方向にL字状に屈曲し、出山方向からの入り口が設けられている。この部分は現況では傾斜路となっている。

郭を巡る石垣は隅部を中心にかなり崩れており、天端石などは完全に失われていたが、自然石もしくは荒く打ち欠いた割石が積まれていることが確認できた。郭東側の石垣は上下段一体となっており、総延長三九メートルを測るが、さらに主郭側に延びる可能性もある。西側の石垣は上段部分で二七メートルを測り、やはり主郭側に延びる可能性がある。下段については、今回の調査では確認し得なかったが、部分的に築石が露出しており、上段と同様に石垣が埋土下に包蔵されていると考えられる。

今回の調査では石垣の確認を目的としており、部分的な検出にとどまったため、石垣の残存高については不明であるが、いずれの石垣も天端石や上段の築石が失われている。特に上段南西隅部は角石がすべて失われ、裏込め石が崩落している状況であった。

石垣に用いられている築石をみると、下段の郭東側の石垣は、自然石による野面積であることから、戦国時代末期にさかのぼる遺構の可能性も考えられる。これに対し、上段郭虎口部分については、角石に矢穴痕を持つ大型の切石が使用されており、部分的な改修が行われた可能性が考えられる。

この郭について絵図を調べてみたところ、『米子御城明細図』（図5）に平面図で描かれていることが判明した。絵図の天守水手御門の下方には、出山に延びる石垣を巡らせた二段の郭が描かれており、平面形もほぼ発掘調査成果と整合する。入り口部分には「上り口三間」の記載

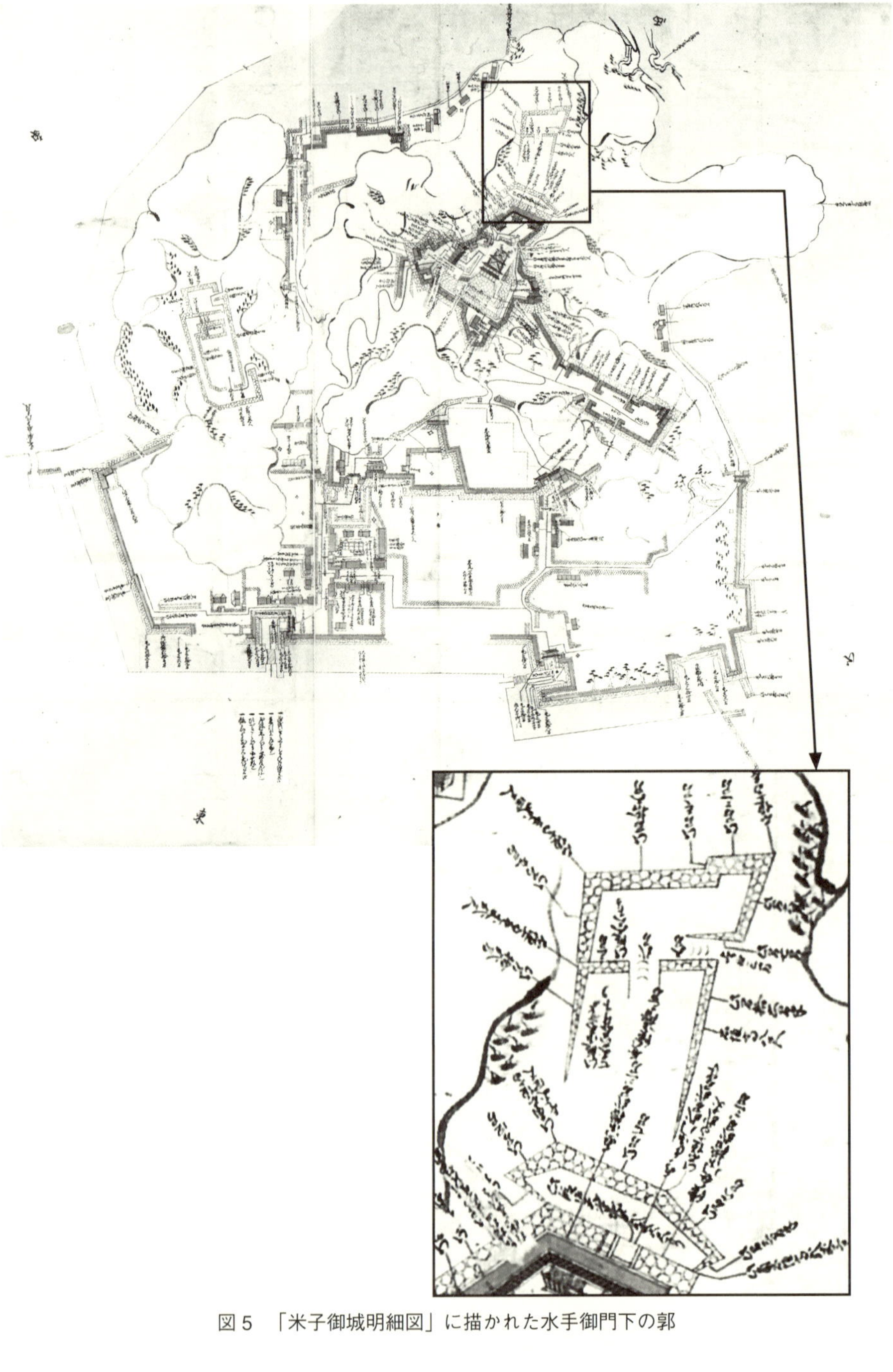

図５　「米子御城明細図」に描かれた水手御門下の郭

があり、階段状の横線が三本描かれていることから、現況では坂道になっている部分の地下に石段が包蔵されている可能性も考えられる。

現況では、この二段の郭の石垣は角石を中心に崩壊しており、栗石が露出していた。また、石垣の天端石はほとんど抜き取られており、人為的な破却行為が行われた可能性も考えられる。

この郭について『米子御城明細図』をみると、面白いことに、飯山郭などと同様に、構造物もなく、彩色が施されない石垣だけの状態で描かれている（図5）。少なくとも江戸時代中期以降、この郭は施設や塀なども設けられていないことが推察できる。

米子城では攻防戦は行われていないので、この破壊は戦禍によるものではない。とすると想像をたくましくすると、この郭に関しては破城行為が行われ、その後、絵図の描かれた時期には、櫓などの構造物を持たない郭であったとも推察できよう。今後、郭内を調査することにより、築城初期の構造物の痕跡が見つかるかもしれない。

この郭の発見から、築城初期には主郭南西側の尾根に出山方向に張り出す郭が存在し、初期の段階では出山側からの登城路が設けられていたことが判明したのである。

③登り石垣の調査

平成二十八年（二〇一六）度は、絵図に描かれている「登り石垣」と考えられる箇所について、その実態を解明するための発掘調査を行った。

登り石垣は、豊臣秀吉の朝鮮出兵（文禄・慶長の役、一五九二～九八）の時に秀吉軍が朝鮮半島南岸に築いた倭城に多く用いられた城郭構造物で、城域の遮断線や、山上と山麓の一体化、港湾防御などの目的を持つ石垣である。

既存の米子城絵図には、江戸時代を通じて鳥瞰図、平図ともに必ず、山頂部の本丸遠見櫓から内膳丸にかけて、「登り石垣」と思われるものが、描かれている（図6・7）。事前の踏査によって絵図に記された地点に、列石状のものの存在が確認されたことから、この部分について現況確認及び四か所の試掘トレンチを設け、その構造の解明を行った。

結論から言うと、発掘調査の結果、絵図に描かれている石垣状のものと同じ場所に登り石垣が存在したことが判明したのである。この登り石垣は、内膳丸側の御門から遠見櫓にかけて約四〇メートルは遺存しており、本丸から崩落し、堆積した瓦礫に埋もれてはいるものの、さらに続き、遠見櫓北東隅部に繋がる様相を見せている。

その構造は、主郭のある湊山と内膳丸のある丸山を結ぶ尾根の稜線を利用し、西側（中海側）の岩盤をL字状に削平し、中海側にのみ築石を積んでいる（写真7）。石垣の残存高は約二・五メートル、四段以上は横長に積んでいるが、天端石などは失われていることから、本来は六段以上はあったものと推定できる。岩盤を根切りして、平坦面を造成し、根石を据え、築石を積んでいる。根石は尾根の傾斜面に沿って積んでいるため、上面を合わせるために、栗石を積めている部分もある。築石は自然石もしくは自然石を粗く割ったものがほとんどで、大型のもので一五〇センチ×八〇センチを超える。現況では天端石は失われている。石垣背面には直径二〇～四〇センチの栗石（大グリ、中グリ）で裏込めを行い、岩盤面との隙間を埋めている。

これに対し、石垣背面にあたる東側、すなわち二の丸側は、尾根の稜線を利用して凸状に削り残し、さらにその上につき固めた盛土による土塁を構築して高く作られている。すなわち、湊山の地形をうまく利用して防御性を高めると同時に、効率的に、登り石垣を築造しているのである。

面上からは大量の瓦が出土している。この瓦は本丸などに使用された瓦より小ぶりで、長さも短い。このような出土遺物から、土塁上には瓦葺きの土塀が構築されていた可能性が考えられる。ただし、一部の確認調査にとどまったため、築城初期に遡る瓦は出土していない。従って、絵図に描かれていない築城初期の段階から、登り石垣上に瓦葺きの土塀が設けられていたかどうかは不明と言わざるを得ない。

いずれにしても、今回の調査において、全国的にも珍しい登り石垣が内膳丸から遠見櫓にかけて確認され、発掘調査によりその構造も明らかになったこと、石垣が中海側の片側のみの構築であったことは重要な成果である。

前述の『米子御城明細図』の登り石垣の部分には、

登り塀三拾五間　石垣高八尺

と記されており、長さ約六三メートル、石垣高約二・四メートルの登り塀があったことがわかる。今回確認された登り石垣の状況はこの記載とほぼ合致しており、この絵図資料の信ぴょう性も裏付けられたのである。

なお、内膳丸側の石垣に目を転じると、その構築方法は登り石垣の形状と酷似しており、登り石垣と一連の造作と考えられる。ということは、内膳丸についても築城当初は登り石垣の一部であった可能性が高い。そうすると、米子城には本丸遠見櫓から内膳丸先端部まで長大な登り石垣が築かれ、中海側からの防御ラインが築かれて

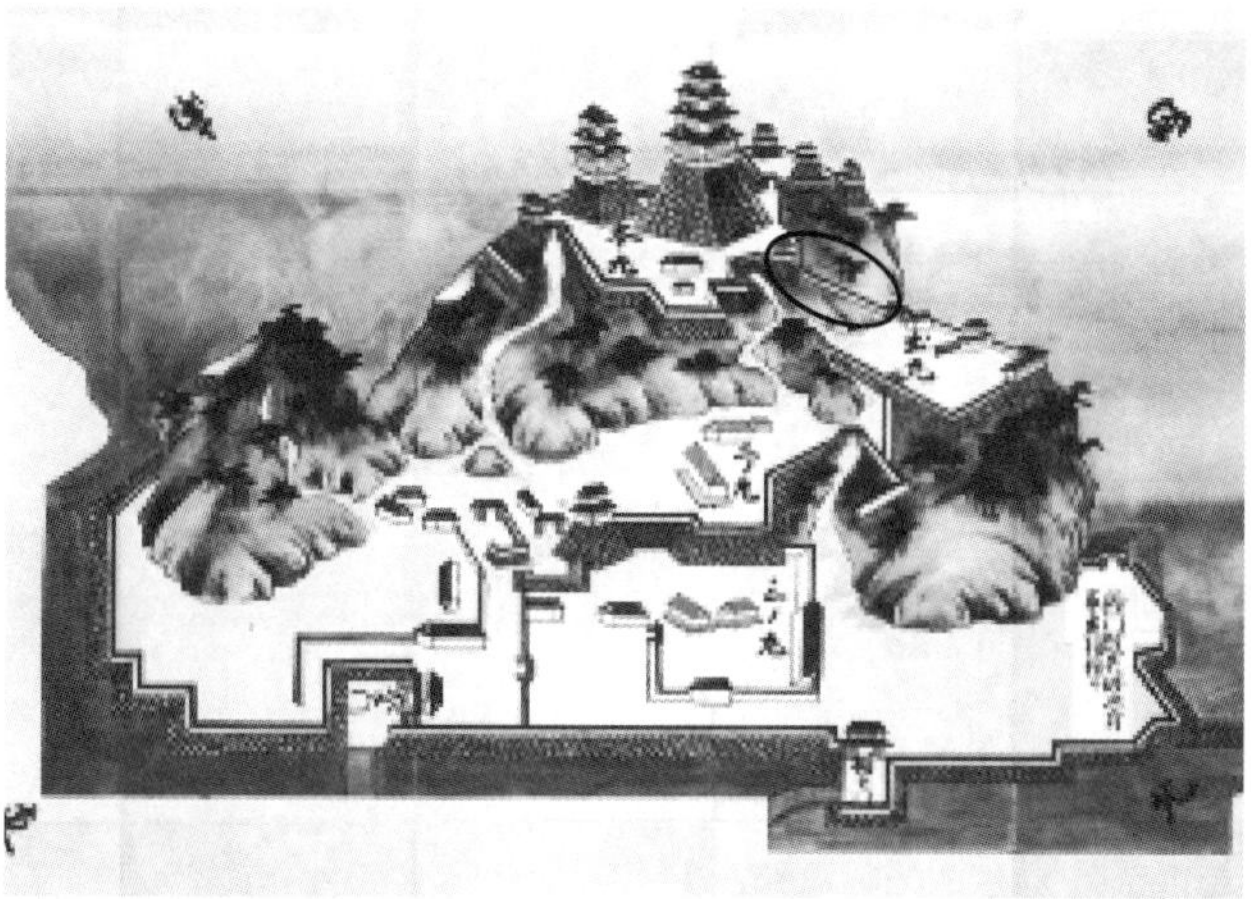

図６　伯耆国米子城絵図（文久３年（1863）８月）　鳥取県立博物館蔵　No.1039

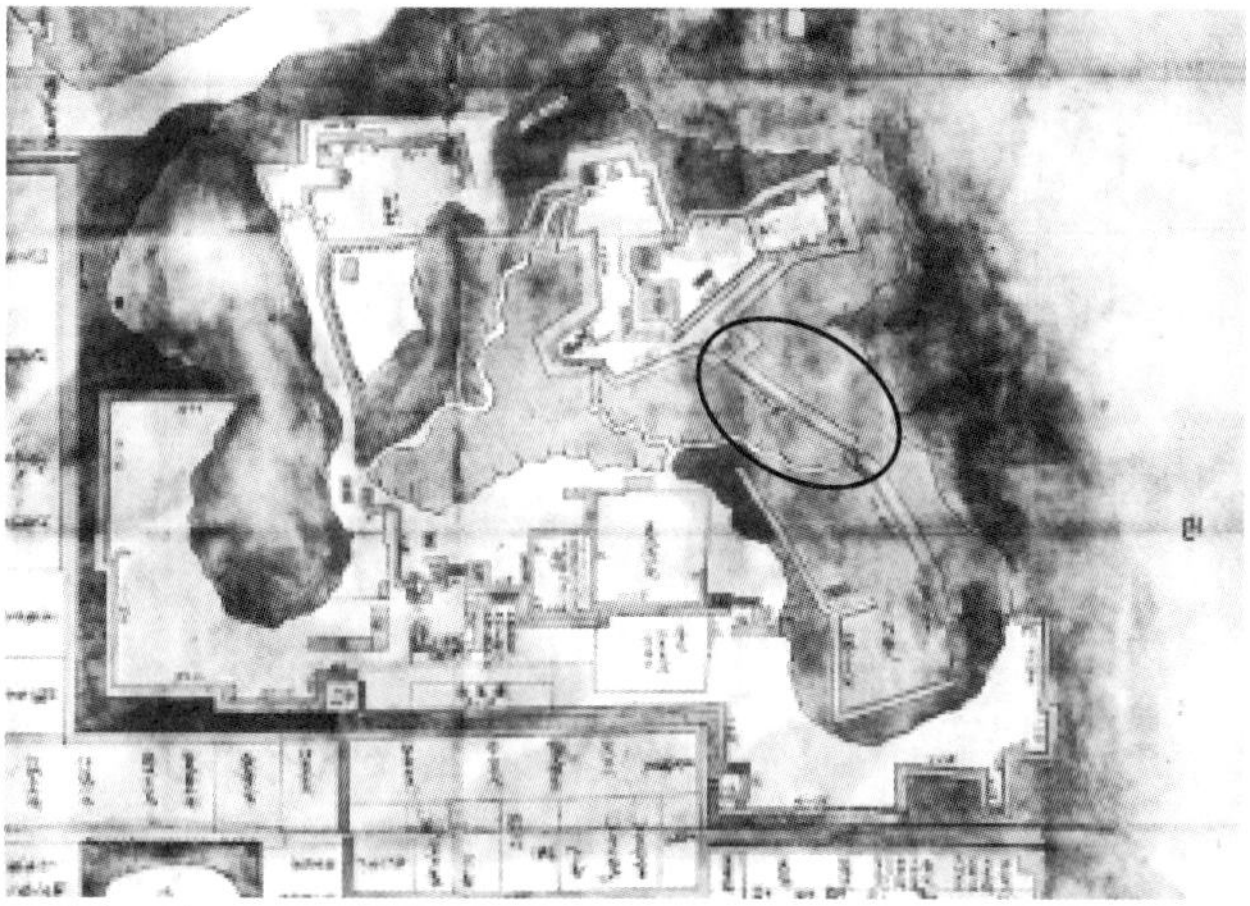

図７　伯耆国米子平図（宝永６年（1709）４月９日）　鳥取県立博物館蔵　No.993

写真７　検出された登り石垣

いたことが推察できる。米子城の築城を開始した吉川広家は、朝鮮出兵に参加しており、この倭城に多用された登り石垣を、湊山の地形を利用して、米子城の縄張りに巧みにとり込んだのであろう。

④御門の調査

さらに、平成二十八年（二〇一六）度の調査では、登り石垣に附設する御門の調査も行った。

現在、湊山公園駐車場から園路を登ると、登り石垣と内膳丸側の石垣の切れるところに幅六・〇メートルほどの平坦面がある。ここは内膳丸別れなどと呼ばれている場所である。米子城絵図を見ると、ここには出山側に降る道と御門が描かれている。遠見櫓から延びる登り石垣はここで途切れて屈曲し、長さ六・〇メートルほどの尾根に直交する石垣が築かれている。尾根を堀切状に削平し、その岩盤面に石垣を築いているのである。この石垣は位置的に見て、御門の左右に築かれた石垣と考えられる。現況で石垣は三段が遺存しており、石垣高は最大で二・〇メートルであるが、天端石などは失われており、本来は尾根の頂部まで三・〇メートルほどは積まれていたものと推測できる。築石は最大一〇〇センチ×六〇センチの荒割石を横長に積んでおり、角石には矢穴痕と、ハツリ仕上げが認められる。これは明らかに登り石垣の築石よりは新しい時期のものである。

調査では、御門右側の石垣に沿って幅一メートルほどのトレンチを入れた。その結果、門柱の礎石や控え柱を確認することができた（写真8）。

『米子御城明細図』を見ると、登り石垣の基部には左右に石垣が築かれた御門が描かれ、「御門三間」と記されている。調査で確認された礎石は、この絵図に描かれた御門の礎石であると考えられ、さらに、園路に露出し、土系舗装で固められている矢穴痕を持つ礎石は鏡柱の礎石で、本来の位置に遺存していることも分かった。

さらに、礎石の一つが前述の石垣の下に埋もれるようにして検出された。あきらかに、御門石垣よりは古い時期の建物礎石である。この礎石の検出により、御門が築かれる以前に、この平坦面上に建物が存在していたことが判明した。

写真８　御門跡

御門の調査はごく限ら

れた確認調査にとどまったが、登り石垣を一部改変して取り付けられた門であることが判明した。すなわち、築城当初の段階ではここに門はなく、登り石垣は本来、内膳丸まで延びる長大な石垣であったことが推察される（コラム参照）。御門はその後、平和な時代になって鈴門側に降りるために取り付けられたものと考えられよう。

出土遺物は瓦や陶磁器片、古銭などで、御門もしくは門脇の櫓に葺かれていたと思われる鯱瓦片もあった。

面白いことに、石垣の間詰石に混じって軒丸瓦が詰められていた。文様的には新しいものであることから、改修時に不要になった瓦を間詰めに用いたものと考えられる。リサイクルのいい例である。

三ノ丸の調査

湊山山麓には、二の丸、三の丸、深浦郭などが築かれているが、発掘調査が行われたのは三の丸のごく一部である。

昭和六十三年（一九八八）に行われた久米第一遺跡の調査は、鳥取大学医学部附属病院の建設に伴うもので、三の丸北西部、内膳丸下に位置する。

発掘調査の結果、奈良～平安時代から近現代にかけての六期の遺構面が確認されたのである。特に、中世前期までの遺構を、十五世紀中葉から後葉の段階で数次にわたる大規模な造成事業を行ったことが判明したことは、米子城の築城開始時期が戦国時代までさかのぼることを示唆しており、興味深い（写真9）。

近世期の遺構としては、建物、柵、井戸、溝、土坑などが検出されている。この遺跡からは、中世に遡る貿易陶磁が多く出土しており、近世城郭構築以前に存在した中世墓や建物跡などの空間を、造成事業を行って郭として整備し、米子城三の丸に取り込んだことは明白である。

また、第一次調査地では、時期は定かでないが、土塀の基礎と考えられる低い石組みの屋敷境界や堀割が発掘されている。堀割は、幅九・五メートル、深さ一・八メートルの石積みで、北へ伸びていた。西側に二段の石段があり、船着場として利用されていたと考えられる。このような堀割水路は絵図には記載のないものである。

このように三の丸につ

写真9　久米第1遺跡の整地盛土
（縄文以来のシルト層に黄色の埋立土が盛られている）

いてはいまだ不明瞭な部分が多いが、少なくとも内膳丸下地区（久米第一遺跡）では、十五世紀後半から十六世紀後半にかけて段階的に埋立造成などの基礎的な整備が進んでいることから、少なくとも吉川氏の近世城郭築城以前の段階で、既に相応の城砦施設は配置されていたとみられ、近世城郭築城当初の段階で、城郭と内堀に近い中海側は整備されていたことが推測できる。

まだ眠っている郭の存在
：現地踏査から

前述の米子城跡整備事業に伴う遺構調査計画に基づき、平成二十七年（二〇一五）度から平成二十八年（二〇一六）度にかけて、詳細測量図作成のための遺構確認現地踏査を行った。鬱蒼と茂る樹木内を連日踏査していくと、下草の覆われた郭や堀切と推定される城内の遺構がおぼろげながら見えてきた（図8）。

・A区…本丸周辺

本丸の石垣については、改修の痕跡がいたるところにみられ、築城期から現況に至るまでに何回かの改変が行われたものと推察できる。また、周知の本丸石垣周辺にも樹木内に控え積の石垣や切岸状の遺構が確認できる。

・B区…表坂〜深浦周辺

表坂付近から切岸状の登城路、土塁などが散見され、尾根筋には段郭が存在する可能性があり、石切丁場も確認できる。近世期とそれ以前およびそれ以降の時期の遺構が存在する可能性が高い。現在園路となっている登城路については、明治以降の改変も受けているが、部分的に江戸時代の登城路や、石垣などの関連施設が遺存している可能性がある。また、四国八十八箇所の石仏設置の平坦面は、それ以前の時期の郭を利用、改変している可能性がある。

・C区…二の丸〜枡形周辺

枡形周辺の平坦面、石垣、土塁が遺存する。枡形から番所跡への尾根上には段郭と見られる平坦面が遺存する。それに平行して東側の谷筋を利用した竪堀が確認できる。また、裏御門付近にも近代以降の改変を免れた遺構が残存していると思われる。

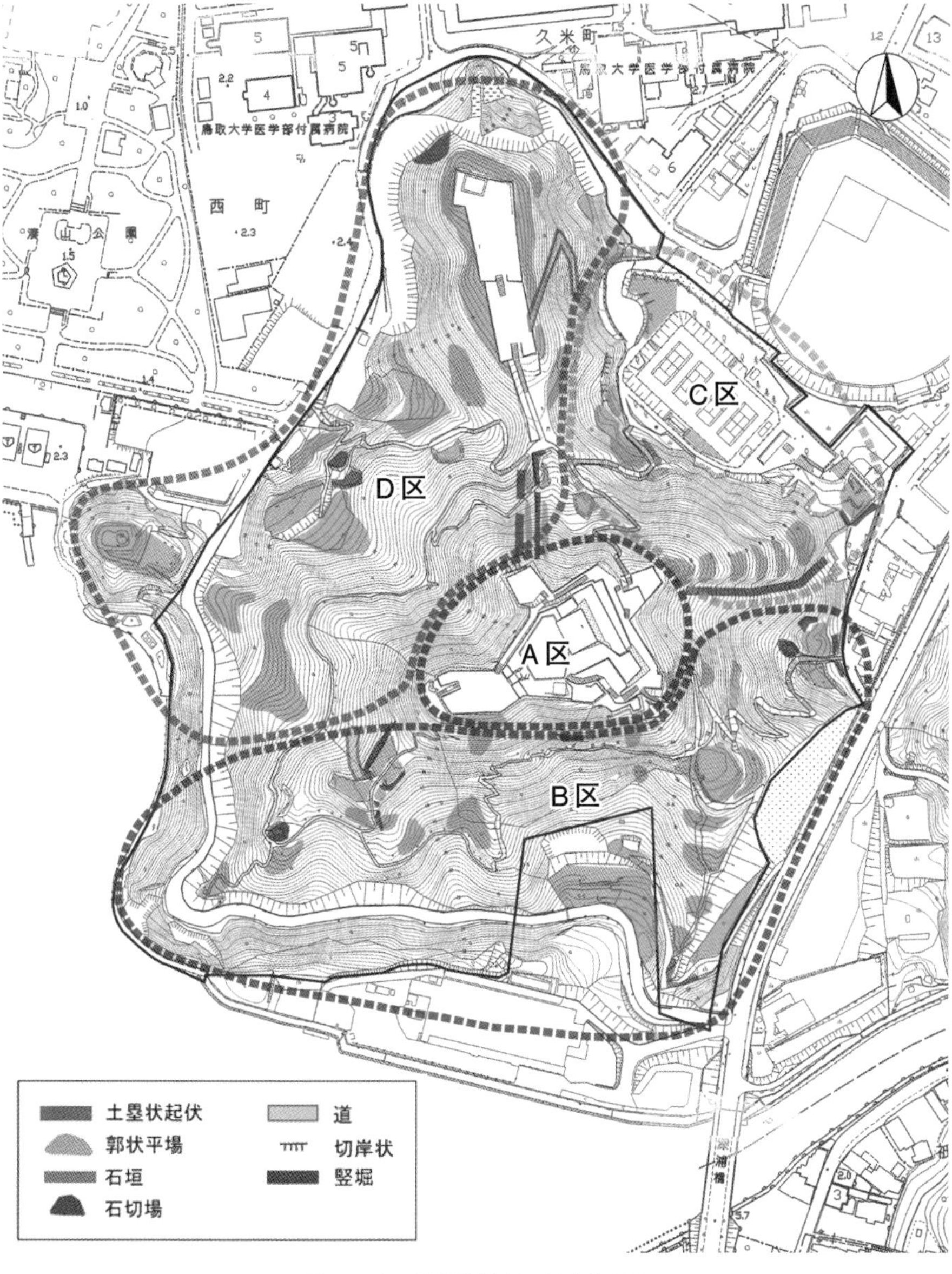

図8　米子城跡遺構確認現地踏査図

・D区…内膳丸～鈴御門～出山周辺

内膳丸石垣下に帯郭、鈴門から内膳丸への登城路、郭、裏中御門から延びる石垣、鈴御門、石切丁場、登り石垣に伴う竪堀、切岸などが遺存している可能性がある。

こうしてみると、米子城内の山腹にはまだ、様々な遺構が眠っていると思われる。尾根部に階段状に認められる段郭や竪堀などは、戦国期に遡る遺構の可能性も想定できる。また、築石に使用した石材調達のための石切丁場も山麓部に何か所か認められる。

つまり、湊山内には、近世城郭以前の中世の「砦」時代の遺構、そして近世城郭へと改変された段階の遺構が包蔵されている可能性は非常に高いのである。

小結

以上、近年の調査成果から、築城初期の米子城の姿を垣間見ることができた。登り石垣や、深浦側の郭を確認できたことは、戦国末期に築城が開始された米子城の構造を解明する上で、非常に重要であると考えられる。また、米子城は天守を中心に尾根や谷の自然地形を生かした防御構造をもつ戦国時代的な城であり、築城当初は特に中海側からの防御を主眼におく海城的な性格を有する城であることが分かった。米子城はまさに「海に臨む天空の城」であり、中海からはその堂々たる威容が見えたことであろう。吉川広家は海を求め、湊山に占地したのであろうから、当然海側への防衛に配慮し、港湾防御に効果の高い登り石垣を導入したことは想像に難くない。

現在も発掘調査中の米子城跡、樹木の鬱蒼と繁茂する米子城跡山腹の下草をかき分けながら歩いていると、ぽっかりと平らな場所に出たり、堀切のような落ち込みが現われる。この場所にどんな遺構が眠っているのか推測することは、調査において最もわくわくする瞬間である。吉川広家が手を付けはじめ、中村一忠が完成させた米子城はどのような姿であったのか、そのロマンは尽きない。今後の調査の進展により、近世城郭以前の米子城も見えてくるだろう。今後、新たな発見により、築城初期の米子城の姿が明確に見えてくることに期待したい。

本稿作成にあたり、絵図資料の解読については鳥取県立博物館大嶋陽一氏のご教示を得た。記して深謝いたします。

（濱野浩美）

表１　米子城絵図一覧（鳥取藩政資料目録より）

No.	名　称	製作年		所蔵者	備　考
1	米子城石垣御修覆御願絵図	寛文7年6月2日	1667	鳥取県立博物館	県博登録No.998
2	米子城下古絵図	江戸前期 元禄3年以前	1690以前	米子市立図書館	
3	米子城修覆願	元禄3年3月11日	1690	鳥取県立博物館	県博登録No.1001 寛文図に類似
4	米子城破損修理願下図	元禄15年4月	1702	鳥取県立博物館	県博登録No.1003
5	米子城修理願絵図	元禄15年9月	1702	鳥取県立博物館	県博登録No.1002
6	伯耆国米子平図	宝永6年4月9日	1709	鳥取県立博物館	県博登録No.993
7	米子御城下不残夫々間数絵図	江戸中期 （宝永7年以降）	1710以降	鳥取県立博物館	県博登録No.995
8	米子城修覆願図	享保2年10月27日	1717	鳥取県立博物館	県博登録No.1005
9	湊山金城米子新府	享保5年10月	1720	鳥取県立博物館	県博登録No.999 No.993に類似
10	米子御城明細図	元文4年	1739	鳥取県立博物館	県博登録No.1013 平面配置図
11	米子御城之図	明和2年	1765	鳥取県立博物館	県博登録No.1007
12	米子御城下図	明和6年頃	1769頃	鳥取県立博物館	県博登録No.994
13	伯耆国米子城絵図	天明2年9月23日	1782	鳥取県立博物館	県博登録No.1019 寛文図に類似、藩主花押切取
14	伯耆国米子城絵図	寛政5年1月28日	1793	鳥取県立博物館	県博登録No.1017 藩主花押切取
15	伯耆国米子城崩所覚	寛政6年	1794	鳥取県立博物館	県博登録No.1018 文書2枚含
16	米子之図	江戸後期 （寛政以降）	1789～ 1801以降	鳥取県立博物館	県博登録No.996 資料集:「米子御城下絵図」
17	米子新府米子金湯	不明（江戸前期か?）	—	鳥取県立博物館	県博登録No.1000
18	伯州米子之図	江戸中期		鳥取県立博物館	県博登録No.997
19	米子城石垣破損所絵図	文政8年	1825	鳥取県立博物館	県博登録No.1020
20	米子城御天守東北側破損絵図	弘化2年9月30日	1845	鳥取県立博物館	県博登録No.1031 天守側面図
21	米子御城門正面之御絵図面	弘化4年9月（袋書）	1847	鳥取県立博物館	県博登録No.1030
22	米子御城破損ヶ所絵図	弘化4年6月	1847	鳥取県立博物館	県博登録No.1028
23	米子城四重御櫓弐拾分一之図	弘化4年	1847	鳥取県立博物館	県博登録No.1032 四重櫓側面図
24	米子城四重御櫓初重二重地差図	弘化4年	1847	鳥取県立博物館	県博登録No.1033 四重櫓初重二重柱位置平図
25	米子城四重御櫓三重地差図	弘化4年	1847	鳥取県立博物館	県博登録No.1034 四重櫓三重柱位置平図
26	米子城四重御櫓四重地差図	弘化4年	1847	鳥取県立博物館	県博登録No.1035 四重櫓四重柱位置平図
27	米子城四重御櫓弐拾分一之図	弘化4年	1847	鳥取県立博物館	県博登録No.1036 四重櫓側面図
28	米子城四重御櫓三方石垣破損図	弘化4年	1847	鳥取県立博物館	県博登録No.1037-2 四重櫓石垣側面破損個所図
29	米子城四重御櫓北側石垣破損図	弘化4年	1847	鳥取県立博物館	県博登録No.1037-1 四重櫓石垣側面破損個所図

No.	名　称	製作年		所蔵者	備　考
30	米子城四重御櫓東北側石垣破損図	弘化4年	1847	鳥取県立博物館	県博登録No.1037-3 四重櫓石垣側面破損個所図
31	米子城四重御櫓東南側石垣破損絵図	弘化4年	1847	鳥取県立博物館	県博登録No.1037-4 四重櫓石垣側面破損個所図
32	米子御城絵図	弘化4年か	1847？	鳥取県立博物館	県博登録No.1029 本丸裏御門・鈴門下石垣・鈴門土台下石垣絵図3枚 1028と共に袋入
33	伯耆国米子城絵図	嘉永元年4月	1848	鳥取県立博物館	県博登録No.1042
34	米子御城絵図	嘉永5年9月	1852	鳥取県立博物館	県博登録No.1041
35	米子御城絵図	安政2年9月	1855	鳥取県立博物館	7枚仮綴（内絵図5枚）
36	伯耆国米子御城崩所覚	安政2年	1855	鳥取県立博物館	県博登録No.1026
37	米子御城絵図	安政2年か	1855？	鳥取県立博物館	県博登録No.1009
38	伯耆国米子城絵図	文久2年3月	1862	鳥取県立博物館	県博登録No.1040
39	伯耆国米子城絵図	文久3年8月	1863	鳥取県立博物館	県博登録No.1038 鈴門焼失後修復願（懸紙有）
40	伯耆国米子城絵図	文久3年8月	1863	鳥取県立博物館	県博登録No.1039 鈴門焼失後修復願（懸紙無）
41	米子領地面全絵図	江戸末期	—	米子市立山陰歴史館	平面配置図
42	米子御城平面図	江戸末期	—	米子市立山陰歴史館	平面配置図
43	米子御城絵図	江戸末期か	—	鳥取県立博物館	県博登録No.1006 平面配置図
44	米子御城絵図	不明	—	鳥取県立博物館	県博登録No.1011 平面配置図・張紙多
45	米子城裏絵図	不明	—	鳥取県立博物館	県博登録No.1004
46	米子城二ノ丸御殿絵図	不明	—	鳥取県立博物館	県博登録No.1043 二ノ丸御殿間取り図
47	米子城二ノ丸御殿絵図	不明	—	鳥取県立博物館	県博登録No.1044 二ノ丸御殿間取り図
48	米子御城御次ヨリ御居間向略図	不明	—	鳥取県立博物館	県博登録No.1045 二ノ丸御殿間取り図
49	米子御城絵図	不明	—	鳥取県立博物館	県博登録No.1008 修復願図系統
50	米子城破損所下絵図	不明	—	鳥取県立博物館	県博登録No.1010 修復願図系統
51	米子御城絵図	不明	—	鳥取県立博物館	県博登録No.1012 修復願図系統
52	米子城之図	不明	—	鳥取県立博物館	県博登録No.1014 修復願図系統
53	米子城絵図	不明	—	鳥取県立博物館	県博登録No.1015 修復願図系統
54	米子御城内惣御絵図面	不明	—	鳥取県立博物館	県博登録No.1016 修復願図系統
55	伯耆国米子城絵図	不明	—	鳥取県立博物館	県博登録No.1023 修復願図系統
56	伯耆国米子城崩所絵図	不明	—	鳥取県立博物館	県博登録No.1027 修復願図系統
57	米子御城全図	不明	—	鳥取県立博物館	県博登録No.1024 平面配置図（貼紙有）
58	米子城内膳丸之石垣崩絵図	不明	—	鳥取県立博物館	県博登録No.1022 内膳丸部分絵図

コラム

米子城の登り石垣

平成二十八年（二〇一六）度の米子城跡発掘調査において、米子城の登り石垣が確認された記事が各社紙面をにぎわせたことは、まだ記憶に新しい。この登り石垣、従前、あるとは言われてはいたものの、実際に発掘調査のメスが入ったのはこれが初めてであり、現在、米子城の見どころの一つになりつつあり、これ目当ての来訪者も増えている。

登り石垣は、秀吉の朝鮮出兵（文禄・慶長の役（一五九二〜九八））の時に、朝鮮半島南岸に日本軍により築かれた倭城に設けられた石垣で、山麓と山上の施設を繋いで、山復の斜面を登るように築かれた城郭構造物である。この石垣を設けることにより、竪堀と同じく、敵の斜面移動を封鎖することができるのである。登り石垣が現存する城は国内に数例あり、伊予松山城を築いた加藤嘉明、淡路洲本城を築いた脇坂安治は、いずれも文禄・慶長の役において朝鮮渡海しているのである。

倭城の立地をみると、海岸や港湾を押さえる背後の山頂に築かれ、天守から港湾に向かって二本の長大な登り石垣が構築されている。米子城も中海に張り出した湊山に築かれ、山麓には深浦郭という水軍基地を南麓の深浦郭に配している。

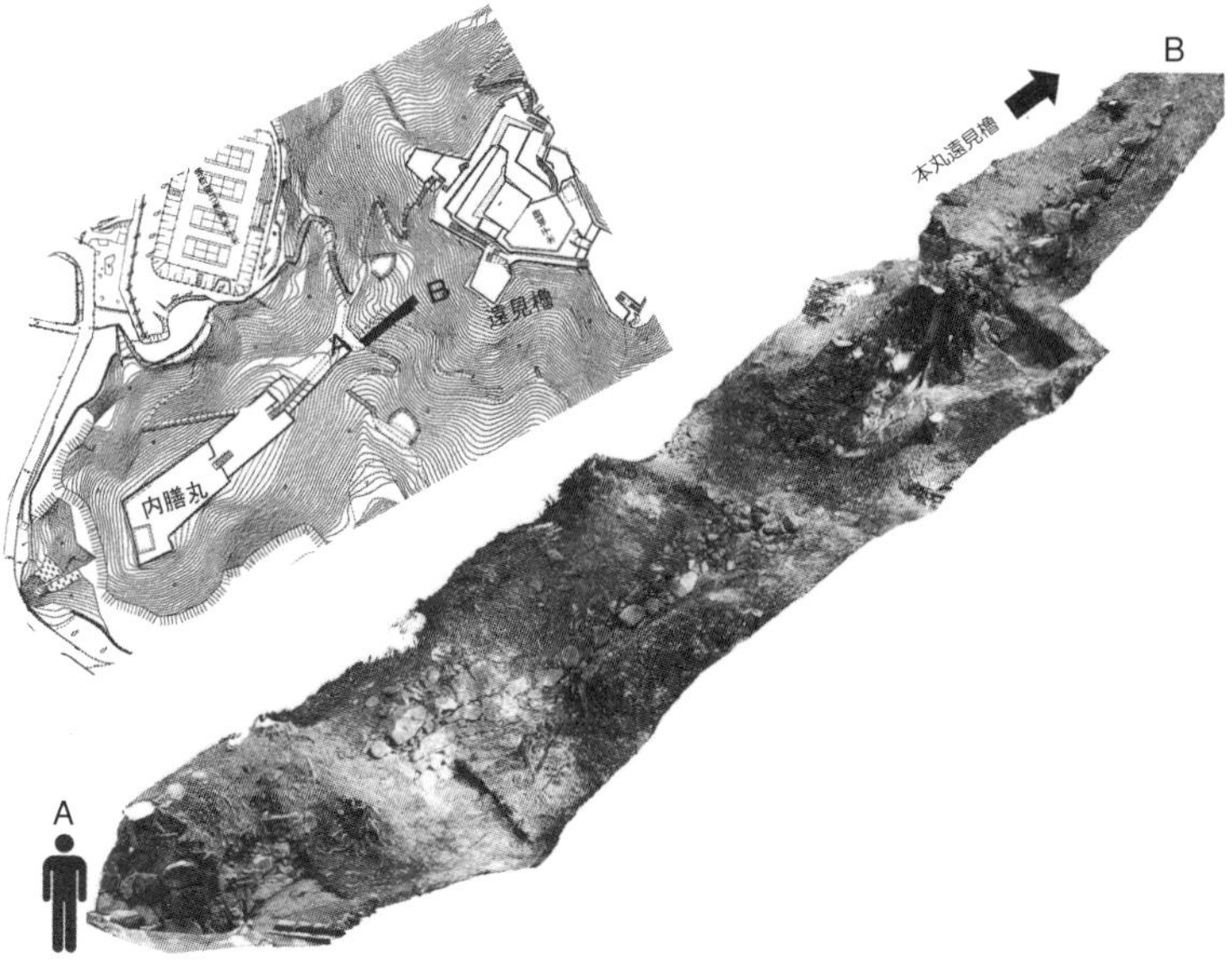

図１　登り石垣俯瞰写真

さて、米子城の登り石垣をみてみよう。内膳丸から本丸遠見櫓の北東隅部に尾根に沿って、尾根斜面を登るように築かれている（**図1**）。遠見櫓付近では、現況では近代以降の堆積物で埋没しているが、おそらく遠見櫓の石垣に繋がっていると推察される。その山麓側は、現在は内膳丸別れと通称される鞍部で途切れているが、元来は内膳丸まで続く一連の石垣だったようである。内膳丸を含めると、その総延長は二三〇メートル、まさに長大な登り石垣である。

登り石垣の築石の状況を見る限り、築城初期のものであり、吉川広家時代の可能性が高いと推察される。米子城は天正十九年（一五九一）に築城を開始されたといわれるが、広家自身はその翌年には文禄・慶長の役で朝鮮に出兵している。朝鮮で参戦しながら、一方で自分の本城とすべき米子城の築城を精力的に進めていたのである。そして倭城に用いられた先進技術を米子城に取り込んだのであろう。その熱意たるや、感服してしまう。

中村一忠の家老、横田内膳が築いたとされる内膳丸については、形状や立地、構築時期など、以前から謎に包まれた郭である。江戸時代後期の絵図ではここに「煙硝蔵」が置かれていたようであるが、「二ノ御丸」と記された絵図もある。この内膳丸の石垣を見ると、改修の痕跡がいたるところにみられ、元来の野面積の石垣を改変して現況に至っていることがわかる。最もわかりやすいのは、下段入り口向かって右側の石垣で、改修により入口を狭めていることがメジ（境界線）によりはっきりわかる（**248頁の写真9参照**）。

内膳丸が、本来は、登り石垣の山麓部突端に取り付けられた郭であれば、二の丸を防御すると同時に、米子城下、米子湊に対する防御施設としても効果があったであろう。また、内膳丸を一連の登り石垣とみると、内膳丸の中海側の石垣の折れは、横矢掛ともみることができる。技術的にも優れたものである。

この登り石垣、実用的な側面もある。山上の天守から山麓に降りる場合、天守から御殿への最速の道のりなのである。実際、遠見櫓付近では四五度近い急勾配ではあるが、当時の武者なら問題ないであろう。実際、私もこのルートを幾度か利用したことがあるが、この登り石垣沿いの武者走りを利用すると、わずか一〜二分で到達することができる。ただし、本丸からの堆積瓦で足元がガラガラ崩れ危ないのであまりお勧めはできない。

米子城の築城に際して、広家は御籤により湊山に決めたというが、この湊山の立地に着目し、地形をうまく利用して「後堅固の城」の縄張りを計画した広家の慧眼には頭が下がる。湊山の天守から山腹にかけて延びる石垣は、中海に入ってくる船上からも、城下町からも見えたことであろう。広家が「戦うため」の施設として構築した登り石垣は、同時に「見せつける」ための施設としての効果も十分果たしたものと思われる。

さらに、平成二十九年（二〇一七）度の調査では本丸番所跡から枡形にかけて竪堀が確認された。どうやらこの竪堀が登り石垣と対になる北東方向の防御施設であったようである。倭城が二本の登り石垣をで防御しているのに対し、米子城は本丸から北西方向に登り石垣、北東方向に竪堀を配して二つの防御ラインを築いたのである。ぜひ現地に行ってその縄張りの巧みさを堪能してほしい。

戦国時代末期の構造を今に残す米子城、いずれ、整備が進んでいけば、その往時の姿がよみがえるだろう。「山陰随一の名城」の登り石垣、中海からその雄姿を望んでみたいものである。


（濵野浩美）

写真１　登り石垣発掘調査現地説明会の様子

第二節　米子城跡の瓦

はじめに

最近の発掘調査成果により、米子城は、「登り石垣」のある城跡として有名になった。遺跡には、石垣などの「遺構」と、陶磁器・瓦などの「遺物」がある。これらを歴史資料の材料として考えるのが考古学だ。これにより、古文書・古記録などの文献史料とは別の視点で歴史が見えてくる。この項では、米子城の出土遺物について考古学的に考え、そこから見える米子城史を紹介したい。

これまでの米子城内における発掘調査は、次の三事例だ。①鳥取大学医学部建設に伴う昭和六十三年（一九八八）度久米第一遺跡の発掘調査、②鳥取県西部地震被災石垣の復旧工事に伴う平成十三年（二〇〇一）度の発掘調査、③米子城跡整備事業に伴う平成二十七年（二〇一五）度以降の発掘調査である。いずれも米子市教育委員会により実施された。

まずは、これまでの発掘調査の成果を簡単に振り返り、（③については、第一節参照）、その後、これらの調査で出土した遺物について瓦を中心に紹介したい。

久米第一遺跡は、米子城三の丸北側の一角である（図1）。中世後期（十五・十六世紀）を中心とした時期の大規模な埋立土層や建物・柵・溝・土坑（ごみ捨て等、生活のために掘られた穴）・井戸などの跡が見つかり、陶磁器・木器、瓦などが出土した。中世の遺構・遺物が多い一方、近世のものは、瓦以外は少ない。一帯は、吉川広家入府以前から、既に町場が形成されていた可能性が高いが、米子城三の丸の建設に伴い、町場は移転され、城内空間へと変遷したことがわかる。

近世の絵図を見ると、久米第一遺跡の場所は、十八世紀前後は「馬場」、十八世紀後半以降は、「屋敷」と記されている。絵図はすべて荒尾期のものであり、それ以前の吉川期・中村期・加藤期の様子は全く分からない。しかし、遺跡からは、屋根の棟の部材である棟込瓦を含む、近世全般の瓦が多く出土している。このことから、この場所は、一時期は建物のない広域な馬場であったものの、基本的には、重要な建築物のある空間であった可能性が高い。

また鳥取県西部地震被災石垣の復旧工事に伴う平成十三年（二〇〇一）度の発掘調査地は、本丸周辺（本丸・本丸下・番所郭）・遠見郭・水手郭・内膳丸の一画である。この調査は、城の中枢部が発掘された唯一の事例だ。調査の結果、建築物の土台と思われる石列などの遺構が検出され、瓦、陶磁器などが出土した。

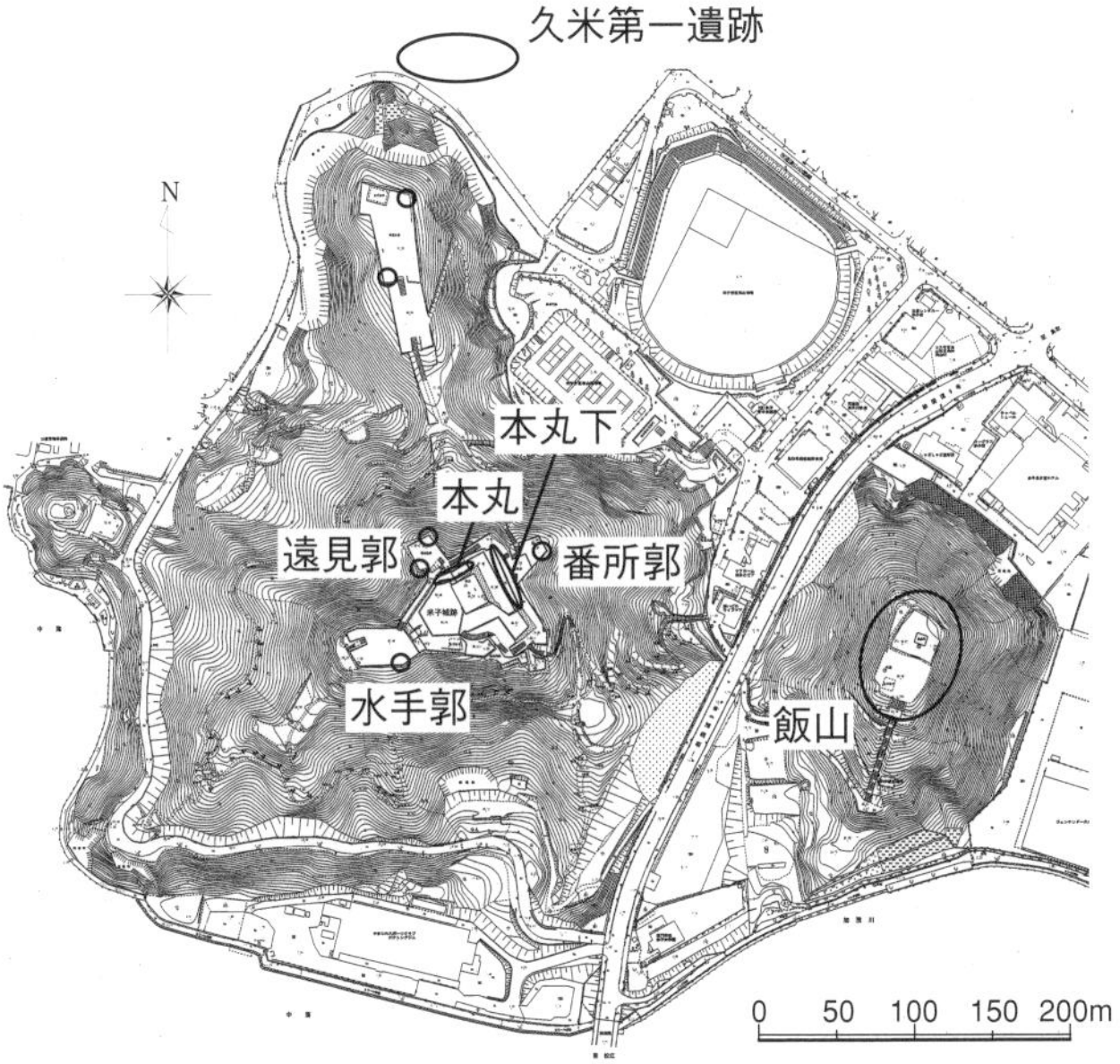

図１　米子城瓦の出土場所

米子城跡出土の陶磁器

これまでの発掘調査では、陶磁器の出土量は多くない。一括資料（一緒に捨てられるなどして、同時に使われていたことがほぼ確実視できる遺物のセット）など、考古学的に良好な出土事例もない。そういうわけで、陶磁器から米子城の歴史を探るのは難しい状況だが、ここでは、僅かではあるが、城の最古段階の陶磁器に注目したい。

ここで対象とするのは、平成十三年（二〇〇一）度の発掘調査出土資料である（図２）。考古学的な資料としては、この他、久米第一遺跡出土遺物もあるが、これらは、米子城構築前の中世遺物が主体である。遺物には、米子城建設時のものが含まれている可能性もあるが、現在時点で、それを選別することができない。これらの理由から、検討対象を限定することにした。

平成十三年（二〇〇一）度の発掘調査出土遺物は、城内の生活空間から、長い期間をかけて少しずつ集積されたものであり、様々な時期のものが混在している。ここでは、これらの中から最も古いものを選び出し、寄せ集めることで、米子城構築期の遺物のセットを想像し、そ

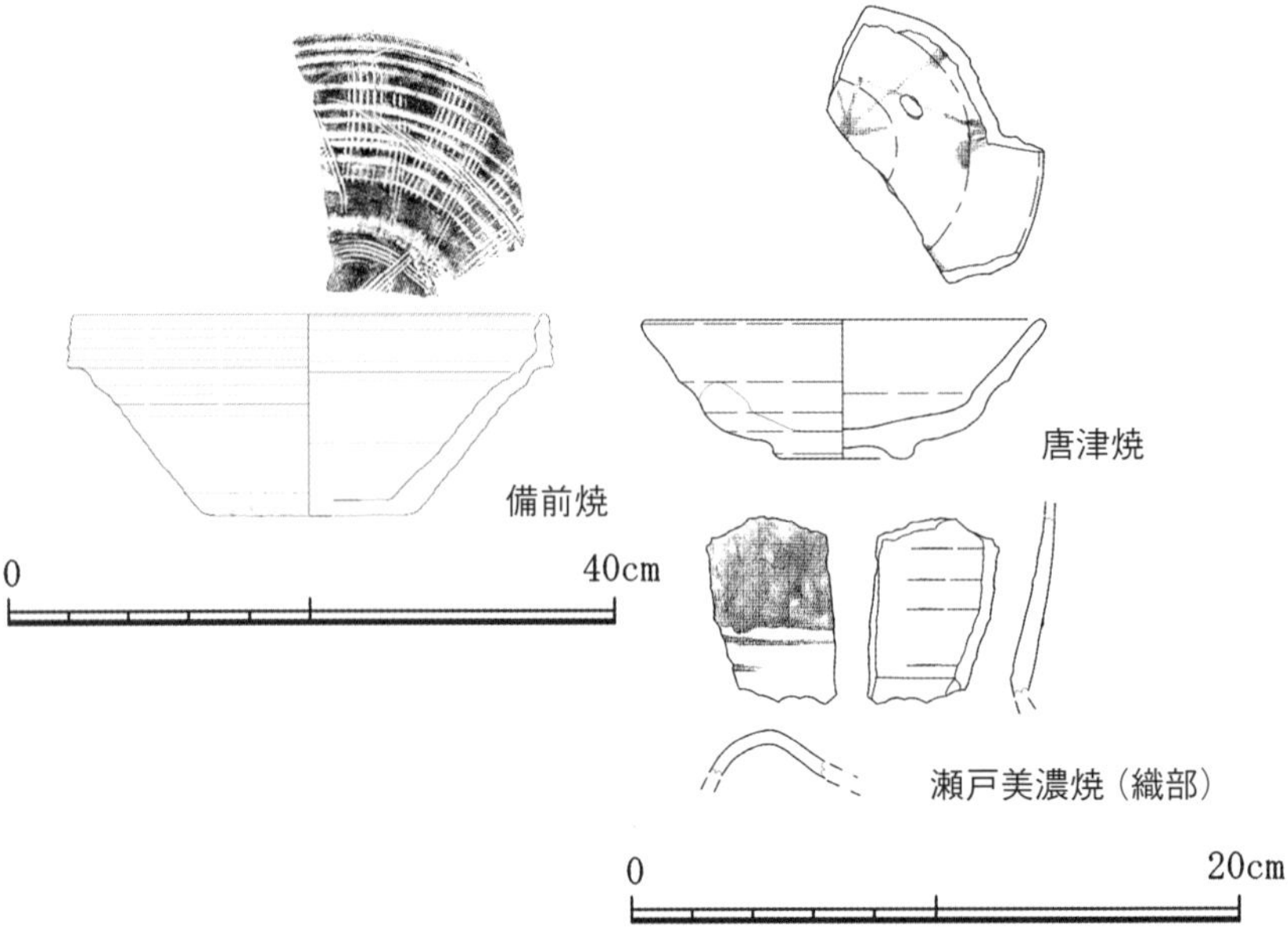

図２　米子城出土陶器

こから時期や特性を展望してみたい。

最も古い資料は、近世初期に普及する、唐津焼碗（胎土目・絵唐津）・皿（高台無釉）、織部の花器と、中世以来流通していた備前焼すり鉢（一五八〇年前後～一五九八年頃）である。一方で、中世末期に多い青花（中国産染付磁器）は出土していない。これらから、その頃の陶磁器の組合せを想像すると、唐津焼、織部が一定の比率を占める様子が思い浮かぶ。このような組合せは、考古学な表現を使うと、大坂城三の丸における豊臣後期（一五九八～一六一五）、松江城下町遺跡における近世Ⅰa期（一六〇〇年代前葉）と似た様相である。この時期は、米子城の歴史の中では、慶長五年（一六〇〇）に伯耆国の領主となった中村期である。まさに、慶長七年（一六〇二）、中村一忠が米子城を完成させたという従来の歴史観と一致する。

米子城跡出土の瓦

陶磁器の年代観からも、従来の歴史観からも、十七世紀初めに城が完成したことは間違いない。次に、瓦から米子城の歴史にさらに踏み込んでみたい。

米子城に限ったことではないが、城の歴史を学ぶとき、最も興味深いテーマの一つは、誰が、いつ城を築き、その後、どう変化して現代に至ったかという、城自体の歴史である。米子城の建設開始は、吉川期か、それとも中村期か。さらに、その後、加藤氏や荒尾氏により、城がどのように改修され、現在、私たちが目にするような設計プランとなったのかという点はとても興味深い。

文献史料から見た築城期の様相は、最近は、「吉川家文書」など、信憑性の高い史料の研究が進みつつあるが、そこからわかることは必ずしも多くない。また、加藤氏や荒尾氏による城の改修については、さらにわかることが少ない。

このような中で、瓦という考古学的資料を詳しく調査すると、米子城史について、興味深い事実が見えてくる。これらの謎はまだ解けないかも知れないが、その答えに確実に近づける。

全国的に有名な城郭瓦研究

初めに、全国的に有名な城郭瓦研究について紹介し、その中での米子城の瓦研究の位置づけを確認しておきたい。それは、山崎信二氏による『近世瓦の研究』である。この研究は、全国の主要な城郭瓦を対象に、近世瓦の製作技法と編年（年代的な配列）をまとめたものだ。この中では、近世初期の山陰の城郭瓦も扱われている。そこで示されているのは、山陰出土の城郭瓦を一堂に並べ、富田城（島根県安来市）の宝珠文軒平瓦を上限に、松江城（島根県松江市）の三葉文軒平瓦を下限に置き、その間に米子城瓦を位置付ける考え方だ。別の言い方をすれば、山陰というマクロ的な視点を起点に、米子城というミクロ的な視点を捉える方法である。山崎氏は、三葉文の変遷を軸に、米子城瓦の年代も推定している。

一方、本項では、まず、米子城資料のみを考える。その後、これらを他の城跡出土の瓦と比較して、変遷や年代を推定する。いわば、ミクロ的な視点を起点にする方法だ。山崎氏とは、逆の方向から考えているので、その見解と異なる部分もあるが、それは、山崎案を覆すのではなく、部分的に調整するものである。

米子城跡出土瓦の種類

ここで、研究対象にするのは、先に紹介した発掘調査出土瓦と飯山での採集瓦である。これらは、軒丸瓦四四点、軒平瓦四五点、丸瓦四九点、平瓦三〇点、計一六八点である。他に、伝世された鯱瓦もある。

鯱瓦には、五重天守に飾られていた一対（所在：米子市立義方小学校）、嘉永五年（一八五二）の改修以前の四重櫓に設置されていた一対（所在：米子市山陰歴史館・個人宅）、改修以後の一対のうち一個体（所在：米子市山陰歴史館）がある。

これらは、鯱瓦の一部を除き、米子市教育委員会所蔵であり、一般財団法人米子市文化財団米子市埋蔵文化財センターにより管理されている。

①軒丸瓦（図3〜5）

すべて巴文をモチーフにした瓦である。巴文とは、大太鼓などによくある渦巻き模様のことだ。これは、渦巻く水の描写がモチーフになったとも言われている。巴文の周りには、珠文という丸い小さな粒状文様がぐるりと並ぶ。

これらを、巴文の形や向きを基準に分類すると、M（軒丸）－01型式〜06型式に整理することができる。さらに、それぞれの型式内で、巴文の細かい形や珠文の数・配置、文様を粘土に写す木型（笵型）に由来する傷（笵傷）を比べて、同じ笵型で製作された瓦を特定し、それらを、A種、B種、C種…と細分した。例えば、M－02型式には、四つの笵型が確認できたので、M－02A・02B・02C・02Dと表し、M－04型式は、一つの笵型のみ確認できたので、M－04Aと表した。

このようにすると、全部で六型式の文様のものがあり、計一八種の笵型があることがわかった。この笵型の特定作業は非常に地味だが、これにより、瓦を製作した工人集団の系譜や瓦製作の変化について有力な手がかりを得ることができ、これが米子城の歴史を知る重要な情報源となる。

以下、現時点でわかる瓦の型式・笵型を個別に解説する。文中で示していない特徴は、**図3〜7**の表に、それぞれの出土場所・数量については**表1**にまとめたので、詳しい情報は、これを参照して欲しい。ただし、笵型についてはすべてわかったわけではない。全体像が分からない破片や未出土資料もあるので、今後の研究の進展により実数はもっと増えるだろう。

【M－01型式】 頭部（巴文右端の太い部分）を起点に左巻きとなる凹形（ネガタイプ）の巴文である。珠文数は一四で、直径は一七センチ程度。珠文の周囲には円形の区画線（圏線）がある。M－01A・01Bの二種の笵型がある。

M－01Aには、亀裂状の笵傷があるので、M－01Bと笵型が異なることがわかる。また、M－01Aには、丸瓦部

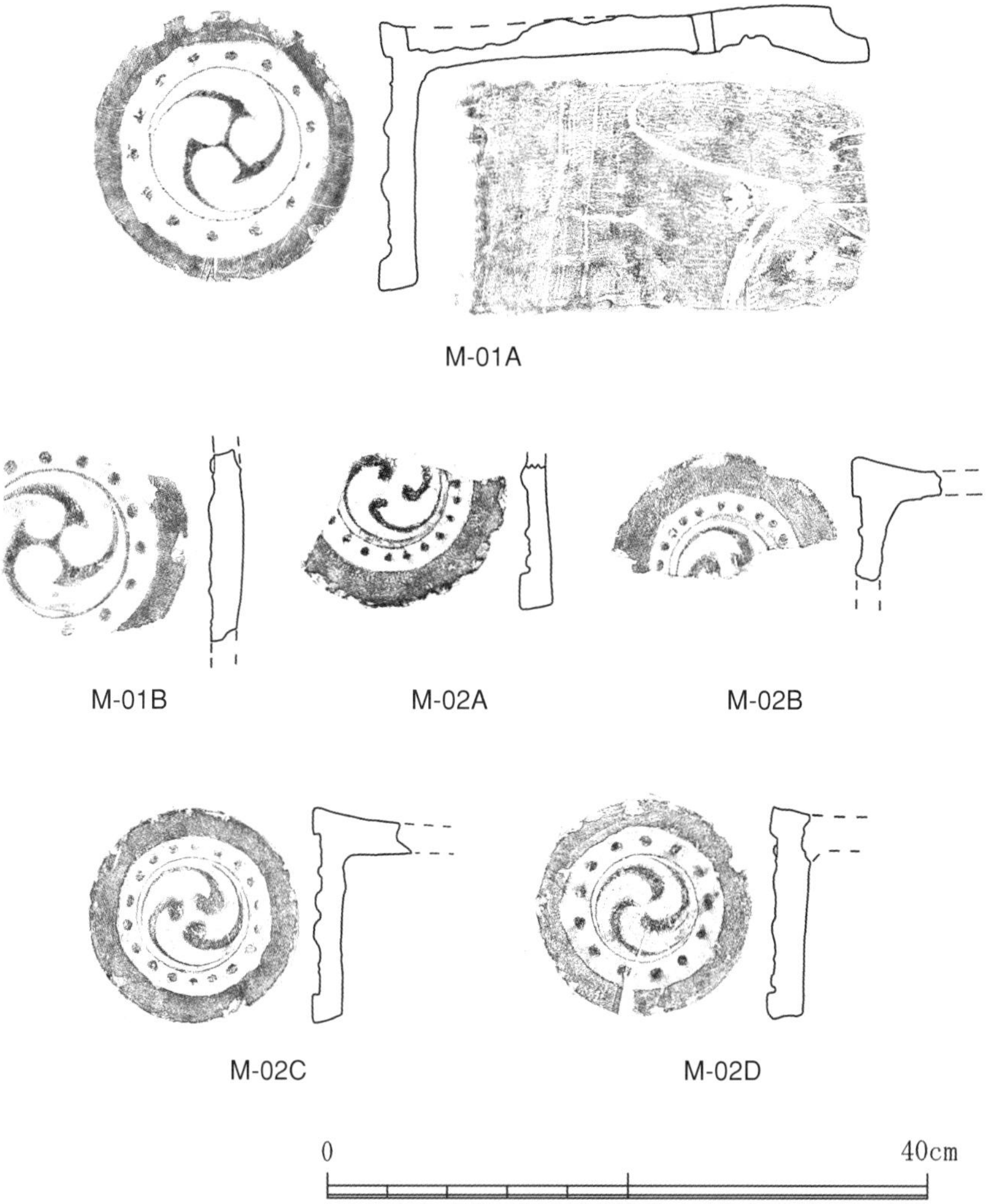

軒丸瓦	文様	圏線	珠文数	燻し	キラ粉	備考
M-01A	左巻きでネガタイプの巴文	○	14	弱		コビキB、大型
M-01B		○	14	強		離れ砂、大型
M-02A	左巻きで頭部の小さな巴文	○	22	弱		
M-02B		○	20以上	弱		
M-02C		○	18	強		コビキB
M-02D		○	13	強		

図3　米子城出土瓦(1)

と接合するものが二点見つかっているが、この丸瓦部には、粘土板を鉄線で切った痕跡（コビキB技法）がある。この瓦は文様が凹形（ネガタイプ）となる特殊なもので、そのサイズは他よりも大きく立派だ。

さらに、他にも幾つかの特徴的な製作手法が見て取れる。その一つは、笵型に粘土を詰めるときの方法だ。まず、外縁部に粘土の紐を詰めてから、円盤状の粘土を真ん中に載せるという段階的な方法で製作されている。瓦の製作時に、文様がしっかり表現されるよう、少しずつ丁寧に、笵型に粘土が詰められたようだ。二つ目は、丸瓦部が瓦当部の上方に浅めに接合されている点だ。具体的には、瓦当部円周の１／２以内の範囲のみが丸瓦部に覆われている。十七世紀代の軒丸瓦の瓦当部が、丸瓦部に大きく（円周の１／２以上）包み込まれるのとは対照的だ。もしかしたら、屋根を見上げた時に、できるだけ瓦が目立つよう、特別丁寧に作られたのかも知れない。

また、出土したのは、天守から落下したと思われる地点（本丸周辺）が多い。文様と製作技術の特殊性からすると、この瓦には特別感がある。本来は、天守を中心に葺かれていた可能性が高い。

M-01Bは、瓦の成形段階における、笵型と粘土の剥離材として、離れ砂が使われている。

【M-02型式】　左巻きで、頭部が小さい巴文である。直径は一四～一五センチ程度で、珠文数は、二二、二〇以上、一八、一三のものがある。巴文の周りには、ぐるりと圏線が一周し、その外側に珠文が並ぶ。M-02A～02Dの四種の笵型がある。

M-02Cは、他のM-02型式より、頭部がやや大きく、尾部は圏線から少し離れている。また、瓦当裏面の縁は、幅一・五センチの範囲が強く押されてなでつけられ、凹んでいる。丸瓦と接合するものを見ると、丸瓦には粘土板を鉄線で切った痕跡（コビキB技法）がある。また、M-02Dも、瓦当裏面の縁は、強く押されてなでつけられ、凹んでいる。

【M-03型式】　左巻きで頭部の小さな巴文である。巴文周囲には圏線がなく、巴文のすぐ外側に珠文が並ぶ。笵型は、M-03A～03Fの六種あり、大きさは、M-03A・03C・03Fが直径一七センチ程度で大型のものである他は、すべて一四～一五センチの普通サイズである。珠文数は、一九、一七、一五のものがある。この型式には、細片のため、笵の全体がよくわからないものもいくらかあり、現在わかっているもの以外にも笵型があるはずだ。資料が増えたときに笵型を追加するのが今後の課題である。

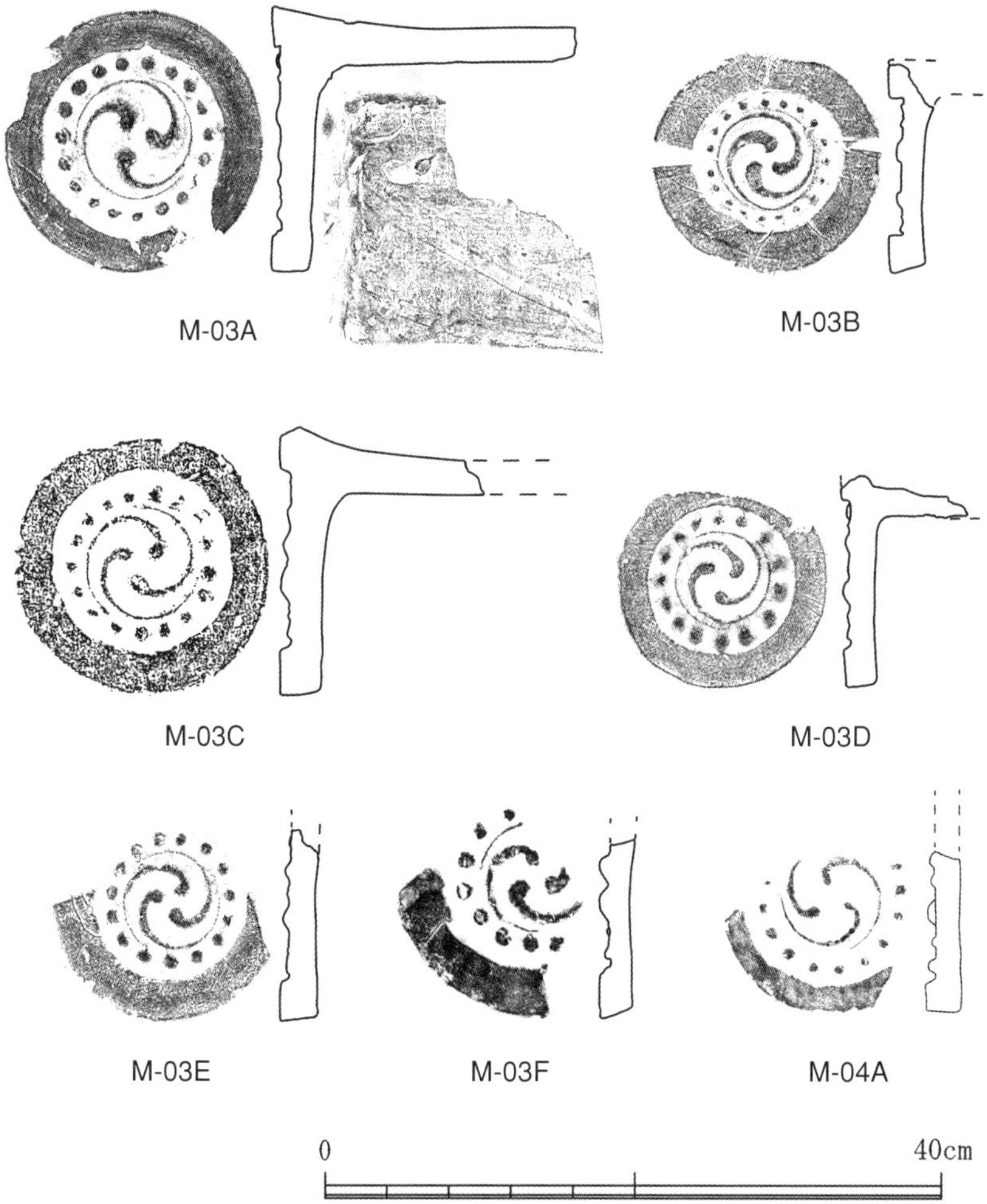

軒丸瓦	文様	圏線	珠文数	燻し	キラ粉	備考
M-03A	左巻きで頭部の小さな巴文	×	19	強		コビキB､粗い布目､大型富田城､松江城（A-2類A）と同文様
M-03B		×	19	弱		
M-03C		×	17	強		大型、コビキB
M-03D		×	15	弱		コビキB、粗い布目、飯山で紋板瓦採集
M-03E		×	15	強		
M-03F		×	15	弱		
M-04A	右巻で頭部の小さな巴文	×	18	強		

第４図　米子城出土瓦(2)

Ｍ－03Ａは、左側の珠文帯に、亀裂状の笵傷があるので他と区別ができる。また、丸瓦部の一部が残っており、そこには、粘土板を鉄線で切った痕跡（コビキＢ技法）と粗い布目（布袋に縦の刺し縫いがある）が見える。

この瓦は、松江城出土瓦及びこれと同笵の富田城出土瓦と同じ文様である。また、この瓦は、Ｍ－03Ｃと共にサイズが大きく、本丸周辺出土という点で、Ｍ－01Ａ（ネガタイプの巴文）と共通する。この瓦も、天守を中心に葺かれていたのかもしれない。

Ｍ－03Ｂは、巴文の頭部が尖っており、その先端が向く方向が中心からややずれていること、瓦当部裏側の縁が角張っている（稜が強い）ことが特徴的だ。

Ｍ－03Ｃは、巴文の頭部がやや大きく、丸みが強い。尾部の基部は太く、文様の盛り上がりがしっかりしていて立体的である。珠文の一部に、亀裂状の笵傷がある。また、瓦当裏面の縁は、幅二センチの範囲が強く押されてなでつけられ、凹んでいる。

Ｍ－03Ｄは、巴文の頭部と尾部の屈曲が緩やかで、珠文がやや大きい。瓦当面には縦方向の亀裂状の笵傷がある。Ｍ－03Ｂと同様、瓦当部裏側の縁は角張っている（稜が強い）。Ｍ－03Ｂ・03Ｄは、同じ技術系譜の職人集団によって作られたのかもしれない。

Ｍ－03Ｄ軒丸瓦には、丸瓦部の一部が残っているものがあり、そこには、粘土板を鉄線で切った痕跡（コビキＢ技法）と、Ｍ－03Ａと同様の、粗い布目（布袋に縦の刺し縫いがある）がある。

この瓦の笵型で作られた紋板瓦（鬼瓦のように棟に据えられた飾瓦）が飯山で採集されているが、これは米子城瓦の年代を推定する重要な手がかりとなる。かつて飯山には、櫓などの大型建物を含む建造物群があったと考えられるが、現在知られる最古の米子城絵図（寛文七年（一六六七）「米子城石垣御修覆御願絵図」）からすると、十七世紀中頃までには、それらは完全に取り壊されたと考えられるからだ。つまり、この瓦は、確実にそれ以前のものと推定でき、年代の下限がわかる型式の例として貴重だ。

Ｍ－03Ｅは、巴文が全体的に細く、頭部と尾部の屈曲が鋭い。また、Ｍ－03Ｆは、巴頭部・珠文が大振りである。

Ｍ－03Ｅ・03Ｆは、瓦当部（巴文などの文様がある部分）と丸瓦部を接合するためのカキヤブリ（刻み）の入れ方が特徴的だ。軒丸瓦は、瓦当部・丸瓦部の接着力を強めるため、それぞれの先端にカキヤブリが入れられる。多くの瓦では、その後、接合部に粘土が塗り付けられて補強される。これに対し、Ｍ－03Ｅ・03Ｆでは、瓦当部・

丸瓦部の接合後、丸瓦部の凹面から瓦当部の裏面にかけて、さらにカキヤブリが入れられ、その上に補強粘土がつけられている。つまり、他の瓦より、ひと手間多いのだ。M-03E・03Fは、同じ、もしくは近縁の工人集団によって製作された可能性が高い。

カキヤブリのような小さな情報は、一見、どうでもよさそうなことに思えるし、説明するとかなり退屈だ。しかし、これらを積み重ねると、大切な情報を引き出せることがあるので注意はしておきたい。

【M-04型式】 右巻きで頭部の小さな巴文である。右巻きなのは、この型式だけだ。巴文周囲には圏線がなく、笵型は一種である。

M-04Aは、珠文数は一八（推定）で、直径は一四～一五センチ程度。珠文の一つが内側に寄ること、巴尾部の一つが隣の巴文に近接することが特徴だ。瓦当面には、横方向の木目が浮き出ており、使用感が目立つ。光沢が出るほど焼き締められるような水準には達していないが、M-01～03よりは焼きが良く、時期的にも新しい印象を受ける。丸瓦部は、瓦当部の上方に浅め（瓦当部円周の1／2以内）に接合されている。

【M-05型式】 左巻きで頭部の大きな巴文である。巴文周囲には圏線がない。笵型は、M-05A～05Cの三種あり、大きさは、M-05Aが直径一三～一四センチ程度で小型である他は、直径一五～一六センチ程度の普通サイズである。珠紋数は、一四、一〇のものがある。

この型式には、色が銀色に近くなり、光沢が出るほど焼き締められているものがある。このように高温焼成で焼かれた状態を「銀化している」と表現することもある。

銀化した瓦には、しばしば表面にキラ粉（雲母片）が付着している。キラ粉は、瓦の成形段階で、笵型と粘土の剥離剤として使われた。従来は目の粗い砂（離れ砂）が使われていたが、これにより、格段に高品質の瓦の製作が可能になる。

M-05Aは、巴文の丸みが強い。瓦当裏面の縁は、円周方向に、幅二センチ程度の範囲がナデつけられている。丸瓦部は、瓦当部の上方に浅め（瓦当部円周の1／2以内）に接合されている。

この瓦は、M-01～04型式よりも、巴頭部が大きく、尾部が短く変化しており、これらとは明らかな隔絶感がある。

M-05Bは、M-05Aより巴頭部がさらに大きく、尾部が短く、文様の盛り上がりが低くなっている。また、珠文断面の輪郭が角張る。瓦当裏面の縁は、円周方向にナデられやや凹む。丸瓦部を瓦当部に接合する位置は、M

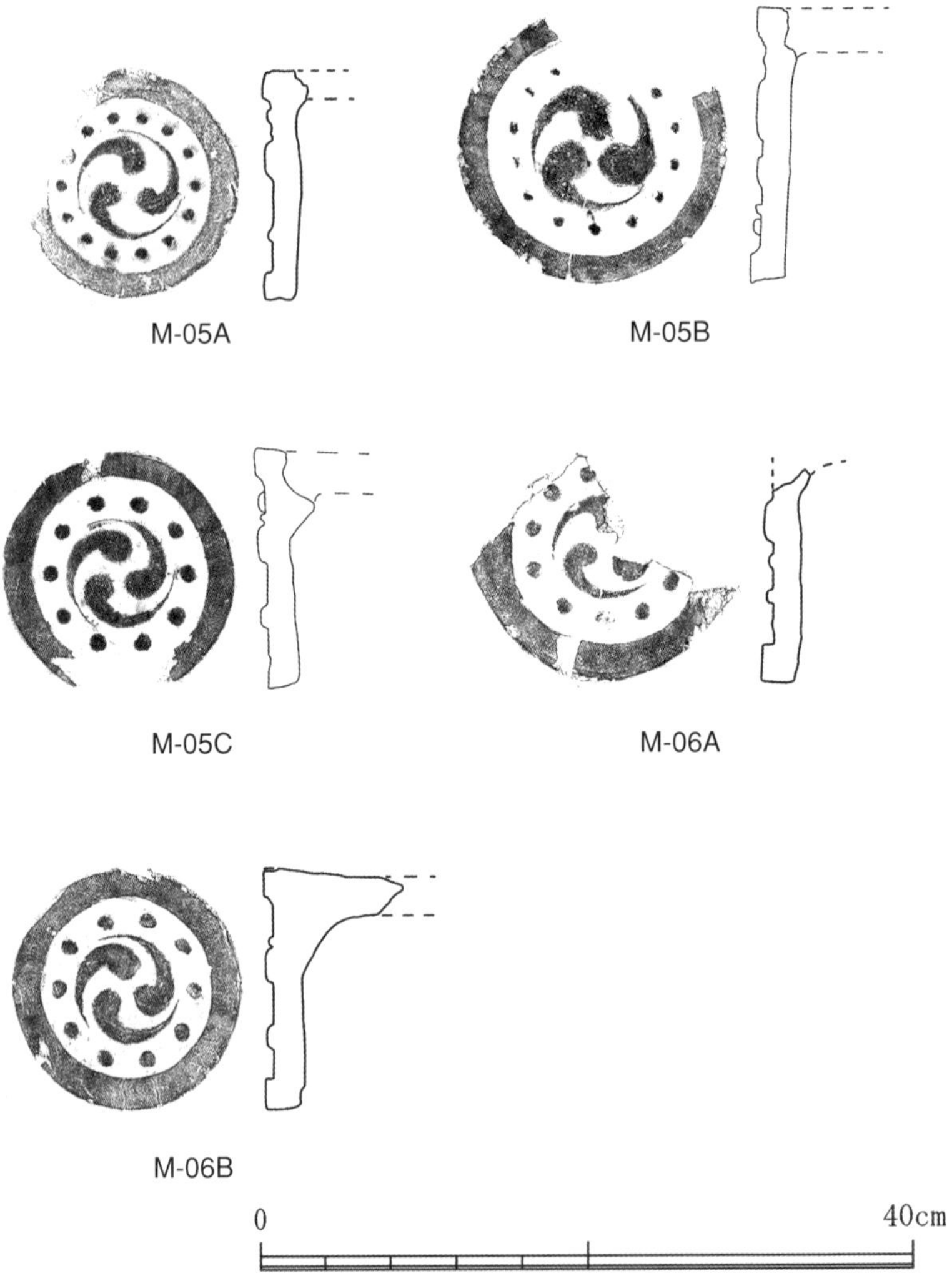

軒丸瓦	文様	圏線	珠文数	燻し	キラ粉	備考
M-05A	左巻きで頭部の大きな巴文	×	14	弱・銀化	○	
M-05B		×	14	弱・強・銀化		
M-05C		×	10	銀化		
M-06A	左巻きで頭部の大きな巴文軒桟瓦	×	11	銀化	○	
M-06B		×	10	銀化	○	粗い布目

図５　米子城出土瓦(3)

-05A型式と同様である。

M-05Cは、珠文が大型化し、その数がさらに少数化(珠文数一〇)している。

【M-06型式】 左巻きで頭部の大きな巴文の軒桟瓦である。巴文周囲には圏線がない。范型は、M-06A・06Bの二種あり、珠文数は、一〇、一一のものがある。直径は、一四~一六センチまで幅があり、小型のものと普通サイズのものがある。

桟瓦(和瓦とも呼ばれる)とは、本来、別個に製作され、組み合わされて使用された本瓦葺きの丸瓦・平瓦が一体的にデザインされた瓦であり、現在の瓦の原形でもある。軒桟瓦は、屋根の軒先に葺く瓦だ。

桟瓦は、延宝二年(一六七四)に近江三井寺の瓦職人、西村半兵衛によって発明されたといわれている。この発明により、瓦の製作コストの減と屋根瓦の軽量化が進み、町場の庶民レベルにまで瓦葺き建物が普及するようになったという。大坂などの都市部では、十八世紀第2四半期以降に普及したが、山陰でも石州瓦が出現する十八世紀末期以前には普及していた可能性が高い。

M-06Aの瓦当裏面の縁は、円周方向にナデられやや凹む。また、M-06Bは、文様・珠文はM-05Cと同様で、瓦当裏面には、縦の刺し縫いのある粗い布目跡がある。

②軒平瓦(図6・7)

植物文様(三葉文や橘文など)や吉祥文様(宝珠文など)を中心に、その両側に唐草文があるものが多い。文様を基準にこれらを分類すると、H(軒平)-01型式~13型式に整理できる(一部に米子城下町遺跡出土遺物を含む)。また、それぞれの型式における范型は、軒丸瓦同様、A種、B種…と細分した。すると、全部で一三型式の文様があり、計二三種の范型があることがわかった。

【H-01型式】 中心飾りは、縁起物の小槌・宝珠を象った文様で、その両脇に四つの唐草文が交互に向きを変えながら連なっている。范型は一種ある。

H-01Aは、瓦当の高さ四・五センチ程度、幅二〇~二五センチ程度である。飯山で五点採集された(採集されたと考えられるもの二点を含む)。

これと同じ文様の瓦が、宇喜多秀家期の岡山城(岡山県岡山市)と吉川期(推定)の富田城にある。このうち、米子城と富田城の瓦は同じ范型から作られており、岡山城の瓦はこれらより古いと考えられている。

【H-02型式】 中心飾りは、縁起物の宝珠を象った文様で、その両脇に、巻きの強い唐草文が交互に向きを変えながら連なっている。現時点では、米子城内からの出土例はなく、米子城下町遺跡(米子城第七遺跡)のみで出

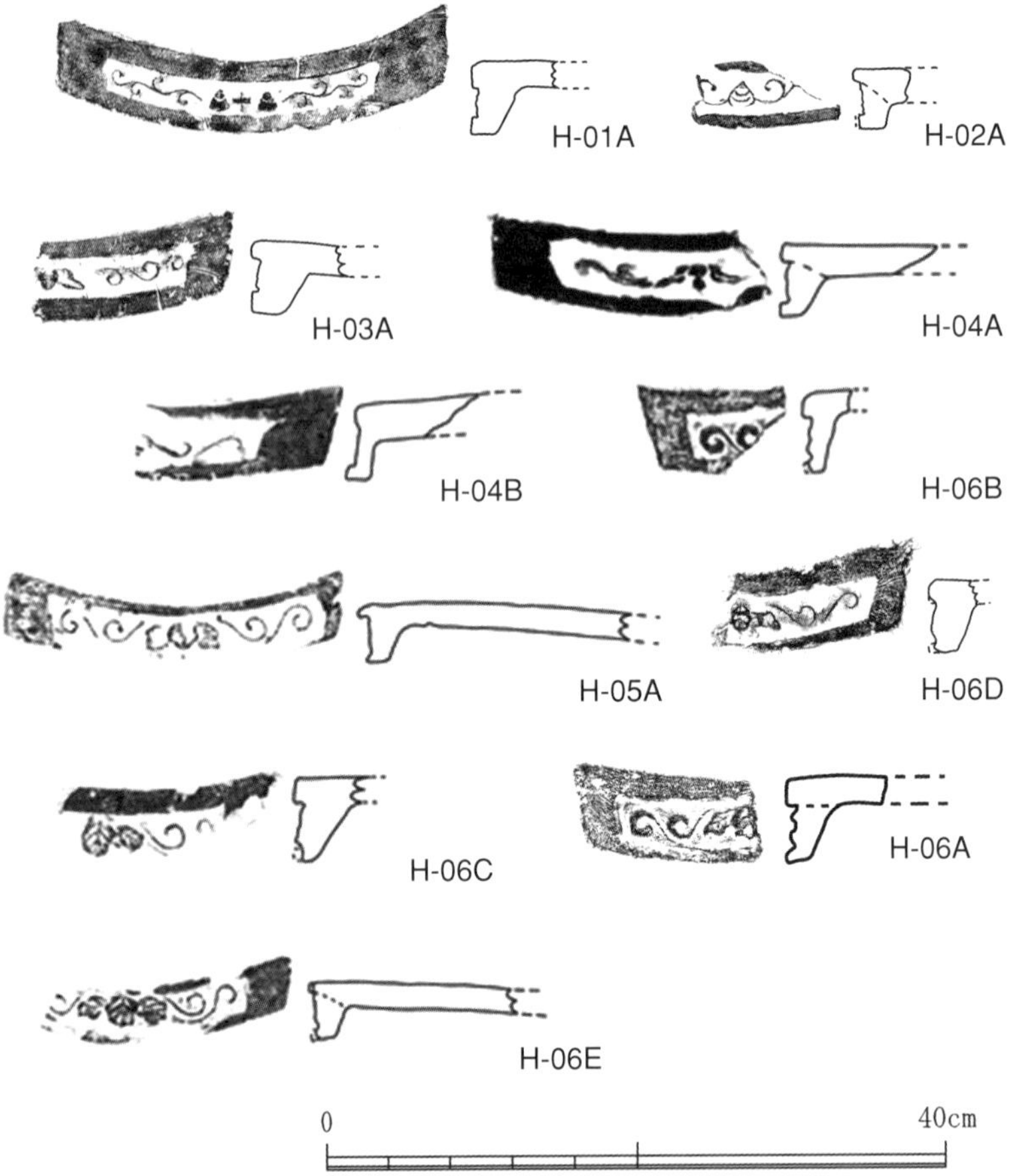

※側区：狭（3cm未満）、普（3cm代）、広（4cm以上）、側区が狭いほど、瓦当に対して文様が占める範囲が広い
※瓦当上部削り：○（瓦当上部の角が削り取られる）、△（削り取られるものとそうでないものがある）、×（削り取られない）

軒平瓦	文様	側区	瓦当上部削り	燻し	キラ粉	備考
H-01A	小槌・宝珠文＋連結4転唐草文	普	○	弱		
H-02A	宝珠文＋連結唐草文	不明	×	弱		米子城跡第7遺跡出土
H-03A	三葉文A＋独立3転唐草文	狭	△	強・弱		離れ砂
H-04A	三葉文A＋独立2転唐草文	広	×	弱		
H-04B		広	○	強		
H-05A	三葉文B＋独立2転唐草文	狭	○	弱		富田城・松江城（B-1類F）と同笵
H-06A	三葉文C+太い独立2転唐草文	狭	○	弱		
H-06B		狭	○	弱		
H-06C	三葉文D+太い独立2転唐草文	普	×	強		
H-06D	三葉文C+細い独立2転唐草文	狭	△	強		
H-06E	三葉文D+細い独立2転唐草文	普	不明	強		米子城跡9遺跡

図6　米子城出土瓦(4)

土しているが、将来的に、城内から出土する可能性が高いと見通して、本項の分類に加えた。笵型は一種である。

山陰には、宝珠文をモチーフにした中世から近世の瓦が幾つかある。それらは、打吹城（鳥取県倉吉市）、江美城（鳥取県日野郡江府町）、富田城、松江城、佐田前遺跡（島根県松江市）、鰐淵寺（島根県出雲市）といった出雲・伯耆の城跡・寺院跡の出土品だ。この文様の系譜は、山陽地域（播磨・備前）にあると考えられている。

H-02Aは、瓦当の高さは三・五センチ程度である。縁起物を中心に据えるという意味ではH-01Aと共通する。

【H-03型式】 中心飾りは、下向きで細身の三葉文である。このうち、葉の主葉脈が凹みで表現され、外側の二葉が外向きにカーブするものを三葉文Aとする。H-03型式は、三葉文Aの両脇に、三つの唐草文が、交互に向きを変えながら別個に配置されている。笵型は一種ある。

H-03Aは、瓦当の高さは四・五センチ程度、幅は二〇～二五センチ程度である。飯山、本丸周辺、水手郭、内膳丸、久米第一遺跡から一五点出土した。この瓦は、言わば、米子城のどこからでも出土するもので、米子城内で最も主体的な瓦である。瓦当面に砂がはがれ落ちたような痕跡が残るものや砂が付着しているものが多くあり、離れ砂が使用されたことが推定できる。

この瓦と同文様のものが、江美城にあることから、この瓦の主要な分布圏は中村氏の領内である可能性が高い。文様の系譜は、堀尾期の富田城から出土する三葉文軒平瓦にたどることができるが、この瓦は、三葉が大幅にアレンジされており、米子城のオリジナルデザインとなっている。

【H-04型式】 中心飾りは、三葉文Aで、その両脇に二つの唐草文が、交互に向きを変えながら別個に配置されている。葉の主要脈は、凹みというより刻線と言った方がよいかも知れない。H-03型式と同じ系譜のものと考えられるが、立体感が乏しく退化が著しい。また、唐草文の巻きの向きは、H-03とは逆転している。瓦当の高さは四・五～五センチ程度で、笵型は二種ある。

H-04Aは、H-04Bより、唐草文が曲線的で、瓦当部と平瓦部を接合する際の補強粘土が分厚く、断面が逆台形状になる。文様的にも、製作技術的にも、H-04Bより古式である。

【H-05型式】 中心飾りは、葉脈表現がある下向きで幅広の三葉文（三葉文B）である。三葉文Bは、H-06型式ほど大きく開かない。その両脇には、二つの唐草文が、交互に向きを変えながら別個に配置されている。笵型は一種ある。
H－05Aは、瓦当の高さは四センチ程度、幅は二〇～二五センチ程度である。この瓦は、富田城・松江城の瓦と同笵と考えられる。

【H－06型式】　中心飾りは、下向きで葉が大きく開いた三葉文である。外側の二葉は内向きにカーブする。葉の幅や葉脈表現の違いから、この型式の中心飾りを三葉文C・Dに細分している。三葉文の両脇には、二つの唐草文が、交互に向きを変えながら別個に配置されている。笵型は五種ある。

H－06Aは、中央の葉が幅広で、両脇の葉が細身になるものである。葉には葉脈表現がある（三葉文C）。その両脇には、二つの太い唐草文が、交互に向きを変えながら別個に配置されている。瓦当の高さは四・五センチ程度、幅は二〇センチ程度である。H－06Bと文様構成に違いはないが、唐草文の形、及び唐草文と側区の間の距離が異なる。H－06Aの方が唐草が細く、間隔が広い。

H－06Cは、三葉とも幅広で、葉脈表現がある（三葉文D）。その両脇には、二つの太い唐草文が、交互に向きを変えながら別個に配置されている。瓦当の高さは五センチ程度、幅は二〇～二五センチ程度である。

H－06Dは、三葉文Cの両脇に、二つの細い唐草文が、交互に向きを変えながら別個に配置されている。瓦当の高さは四・五センチ程度である。

H－06Eは、三葉文Dの両脇に、二つの細い唐草文が、交互に向きを変えながら別個に配置されている。瓦当の高さは四センチ程度である。米子城内からの出土例はなく、米子城第九遺跡のみで出土しているが、将来的に、城内から出土する可能性が高いと見通して、本項の分類に加えている。文様の雰囲気は、一見、H－06Cと似るが、三葉の先端がどれも尖ること、三葉のうち右の葉が大きいこと、唐草が細いことが異なっている。

【H－07型式】　中心飾りは、下向きで丸味の強い小ぶりの葉から成る三葉文（三葉文E）である。葉には葉脈表現があり、その両脇には、三つの長い唐草文が、交互に向きを変えながら別個に配置されている。笵型は、瓦当の高さ四センチ程度、幅二五センチ程度でH－07Aの一種である。

【H－08型式】　中心飾りは、蕾状の葉と、葉脈表現のある細身の葉から成る三葉文（三葉文F）である。その両脇には、三つの長い唐草文が、交互に向きを変えながら蔓のように配置されている。笵型はH－08Aの一種である。

H－08Aでは、一対の唐草文は葉から伸びており、他の二対は中心飾りを越えて左右に連なる。瓦当の高さは

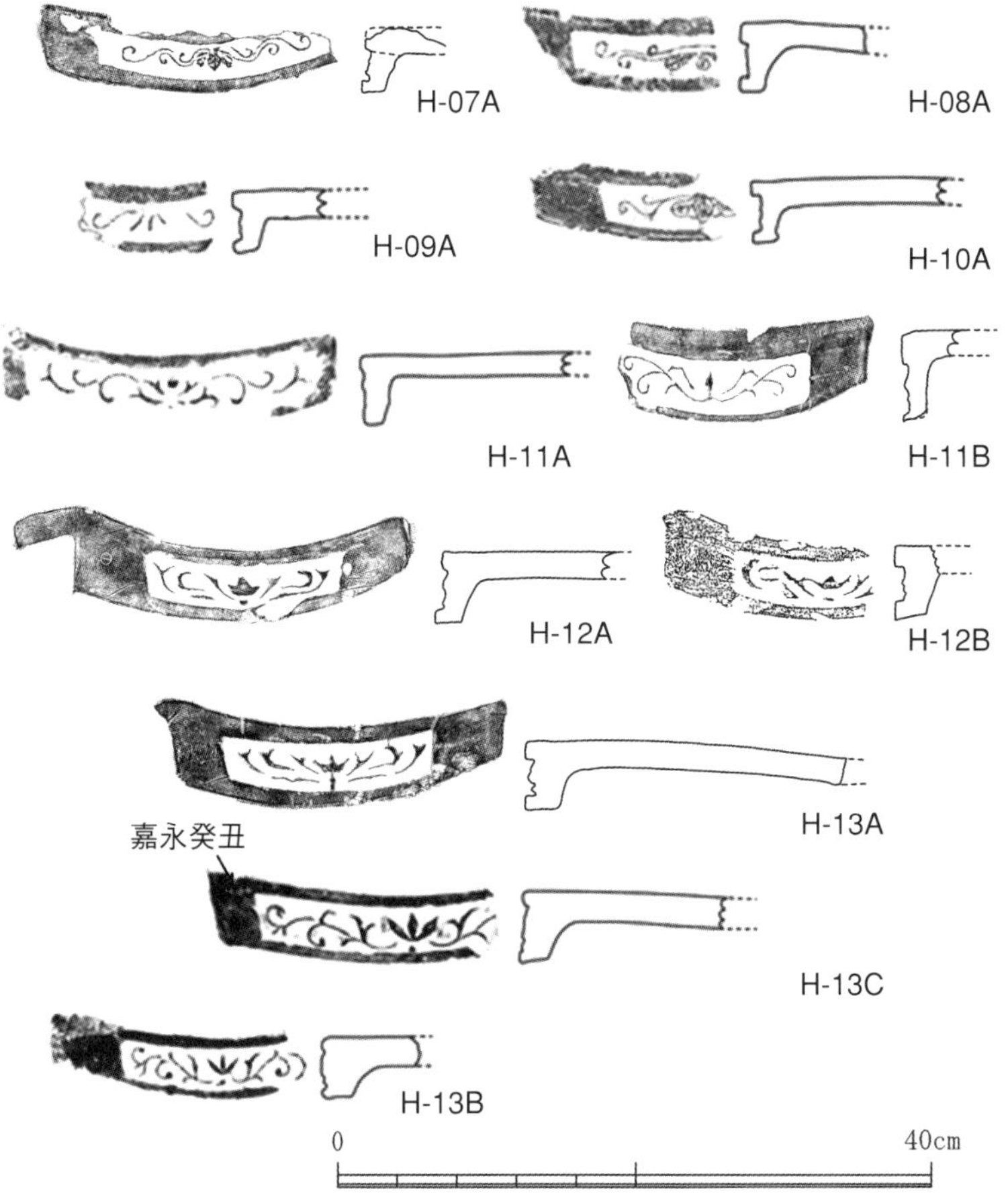

※側区：狭（3㎝未満）、普（3㎝代）、広（4㎝以上）、側区が狭いほど、瓦当に対して文様が占める範囲が広い
※瓦当上部削り：○（瓦当上部の角が削り取られる）、△（削り取られるものとそうでないものがある）、×（削り取られない）

軒平瓦	文様	側区	瓦当上部削り	燻し	キラ粉	備考
H-07A	三葉文E＋長い独立3転唐草文	広	○	強・弱		
H-08A	三葉文F＋連結2転・独立1転唐草文	普	×	弱		
H-09A	三葉文G＋独立2点唐草文	広	△	弱		
H-10A	三葉文H＋連結2点唐草文	広	×	強		
H-11A	洋梨型の橘文・顎・子葉＋唐草文（子葉あり）	狭	×	銀化		大坂式に由来する文様構成
H-11B		普	○	銀化	○	米子城跡第7・8遺跡出土
H-12A	軒桟瓦 柿型文・子葉＋唐草文（子葉あり）	広	×	銀化	○	
H-12B		広	×	銀化		
H-13A	軒桟瓦 上向き三葉文・顎・子葉＋唐草文（子葉あり）	広	×	銀化		米子城跡8遺跡出土
H-13B		広	×	銀化		推定嘉永5年（1852）製
H-13C		普	×	銀化		「嘉永癸丑」紀年銘、嘉永5年（1852）製

図7　米子城出土瓦(5)

五センチ程度、幅は二五センチ程度である。

【H―09型式】　中心飾りは、下向きで線のように細い葉から成る三葉文（三葉文G）である。両脇には二つの唐草文が、交互に向きを変えながら別個に配置されている。范型は、瓦当の高さ四センチ程度、幅二五センチ程度でH―09Aの一種である。

【H―10型式】　中心飾りは、下向きで葉脈表現のある幅広の葉が線描きで表現された三葉文（三葉文H）である。外側の二葉がほぼ水平に大きく開く。両脇には、二つの唐草文が、交互に向きを変えて連なっている。范型は、瓦当の高さ四センチ程度、幅二五センチ程度でH―10Aの一種である。

【H―11型式】　中心飾りは、洋梨型の橘文である。これに花弁・顎が付属し、その両脇には唐草文と子葉がある。瓦当の高さは四・五～五センチ程度、幅は二〇～二五センチ程度である。范型は二種ある。

H―11Aは、中心飾りの両脇に、二つの唐草文と一つの子葉が、交互に向きを変えながら別個に配置されている。この瓦は、「大坂式」と呼ばれる、大坂で十八世紀第2四半期以降に定型化する瓦をモデルに創出されたと考えられる。大坂式とは、橘文・花弁・顎で構成される中心飾りの両脇に、上向きの唐草文と子葉を配するデザインである。H―11Aは、大坂式軒平瓦より唐草文が一本多い。モデル（大坂式瓦）の生産時期との時間差がどれだけあるのか、どこで生産されたのかはわからないが、進んだ技術による品質の高い瓦が、米子に到来したことを示している。

H―11Bは、洋梨型の橘文・長い花弁・長い顎で構成される中心飾りの両脇に、二つの下向きの唐草文が連なっている。H―11Aよりも、大坂式との違いが大きくなっている。米子城内からは未出土で、米子城下町遺跡（米子城第七、八遺跡）のみで出土している。

【H―12型式】　軒桟瓦である。中心飾りは柿型文で、これに花弁が付属する。その両脇には、上向きの唐草文と子葉が配される。瓦当の高さは四・五～五センチ程度、幅は二〇～二五センチ程度で、范型は二種ある。

H―12Aは米子城内からは未出土で、米子城下町遺跡（米子城第七、八遺跡）のみで出土している。これには、左側区に丸に一の字の記号が刻印されるものがある。H―12Bは、H―12Aの文様がさらに退化しており、本来の文様の形が、判別が難しいほど失われている。

【H―13型式】　軒桟瓦である。上向き三葉文・花弁・顎で構成される中心飾りの両脇に、唐草文と子葉が配される。范型は、H―13A～13Cの三種あり、H―13A・13B

度であり、H-13Cはそれよりやや大型である。

H-13Aは、中心飾りの両脇に、上向きの唐草文と子葉があり、顎は連弧状に表現される。米子城内からの出土例はなく、米子城下町遺跡（米子城第八遺跡）のみで出土している。

H-13Bは、中心飾りから、二つの短い子葉のある唐草文が交互に向きを変えながら連なっている。全体的に流麗で華やかな印象を受ける。H-13Cとはほぼ同じ文様だが、外側から二つ目の唐草子葉が短いことが異なる。

H-13CはH-13Bと同じ文様で、瓦当の高さは五センチ程度、幅は二八センチ程度である。右上端に、「嘉永癸丑」の刻印がある。これは嘉永五年（一八五二）のことであり、米子城四重櫓の大修理が行われた年である。このことから、H-13B・13Cは、この時の修理のために製作されたと考えて間違いないだろう。

H-13Cは、平成十三年（二〇〇一）度以前の調査では、米子城内から出土しておらず、収集品（足立正コレクション）に米子城採集瓦と思われるものが一点あるのみであったが、平成二十七年（二〇一五）度の発掘調査で、八幡台から同笵品が表採されている。これには「嘉永六」の刻印があり、同調査区で出土した「嘉永癸丑」刻印の平瓦と組み合うと考えられる。

③丸瓦

長さは一五～二〇センチのものがほとんどで、幅は一四センチ前後のものと一六センチ前後のものに大別できる。全体的に、大きさにかなりのバラつきがある。総数四九点の内、細かい布目の残るものが二五点、粗い布目（縦の刺し縫いのあるもの）が残るものが五点あり、粘土板を糸で切った痕跡（コビキA）のものが二点、粘土板を鉄線で切った痕跡（コビキB）のものが四三点ある。

④平瓦

長さ二五センチ程度、幅は二三センチ程度で、全面をきれいにナデて仕上られた丁寧なつくりである。三〇点の内、コビキBのものが四点、桟瓦が四点、焼成不良のものが五点ある。どの瓦も大きさ・調整等にバラつきがほぼなく、規格的な仕上がりである。

米子城では、丸瓦・平瓦共に、圧倒的多数がコビキBで占められる。

次に、これらの軒丸瓦・軒平瓦の組合せとその変遷について考えてみたい。これには、これまで見てきた瓦の特徴に加えて、出土地点と出土数がキーになる。

米子城跡出土瓦の組合せと変遷

表1に、米子城軒丸瓦・軒平瓦の出土地点・数量等をまとめた。軒丸瓦・軒平瓦の組合せを考えるために、まず、瓦の焼き上がりに注目する。瓦の中には、光沢が出るほど焼きが良く、銀色に近い焼き上がりの燻瓦が存在する。いわゆる、「銀化」した瓦である。軒丸瓦ではM-05A～05C、M-06A・06Bが、軒平瓦（軒桟瓦を含む）では、H-11A・11B、H-12A・12B、H-13A～13Cがこれに当たる。瓦が銀化するほどの高温焼成技術は、一般的に十八世紀代に確立したと考えられている。そこで、まず、これらを最終段階（第四段階）に位置づけた。この段階の瓦は文様の彫りが深く（文様が五ミリ程度彫り込まれるものが多い）、立体的であり、後述する第三段階の瓦とは対照的である。

次に、高温焼成技術確立前の瓦の中から、米子城創建期の瓦を選別する。瓦は、専門職人集団が、木の笵型を使用して作るものである。同じ笵型が使われ続ければ、それは劣化するし、笵型が更新されれば、それまでとは程度の差こそあれ、原則的には、型式の異なる文様へと変化する。つまり、瓦の文様は、経年変化する特性がある。このことから、まず、同じ系譜の文様の中で、最も形がしっかりしているものを、創建当初の候補と考える。また、創建当初のものは、たいてい数量が補修瓦よりずっと多いので、瓦の出土数も重要な手がかりとなる。屋根瓦の総葺替え工事でもしない限り、通常は、当初瓦の多くがそのまま最後まで使用され続けるからだ。米子城でも、四重櫓における大規模修理の記録はあるが、基本的には、当初瓦が最も高い比率を占めるはずだ。

さて、このような視点で、**図3～7**、**表1**を見ると、当初瓦の候補として、M-01A・01B、H-03Aが真っ先に選び出せる。どちらも文様がはっきりしていて数量が多いからだ。この他、数は多くないが、文様が立体的であり唐草文の巻きがしっかりしているH-01A・02A・05A、H-06A～06Eも創建瓦の有力候補と考えてよいだろう。

次に、これらを他の城郭出土瓦と比較し、本当に創建期の瓦と見做してよいのか考えてみよう。H-01A・02A・05Aは、同文様や類似文様の瓦が、文禄年間～慶長五年（一五九二～一六〇〇）頃の宇喜多秀家期岡山城や元和元年（一六一五）一国一城令で廃城となったと考えられる富田城、江美城、慶長十六年（一六一一）完成の堀尾期松江城などから出土している。これらの城は、米子城の創建期（一六〇〇年前後）と時期が近く、製作さ

表１　米子城軒瓦の種類と出土地別の数量

※本丸周辺：本丸・本丸下・番所郭

軒丸瓦	型式・種	飯山	本丸周辺	水手郭	遠見郭	内膳丸	久米第一	不明	計	備考
第1段階 1598頃～1600	（M-02A）	1							1	左巻きで頭部の小さな巴文 圏線あり、珠文22 ※吉川期創建期か
第2段階 1600～1632	M-01A		4	1					5	左巻きでネガタイプの巴文、圏線あり、珠文14 ※中村氏創建期（1600～1602）か
	M-01B				1				1	
	M-02B	1			1	2	1		5	左巻きで頭部の小さな巴文 圏線あり、珠文13～20以上 ※M-02B：中村氏創建期（1600～1602）か
	M-02C						3		3	
	M-02D			1					1	
	M-03A		1						1	左巻きで頭部の小さな巴文 圏線なし、珠文15～19 ※M-03D：中村氏創建期 （1600～1602）か
	M-03B					2	1		3	
	M-03C						1		1	
	M-03D	1			1				2	
	M-03E				1	3			4	
	M-03F				1				1	
第3段階 1632～1720頃	M-04A		3						3	右巻で頭部の小さな巴文、圏線なし、珠文18 ※17世紀後半以降か
第4段階 1720頃～1868	M-05A		3			1	1		5	左巻きで頭部の大きな巴文 圏線なし、珠文10・14、銀化、キラ粉 ※M-05A：18世紀前半頃か
	M-05B		2	1					3	
	M-05C		1						1	
	M-06A		2	1					3	左巻きで頭部の大きな巴文軒桟瓦 圏線なし、珠文10・11、銀化、キラ粉
	M-06B		1						1	
	計	3	17	4	5	8	7	0	44	

軒平瓦	型式・種	飯山	本丸周辺	水手郭	遠見郭	内膳丸	久米第一	不明	計	備考
第1段階 1598頃～1600	H-01A	5							5	小槌・宝珠文、播磨・備前系、 ※吉川期創建期か
第1～2段階	H-02A								0	宝珠文、播磨・備前系、米子城第7遺跡出土
第2段階 1600～1632	H-03A	2	3	4	1	1	3	1	15	三葉文 H-03A・05A：：中村氏創建期 （1600～1602）か
	H-05A					1			1	
	H-06A		1						1	
	H-06B					1			1	
	H-06C				1				1	
	H-06D				2	3			5	
	H-06E								0	三葉文、米子城第9遺跡出土
第3段階 1632～1720頃 ※17世紀後半？	H-04A					1			1	退化・変様した三葉文
	H-04B		1						1	
	H-07A					2			2	
	H-08A		1		1				2	
	H-09A				1	1			2	
	H-10A					2			2	
第4段階 1720頃～1868	H-11A		1	1					2	洋梨型の橘文、銀化、キラ粉、※18世紀前半頃か
	H-11B								0	洋梨型の橘文、銀化、キラ粉 米子城第7・8遺跡出土
	H-12A								0	軒桟瓦、柿型文、銀化、キラ粉
	H-12B						1		1	
	H-13A								0	軒桟瓦、上向き三葉文、銀化、米子城第8遺跡出土
	H-13B		2						2	軒桟瓦、上向き三葉文、銀化、推定嘉永5年（1852）製
	H-13C							1	1	軒桟瓦、上向き三葉文、銀化、嘉永5年（1852）製
	計	7	9	5	6	12	4	2	45	

れた瓦もほぼ同じ時期と考えてよい。また、H−06A〜06Eは、H−03A・05Aと同系統であり、三葉文A・Bのバリエーションであると考えられるので、これらはH−03A・05Aと、ほぼ同時期に製作されたと理解できる。このように考えると、これらの瓦は、単なる創建当初瓦の候補ではなく、当初瓦そのものと考えることができる。

一方、軒丸瓦は、すべて巴文であり、文様の変遷がたどりにくい。一般的には、巴頭部の大型化、尾部の短小化、珠文数の減少、圏線の消失といった経年変化があることがわかっているが、それらの変化のスピードや度合いは、地域によって異なっており、米子城の場合、創建瓦の線引きをどこでするのかを文様から直接決めるのは難しい。そこで、大きな手がかりになるのが、飯山の採集瓦である。先述したように、飯山地区は、十七世紀中頃以前に、完全に取り壊されたと考えられている。さらに限定するならば、おそらくは、慶長十四年（一六〇九）の中村氏の断絶と共に廃棄された可能性が高い。次の加藤期以降は、石高も激減し、十八万石級の中村期の城郭をそのまま継続して維持することは困難であったと考えられるからだ。飯山からは、二〜三型式の軒丸・軒平瓦しか知られていないことも、この地区が短期間に限り城郭として機能したことを物語る。従って、飯山採集瓦は、原則的には、すべてが米子城創建当初の瓦であると考えることができる。飯山で出土した軒丸瓦は、M−02A・02B、M−03Dであり、これらは、珠文数一五以上で、巴頭部が小さく尾部が長いという特徴が共通する。また、これらには、圏線があるものとないものの両方がある。このことから、これらと同様の特徴をもつ、M−02〜M−03型式の軒丸瓦を、M−01A・01Bと同様の創建瓦と考えることができる。

ところで、これら創建瓦のうち、軒平瓦に注目すると、系譜が全く異なるものが混在していることに気付く。吉祥文をモチーフにしたH−01A・02Aと、三葉文をモチーフにしたH−03〜06である。実は、前者は、播磨・備前に系譜をもつものであり、後者は出雲で成立し、山陰に普及したもの、いわば山陰特有のものと考えられている。しかも、米子城の場合、異なるのは系譜だけではない。H−01Aは、飯山以外では出土せず、出土地点においても歴然とした差異がある（H−02Aは、現時点では、米子城内からは未出土）。ちなみに、これと組み合う軒丸瓦については、やはり飯山のみで出土しているM−02Aが有力候補である。これは、珠文数二二、圏線ありという特徴があり、型式的には最も古い軒丸瓦といってよい。ただし、現時点で、M−02A（珠文数二二）・02

B（珠文数二〇以上）の区別があいまいなので、これはあくまで目安にすぎない。

では、なぜこのような系譜の違いが生じたのだろうか。ここで、再び**表1**に注目して欲しい。飯山で出土した軒平瓦は、H-01Aが五点、H-03Aが二点となっている。総数が少ないので、統計データとしての有効性はほぼないが、H-01Aが飯山のみから出土する事実と併せて考えると、飯山に関しては、H-01Aが主要な瓦で、H-03Aは客体的・後補的な瓦であるということができそうだ。つまり、H-01Aが飯山の創建瓦である可能性が高いということになる。このことからすると、吉祥文を表現したH-01Aと、三葉文を表現したH-03〜06のモチーフの違いは、時期の違いに由来すると考えるのが妥当ではないだろうか。従って、H-01Aは、在地職人集団により山陰特有のモチーフ（三葉文）が創出される前に、他地域（播磨・備前）に系譜が連なる職人集団によって製作された瓦の型式であると理解できる。

なお、平成二十九年（二〇一七）度における調査により、湊山地区からH-01Aと同じ文様の軒平瓦が出土したが、范型は異なっていると思われる。筆者はH-01Bが出現したのではないかと思っているが、正式な報告書の刊行を待ちたい。


このことから、本稿では、創建瓦をさらに、H-01AとH-03〜06に二分して、前者を飯山の創建瓦、後者を湊山の創建瓦と考える。ただし、H-02Aがどちらに属するかは現段階ではわからない。こうしたわけで、**表1**では前者を第一段階、後者を第二段階とした。第一・二段階の瓦は、文様の彫りが深く（文様が五ミリ程度彫り込まれるものが多い）、立体的である。

さて、これまで、米子城瓦を、第一段階、第二段階、第四段階にグループ化した。ちなみに、この「段階」というのを、そのまま時期的な順序に対応させている。

残る第三段階は、これらに属さなかったものである。というと、単に残りものを寄せ集めただけのように聞こえるが、第三段階にも共通の特徴がちゃんとあり、それ自体一つのグループとしてまとまっている。軒平瓦は、著しく退化した三葉文（H-04A・04B）と、前後（第二段階・第四段階）に系譜が続かない、様々な意匠の三葉文（H-07A〜10A）であり、軒丸瓦は、他に類のない右巴文（M-04A）である。また、軒丸瓦については、この段階以降、丸瓦部が、瓦当部の上方に浅め（瓦当部円周の1／2以内）に接合されるようだ。第一・二段階では、天守所要瓦とも考えられるM-01A・01B（第一段階）を除き、丸瓦部が、瓦当部を大きく（円周の1／

2以上）包み込むように接合されているのとは対照的だ。第三段階以降は、丸瓦部がより高く接合され、軒から下方に出る瓦当部の範囲が広くなる。僅かな違いだが、下から屋根瓦を見上げたときに、より美しい仕上がりになったはずだ。小さな変化だが、これも一つの技術の進歩といえる。

第三段階の瓦は、概ね、突然変異的に出現して、その後に続かないものが多い。さらに、文様の彫り込みがかなり浅く（文様が三ミリ程度彫り込まれるものが多い）、立体感に乏しい。彫りの深い前後段階（第二段階・第四段階）とは、この点でも異なっている。あたかも、緊急的に発注され、製作されたかのようだ。

米子城跡出土瓦の年代

ここまでで、米子城瓦の笵型を四つの瓦群にまとめ、それらの新旧関係から第一〜第四段階にまとめた（**表1**）。次に、それぞれの段階の年代を考えてみたい。

最初に、米子城が構築された時期を、旧出雲・伯耆国内の城郭史の中に大きく位置付けてみる。その方法としては、コビキ技法の変化に注目するのが有効だ。

先述したように、コビキAとは、瓦の製作時において、粘土塊（タタラ）から、粘土板を切り出す時、糸を使って一枚ずつ切り出す手法のことであり、コビキBは、鉄線を使って、複数枚を一度に切り出す手法のことである。コビキBの方が大量生産に適応したより新しい技術であり、実際に、全国的に、コビキA→Bに転換したことがわかっている。ただし、その転換期は地域により微妙に異なり、早い地域では、天正二十年（一五九二）以前にその転換が完了するが、伯耆・出雲では、慶長初期（一六〇〇年前後）に完了したと考えられる。

このことは、この頃、伯耆・出雲に、急激な城郭建設事業とそれに伴う瓦の大量需要が発生したことを物語っており、実際に、この時期に、米子城、江美城、富田城、打吹城などが構築されている。

コビキ技法を視点にこれらの城を見ると、これらの城が構築された順序がおおまかに見えてくる。まず、江美城は、事実上、すべてがコビキAであり、打吹城も同様であると考えられる。富田城はコビキA・Bの両者があり、米子城はほぼすべてがコビキBである。

コビキA技法の技術で作られた瓦の城郭は時期的に古いと考えられるので、最も古い城は江美城・富田城（富田城は、コビキA技術の瓦で築城後、コビキB技術の瓦で改築されたと考える）・打吹城であり、その後に米子城が構築されたことになる。ということは、米子城の建設は、この地域の城郭史の中では、後半期に属する。江美城・富田城が、共に吉川広家により近世城郭化されたのは確実であるといってよいだろう。このことからすると、米子城の築城は、吉川広家期の後半期に始まったと考えざるを得ない。

では、これを前提に、ここからは、米子城瓦の段階ごとにその年代を考えてみる。まず、第一段階について。これは、飯山のみで出土する瓦から成る段階であり、現時点で知られる米子城瓦の中で、最も古い型式である。従って、吉川広家期の後半期と見做してよいだろう。

この段階の時期を、さらに詳しく推定してみたい。前述したように、吉川期の瓦と考えられる吉祥文をモチーフとした瓦（H-01A）は、宇喜多秀家期岡山城の瓦に後出すると考えられるが、この文様の岡山城出土瓦は、コビキA丸瓦に伴っている。つまり、飯山の瓦は、コビキ技法の点からも、宇喜多秀家期岡山城よりも技術的に新しく、後出すると考えられる。宇喜多秀家による岡山城の瓦は、「天正年間末の製品というより、文禄年間（一五九二〜九六年）に入ってから、慶長二年（一五九七）直前のものが主体を占めると展望できる」ことからすると、吉川期の瓦は、慶長三年（一五九八）頃〜慶長五年（一六〇〇）年の時期のものということになる。また、この瓦の職人集団の系譜についても、既に、乗岡実氏が「これらには、先に岡山城で活躍した職人が大きく関わっていた公算が強い。吉川氏が宇喜多氏の領域に居た瓦職人を招聘したということではないか」と指摘している。

吉川期米子城の瓦が、慶長三年（一五九八）頃〜慶長五年（一六〇〇）年の時期であるとすると、天正十九年（一五九一）「豊臣秀吉検地知行物並目録写」（吉川家文書一二〇号）の内容はとても興味深い。これは、豊臣秀吉が、天正十九年（一五九一）に毛利輝元に発給した知行認可状である。この中で、広家に対しては、「富田居城可然哉之事」とあり、富田城を居城とするようはっきりと定められている。このことから、天正十九年（一五九一）、広家が伯耆・出雲領主として就任後、ただちに、居城移転を決定して、米子城築城に着手したとは考えにくい。想像力を働かせて、富田城からの移転計画が本格化するのは、秀吉が死去した慶長三年（一五九八）以降であるとすれば、瓦の年代観とぴったり合っておもしろい。

以上のことから、考古学的には、第一段階は、慶長三年（一五九八）頃〜慶長五年（一六〇〇）と考えられる。

次に第二段階について。この段階は、三葉文軒平瓦が成立・普及した段階である。軒丸瓦についても、巴頭部が小さく、尾部が長いという形状がしっかり保持されている。ただし、軒丸瓦は三型式一一種、軒平瓦は三型式七種もの瓦笵があり、かなりのバリエーションがある。このことから、この段階は、一定期間に亘る瓦が混在している可能性が高い。

米子城の歴史からすると、慶長七年(一六〇二)の完成から、それほど時期が隔たらない頃に、大規模な瓦の補修や追加(建物の新築等による)が最もあり得るのは、城主の交代時である。慶長十四年(一六〇九)に加藤貞泰、元和三年(一六一七)に池田由之、寛永九年(一六三二)に荒尾成利と、米子城は、城主(池田由之・荒尾成利は米子城預かり)が次々に交代するが、この頃、ある程度の建物の補修や新築等があったと想定できる。

このことから、第二段階は、慶長五年(一六〇〇)~寛永九年(一六三二)と見通すことにする。このうち、最も数量が多いM-01A・01B、02B、H-03A、及び飯山の出土例からH-03Aと組み合うと考えられるM-03D、また、富田城・松江城と同文様のH-05Aは、中村期創建当初の瓦、つまり、慶長五年(一六〇〇)中村氏入部~慶長七年(一六〇二)米子城完成にかけてのものと考えられる。これは、先述した湊山で出土した最古段階の陶磁器の年代観とも合うし、最近、花谷浩氏により特定された、慶長十六年(一六一一)完成の堀尾期松江城の創建瓦の特徴と比べても矛盾はない。

このことからすると、中村氏は、城郭建設工事に際し、米子城特有の三葉文型式を創出し、短期間に城を完成させたということになる。米子城築城における中村氏の功績はやはり大きい。

第三段階について。この瓦は、先述したように文様の系譜が前後に続かないものが多く、数量も少ない。このことから、原則的に、緊急的な補修瓦であると考えられる。その焼成技術は、光沢が出るほどに堅く焼き締められる段階には達しないので、十八世紀代以前と考えられる。さらに、後述する享保五年(一七二〇)の米蔵半数の大修理を重視するならば、その下限は一七二〇年頃と考えられる。このことから、第三段階は、寛永九年(一六三二)~享保五年(一七二〇)頃と、ひとまず想定したい。ただし、H-09Aは、これと系譜が連なりそうな瓦が、元和元年(一六一五)の一国一城令で廃城となった岩国城(山口県岩国市)や十七世紀第1四半期の岡山城で出土しているので、第二段階に遡る可能性もある。なお、米子城の補修記録・修覆願絵図等では、寛文七年(一六六七)米子城西北部外曲輪修理、元禄十年(一六九七）大風による四重櫓損傷など、十七世紀後半から修理記録が多くなるので、この段階の瓦の多くは、十七世紀後半以降のものかもしれない。

第四段階について。この段階の年代は、焼成技術の向上、キラ粉の使用、大坂式瓦や桟瓦の地域導入の時期を視点に考えてみる。この段階の瓦の多くは、光沢が出るほど焼きの良い燻瓦で、キラ粉が使用されている。このような焼きの良い瓦を作る高温焼成技術は、先述したように十八世紀代に確立したといわれており、キラ粉の使用は、十八世紀第2四半期～第4四半期に始まったと考えられている。松江城では、この種の瓦は、元文三年（一七三八）～寛保三年（一七四三）の天守修理をきっかけに導入されたようだ。米子城でも、この種の瓦が、城内建物の大規模修理をきっかけに導入されたと想定するならば、享保五年（一七二〇）の米蔵半数大修理がその最有力候補となり、この頃がこの段階の上限と考えられる。ちなみに、山崎信二氏は、H-11Bを、この時の修理瓦と考えている。

さらに、大坂式瓦や桟瓦の地域導入について考える。大坂式瓦は、発祥地の大阪では、慶安三年（一六五〇）には、形式が確立し、松江城では、元文三年（一七三八）～寛保三年（一七四三）の修理瓦として普及したと考えられている。このことから、型式的に、大坂式と比較的近いH-11A（洋梨型の橘文）と、第四段階の中では古式のM-05A（珠文数一四）は、十八世紀前半頃のものである可能性がある。

また、桟瓦については、伯耆での普及時期は不明だが、石州瓦発祥の地である石見では、遅くとも十八世紀末には生産が開始される。このことからすると、山陰全体としては、十九世紀初め頃には桟瓦が流通していたと考えられ、第四段階には、この時期が含まれることになる。

さらに、先述したように、嘉永五年（一八五二）には、米子の豪商鹿島家による四重櫓大修理が行われたので、「嘉永癸丑」紀年銘があるH-13Cと、これと同型式のH-13Bは、この頃に製作されたと考えて間違いないだろう。このことから、第四段階の下限は、幕末となる。

これらのことから、第四段階は、概ね享保五年（一七二〇）頃～慶応四年（一八六八）までと想定する。

まとめ

これまで、米子城の歴史は、城主の変遷を中心に語られることが多く、考古学的な研究は少なかった。近年の米子市教育委員会の発掘調査により、城や石垣といった遺構への関心が高まりつつある中で、本稿では、瓦を中心とした城内出土の遺物から、米子城を語ってみた。

瓦に関しては、最新の研究成果を紹介したつもりである。軒瓦を范型レベルまで分類し、そこから見えてきた軒丸・軒平瓦の組合せやそれらの変遷を見通すことができたのは初めてであり、これが最大の成果であると思う。

軒丸瓦は、六型式一八種、軒平瓦は、一三型式二二種の范型があることを示し、それらの変遷を四段階に区分した。各段階の瓦の様相は、米子城を巡るそれぞれの時代の政治・経済・産業の事情をよく反映しているように思われて興味深い。このように、瓦から、当時の歴史的な地域事情に迫ることができたのも成果の一つである。

当然、瓦の范型の種類は、これがすべてではなく、今後さらに増えるだろうし、四段階区分は、わずか数年間の段階（第一段階）もあれば、約一五〇年間の段階（第四段階）もあり、かなりのバラつきがある。范型をさらに精査し、時期幅の偏りを解消するのは今後の課題である。また、各段階で想定した数値年代についても、理論上の推定に基づくところが多く、必ずしも考古学的に証明されているわけではない。そういう意味では、課題は山積みであり、本稿の研究成果は、今後の研究のスタートラインを表わしたに過ぎない。今後の米子城研究の基礎の一つになれば幸いである。

（伊藤　創）

コラム

飯山地区の石垣

第二節では、米子城出土瓦のうち、飯山出土瓦を第一段階、つまり最古段階と考えた。実は、城を知る上で、瓦と共に欠かすことのできないもう一つの重要な考古学資料がある。それは、瓦葺き建築の土台となっていた石垣だ。両者は、本来、同じ建築物を形作っていた部材であり、そういう意味では本来一体のものである。残念なことに、米子城の石垣は、多くの箇所が改変されており、創建当初の箇所を見極めるのが難しい。その点、飯山は早くから廃絶したこともあり、当初のものがそのまま残る箇所がある。ここでは、飯山の石垣にスポットを当ててみたい。

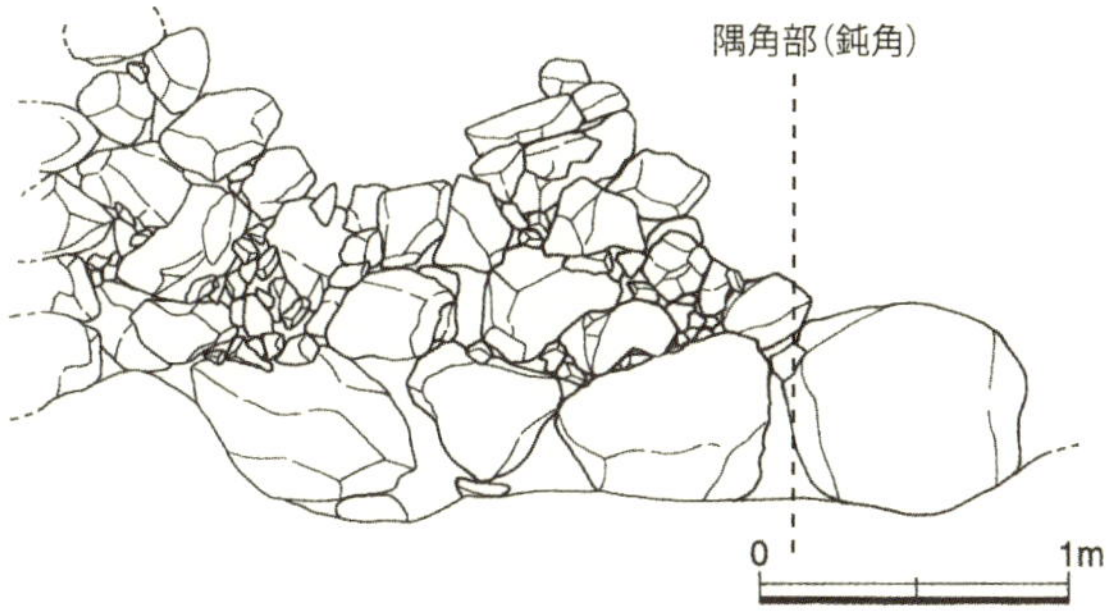

米子城飯山地区の石垣

飯山は、標高五九・三メートル、標高九〇・六メートルの湊山より三一・三メートル低く、内膳丸より六・三メートル高い。しかし、現在は、岩盤が露出する荒々しい場所に英霊塔が建つのみで、城の面影はどこにもない。実は、石垣は、山頂部からは全く見えない場所にある。それが残っているのは、ブッシュの生い茂った斜面であり、本来は、山頂部の櫓の周囲を囲む帯郭を構成していた部分だ。

このうち、最も残りが良い箇所の一つは北東付近である。飯山の鬼門に当り、そのためか、石垣の隅が欠き取られたような塁線になっている。石垣は、平坦面（帯郭）

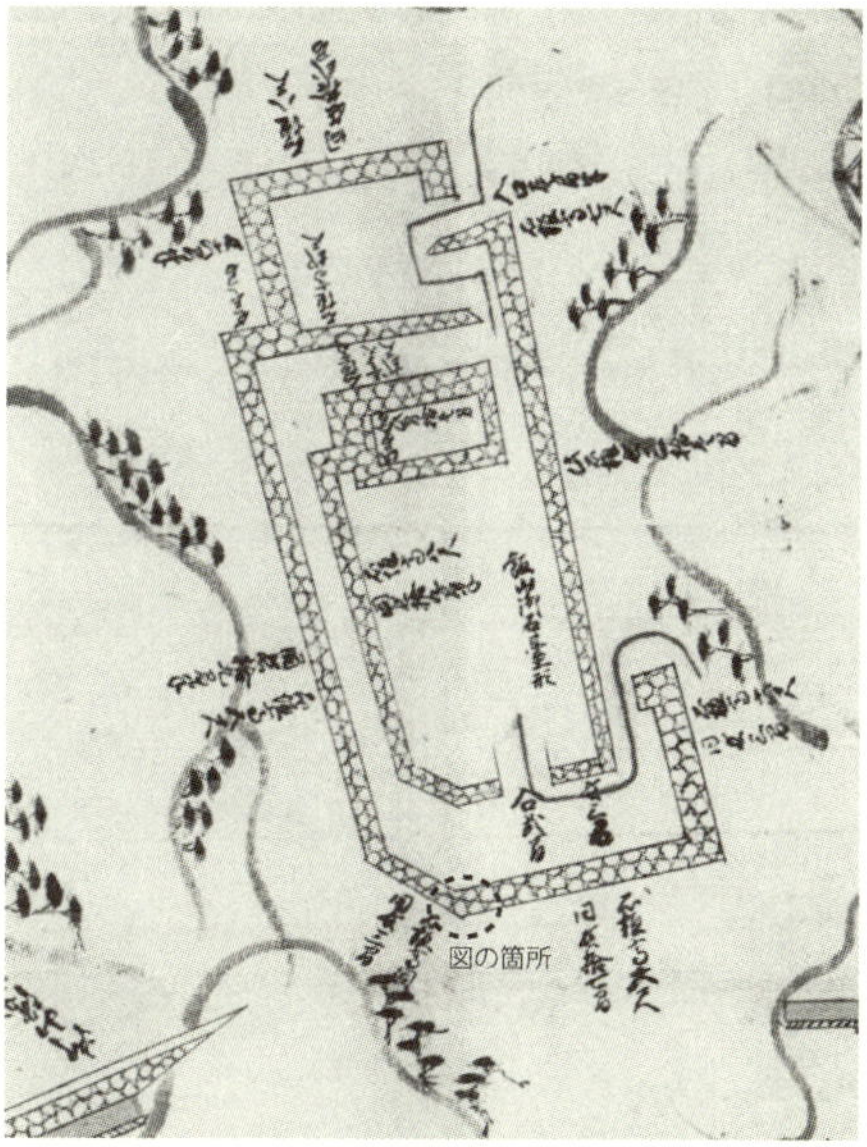

絵図に描かれた飯山
鳥取県立博物館蔵　No.1013

を挟んで上下二段構成になっており、最も残りの良い箇所では、現在見える部分で、高さ上段三メートル、下段一・五メートルを測る。この構造は、元文四年（一七三九）「米子御城明細図」の内容とも一致する。

石垣北東隅の隅角部には、三〜四段程度の石材で構成される高さ七〇センチほどの石垣がある。自然石または自然面を多く残す割石が乱雑に積まれており、一〇センチ程度の小礫から幅八〇センチを測る大石にいたるまで、あらゆる大きさの石が、平坦面が表を向くように積まれている。間詰石が抜け落ちたせいか、石と石との間隙が目立つ。最下段の石の積み方からすると、算木積は未発達である。石垣の壁面に反りはなくほぼ垂直に積まれている。

飯山石垣の特徴をまとめると、①高さ推定三メートル程度で比較的低い、②自然面の多く残る石材が使用される、③石の平坦面が表に向けられる、④石材の規格性が乏しい、⑤算木積みが未発達、⑥ほぼ垂直に構築、といった点が挙げられる。

参考までに、慶長十六年（一六一一）完成の国宝松江城の本丸一の門跡北脇と比較する。この石垣は、構築年代がほぼはっきりしており、高さ約四メートルで、飯山のものと近いからだ。比べると、②・③・⑥は似るが、④は大きく異なる。ただし、②については、松江城では、矢穴を使った割石が部分的に使用されており、この点で飯山より技術的に進んでいる。

飯山の石垣

飯山は、松江城より十年程度古いが、そのことが石垣からもよくわかる。一方、米子城の湊山は、後世の改変が及んでいない可能性のある、石垣の最下段付近を見る限りでは、石材の規格性、矢穴のある割石の使用、算木積み志向といった点で、飯山よりも松江城に近い印象を受ける。ただし、登り石垣と八幡台石垣は飯山に似る。いつの日か、今度は石垣から米子城の歴史に迫ってみたい。

（伊藤　創）

第三節　武家屋敷の発掘調査と出土遺物

はじめに

米子城下町遺跡は、米子市の中心市街地に位置している。近代的な建物が立ち並ぶ米子駅前から駅前道路をしばらく歩いて湊山を見上げれば、ビル群の隙間から覗く天守の石垣に城郭の存在を確認することは出来るけれども、普段街中を移動する際には、ここにかつて城下町が広がっていたことを意識するのは難しい。

米子城下町遺跡での発掘調査は、このような市街地に位置しているため、調査に入るまでの事前の準備が大変であり、最初にコンクリートカッターでアスファルトを切断してから小型の重機で上層の土を除去し、江戸時代の面が出てきたところで、ようやく人力で掘り下げていく作業が始まる。しかも、こうした都市部の住宅密集地の発掘調査では、掘った土を置く場所を確保するのも大変で、最悪の場合はトラックで積み出して遠くの仮置き場まで運ばなければならない時もあり、また、仮設トイレやフェンス、夜間照明の設置など安全対策や地元との調整など、発掘調査以外の面での気苦労が多いので、なるべくやりたくないというのが本音である。とはいえ、忙しなく人々が行きかう街中でも、ひとたび発掘中の地面に降りると、江戸時代に侍が歩いていたのと同じ地面に立っているという不思議な感覚を味わうことが出来るのも、この仕事の醍醐味かも知れない。

米子城跡で最初に発掘調査の鍬が入ったのは、昭和六十三年（一九八八）に行われた鳥取大学医学部付属病院の工事に伴って行われた久米第一遺跡（三の丸）の調査を嚆矢とする。この時の調査は、工事が開始された直後に土器や柱材などの遺物が出土したことから遺跡の存在が確認されたことで緊急に調査されたものであった。当時、鳥取県内で近世の城下町遺跡を調査することは前例がなかったため、全く未知の世界に足を踏み入れた訳だが、結果的には中近世、特に吉川・中村時代にまで遡る遺構や遺物が次々と出土し、文献の少ない近世米子城成立期の資料がそのまま土中にパックされていることが判明した。まさに、宝の山が足元にあったことを実証したのだった。

その後、平成四年（一九九二）から十年ほどの間に、米子城下町における開発が相次いだため、それに対応して外堀に囲まれた武家屋敷の範囲についても周知の遺跡として開発が行われる際には事前に発掘調査が実施されるようになっていった。

これらの発掘調査は、全て道路の拡幅やマンションの建設工事など遺跡の破壊に対応するための、いわゆる記録保存調査と呼ばれるものであり、調査が終了した後は、すぐに工事が行われ、発掘された遺構は一瞬の光を浴びた後に消滅する運命にあった。

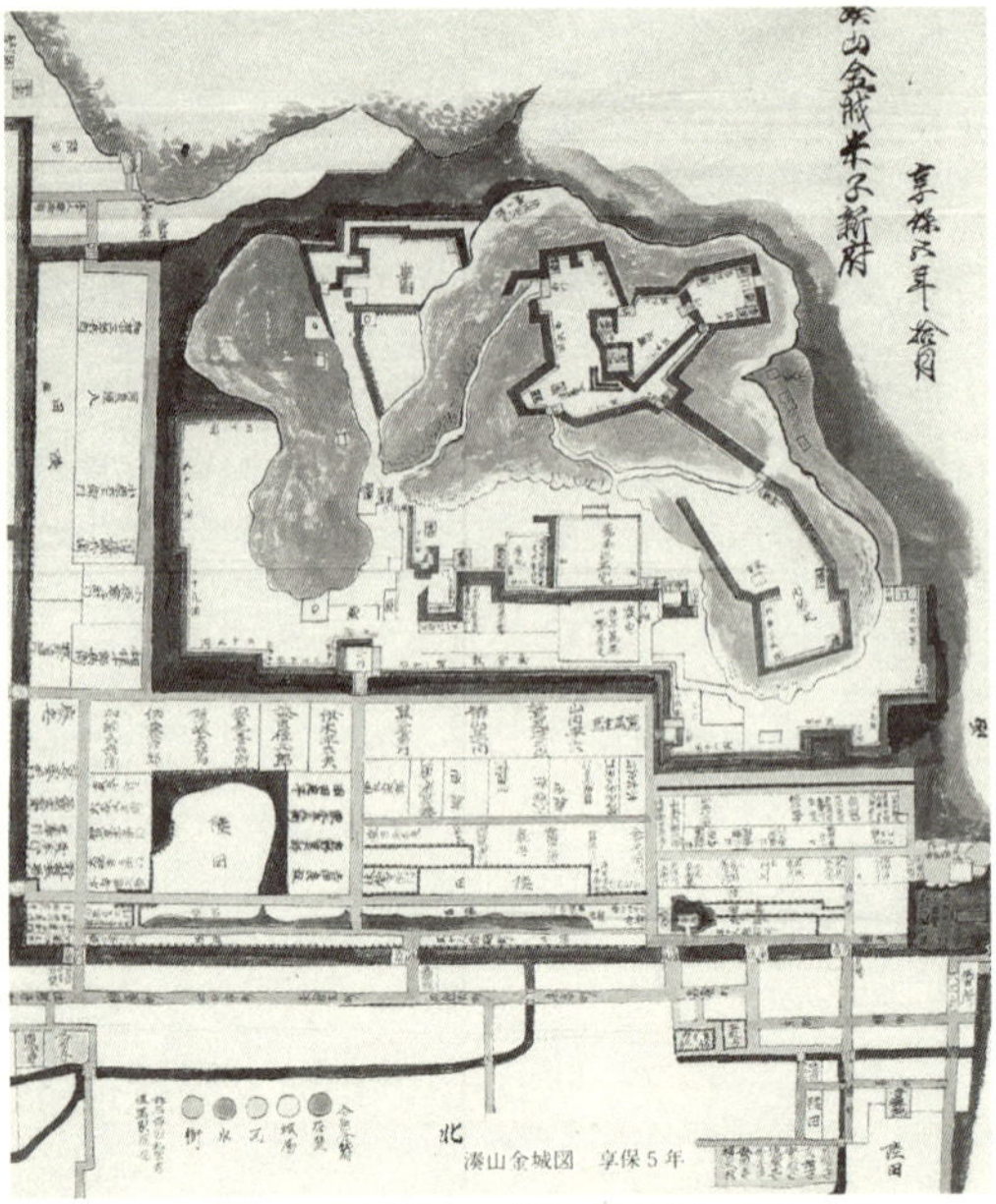

図１　米子城下の絵図（享保５年）
鳥取県立博物館蔵　No.999

それでもこれまでに五十次を超える発掘調査によって得られた資料から、おぼろげながら米子城下町の様相が少しずつ明らかになってきている。

本節では、これまでに調査された主要な発掘地点の成果を基に、出土した遺物から米子城下に暮らした侍の暮らしに迫ってみよう。

武家屋敷の発掘調査

米子城下町遺跡の調査は、開発の申請がなされたのち、試掘調査を行って遺跡の有無や残存状況を確認してから本調査を実施するか、あるいはそのまま開発かという選択がなされる。次頁の**図２**に示した通り、これまでに実施された調査では、国道九号よりも南東側の地点では、遺構の残りが悪く近世の面が消滅している事例が多いため、本調査が実施された例は皆無である。

これは、近世の絵図にも描かれている通り、早い段階から武家屋敷が整理されて水田化した影響を受けているためと考えられている。このように、米子城下町遺跡も、地点によっては保存状態に差があるため、事前の試掘調査の

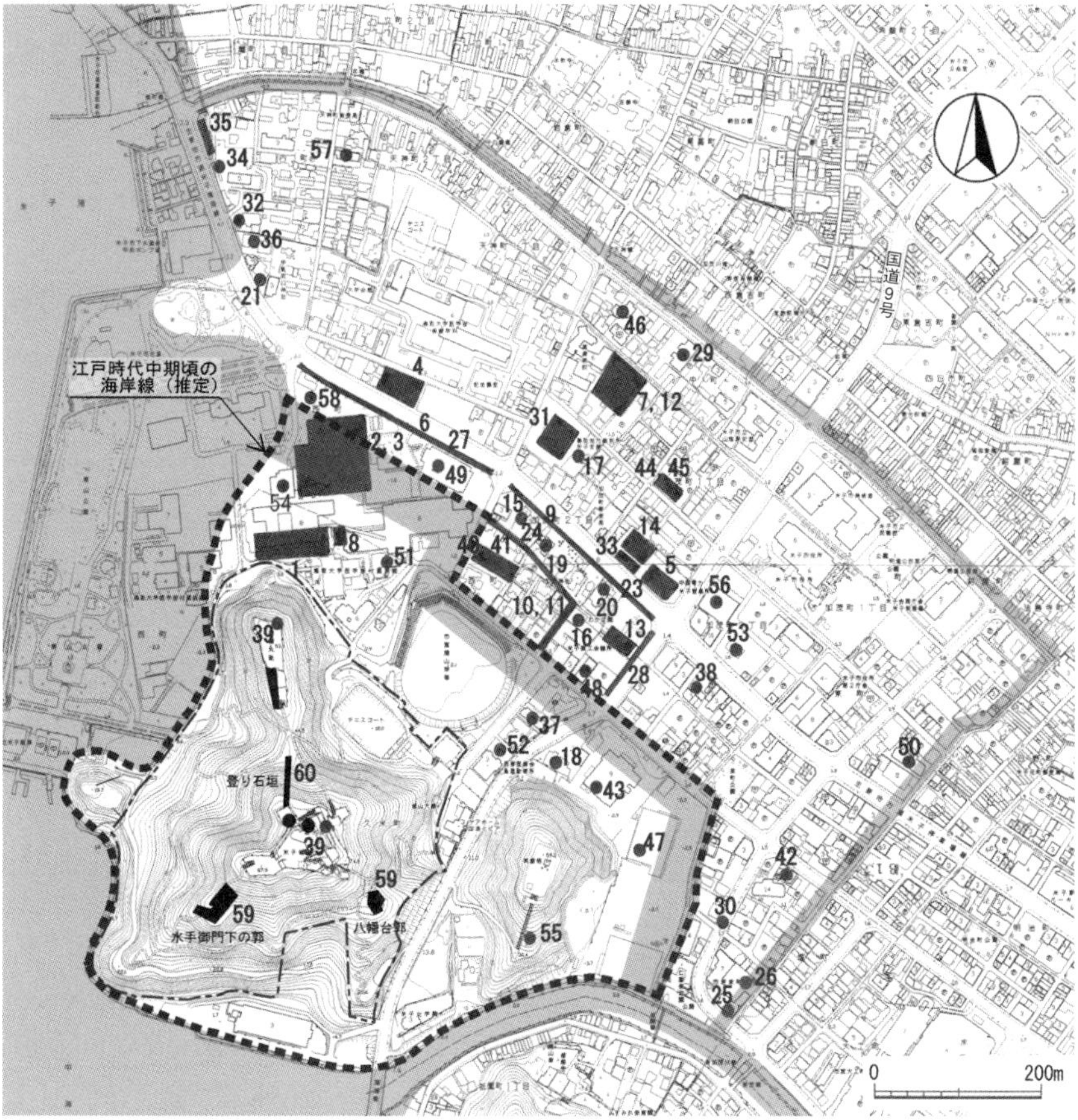

1	久米第一遺跡	8	5次調査	27	21次調査	40	33次調査
2	1次調査	9	6次調査	28	22次調査	45	38次調査
4	2次調査	10	7次調査	31	25次調査		
5	3次調査	13	8次調査	33	27次調査		
7	4次調査	14	9次調査	35	29次調査		

上記以外の数字は全て試掘調査

図2　米子城・城下町遺跡の発掘調査地点

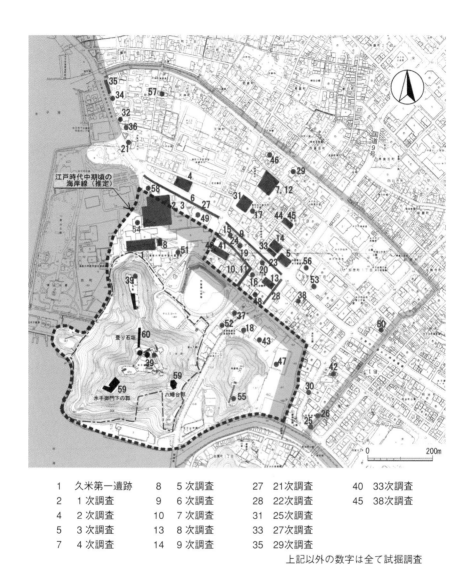

実施が必要不可欠であることがお分かり頂けるだろう。

第一次調査

　鳥取大学医学部付属病院の建て替えに伴い平成四年（一九九二）に、二千五百平方メートルを調査した。この地点は、既存建物による攪乱が著しかったため、残りの良い地点を探りながらの調査となったが、明治時代に改修された内堀の石垣（**写真1**）や近世の掘立柱建物（**写真2**）、井戸、水路が多数検出された。井戸の中には、近世以前の十五世紀にまで遡るものも確認されている。生活に必要不可欠な井戸があったということは、この地点に中世に遡る集落があったことを示している。中世の米子城の一部か、あるいは尼子方の羽倉孫平衛が元亀二年（一五七一）に城下を焼き討ちしたという米子城下町の遺構の可能性がある。ただし、この地点では大規模な火災の痕跡は見つかっていない。

　内堀の石垣は、明治時代に積み直しがなされていたことから、近世のものよりも拡幅されていたことが判明した。石垣の積み方は、基礎に直径二〇センチの松材を胴木として置き、前面に竹の杭を打って固定し、その上から直接石が積み上げられていた。

写真１　内堀の石垣と汐止め松

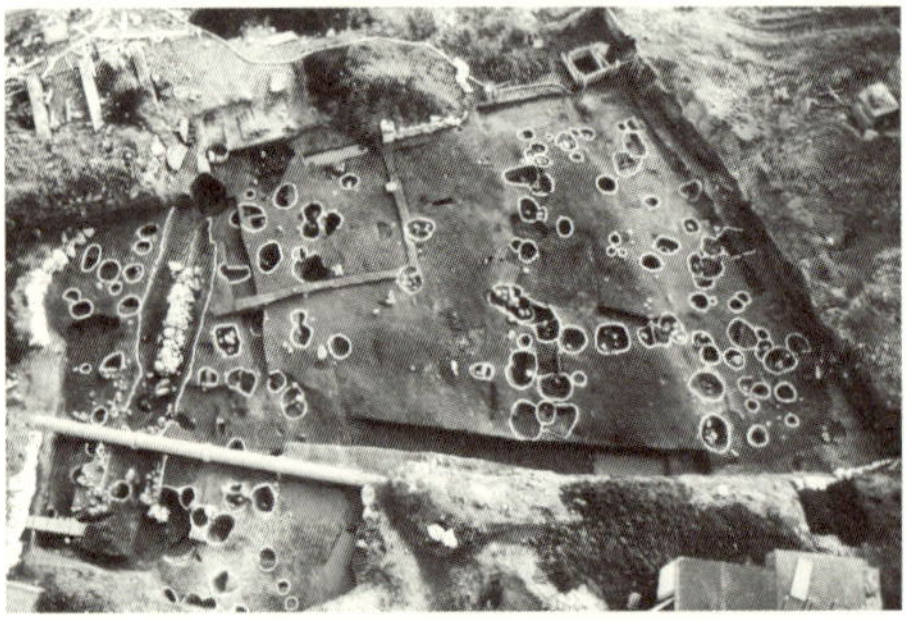

写真２　掘立柱建物跡

写真３　調査地全景

第四次調査

　高島病院のそばにあるマンションの建設工事に伴い調査された。この地点は、享保五年

（一七二〇）の絵図では、廃宅と表記されていることから、近世前期までは宅地だったことを示している。発掘調査では、沼沢地状の地形が認められたことから、近世前期に加茂川の旧河道の跡に取り残された湿地を埋めて造成し、屋敷を整備したものと推測された（写真3）。しかし、その後も建物などは建てられることなく、畑などに利用されていたと考えられる。

恐らく、中村氏の改易以降、城下に居住する侍の人口が減少したために空き家が多くなったことから、延宝元年（一六七三）に空屋敷を処分したことに関わると考えられる。

第六次調査

米子駅から米子港へと向かう米子駅境線道路の拡幅工事に伴い、鳥取大学医学部付属病院前の道路部分を直線距離にして約二八〇メートル分調査した。この地点では、武家屋敷群の中心を貫くように道路が通っている。調査では、石を置いた土坑や集石が見つかっており、礎石建物の根固石ではないかと想像される遺構が見つかっているほか、水溜りに貝殻を廃棄した土坑が見つかっており、それらは列状に並ぶ地点もあることから、道に出来た水溜りを貝殻で埋めた跡と考えられている。また、古墳時代や平安時代の遺物がたくさん見つかっており、鳥取大学医学部の周辺に古くから集落があったことが判明した。

第八次調査

平成七年（一九九五）に、米子商工会議所の建て替えに伴い調査を行った。享保五年（一七二〇）の絵図では、伊木小次郎の屋敷地に相当する。発掘調査を行ったのが屋敷の裏側部分であったために建物などは確認されなかったが、隣家との屋敷境界に当たる位置に大型の水路が掘削されていたことが判明した（写真4）。検出した水路の幅は四メートル以上あり、

写真4　大型の水路

深さは六〇センチを測る。これほどの規模の水路にも関わらず絵図には水路が描かれていないが、屋敷の境界などは重視されなかったため省略されたものと見られる。鳥取城下でも、屋敷の裏側に悪水抜きと呼ばれる排水路を掘削していたものがあることから、この水路も排水を目的としたものであろうと考えられる。

写真５　商工会議所前の調査状況

写真６　道路境界の水路

写真７　堤防の全景

第二十一次調査

二十一次調査は、第六次調査と同じく、道路の拡幅に伴う調査であり、鳥取大学医学部付属病院から米子商工会議所前までの区間を調査した（写真５）。この範囲は、武家屋敷の正面入り口部分に相当し、各屋敷との境界に水路が掘られているのが確認されている。また、加茂神社の地点では、島状に岩盤がせり上がっており、地盤のしっかりした場所に神社が建てられていることが確認された。

第二十二次調査

平成九年（一九九七）に米子商工会議所の南側にある国道九号の歩道部分に光ファイバーケーブルを埋設するために行った調査で、小規模な面積ではあったが、武家屋敷と道路を隔てる水路を検出した（写真6）。水路は深さ三〇センチで、壁面の崩落を防ぐための杭と横木を組み合わせた「しがらみ」が作られていた。これまでのところ、道路と屋敷との境界部分にある水路を検出した事例はこの一例のみであるが、米子城下町は低湿地に位置しているため、道路と屋敷との境界には必ず水路が掘削されていたものと考えられる。

第二十九次調査

この調査は、平成十一年（一九九九）に加茂川の河口部に公園を整備するために発掘された。調査の結果、北に向かって伸びる幅三メートル、高さ八〇センチの堤防状の遺構が見つかった（写真7）。この遺構は、直線的に杭を打ち込んで壁面に礫を置いて波による浸食を防ぐ工

写真8　城山から見た米子港方面（明治中頃）

夫がなされていたが、発見当初は何のために造られたものか分からなかった。その後、『新修米子市史』第十三巻に掲載されていた、明治時代中頃に内膳丸から北の方角を撮影した写真に、青洞寺岩から真っ直ぐ伸びる堤防が写っており、発掘調査で見つかったものと同じものと考えられた（写真8）。これは、新田開発のための埋め立てを行う堤防と推測され、埋め立てを行う際の目印として作られたようである。ここからは、陶磁器の破片が大量に出土したが、大半は幕末から明治時代にかけてのものであることから、写真の撮影時期とも合致する。

第三十三次調査

平成十三年（二〇〇一）にマンションの建設工事に伴い調査を行った。調査地点は、三の丸へ渡る橋の正面角地に位置する一等地に建つ武家屋敷で、近世初頭には中村氏の筆頭格の侍の屋敷だったと考えられる地点である。近世後半の絵図では、荒尾權太夫（宝永六年絵図）、荒尾主馬（享保五年絵図）の屋敷となっていた。

この時の調査では、屋敷の裏側から明治時代に埋められた水路が見つかり、その中から、家紋を模った鬼瓦が出土した。この家紋は、鳥取藩の「持槍書上」によると、荒尾義太夫家の家紋であることが判明した（写真9）。恐

写真９　荒尾儀太夫家の鬼瓦

写真10　大型の礎石建物

らく、明治になって武家屋敷が解体されたときに、家紋瓦が捨てられたものと考えられる。近世前期の層では、大型の礎石建物を確認した（**写真10**）。建物は五間×四間以上の規模で、庇が付くことから廊下が付属する大型の中心的な建物と考えられる。この礎石建物の周囲には、布掘りや楚板石を持つ掘立柱建物が整然と建てられており、これらの掘立柱建物は、馬小屋や作事小屋などの付属建物と考えられる。出土した遺物も志野焼の向付などの茶陶器が見られることから、ここに居住していた侍のランクの高さを示している。しかし、近世後期までにこの建物群は解体されて新たな建物が建つが、建物の規模は大幅に縮小されており、侍のランクが大きく下がったことを窺わせる。

第三十六次調査

平成十四年（二〇〇二）にマンションの新築工事に伴い、鉄砲足軽長屋の屋敷裏に当たる地点を調査した。この地点は加茂川の流路に近く、堆積層が厚いため、上層から一層ずつ土を剥いでいくと合計六面の生活面を確認することができた。

調査した地点が屋敷の裏側に相当する部分であることから、恐らく長期に亘って畑などに利用されていた場所

写真11　貝殻の廃棄土坑

と考えられた。屋敷の境界は、新しい時代では石で塀を作っていたが、江戸時代には素掘りの溝が伸びているのみであったから、外堀沿いには広大な畑が広がっていたのではないか。この地点では、中世に遡る掘立柱建物と大量の貝殻を廃棄した土坑を確認した（写真11）。掘立柱建物は、近世の街路とは方向を異にしており、古い時代の街路と同じ方位で建てられた建物と考えられる。また、貝殻を廃棄した土坑は、直径四メートルの擂鉢形で、出土した貝殻の九九％がアカガイ（サルボウ）で、アサリは一％しか含まれていなかった。これだけの量のアカガイが、とても一般的な家庭で消費されたとは思えないことから、こうした単一の貝殻が大量に廃棄される背景には、アカガイを加工する業者の存在を示唆するものであり、中世の米子にアカガイの加工・販売をおこなった業者がいたことを示す証拠と考えられる。

武家屋敷から出土した遺物

武家屋敷の発掘調査では、様々な遺物が出土している。これらの遺物は、ごみ捨て用の穴と見られる土坑や溝、井戸などから出てきたもので、壊れたりして使えなくなったものが廃棄されたものと考えられており、その中でも大半を占めるのが、土器や陶磁器などの「やきもの」である。これらのやきものの産地は、中国や朝鮮などから貿易によって輸入されたものと、日本国内の各地で生産されたものがある。米子周辺で陶器生産が始まるのは十八世紀以降と考えられているので、近世前期までは、素焼きの土器や瓦質土器以外の陶磁器は、全て備前や肥前地方などの遠方から運ばれてきたものが消費されていた。

中国産の陶磁器

中国のやきものは、白磁と青磁のほかに景徳鎮窯や中国の南方で生産された青花と呼ばれる染付磁器、褐色の釉薬を掛けた陶器壺がある。また、茶席で珍重される天目茶碗は、中国福建省にある建窯の製品が有名だが、瀬戸や唐津でも天目茶碗の写しが盛んに生産されていた。

米子城下では、青花の小皿や鉢が三十三次調査で出土しているほかにも、四次調査で青磁の壺の破片が出土しているが、この資料は補修された漆継の跡が残るものであり、年代的にも中世まで遡るものと考えられることから、城下に暮らした侍が骨董品として持っていたものと推測されている。

朝鮮産の陶磁器

朝鮮のやきものは、灰青沙器と呼ばれる陶器の小皿がたくさん出土しているが、中には灯明皿に転用されたものも出ていることから、高級品ではなく雑器として輸入されたものと考えられる。また、珍しいものでは、釜山近郊にある機張の窯で生産された印花粉青の小皿が一点出土している（**図3**）。これは鳥取県内では、尾高城で一点出土しているのみで、瀬戸内側でもほとんど類例の見られない資料である。

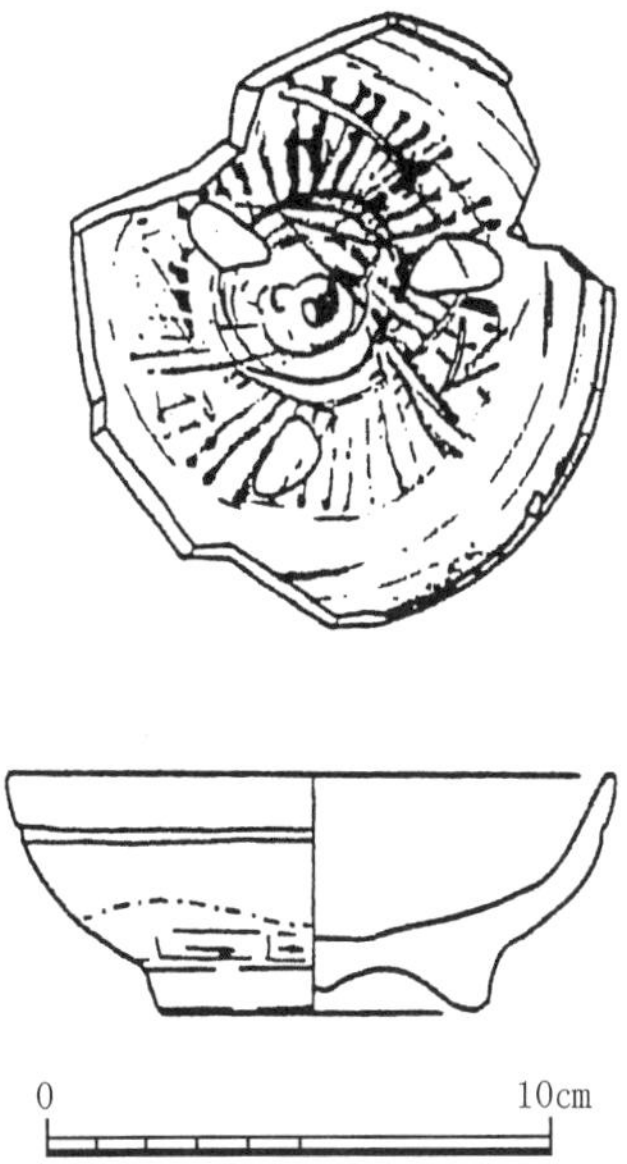

図3　機張産の灰青沙器

日本産の陶磁器

米子城下で出土する日本産の陶磁器は、中世までは瀬戸・美濃地方の製品や備前焼、越前焼などの陶器が中心である。また、在地で生産された素焼きの土器や瓦質土器なども出土しており、素焼きの土器は「かわらけ」と呼ばれる宴会や宗教行事に用いられるものと、灯明皿として用いられるものがある。

瓦質土器は、火鉢や焜炉など火を用いる容器として使用されるものが多い。現代ではほとんど見られなくなったが、出雲地方では近代まで瓦質土器が生産されおり、日常の生活には不可欠なものだった。

瀬戸・美濃系の陶器

瀬戸・美濃系陶器とは、愛知県の瀬戸地方と岐阜県東部周辺で作られた陶器を指す、中世から現代まで続く一大生産地の製品である。中世

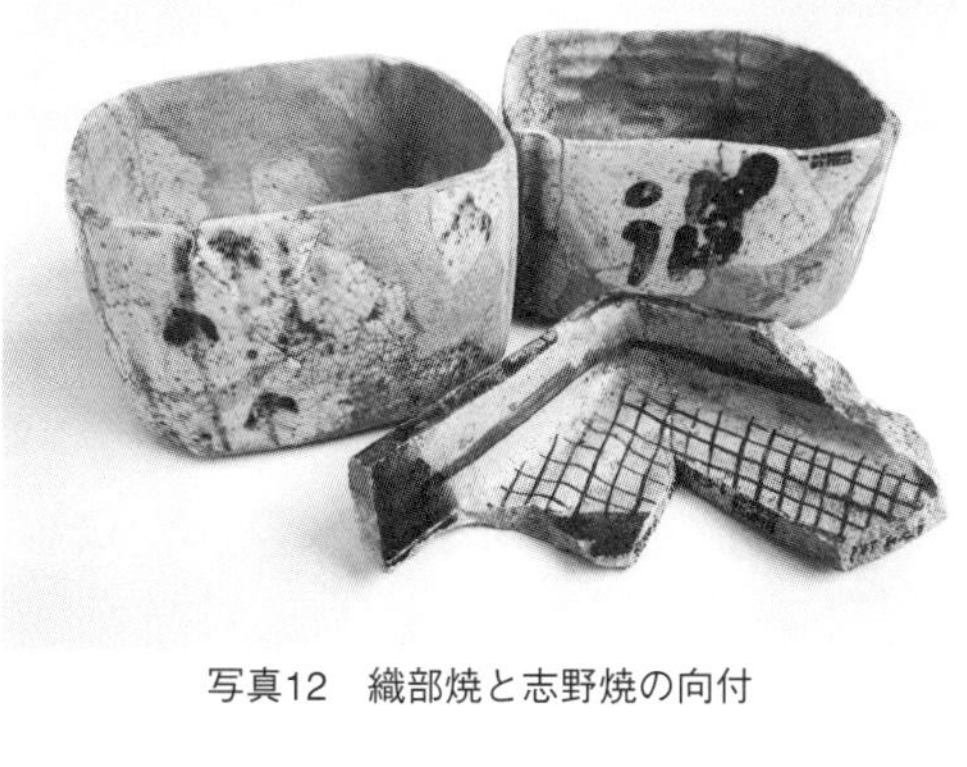
写真12　織部焼と志野焼の向付

では小皿が大量に流通しているが、中世末期には茶陶器として、織部焼や志野焼の生産が始まり、これは米子城下でも数点出土している（写真12）。恐らく、中村期の上級侍が所持していたものと考えられる。

　近世後期には瀬戸でも磁器の生産が始められ、これを新製焼と呼称する。新製焼は、ガラス質の胎土で光沢感があるため破片であれば伊万里焼と区別がつけやすい。米子でも幕末以降に出土量が増加している。

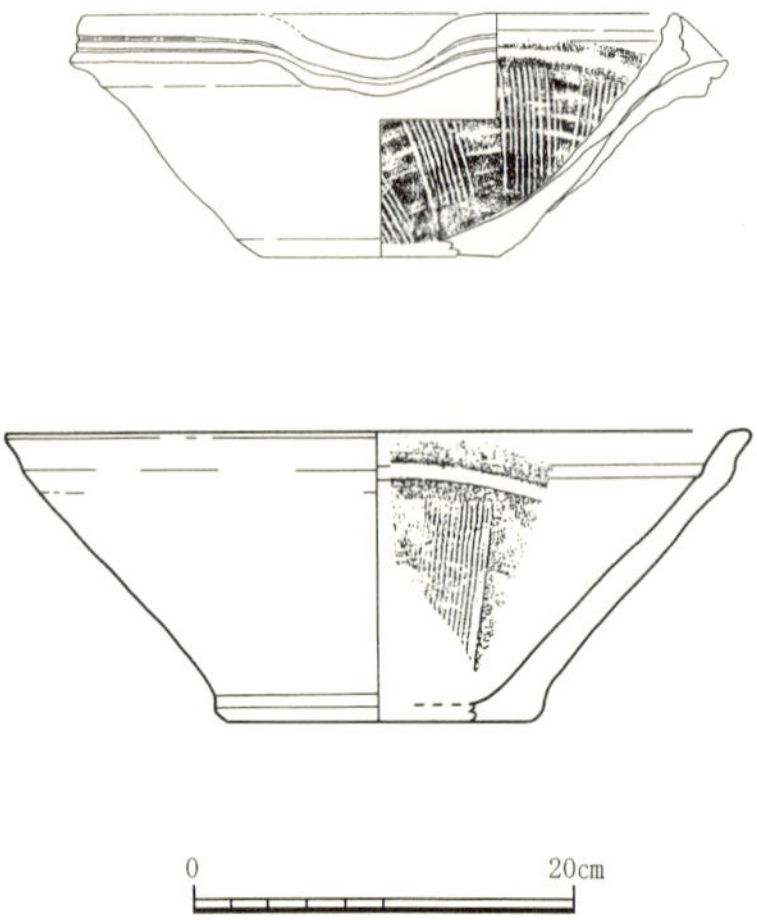

図４　備前焼（上）と越前焼（下）の擂鉢

備前焼　岡山県の備前地方で中世から生産された陶器であり、六古窯の一つに数えられている。主要な器種は擂鉢と壺瓶類で、中世後半には巨大な登り窯を用いて盛んに生産されている。米子城跡では、中世後半から出土しており、近世前期まで使用されているが、その後、徐々に衰退していく。中世末期には茶陶器も生産されており、米子城下でも水差や茶入などが出土している。

越前焼　福井県の越前地方で生産された陶器で、愛知県の常滑焼と酷似しているため見分けるのが難しい。主要な器種は擂鉢と大甕だが、米子城下では近世になると擂鉢の流通量は激減する。恐らく備前焼や唐津焼との競争に敗れたことが原因と考えられるが、一方の鳥取城下では、越前焼は近世においても途絶えることなく流通しており、鳥取と米子で、やきものの流通に違いが見られる。新しもの好きの米子人と、伝統を重視する鳥取人との指向性の違いが表れているのかも知れない（図４）。

唐津焼　唐津焼は、朝鮮出兵後に国内に連れてこられた朝鮮人の陶工が始めたもので、初期の製品は佐賀県北波多村の岸岳城周辺で一五八〇年頃から生産されていた。その後、佐賀県の有田町や武雄市へと生産拠点が移り最盛期を迎える。米子城下では、近世前半期に流通する陶器の大半が唐津焼で占められている（図５）。

伊万里焼　伊万里焼は、佐賀県の有田地方を中心に生産された染付磁器で、伊万里の港から船出しされたことで伊万里焼とよばれるようになった。一六一〇年以降に生産が開始されているとされるが、実際に伯耆・出雲地方で流通するのは、十年以上遅れた寛永期以降と見られている。初期の伊万里焼は陶器生産技術の延長にあり、天目茶碗を模した製品などが八次調査などでも出土している。十七世紀後半には技術革新が進み、海外へも盛んに輸出されていたが、十八世紀以降には国内向けの大量生産品が出回るようになり、米子城下でも食器組成において陶器の数を超えるようになる。特に、「くらわんか手」の製品や、陶胎染付、広瀬向窯で生産された外青磁の製品が多く出土している（図6）。

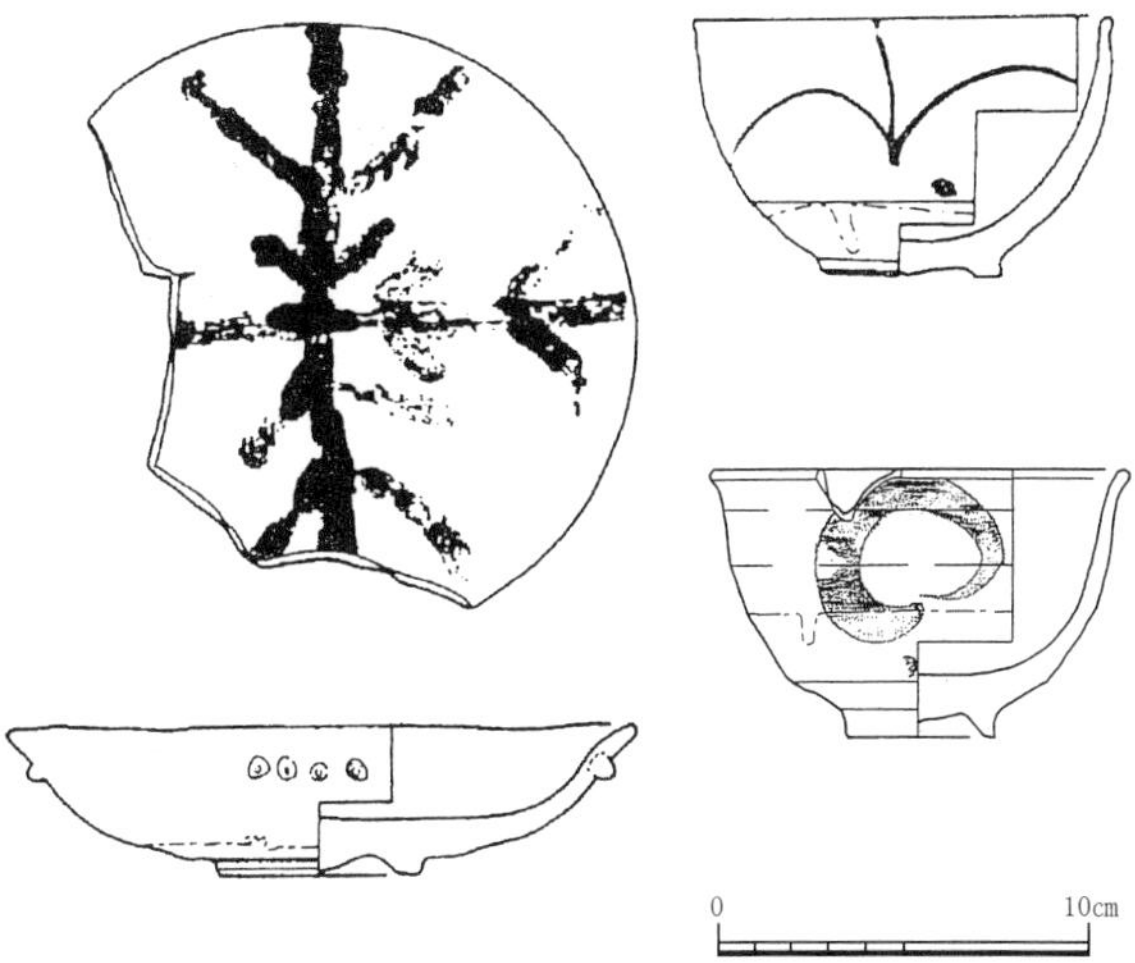

図5　唐津焼の碗と皿

図6　伊万里焼の碗と皿

上野・高取焼　福岡県の筑前と豊前地方で生産された陶器で、同じ山から陶土を採掘しているため、上野・高取焼と表記されることが多い。この製品の特長は、釉薬に風化しやすい藁灰釉が用いられており、胎土に黒っぽい砂を含むのが特徴である。米子城下では出土量が少なく、珍しい資料である。

萩焼　萩焼は、山口県萩市で生産されたやきもので、萩藩の管理下で献上用に造られた製品が有名だが、萩では一般庶民向けの陶器も大量に生産されていた。米子城下では、厚みのある白色釉を掛けた茶碗が出土している。

須佐焼　山口県の須佐で生産された陶器である。この製品は擂鉢に特徴があり、赤褐色に発色する鉄釉が薄く掛けられ、底部には棒状の工具で窪みを付けた跡が残っている。鳥取県内では農村部でも出土しており、在地での陶器生産が開始される以前は広く普及していたと考えられている（図7）。

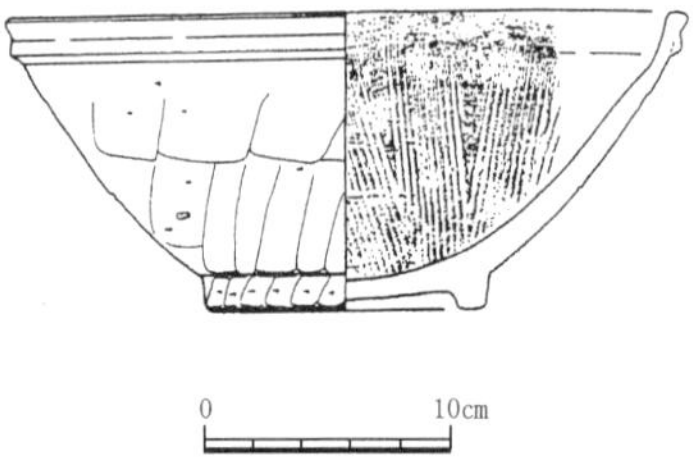

図7　須佐焼の擂鉢

島根のやきもの　島根のやきものは、楽山焼が十七世紀の中頃以降に始まり、布志名焼が寛延三年（一七五〇）に陶器窯として松江市玉湯町に成立する。この布志名焼は、米子城下にも相当数が輸入されていたと考えられ、布志名焼の主要器種である「ぼてぼて茶碗」も、米子城下ではたくさん出土している。また、三十三次調査では、黄釉に色絵を施した明治時代の優品が出土している。今の所、出土品では布志名焼や母里焼などの出雲地方で生産された陶器と、在地で生産された陶器との区別がつかないため、窯跡の発掘調査が期待される。また、磁器については、天保年間に出雲市多伎町の久村焼で始まり、後に松江市東出雲町の意東焼へと生産が移っている。幕末には広瀬藩の塩谷焼などでも生産されているが、これらの製品が米子城下へどの程度入っているのか、はっきりしていない（図8・写真13）。

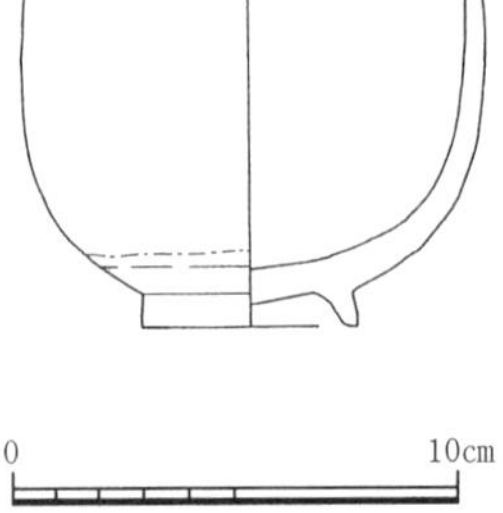

図8　ぼてぼて茶碗

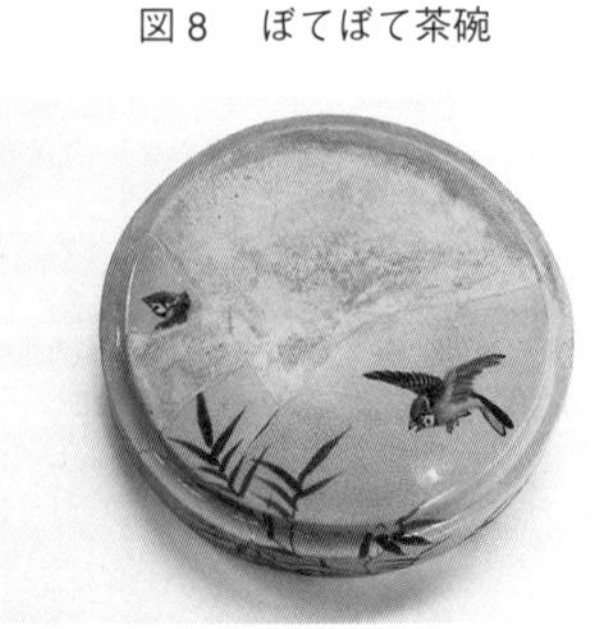
写真13　明治時代の布志名焼

石見焼　石見焼は、島根県西部の石見地方で生産されたやきものの総称で、大甕やこね鉢といった大型の陶器を生産する技術に長けていたことが知られており、鳥取でも、石見地方の窯から来た職人が関与した陶器窯・瓦窯が多数知られている。石見焼の特徴は、赤く発色する来待釉と呼ばれる釉薬を用いていることであり、これは石州瓦の釉薬と同じである。米子城下では、三十三次調査で、底部に墨で字を書いた明治時代の甕が出土しているほか、石州瓦の出土例がある。このため、幕末には米子城下の武家屋敷で石州瓦が使用されていた可能性があるが、町屋への瓦の普及が近世にまで遡るのかは明らかにされておらず、今後の調査課題である（図9）。

鳥取のやきもの　地元の鳥取で生産されたやきものは、東部の因久山焼や牛ノ戸焼、浦富焼などがあり、中部では伯尾山焼、西部では南部町の会見焼などがある。米子城下で近世後期以降に出土するやきものの多くは、鳥取藩内で生産されたやきものが含まれていると考えられるが、生産地を示す印名を押すものが少ないため、生産された窯を断定できないものがほとんどである。

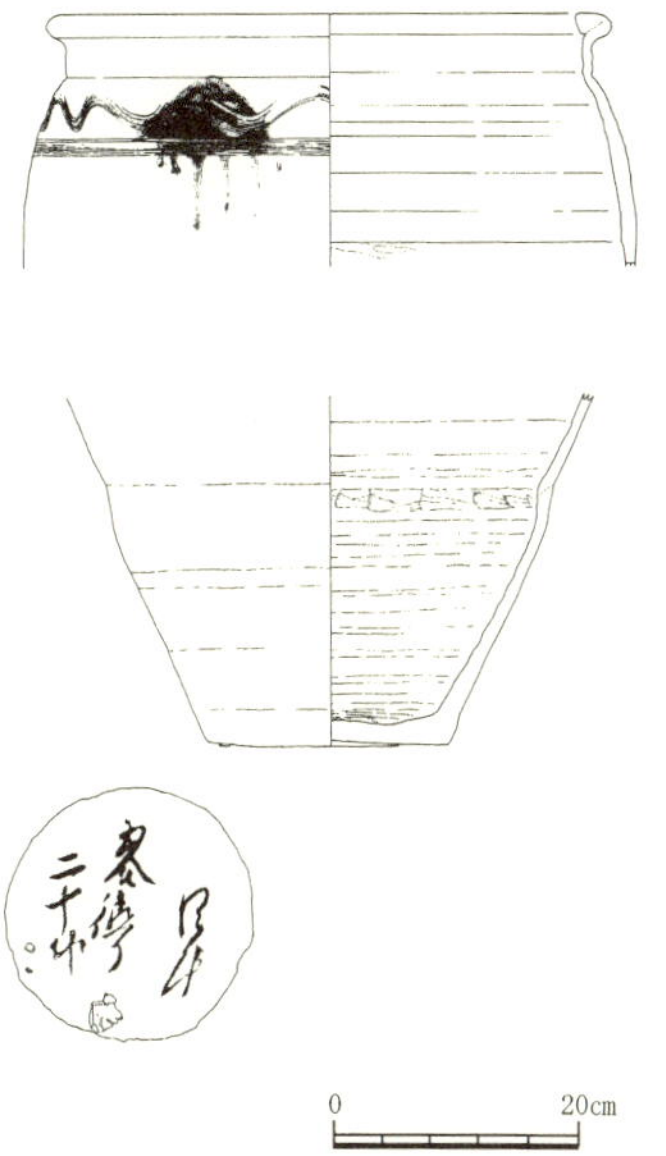

図9　石見焼の大甕

やきものの器種

やきものを器種別にみると、碗・皿などの食器類、擂鉢などの調理具、甕や壺などの貯蔵具に大別することか出来る。これら器種の差は、用途別に様々な陶磁器が用いられていたことによるもので、現代では生活様式の違いであまり使われなくなったものもある。

食器　碗、皿、鉢、段重、散蓮華などがある。伊万里焼の碗は、初期のものは天目形や見込みの深いものが多いが、徐々に器高が浅くなり、幕末には広東碗と呼ばれる高台部が高く直線的に立ち上がるものが出現する。中華料理でおなじみのレンゲは、幕末頃に中国の清朝磁器の影響で日本にも広まった。

調理具　擂鉢、鉢、片口、卸皿、素焼きのほうろくなどがある。片口は、樽に入った醤油などの液体を、栓を抜いて取り出すときに、下で受ける受け皿として使用されていた。ほうろくは土鍋の一種で、現代でも蒸し料理に「ほうろく焼き」という名称が残っているが、本来は水分を加えずに火にかけてゴマなどを炒るのに使われたと考えられる。

貯蔵具　味噌や醤油などの液体のものを保管するのに使う甕、壺などがある。甕は、口の大きな容器で、現在は玄関先で傘立に使われているのをよく見かけるが、水道のない時代には、井戸から汲んだ水をためておくのに使用する、日常生活に不可欠な必需品だった。壺は、口の細い容器の総称で、酒や酢を入れる徳利が代表的なものである。米子城下でも酒屋の名前を書いた通い徳利が出土している。

暖房具　米子城下で出土する火鉢は瓦質の製品が中心だが、あまり大型のものは出土していない。陶器製の火鉢は近世後半以降に普及するが、出土例は意外と少ない。文化九年（一八一二）には大寒波で中海の水面が凍ったという記事が出てくるほど江戸時代は寒冷な時代であったと推測されるが、当時の人はどのようにして寒さに耐えていたのだろうか。

金属製品

金属製品は、寛永通宝などの銭貨とキセルの雁首と吸い口の出土例が多いが、他にも用途不明の飾り金具などが出土している。鉄製品などは再利用が可能なので、捨てられずにリサイクルされたものと考えられる。

銭貨　銭貨とは貨幣のことで、日本では古代から生産されていたが、皇朝十二銭の発行が終了した後は、国内での生産を停止し、中国の宋や明からの輸入に頼っていた。近世に寛永通宝の生産が始まり、徐々に古い輸入銭が駆

図10　永楽通寶と寛永通寶

逐されていったとされている。米子城下では、古い中国銭の出土は三の丸の周辺で出土例が多く、外堀に近くなるにつれて少なくなる傾向がある。恐らく、中世にまで遡る遺構が三の丸周辺に集中しているため、出土量に差が出ているのであろう（図10）。

キセル　キセルはたばこを吸うときに使う道具で、日本にはポルトガル人が伝えたという説があるが、日本に伝わってから、瞬く間に喫煙の風習は広がっていったとされる。キセルは、火皿の部分の「雁首」と、口を付ける「吸口」の部品が真鍮などの金属で出来ている。雁首と吸い口の間を繋ぐ木の部品は「羅宇《らう》」と呼ばれているが、出土品ではほとんどが腐ってしまって残っていない。近世初頭頃には雁首が大きく曲がっているが、時代が新しくなるにつれて屈曲が小さくなり、明治時代頃にはほぼ

直線となるので、キセルの雁首が出土するとおおよその年代を知ることが出来る（**図11**）。

かんざしと笄《こうがい》　かんざしは、女性が付ける髪飾りのことで、男性用は笄という。一般的にかんざしが二股に分かれているのに対して、笄は一本である。また、耳かきが付いているものが多いが、これはぜいたく品としての規制を逃れるために実用の耳かきを付けたという説がある。笄の使い方は、当時の侍は髷を結っているので、頭がかゆくても掻くことが出来ないため、笄でさっと解かしていたと考えられる。粋な所作だが、明治維新後の断髪令以降は笄を持つ必要がなくなり、こうした道具も忘れられてしまった（**写真14**）。

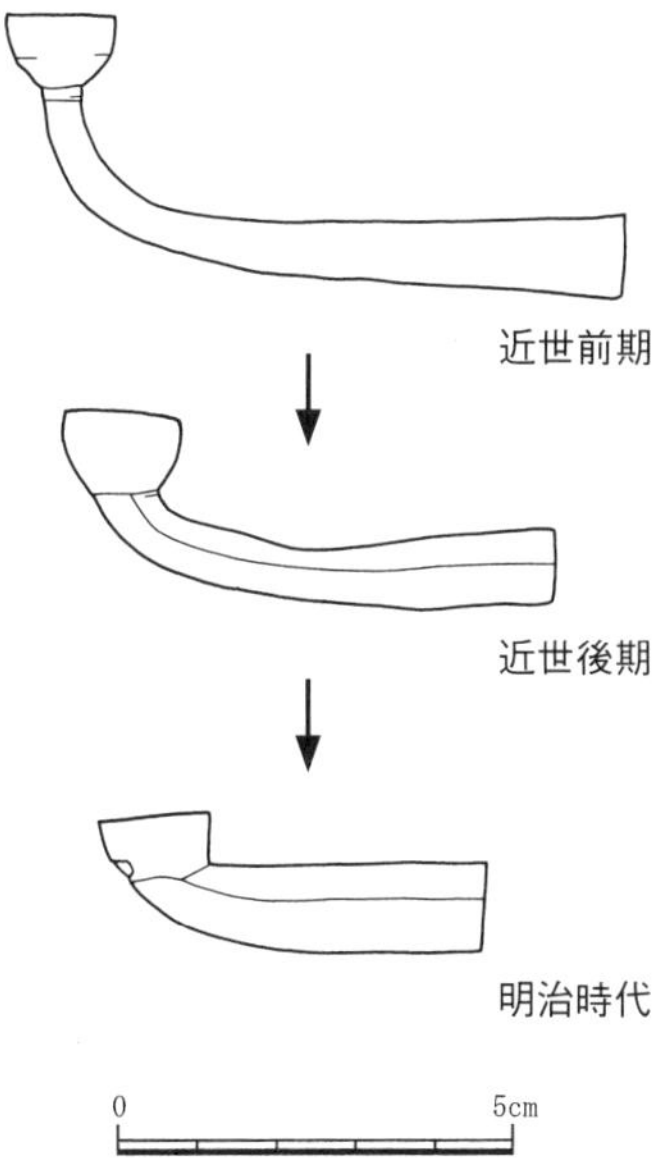

図11　キセルの雁首の変遷

石製品

石で出来た石製品は、木製品や金属製品と比べて腐食しにくいため、破損したものでも発見されやすい。米子城下町で出てくるものは、硯と砥石が多いが、中には石臼や火打石などもある。また、時代は新しくなるが、島根県玉湯町で産出する来待石をくり抜いた排水溝や安来市の荒島石を転用した井戸枠なども出土している。

硯　書道に必要不可欠な硯は、大半が破損した状態で出てくるため、完形品は殆ど見られない。硯のブランド品は山口県の赤間硯や滋賀県の高島硯が有名だが、米子城

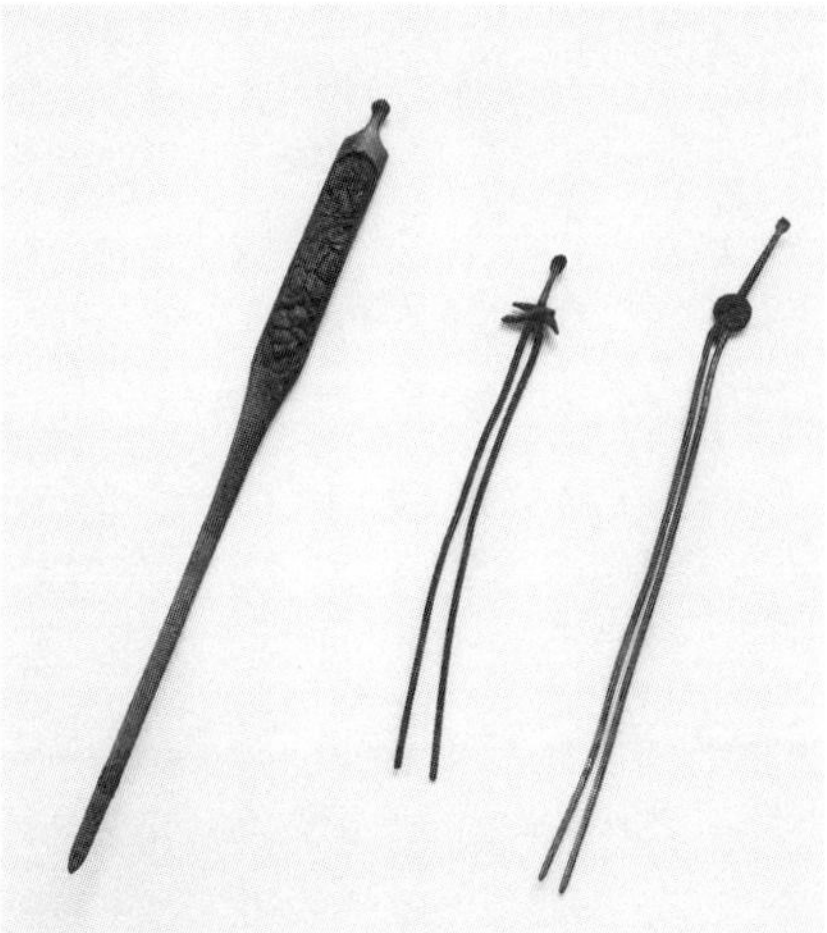
写真14　笄とかんざし

下町で出土する硯にはブランド名がないものが多い。また、すり減ったものも見つかることから、長期間使用したものが多かったとみえる（図12）。

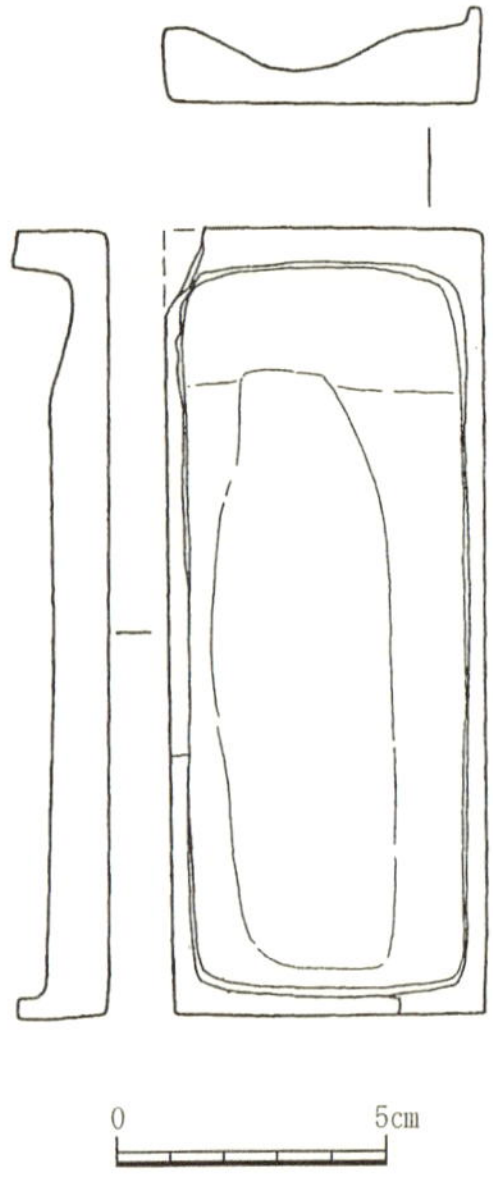

図12　磨滅した硯

ガラス製品

江戸時代でもガラス製品は使用されているが、数は少ない。明治時代以降にはたくさん出土するようになるが、大半は、薬や飲み物の容器として使用されたものである。珍しいものでは、明治時代に米子城の三の丸で牧場を経営し牛乳を販売していた弘乳舎の名前が陽刻された牛乳瓶が出土している。この牛乳瓶は、内面に蓋のネジ山が切ってあるタイプで、ガラス製の牛乳瓶としては最古級に位置付けられる資料である（図13）。

ガラス製のかんざし　三十三次調査で青い棒状のガラス製品の破片が出土した。出土した当初は、このガラス製品が何なのか分からなかったが、その後、ガラス製のかんざしの軸と推測された。

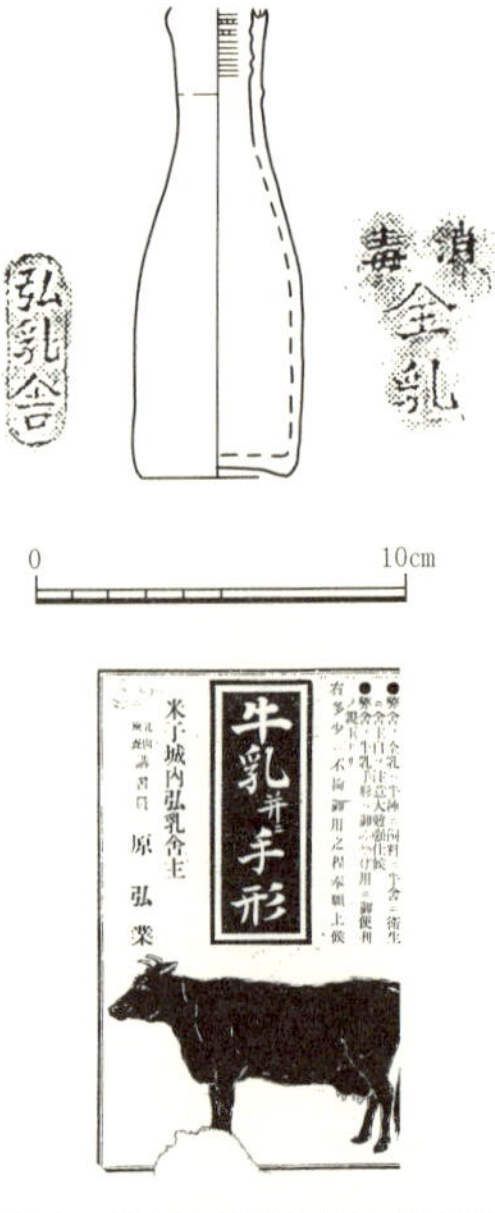

図13　牛乳瓶と弘乳舎の広告

木製品

木製品も米子城下の調査では陶磁器に次いでよく出土する遺物である。これらの木製品は、乾燥状態にあると風化しやすくなるが、米子城下は低湿地にあるため、空気が遮断されて残ったものが多いと考えられている。

木製品は、食器などの台所用品のほかに、桶などの貯蔵具、下駄などの身の回りのもの、羽子板などの玩具類など様々な種類がある。また用途のよく分からないものも出土するが、これらは複数の部品を組み合わせて使うものなので、単独では用途を決められないものも多い。恐らく、行燈の把手や傘の部材などと推測されるが、現代では忘れられたものも多いと推測される（図14）。

箸　箸は食事には欠かせないものであるが、米子城下でもたくさん出土している。大きさは二五センチ前後に集中しており、それ以下の大きさのものは子供用であろう。漆塗りのものは少なく、ほとんどか白木のまま使用されている。表面の加工も粗いので、割箸のように使い捨てか、あるいは頻繁に交換されていたと推測される。

漆器　漆器は、椀や椀蓋の出土が多いが、重箱は殆ど見つかっていない。椀は木材をロクロで挽いて整形されており、表面に黒漆を塗り赤漆で紋様を描くものが多い。ただし、塗りの粗いものや、紋様のないものなど製品のランクが複数あるので、これらの漆器も高級品と日用品のランクに分かれていたようだ。米子組士の栗木尚謙（一七五三～一八一五年）が著した『樵濯集』には、かつて宴会用の器は荒尾儀太夫家にしかなかったので、周辺の家では荒尾家から借りて使ったという記述があるので、侍でも宴席などで使う漆器を揃えるのは難しかったことが窺える。

折敷　折敷《おしき》とは食事をする際に用いる膳台のことで、箱膳が有名であるが、階層や目的により様々な形のものが使われていた。江戸時代の食卓には欠かせないものだが、ちゃぶ台すら過去のものになった現代では使用法を説明するのも難しくなった。発掘調査では、バラバラになって出土することが多い。

切匙　米子城下の発掘調査では、この切匙《せっかい》がたくさん出土する。当初は裁縫に使うヘラだと考えていて、米子城下の侍は裁縫の内職でもしていたのかと思っていたが、実は擂鉢の擂り目に詰まったものを取り除いたり、味噌を練る時に使う道具であることが判明した。

柄杓と杓文字、お玉杓子　「ひしゃく」は、水を掬う柄付きの容器のことで、夏の日の遣り水などで活躍する。「しゃもじ」は、ご飯を茶碗によそう時に使うもので、味噌汁をお椀に入れる時には「おたま（じゃくし）」が使われる。「お玉」は、山陰歴史館にホタテの貝殻を利用したものが展示されているが、米子城下では一木で作られたものも出土している。

桶と曲物　桶は、味噌や醤油などを貯蔵するのに用いられた木製の容器で、米子城下では井戸枠に転用されたものが見つかっている。桶の種類は、複数の板を組み合わせて作る「結桶」と一本の木をくり抜いて作る「刳り桶」があるが、米子城下では結桶が中心である。桶の蓋や栓もたくさん出土している。また、曲物とは、薄く切

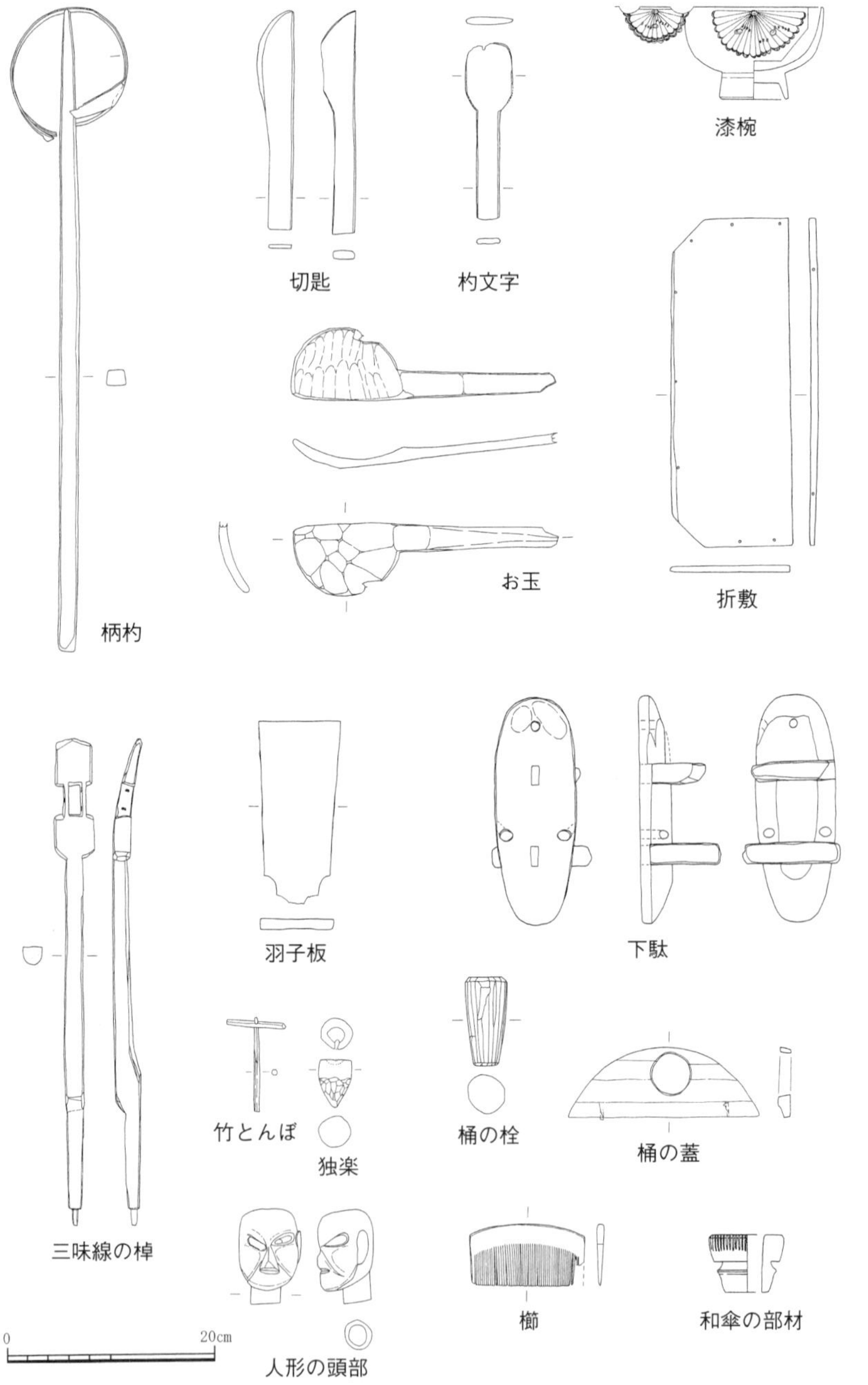
漆椀
切匙
杓文字
お玉
柄杓
折敷
三味線の棹
羽子板
下駄
竹とんぼ
独楽
桶の栓
桶の蓋
人形の頭部
櫛
和傘の部材
0
20cm

図14　出土した木製品

った板を曲げて成形する容器で、これも井戸枠に転用されたものがよく出土しているが、板が薄い上にボロボロに風化していることが多いので、保存処理を施すのが極めて難しい遺物である。

玩具類　木で作られた玩具類は、人形、羽子板、独楽《こま》、竹とんぼ、舟形、木刀などがある。人形は、顔の部分と胴体を別に作ったものと、一木で全身を表したものがある。木刀は、武家屋敷から出土していることを考えると、玩具というよりは稽古用かも知れない。

下駄　下駄の種類には一木で作られた連歯下駄と刳り下駄、歯を差しこむ組み合わせ式の露卯下駄と陰卯下駄などいつくかの種類がある。米子城下の道は舗装されていないことから、雨の日にはほとんどの人が下駄を履いていたと考えられ、女性用や子供用の下駄などもたくさん出土している。出土した下駄を見ていて面白いのは、使っていた人の足指の跡が残ったものや、異常に片側だけ歯がすり減ったものがあったりして、その下駄をはいていた人の個性が見られることである。

木簡　木製品の中でも特に興味深い資料は、薄い木札に文字が書かれた木簡である。木簡は古代の遺跡からも出土するが、米子城下では、魚介類の名称と点数、侍の名を書くものが一般的であり、侍の間で行われた贈答に関

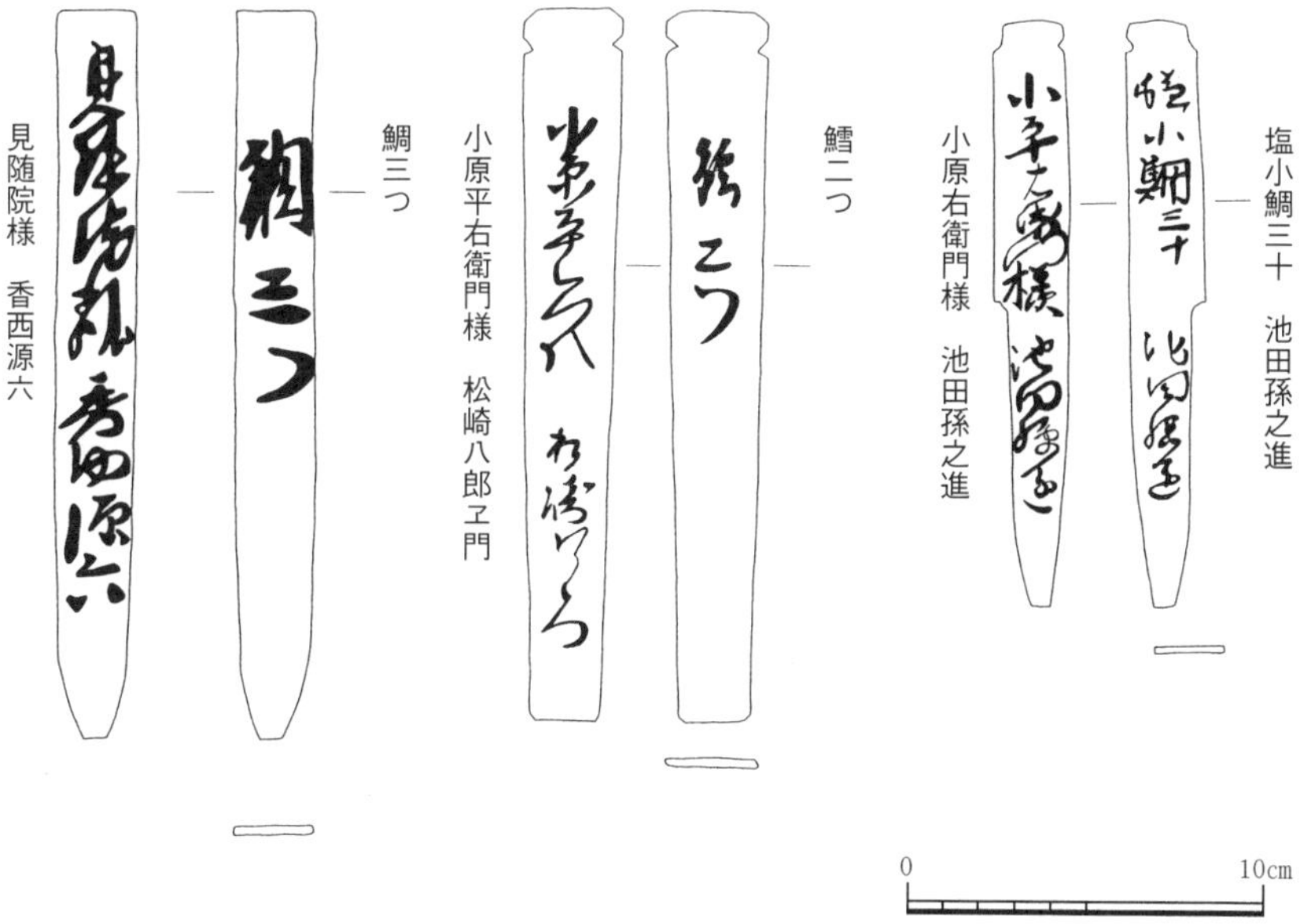

図15　木簡

わる資料と考えられている。送られた品名を見ると、干しイカや鱈、もろげえびなどの魚介類が中心である。また、食用かは分からないが鳩も贈られていた。この木簡への文字の記載形式は一定しており、表面に届け先と送り主の名を書き、裏面に品名と数量を書くパターンが多く、統一されていたと考えられる。面白いのは、小原右衛門宛てに塩子鯛三十を送った池田孫之進の場合、形式を無視して自分の名前を木簡の両面に書いてしまっている。「塩子鯛を三十匹も送っているのだから、よろしくお願いしますよ!」という叫びが聞こえてきそうである(図15)。

動物の骨と貝殻、種実

動物の骨と貝殻は、ウシ、イヌ、シカ、ムササビ、ネズミ、カエル、スッポン、マグロ、フグ類、クロダイ、ヒラメ、イワシ等が見つかっている。貝殻はアカガイ(サルボウ)が最も多く、ヤマトシジミがそれに次いでいる。数は少ないが、サザエ、アワビ、ハマグリ、アサリなども出土している。これらの動物の骨や貝殻は、大半は人間が食べた後に廃棄されたものと考えられるが、ペットとして飼われていたものや、その付近に生息していたものが自然死したものも含まれていると考えられるので、どこまでが食用品だったのかは謎である。植物の種実は、武家屋敷の庭に植えられていたものから落果したものや、食べた後に捨てられたものと推測される。マツ、クリ、モモ、ウメ、サンショウ、センダン、トウガン、ヒョウタン、種類は分からないがウリ属キュウリ科メロン類の種が見つかっている。樹木類は庭木として植えられ、草本類は自生したものと食用として畑に植えられたものがあったと考えられる。こうした植生環境は、花粉分析などを行えばより詳しく判明すると思われるが、米子城下町遺跡では庭園遺構が良好に保存されている事例がないため、今後の調査に残された検討課題である。

小結

米子城下町遺跡の発掘調査が始まって三十年が経過し、江戸時代の侍の暮らしに迫るたくさんの資料が得られている。それでも広大な城下町のごく一部を調査したに過ぎず、今後解明すべき課題も多く残されている。これからも、調査を継続して更なる謎の解明に努めていきたい。

(佐伯純也)

コラム

武家屋敷の井戸と池

米子市加茂町の中国電力米子営業所の敷地内で行った発掘調査では、十五基もの井戸が検出されている。調査地は、近世の絵図では益田家の屋敷に相当するが、井戸がたくさん見つかっている米子城下でも、一つの屋敷内でこれほど集中して見つかるのは珍しい。

これらの井戸は、飲料水を確保するために江戸時代から明治時代にかけて、次々に掘られたものである。現代では蛇口をひねればすぐにきれいな水が出てくるが、水道が普及する以前は井戸から汲みあげた水を水甕に溜めて生活用水としていた。時折、街中の骨董屋の店先に大きな甕が置かれているのを目にするが、江戸時代にはこうした甕が水を溜める容器として生活に欠かせないものであった。武家屋敷の発掘調査でも、備前焼や石見焼の甕の破片がたくさん出土しているので、水の確保が重要であったことが窺える。

米子城下の武家屋敷は、加茂川の旧河道上に位置していることから、度々洪水の被害を被っていた。少し調べただけでも元禄十五年（一七〇二）、享保七年（一七二二）など水害の記録が頻繁に出てくる。米子の水害の多さには、城下の人々も辟易していたことだろう。

そのかわり、城下町で地面を掘ると加茂川の河川堆積層である粗砂に突き当たり、すぐに水が湧き出てくる。井戸の多くはこの粗砂層まで掘り込まれており、井戸枠には石を積み上げたものや、桶や曲物を転用したもの、安来市で採掘された荒島石を丸く刳り貫いたものなど、様々な材質のものが使用されている。これらの井戸を掘ってみると、意外に出土遺物が少ないので、日常からきれいに掃除されていたことが分かる。冒頭に紹介した中国電力の建て替えに伴う調査では、埋もれた石組の井戸の底に細い竹を刺した井戸が見つかったのだが、これは井戸を埋める際に行われた、おまじないの一種であろう。

竹を刺した石組の井戸

中国電力から道路をまたいだ西側には加茂神社が鎮座しているが、この境内の井戸は、江戸時代から名水として知られていた。生田彌範氏の著書『米子の伝承と歴史』には、「夏などは喉を潤し、松の下の岩の上で一服の憩をとる適当な場所であった。」と書かれている。自動販売機もない時代、何とも長閑な風景ではないか。

ところで、水質の悪い地域では江戸時代にも水道が用いられていた。東京の江戸城下では、海浜部を埋め立てて造成した土地の井戸水が塩分を含んでいるため塩辛くて飲めない。そのため、各井戸へ上水を給水する為の石樋や木樋が地下に張り巡らされていた。また、鳥取城や松江城の発掘調査でも木樋の水道が見つかっている。米子城下では水道は見つかっていないが、豊富な地下水のおかげで水道は不要だったのだろう。しかし、米子城下町も汽水湖である中海に面している。はたして水質は良かったのだろうか。

明治四十年（一九〇七）の東宮殿下（大正天皇）行啓の際には、事前に滞在先の水質検査が行われたのだが、米子町では加茂神社の境内の井戸水と法城寺の水、桂住寺の水の三か所しか合格しなかったという。このため、水道の敷設が近代米子町にとって大きな課題となった。米子町への水道の給水が開始されたのは、大正十五年（一九二六）のことである。

米子の町は水害が多かったが、火災は少なかったらしい。佐々木謙氏が昭和四十六年（一九七一）に上梓した『伯耆米子城』には、宝永五年（一七〇八）八月二十九日に米子城下で火事があったという記述が見られるが、町が全焼するような火災の記録は見られない。鳥取城下では享保五年（一七二〇）に起こった石黒火事で大きな被害が出ているし、淀江宿でも明治二十四年（一八九一）の大火災で町のほとんどの建物が焼失している。江戸時代の米子城下の防火体制がどのようなものだったのかは分かっていないが、武家屋敷の中から防火用水と思われる池が見つかっていることから、火災に対する備えはなされていたようだ。

米子商工会議所前の道路拡幅に伴い実施した二十一次調査では、一辺四メートルの大型の池が検出されている。この池は、享保五年（一七二〇）の絵図に記載された「伊木小次郎」の屋敷から見つかっているので、伊木家が管理していた池であろう。池の中からは、陶磁器や下駄などの様々な生活用品と共に、「伊木小次郎様」と書かれた木簡も出土している。明治維新後に建物を壊した際に、不要な家財道具を池に捨てたものと考えられる。

この池の用途については、入口に近い場所にあることと、平面形が四角形を呈していることから、庭園の池というよりは防火用水として掘られたものではないかと推測している。池を持つ庭園は、松江城下の堀尾釆女屋敷から、河原石で護岸をした瓢箪形の池が見つかっているが、米子城下ではまだ見つかっていない。堀尾釆女は四千石の筆頭家老なので、米子城下でも中村時代の上級侍の屋敷に当たれば、同様の庭園遺構が見つかる可能性が高いと思われる。

（佐伯純也）

第七章　米子城跡を歩く

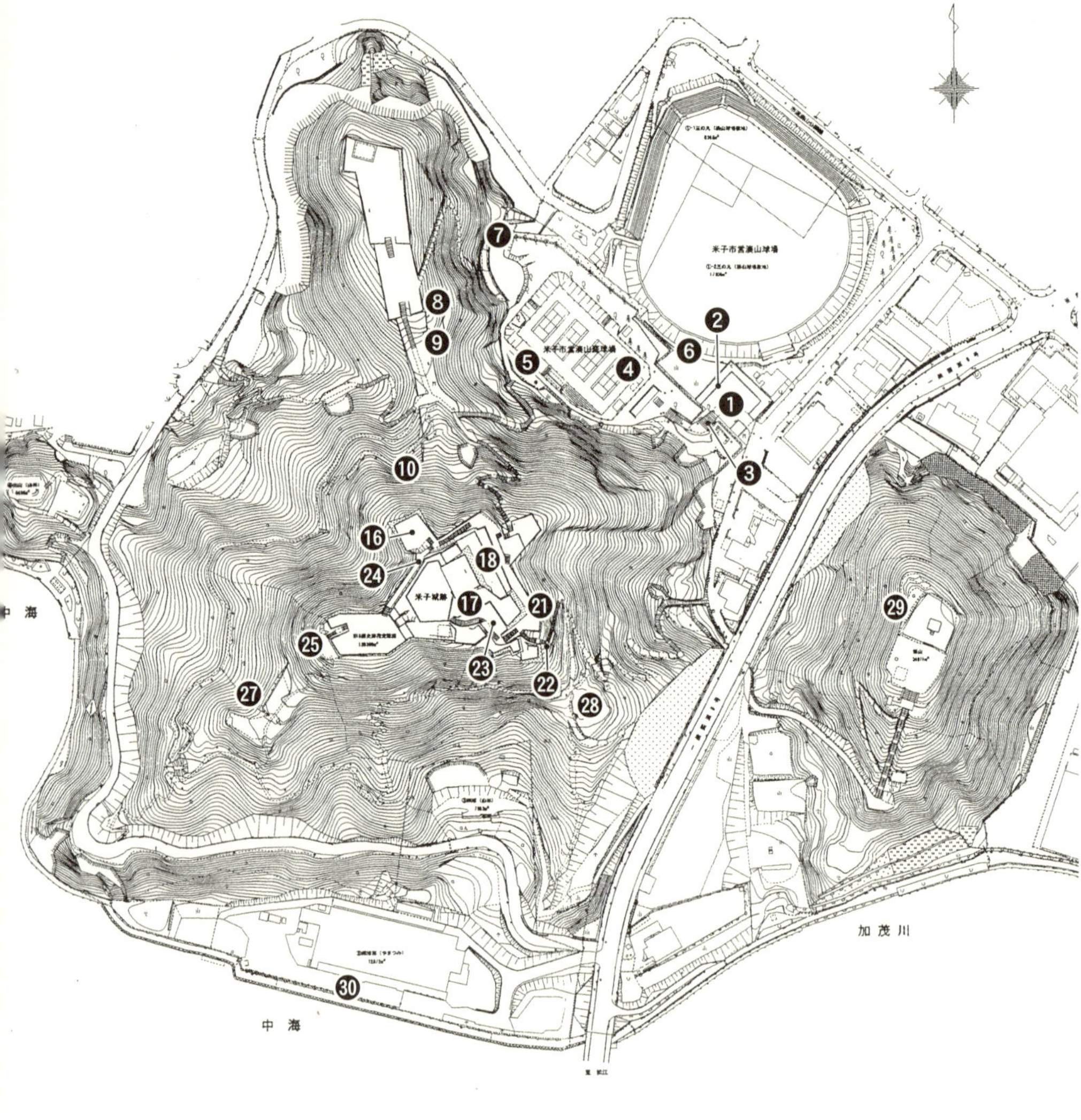

米子城跡全体図（数字は本文の写真番号に対応）

現在、米子城跡には建物は残されていないが、二の丸より内側の石垣はほぼ完存している。ここでは残された石垣を中心に城跡を巡ってみることとしよう。

まずは二の丸下に構えられた枡形から出発しよう。**枡形**とはその名の通り、城門の構造のひとつであり、敵の侵入に対して直進を防ぐ施設である。基本的には城外側に高麗門を設け、その内側の左右どちらかの屈曲したところに櫓門を配置する構造となっている。また、枡形自体が城内側に凹んで構えられる内枡形と、凸型に構えられる外枡形がある。米子城跡の枡形は典型的な外枡形となる（**写真1**）。しかしこの枡形の興味深い点は外側に開口する部分に城門が構えられていないことである。なお、米子城では三の丸に構えられた大手門、裏門はいずれもが内枡形となっているが、外側に高麗門は設けられず開口している。

この枡形と同じ構造の枡形が松江城三の丸大手に突出して構えられている馬溜である。これらは城門としても枡形であると同時に、城兵が集まって攻撃の拠点とした勢溜として

写真１　枡形

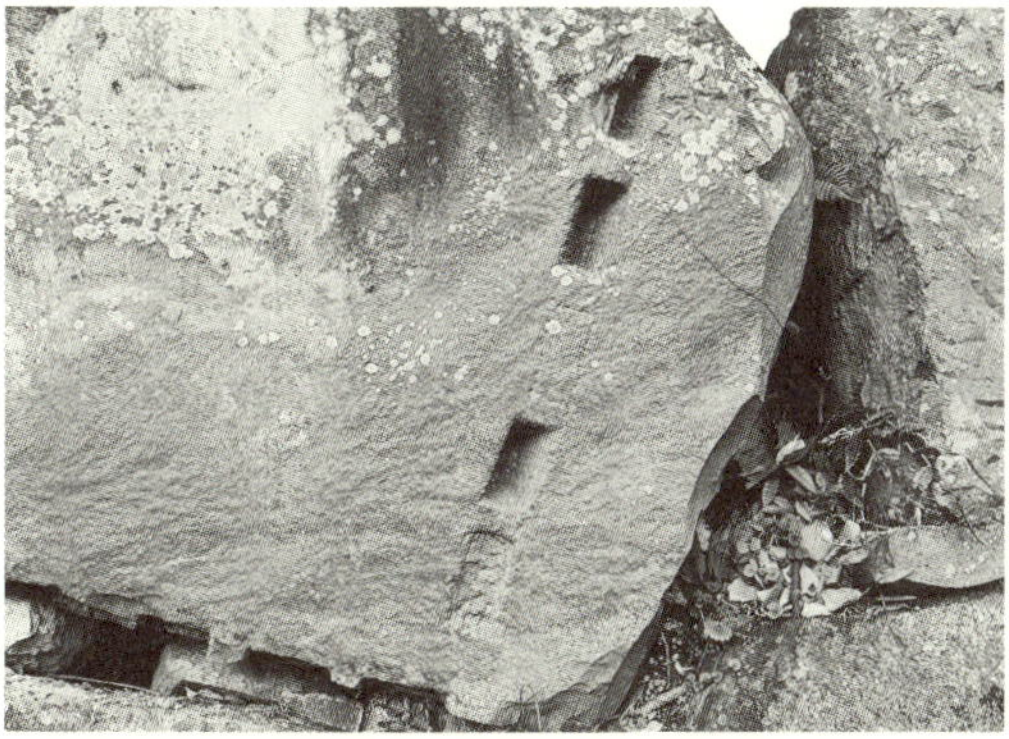

写真２　枡形石垣の矢穴

の機能も有していたものと考えられる。米子城では裏中御門に置かれた太鼓で非常招集が告げられた際には米子組士は枡形に参集したことからも勢溜であったことがわかる。なお、枡形正面には鏡石として巨石が配置されている。また、同じく正面の石材に矢穴と呼ばれる石を割る際に彫り込まれた溝の残されているものがあり忘れずに見てほしい（**写真2**）。

さて、枡形を左に折れたところに構えられた石垣が二の丸の石垣である。二の丸は上下二段から構成され、上段は城主の居館と武器庫が置かれていた。枡形より階段で上がったところに**表中御門**と呼ばれる冠木門があり、門右手の石垣上には二重櫓が睨みを効かせていた（**写真3**）。

二の丸下段には現在**旧小原家長屋門**が移築されている。小原家は荒尾家の家臣で西町に屋敷があり、長屋門は文化七年（一八一〇）頃に建てられたものである。昭和二十八年（一九五三）に米子市へ寄付され、現在地に移築された。昭和五十二年（一九七七）には米子市に唯一現存する武家屋敷の建造物として米子市の有形文化財に指定された（**写真4**）。

写真３　二の丸表中御門

写真４　旧小原家長屋門

二の丸上段は現在庭球場となっており、御殿の遺構は残されていないが、山際には**御殿御用井戸**と呼ばれる井戸が残されている（**写真5**）。

二の丸は湊山の北側の谷部に構えられており、そうした立地から吉川氏時代より山麓の居館として機能していたものと考えられる。

続いて山城部分に向かうが、庭球場を通り過ぎ、駐車場への道を一旦下りて、市民球場跡の外野からぜひとも**二の丸の石垣**を見てほしい。米子市教育委員会により雑草などが除去され非常に見やすくなり、その高石垣は圧巻である（**写真6**）。石垣は矢穴の認められることより、吉川広家によって慶長初年（一五九六～九八）頃に築かれたものと考えられる。

写真5　御殿井戸

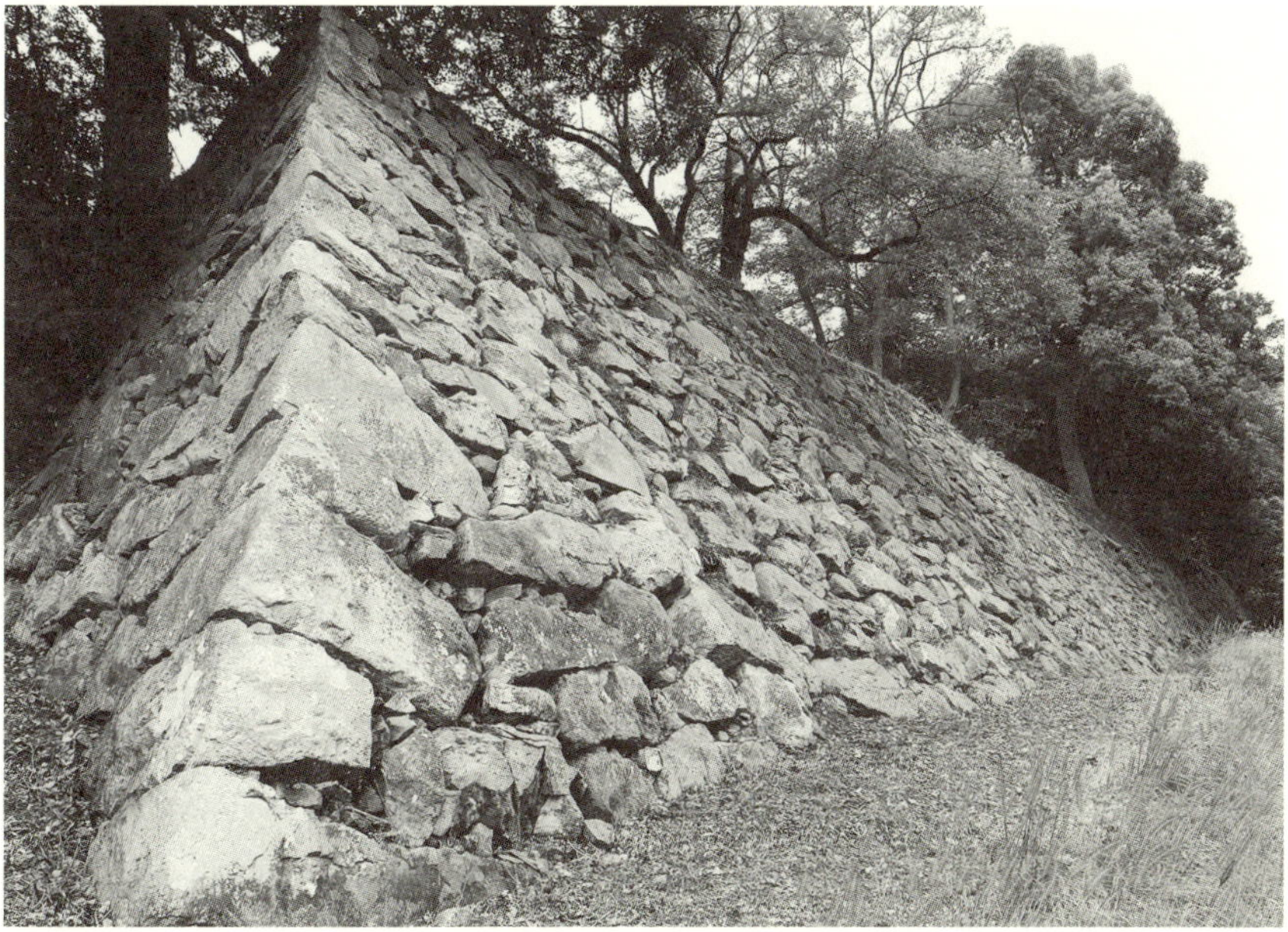
写真6　二の丸石垣

石垣を見学し終えたら、駐車場に戻ろう。ここは二の**丸裏中御門**の跡である。太鼓御門とも呼ばれた櫓門で、櫓内には太鼓が置かれていた。この裏中御門に向かって左手の石垣上には続多聞櫓が置かれ睨みを効かせていた(**写真7**)。

山城部分へは裏中御門より登ろう。米子城を描いた絵図にもこの登城道は描かれており、また居館から山城への最短路であることより、二の丸からの正規の登城道であったと考えられる。

この道を登りきると、本丸の位置する湊山と内膳丸の位置する丸山の鞍部に至る。まずは右手に位置する内膳丸に向かおう。**内膳丸**は標高五〇メートルの丸山に築か

写真7　裏中御門

写真8　内膳丸石垣

写真9　内膳丸石垣継ぎ足し痕

れた曲輪で、慶長五年（一六〇〇）に関ヶ原合戦の戦功により伯耆を賜った中村一忠が居城として修築した際に、家老中村内膳村詮が監督して築かせたという伝承から内膳丸と呼ばれている。また、絵図では二の御丸と記されたものもある。曲輪は上下二段から構成され、上段北西隅部と南西隅部の海側の塁線上に櫓を配置していた（**写真8**）。

内膳丸の石垣は幾度となく修築を受けているようで、下段正面右側の石垣には拡張した稜線が認められる（**写真9**）。また、近年には石垣の積み直し工事も実施されている。

内膳丸の見学が終わると、一旦鞍部まで戻ろう。ここには西側に向けて御門が一基設けられており、深浦の御船手郭へ至る城道が設けられていた。この城道を少し下って内膳丸を見上げてみよう。内膳丸の石垣は内膳丸より御門に延び、さらに御門より山を駆け上って本丸に向かっている様子がわかる。つまり海側から臨むと米子城は湊山山頂の本丸から内膳丸までに一直線に石垣によって守られていたのである。

この御門より本丸北側に突出して構えられた遠見櫓の櫓台直下に取り付く石垣が**登り石垣**である。城の石垣は本来曲輪の斜面に設けられるもので等高線とは平行関係となる。ところが登り石垣と呼ばれる石垣は、山の斜面地を上から下に向かって設けられるもので、等高線に直交する構造となる。これは敵の斜面移動を封鎖する目的で構えられたものである（**写真10**）。

写真10　登り石垣

写真11　西生浦倭城登り石垣

戦国時代の山城では竪堀が斜面移動を封鎖していた。これが石垣となった画期が豊臣秀吉による朝鮮出兵であった。朝鮮半島での外地戦では補給路の確保が非常に重要となる。豊臣軍の水軍は李舜臣将軍率いる李氏朝鮮の水軍に幾度となく敗れている。このため港湾の確保が急務となり、港湾を守るため背後に位置する山に築城をおこなった。これが倭城と呼ばれる日本式の城である。倭城では港を守るため、山城から両腕で港を抱きかかえるように二本の登り石垣を配置したのである。こうした登り石垣は現在でも西生浦倭城、熊川倭城などに残されている（写真11）。

慶長五年（一六〇〇）の関ヶ原合戦後により増減封のうえ転封となった大名たちは新たな領国で居城の築城を開始するが、その際にこうした倭城で用いられた登り石垣が導入される。その数は極めて少なく、現在知られる国内に認められる登り石垣は伊予松山城（写真12）、淡路洲本城（写真13）、近江彦根城（写真14）、そして但馬竹田城（写真15）に過ぎない。伊予松山城は朝鮮出兵に従軍し、安骨浦倭城の築城にも関わった加藤喜明によって築かれている。淡路洲本城は同じく参戦渡海し、安骨浦倭

写真12　伊予松山城登り石垣

写真13　洲本城登り石垣

写真14　彦根城登り石垣

写真15　但馬竹田城登り石垣

城の築城に関わった脇坂安治によって築かれている。また、近江彦根城では築城をおこなった井伊直継（直勝）は朝鮮出兵には参加していないが、井伊家の家中が観戦武官的な立場で朝鮮に渡っていることが判明しており、そこで得た築城の情報から彦根城に登り石垣を導入した可能性が高い。

ここで注目されるのが但馬竹田城の登り石垣である。但馬竹田城の登り石垣はほとんど知られていないが、北千畳を下ったところに構えられている。現存する但馬竹田城の石垣は、文禄三年（一五九四）頃に赤松広秀によって築かれたものと考えられ、慶長五年（一六〇〇）の関ヶ原合戦後には廃城となっている。築城者である赤松広秀は文禄の役には渡海して戦っており、こうした登り石垣の構造をいち早く取り入れたものと考えられる。また、但馬竹田城からは朝鮮の技術で焼いた瓦も出土している。

写真16　遠見郭

写真17　本丸からみた天守台

では米子城の登り石垣はいったい誰が築いたのであろうか。米子城を描いた古絵図にもこの登り石垣は描かれており、古くより存在したものであることは間違いない。伊予松山城、淡路洲本城、近江彦根城の事例からは慶長五年（一六〇〇）の関ヶ原合戦の戦功により伯耆を賜り、米子城を修築した中村一忠によるものと考えられなくもない。ところがその前城主である吉川広家は朝鮮に参戦渡海している。さらにその時に持ち帰った滴水瓦と呼ばれる朝鮮の瓦が富田城の新宮谷から出土している。こうした状況より米子城の登り石垣は吉川広家によって慶長三年（一六〇三）頃に築かれたものと考えられる。いずれにせよ、日本には五例しか認められない登り石垣が米子城で用いられているのである。

その登り石垣を右手に登城道を上がるといよいよ**本丸**である。本丸は標高九〇・五メートルの湊山の山頂に位置し、天守郭、水手櫓、遠見櫓、番所から構成され、高石垣によって築かれている。内膳郭よりの登城道は番所に至る。ここには冠木御門があり、天守郭の一段下に位置し、北端を巡る犬走り状の御天守道に突出して遠見櫓が構えられている。この北西隅に二重の遠見櫓が構えられていた。また、この櫓台北東隅裾部から登り石垣が下っている（**写真16**）。

さらに犬走りの城道を西に向かうと、水手郭に至る。水手郭から天守郭には冠木御門が設けられ、そこを通り抜けると天守郭である。天守郭の東辺のほぼ中央に構え

写真18　天守台石垣

られているのが**天守台**である。天守台は天守郭側には一段のみの低い石垣となるが（**写真17**）、東側の城下方面には高石垣となっている。さらに高石垣裾部には三段にわたる控え石垣が階段状に築かれており、その雄姿は圧巻である（**写真18**）。石垣上には四重四階の天守が聳えていた。

米子城の大きな特色のひとつに二か所に天守が存在した点があげられる。これは吉川広家によって最初に築かれたものが現在の小天守台にあり、のちに中村一忠によって現在の天守の場所に新たに天守が築かれたというものである。それでは現存する天守台の石垣はいつ頃築かれたものなのであろうか。天守台石垣の大きな特徴として、隅石には矢穴技法によって割られた長方形の石材が算木積みによって築かれているのに対して、築石部の石材には矢穴の認められない粗割りの石材しか用いていない点がある。こうした隅部のみに矢穴の入る割石を用いる天守台には大和郡山城（**写真19**）、近江八幡山城（**写真20**）などと共通する技法である。いずれも文禄年間（一五九二〜九六）の石垣構築技法を示しており、米子城天守台もほぼその前後に築かれた可能性が高い。おそらく吉川広家により慶長三年（一五九八）頃に築かれた天守台ではないだろうか。天守台の位置も当初に天守を築くべき所で、城下から仰ぎ見られることを意識した位置にある。むしろ先に築かれたという小天守の位置は城下方面に向いているとは言え、本丸にとってつけたような場所であり、その立地からは天守の後発として築かれたと考えたい。天守は明治九〜十三年（一八七六〜八〇）の間に解体されてしまい、現在は天守台に礎石が残されているだけである。

小天守は四重櫓と呼ばれていた。その小天守台の石垣は落し積み（谷積み）と呼ばれるもので、方形の石材を

写真19　大和郡山城天守台

写真20　八幡山城本丸石垣

横位に積み上げるのではなく、斜位に交互に積み上げていく技法となっている（写真21）。これまで見てきた米子城の石垣は矢穴技法で割った石材を用いて、石材間の隙間には間詰石という小石材で埋めるという打込接技法であり、小天守台の石垣は一見して新しいものであることがわかる。

写真21　四重櫓台石垣

写真22　鉄御門

実は小天守台の石垣は嘉永五年（一八五二）に城下の豪商鹿島家によって修理されたものであり、石垣はその当時もっとも使われていた落し積みによって修理されたものである。そのため石垣からは吉川氏段階か、中村氏段階のものであるかは判断できない。

この小天守台の南側、一段下方に設けられている枡形門が**鉄御門**である。鉄御門の厳しい構造からここが本丸への正式な登城道なのであるが、その登城道は絵図にも記されているが、二の丸の枡形内からではなく、枡形の

写真23　鉄御門内の矢穴のある岩盤

写真24　岩盤上の石垣

写真25　水手御門石垣

やや南側、現在の城山大師のあたりがその登城口となっている。鉄御門の左直上には二重櫓が聳え、鉄御門へ睨みを効かせていた（**写真22**）。この鉄御門は二重枡形となり、小天守の西脇には櫓門が架かり、その左手に構えられた多聞櫓と一連の防御線を構えて本丸への最後の防御線としていた。

この小天守直下の枡形内に矢穴の入った岩盤が露頭している。米子築城にあたって石垣の石材は湊山自体の岩盤を割って曲輪面を確保するとともに、その割った石材を石垣に用いたことが、こうした矢穴を残す岩盤からよくわかる（**写真23**）。一方、遠見櫓背後の本丸石垣の隅部の基底部を見ると、岩盤直上に石垣の積まれている様子がよくわかる。削られて造成された岩盤上に石垣が積まれたのである（**写真24**）。

本丸から西側の尾根を下って山麓に下りよう。本丸の西端には犬走りより一旦入った水手郭がある。本丸の西側を守る関門で、その先端には**水手御門**が配されている。門自体は平虎口構造であるが、その両側には櫓が構えられていた（**写真25**）。

この水手御門を下ると二段の曲輪がある。米子城を描いた絵図は数多く残されているが、そのなかで城内の各施設を最も詳細に記しているのが、元文四年（一七三九）に製作された「**米子御城明細図**」（鳥取県立博物館所蔵）である（**写真26**）。この絵図に水手御門下段に二段に構えられた曲輪が描かれている。ただ興味深いのは絵図では他の曲輪にはすべて櫓、塀、門が描かれているのに対して、この水手御門下段の曲輪と、飯山の曲輪に関しては石垣しか描いていない。これはすでに曲輪として機能していないことを示している。ただし絵図に描いている石垣には高さや長さが記されており、城域として認識されていたことはまちがいない。さらに興味深いのは、海側から立体的に描いた「米子城裏絵図」や、平面を描いた「米子御城平面図」などには石垣すら描かれておらず、その曲輪の存在自体を描いていない。

さて、その曲輪であるが近年発掘調査が実施され、絵図通りの二段にわたって石垣の構えられた曲輪が検出された。曲輪の下段では北側に向かって開口する虎口も見つかっている。検出された石垣は打込接によって積まれており、なかには矢穴の認められる石材も含まれている（**写真27**）。こうした構造より二の丸石垣と同じく吉川広家によって慶長初年（一五九六～九八）頃に築かれたものと考えられる。ところで検出された石垣は天端がかなり崩れており、基底部数段が残っていたに過ぎなかった。

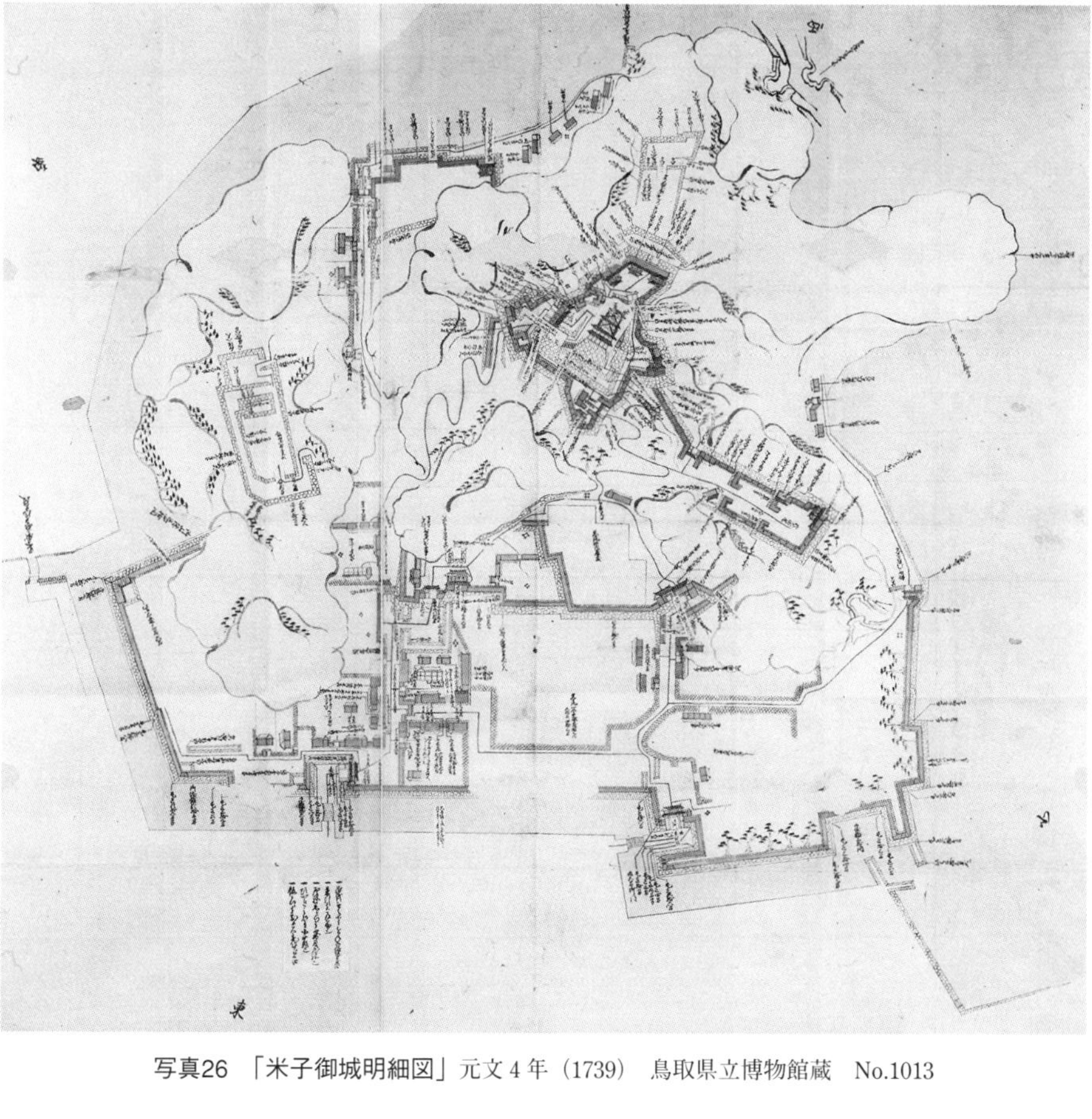

写真26 「米子御城明細図」元文４年（1739） 鳥取県立博物館蔵 No.1013

写真27　水手御門下曲輪石垣

その崩れ方は異常で、自然崩落ではなく、人工的に崩した城割り（破城）の痕跡であろうと考えられる。ではいったい誰がいつ城割りしたのであろうか。構築が慶長初年であることを考えると城割りは慶長五年（一六〇〇）の関ヶ原合戦と大きく関係するのではないだろうか。その後伯耆を拝領した中村一忠が破壊することは考えられず、おそらく関ヶ原合戦後に吉川広家自らが国替え直前に数か所城割りしたものと考えられる。

次に飯山に向かいたいので、一旦水手御門まで戻り、さらに鉄御門から下山しよう。下山途中に南東に伸びる尾根上に平坦面が見えるので少し立ち寄りたい。この平坦地は**八幡台**と呼ばれている。近年発掘調査が実施され、平坦面から石垣の石材や石材を加工した際の剥片が出土しており、この場所で石垣普請がおこなわれていたことが明らかとなった。出土した瓦には嘉永丑癸（一八五三）の銘があり、幕末の四重櫓修理に用いられたものであることがわかった。この修理は米子の豪商鹿島家がおこなったもので、深浦に運ばれた石垣石材を八幡台まで引き上げ、そこで加工し、四重櫓台の石垣を修理したのである。出土した剥片はこうした加工段階で生じたものである。現在見られる四重櫓の切石による落し積み石垣はこの幕末の修理によるものである。

一方、発掘調査で検出された八幡台の石垣には矢穴を刻んだ石材は一切認められず、自然石のみを用いた野面積みであり、現存する米子城では最も古い石垣である（**写真28**）。おそらく吉川広家が天正十九年（一五九一）に築いた石垣と見られる。元文四年の米子御城明細図には石垣すら描いておらず、水手御門下の曲輪よりも早い段階、慶長初年頃には曲輪としては廃止されたものと考えられる。

八幡台から登城道に戻って城山大師まで下り、国道九号線を横断して飯山に向かいたい。**飯山**は標高五〇メートルの独立丘であり、その頂部に曲輪が構えられていた。現在は英霊塔と呼ばれる太平洋戦争の戦没者の慰霊塔が建っている。元文四年の「米子御城明細図」には石垣だけが描かれており、江戸時代にはすでに曲輪としては機能していなかったようであるが、絵図の貼紙にも「一飯山ニは前より石台斗ニ而候由」と記されており、少なくとも荒尾氏支配の時代には曲輪として機能していなかったことがわかる。

飯山は米子城が最初に築かれた場所で、吉川広家が天正十九

写真28　八幡台石垣

写真29　飯山石垣

年（一五九一）に湊山に築城するまではこの飯山が城の中心であったと言われている。吉川広家時代は東之丸と称され、中村一忠が入城すると、家臣の野一色采女が入れ置かれたため、采女丸と呼ばれるようになった。その構造は石垣を三段に設け、最上段は天守台のような櫓台となっており、完結したひとつの城郭構造となっている。その英霊塔の建設によって最上段は完全に破壊されてしまっており、わずかに最下段の石垣が残っているに過ぎない。さらに飯山は整備がまったくなされておらず、竹や雑木が密集しており、残された石垣を見るにも一苦労である。その残された石垣は矢穴を一切認めない自然石を積み上げた野面積みで、現存米子城の石垣のなかでは最も古式な形状となっている（写真29）。その構造は八幡台の石垣に酷似している。おそらく天正十九年（一五九一）に入城した吉川広家が東之丸として築いた石垣であろうと考えられる。その縄張りは極めて独立性の高い構造となっていることより、別城一郭として設計されたのであろう。

ちなみに慶長八年（一六〇三）におこった米子騒動で、横田内膳村詮の一族郎党が立て籠もったのはこの飯山だと伝えられている。あるいは米子騒動の後に曲輪機能を停止させたとも考えられる。

写真30　深浦

米子城跡を歩く最後は深浦である。飯山を下りて再び国道九号を横断して湊山の方へ戻り、南に向かって中海の海岸線へ下りると、その付近一帯が深浦と呼ばれるところで、**御船手郭**が構えられていた。曲輪の痕跡は一切残していないが（写真30）、米子城では非常に重要な施設であり、ぜひともその景観は見ておきたい。深浦とは中海深浦のことで、吉川広家が天正十九年（一五九一）に米子城を築いたのはこの深浦の存在が大きい。豊臣秀吉より伯耆、出雲を賜り、その居城としたのが月山富田城であった。従来この富田城があまりにも領国の西に偏り過ぎていたので、領国の中心にふさわしい米子に居城を移したといわれてきた。しかし富田城の石垣も広家によって修築されたことがわかっており、いわば二城体制で領国支配をおこなっていたようである。そこで広家がもっとも注目したのが直接海と接続できる立地だったと考えられる。米子城は山城構造であったとともに海側からは完璧な海城として機能していたのである。もちろん大手は陸側にあるが、実際はこの深浦を大手と想定しての築城だったと考えられる。御船手郭の正面には御船手御門が構えられ城内への出入りはチェックされていた。この門の海側正面には雁木が描かれており、船の接岸場所であったと考えられる。曲輪は石垣によって構えられ、その西北隅には二重櫓が配されていた。城が存続していた段階ではこの御船手曲輪の西北海岸沿いには蔵が建ち並び、出山が突出して行き止まりとなっていたが、現在は海岸沿いに遊歩道がつけられているので、それを利用して出山を回り込んで城の北面へ出ることとしよう。

ところで湊山の西側の中海へ突出した**出山**には、「米子御城平面図」（米子市立山陰歴史館所蔵）によれば砲台が二ヶ所描かれている。これは幕末に外国船警備のために設置されたものと思われる。現在その痕跡は認められないが、日本海を睨む絶好の場所であることがわかる。

湊山の北山麓の海岸には石垣が築かれ、三の丸の水堀に続いていた。この三の丸の北西隅に設けられていたのが**鈴御門**と呼ばれる櫓門であった。現在は公園駐車場となり痕跡は残さないが、門跡から内膳丸に行くための登城道が設けられている。ここから現在湊山球場の東側に伸びる道路が三の丸に廻っていた水堀の跡である。これを南東に進み、球場に沿って西南に向かうと、この米子城跡歩きの起点となった枡形に到着し、城跡歩きは終了である。

（中井　均）

終章　これからの国史跡米子城跡

前章まで述べてきたように、米子城跡は、城の縄張りや石垣などは往時の姿をよくとどめたまま、幾百年にもわたり米子の歴史を見守り続けてきた。と同時に、天守跡からは秀峰大山、日本海、米子市街地、弓ヶ浜半島、中海などのパノラマが一望でき、市街地に残された貴重な自然と緑のスポットとして、多くの市民から「城山《しろやま》」と呼ばれ、親しまれてきた。しかしながらこのように、米子の市街地の景観的・歴史的ランドマークとして米子城跡が果たしてきた役割は、現在、自然環境や都市環境の変化により見失われがちにもなっている。

このため、歴史的、文化的資産として貴重な財産である米子城跡を確実の保存・管理し、その価値を次世代に確実に継承していくとともに、より多くの方に米子城跡に来ていただき、城跡の魅力を再認識し、理解を深めていただけるように計画的な整備を進め、観光資源としての価値も高めていくことが求められている。

ここでは、これまでの内容も踏まえ、これからの米子城のあり方について述べてみたい。

史跡米子城跡保存活用計画

米子市では「史跡米子城跡保存活用計画（平成二十九年三月策定）」に基づき、米子城跡を確実に保存・管理し、後世に継承するとともに、より多くの来訪者にその価値や魅力について理解を深めていただくよう活用・整備に向けた取組を進めている（**写真1**）。

それによれば、今後の米子城跡における整備について以下のように述べられている。

整備の理念（目標）

①史跡米子城跡の調査研究、将来への継承
米子城跡の全容解明を進め、価値ある歴史的遺産を将来に確実に継承する。

②地域シンボルの顕在化
米子城跡のもつ多様な価値を高める整備を行い、地域のシンボルとしての存在意識を高め、まちづくりに寄与する。

③観光振興・地域活性化への寄与
史跡整備事業により、その価値を顕在化させることで、史跡米子城跡の価値を視覚的に伝えるとともに、観光拠点としての内容充実、イメージ向上につなげ、中心市街地活性化に寄与する。

これに基づき、これからの整備における基本的な構想を以下に挙げてみた。

①調査研究の方針

現在、米子市教育委員会では史跡米子城跡整備事業の一環として、現地の詳細な踏査及び遺構確認のための試掘調査を行い、内容確認調査を進めている段階ではあるが、遺構確認調査が十分でなく、未調査箇所も多く、確認されていない遺構が存在する可能性が高い。すなわち、城郭の縄張り構造からして現段階では解明されていないことが多い。

また史料調査に関しても、文献史料、絵図の把握、分析などの調査研究が十分でなく、文献、絵図等と現地の照合、絵図にある貼紙の詳細な調査などの調査研究も緒に就いたばかりである。さらに、継続的で専門的な調査研究を遂行していく体制が確立されていない。

写真１　史跡米子城跡保存活用計画

このような現状を踏まえ、まずは米子城跡の実態解明を進め、これまでに実施してきた調査研究の成果を踏まえながら、その様相を明らかにするための調査研究を継続的に推進することが重要である。これについては具体的に以下の調査が必要と考えられる。

遺構等の詳細分布調査　史跡指定範囲及びその周辺地域を対象として、平坦地、石垣、石切丁場、岩盤加工痕等の遺構や遺物の分布状況の確認と記録を行う。また、必要に応じて試掘調査を実施し、内容確認に努める。

発掘調査　遺構等の分布調査や試掘調査等により、遺構や遺物が埋蔵されていることが確認される場合については、必要に応じてその内容や範囲を確認するための発掘調査を実施する（**写真２**）。

と同時に石垣などの積み方等の工法や性格を明確にする。郭の内容確認を進め、最終的には往時の米子城全体の構造と変遷の解明に努める。

史料調査　往時の米子城の姿・構造だけでなく、城の使われ方等を明らかにするために、米子城に関連する絵図、文献等の収集とそれらの解析を博物館等の関係機関と協力して行う。

比較研究　米子城の特質や位置付けを明らかにするために、同時代の城郭や歴代城主の関係する城郭及び前後の時期の近世城郭等との比較研究を行う。

このような調査は、短期的に成果が出るものではない。発掘調査や遺構分布調査、史料調査など多様な調査研究を継続的に実施し、また、専門的、継続的な調査研究体制を確立し、米子城跡の実態解明を目指していく必要がある。そのうえで現状保存を基本とした適切な遺構保存方法を検討し、次代への確実な保存と適切な修復を図るべきであろう。また、遺構の定期的な観察を行い、遺構のき損、劣化、風化等が確認された場合には、調査研究成果を踏まえ、遺跡としての真正性の確保に留意し旧状に復する。なお、石垣等の保存に関しては、可能な限り現状保存の措置を取ることを基本とし、やむを得ない場合について積み直し等の修復を検討する。

写真２　登り石垣の発掘調査（平成28年度）

②地域シンボルの顕在化

一方で、米子城跡が地域の宝としていくために米子城跡の歴史的、文化財的な価値を市民、観光客などにわかりやすく伝えながら、人と自然が共生する都市環境の形成、うるおいのある景観づくり、レクリエーション空間の提供、都市の安全性及び防災性の確保などさまざまな役割を、史跡の価値の保存との両立を図りながら果たしていくことが大事である。近年、城跡の三の丸などの広場を利用しての各種のイベントが、金澤城や伊予松山城などでも盛んにおこなわれている。そのような、地域に密着した城跡ということが米子城跡の場合、中心市街地の都市公園として求められている憩いの場の提供にもつながっていくと思われる。まちなかにありながら、歴史と自然に触れ合える場所、それが米子城跡であり、そのポテンシャルは大きい。

③観光振興・地域活性化への寄与

史跡米子城跡に触れ合う多様な機会を創出するために、今までも行われている米子城シンポジウムやフォーラム、史跡米子城跡の現地ウォーク等、現在開催しているイベントを継続、発展させるとともに、定期的なイベントとしての定着を図る。例えば平成二十八年（二〇一六）度から進めている「米子城魅せる！プロジェクト」は米子城跡の全国的な周知に一役買っている（写真3・4）。

これまでも実施している発掘調査における現地説明会等を引き続き開催し、出土した遺構、遺物などを来訪者が現地で直接見て体感できる機会を提供する。国史跡小牧山城ではガイダンス施設において随時発掘調査速報等を文章や遺物、立体模型などで情報公開しており、来訪者の城跡へ理解が深められる。と同時に随時情報を更新することによりリピーターの増加も期待できる。また、文化財保護の取組みを理解してもらえるよう、可能な限り、平常時の発掘調査の状況も公開する。例えば、史跡岐阜城跡では山麓の信長公居館跡の発掘調査を随時公開しながら進めており、来訪者は史跡の最新調査成果を随時見学できる。このように、築積された調査研究の成果や今後実施される調査、整備の状況を積極的に公開し、多くの人と米子城跡の価値を共有する機会を設けることが大事である。発掘調査地点により制約もあると思われるが、今後の米子城跡の調査でもそのような試みが進められたら、米子城跡リピーターも増加するだろう。

写真３　山陰三城跡シンポジウム
（米子城　魅せる！プロジェクト　2017）

写真４　お城学者　加藤さんとめぐる！米子城
（米子城　魅せる！プロジェクト　2017）

また、米子城跡の価値やその保存への理解の普及、活用のために、市民、地元自治会、ＮＰＯ団体、観光団体など地元関係者団体等による市民協働を促進する。こういった活動の好事例として、市域に美濃金山城等多くの城跡を有する岐阜県可児市の取り組みがあげられる。可児市では観光戦略として「戦国城巡り」などの事業を展開し、行政と地域市民、地元企業等とが連携して積極的な取り組みを行っている。「山城に行こうin可児」はじめ、文化財である城跡を活用して楽しむ「チャンバラ合戦」、食を楽しむ「戦マルシェ」など、大人から子供まで楽しめるイベントを開催し、楽しみながら郷土愛を育んでいる（**写真5**）。

写真５　山城に行こう！2017 in 可児

写真６　清洞寺跡

米子城跡にしても、城下町や日本遺産「加茂川沿いの地蔵」、中海など米子城跡の周辺地域が有する特徴的な歴史文化資源・自然資源を活用した取組みを推進することが重要である。特に、往時の米子城の城域の姿を物語る史跡であり現在、市史跡指定地である「清洞寺跡」（**写真6**）、城主菩提寺である感応寺、総泉寺、そして家老荒尾家の墓所のある了春寺などは米子城とも関連が強く、それらを生かした取り組みが必要である。それ以外にも、米子の町の人々が毎日仰ぎ見ていた米子城、それを実感できる場所が城下町に今も点在しており、こういった周辺の歴史文化資源との連携による観光利用が課題である。なお、現在米子城下で行われている新たな取り組みについてはコラムに紹介されている。

以上が、今後の史跡整備における理念であるが、ここで最も大切なことはまずは遺構の保全である。整備復元し、活用していくことは大事であるが、元々の遺構があっての文化財としての城跡である。それにはまずは調査研究を継続的に進めていかねばならない。文化財保護という側面で見れば、地下にねむる遺構に対して何もしないということが、後世にそのまま伝えることになるが、現在はそれだけでは不十分である。詳細な調査研究を行ったうえで、学術的価値をきちんと検証し、その成果を活用していかねばならない。調査研究成果の活用などにより、米子城の歴史や特徴などへの理解を深めるための仕組み作りを進めることが大事なのである。と同時に樹木の管理も喫緊の課題である。城跡は文化財であり、単なる都市公園とは違う。史跡内で最も優先させるべきは石垣と地下に包蔵される遺構の保護である。従って、影響を与える樹木等は伐採し、樹根についても繁茂しないように管理すること肝要である。米子城とも関連が深い、島根県安来市月山富田城跡では、平成五~八年（一九九三~九六）の整備後、二十年が経過し、平成二十八年（二〇一六）から五か年計画で再整備が実施されている。今回の再整備では地域のシンボル、観光資源などをメインに据え、樹木伐採を行い、歴史的景観の復元を行い、遠くから城跡を認識できる効果を狙うものである。同時に、園路の改修なども行い来訪者の利便性を図る計画である。

写真7　登り石垣に繁茂する樹木

翻って、米子城跡を鑑みると、近年確認され、今後米子城跡の大きな目玉になると考えられる登り石垣、これも現状では一六メートル以上ある樹木が石垣からニョキッと伸びている（写真7）。このような支障木・危険木については石垣に影響ないように伐採する必要がある。城内の遺構をきっちりと調査し、そのうえで、遺構に害を与える樹木などは伐採し、徹底的に管理さなければならない。また、本来江戸時代を通して城下町のどこからでも見えていた城郭の石垣を樹木伐採により、視覚化していくことも大事である。現在の米子城跡は国史跡とはいえ、樹木や草が生い茂る状況では、見学する部分も限られる。管理され、整備された状況で初めて、観光客なども誘致できる。史跡指定後、何もせず樹木繁茂の状態、これでは来訪者には非常に不評である。すなわち、一定の規制のもとに安全性が確保された環境整備が必要である。未整備の段階でも、草刈りや樹木管理が行われていれば城跡を訪れる人も満足されるであろう。米子城の特性である多種の石垣、これが城下のどこからも、中海からも見える米子城跡の石垣は素晴らしいものであろう。遠方からも一目瞭然であれば、来訪者へのアピールにもなるし、何より、様々な石垣が確認できる魅力を十分に発揮できる城になるであろう。また将来的に遺構に影響を与える整備は避けなければならない。米子城にとって何が重要なのか、そこを十分認識したうえでの整備を検討していくことが大事である。

人々が集い、楽しみ、広く親しむことができるよう新たな利活用を図ることが、この貴重な財産を活かすことにつながり、市民の郷土への愛着や誇りを育み、地域の活性化にも寄与するものである。

一過性の「お城ブーム」で終わらないためにも、米子城跡を確実に保存し、米子の宝として百年後、二百年後へ繋いで、一人でも多くの方に米子城の価値や魅力について理解を深めていただけたらと切に願う。

（濵野浩美）

写真８　上空から見た「海に臨む天空の城　米子城」

コラム

旧城下町の保存活動

米子の旧城下町の現状は、内堀すべてと外堀の大部分は埋め立てられ、侍町の街区は大きく変容し、国道九号が貫通するなど近現代的な街の発展はあるものの、全体的には町人町の街区をよく残している。また明治期から昭和前期までの町家の残存数も多いことから旧城下町の町並みの面影をよく残しているといえよう。こうした町並みを後世に残していくことも現代に生きる米子市民の使命かもしれない。

ここで平成二十八年（二〇一六）度の現時点でまちづくりに関わっている団体の活動を紹介しておきたい。ただ米子のまちづくり団体は多くあるため、特に建築的観点から町家・町並み・城下町・商店街・景観・空き家・保存再生などをキーワードに実際に活動している団体と主な活動内容を挙げる。

一、「米子の町家・町並み保存再生プロジェクト」

平成二十三年（二〇一一）より、町家・町並みの保存・再生を図り、米子の町家・町並みを活かした魅力的かつ持続性のある米子のまちづくりの推進に寄与することを目的として活動し、現在筆者が会長である。これまでの活動としては、米子高専建築学科の学生とともにここで記した町家や町並みの調査研究活動を行った。現在調査活動を継続しながら、上記した灘町の旧茅野家をコミュニティスペースとして保存再生するプロジェクトを進行中である（**写真1**）。

二、「夢蔵プロジェクト」

鳥取県建築士会が中心となり、平成十六年（二〇〇四）より、住民参加のまちづくりとネットワークの構築を目的として活動する。旧城下町での主な活動としては、平成十二年（二〇〇〇）鳥取県西部地震で被災した旧加茂川沿いの土蔵（夢蔵）の改修や、米子城跡の草刈りとライトアップ事業、米子城の外堀であ

写真１　米子の町家・町並み保存再生プロジェクト活動風景（旧茅野家の改修工事作業）

写真２　夢蔵プロジェクト活動風景（米子城跡の草刈り）

る加茂川の清掃活動、灘町後藤家の保存活用プロジェクトなどがある。また現在、角盤町の旧角盤郵便局を保存再生するプロジェクトを進行中である（写真2）。

三、「米子建築塾」

平成十五年（二〇〇三）より、米子の住環境や建築文化、そこで暮らす人々の生活文化の向上と発展に向け建築活動を通して共に考えることを目的として活動する。平成二十六年（二〇一四）から「AIR四七五」（エアヨナゴ　アーティスト・イン・レジデンスの略）と称し、旧城下町の空き家に芸術家が短期間住み込み、芸術活動を行うという藝住祭を行った。その他、トークイベントやまち歩き、空き家改修のお手伝いなど建築を通したまちづくり活動を実施している（写真3）。

写真３　米子建築塾活動風景
（野波屋でのまちトーク）

四、「まちなかこもんず」

平成十九年（二〇〇七）より地域住民や諸団体と連携し、主として米子市中心市街地のまちとして居住地としての再生・活性化を目的として、コミュニティ・ビジネスの手法により、空き家・空き店舗など地域の資源を活かした事業の開発コーディネート及び運営を行っている。これまでの活動としては、平成二十五年（二〇一三）に、岩倉町の空き家をシェアハウスとして再生した「岩倉ふらっと」をオープンした。また平成二十八年（二〇一六）には、糀町の空き家をコミュニティスペース、キッチン付きレンタルスペース、ゲストハウスなどとして再生した「わだや小路」をオープンし、現在オレンジカフェやさまざまな集い・イベントの場として、遠来客の宿泊・交流の場として活用されている（写真4）。

写真４　まちなかこもんず活動風景（加茂川まつり）

五、「米子の宝八十八選実行委員会」

平成十九年（二〇〇七）より市民の目で、地域に埋もれている宝や、その原石を新たに掘り起し、それらを保護し活用した人づくり・まちづくりに活かすことを目的として、地域の宝の収集・調査活動を行っている。平成二十二年（二〇一〇）にはその集大成として『市民が選んだよなごの宝八十八』を発行した。旧城下町での主な活動として、平成二十七年（二〇一五）には旧城下町の小路の名称を収集し、各小路に名称と由来を記した案内看板を設置し市民に親しまれている（**写真5**）。

このように平成二十年（二〇〇八）頃から旧城下町での町家・町並みの保存・再生活動や、まちづくり活動が活発になってきている。ただ各団体の守備範囲や活動の得意分野が異なることから、横のつながりを持ち情報交流する必要性が生じた。

写真５　米子の宝88活動風景（小路巡り）

写真６　第１回米子まちづくり交流会

そこで平成二十七年（二〇一五）より毎年年度末の三月に「まちづくり交流会」と題して意見交流会を開催している。平成二十七年（二〇一五）三月には「第一回米子まちづくり団体交流会」として、手始めに上記五団体が集まり、団体の設立経緯やコンセプト、活動内容などの情報交換を行った。

平成二十八（二〇一六）年三月には「第二回米子まちづくり交流会―町家・空き家を活かしたまちづくり―」として、広島県尾道市で先進的な空き家利活用活動を行う「ＮＰＯ法人尾道空き家再生プロジェクト」代表の講演と、松江市の「ＮＰＯ法人まつえ・まちづくり塾」と「松江建築研究会」、大山町の「築き会」の活動報告と通じ、他地域の事例を学び広域的なつながりを図った。平成二十九（二〇一七）年三月には「第三回米子まちづくり交流会」として、初心に戻り米子で現在進行中の身近な活動報告を行った（**写真6**）。

今後も年度末の恒例行事として継続して交流会を開催する予定であるため、多くの市民の参加者を期待したい。

（金澤雄記）

資料

米子城関係年表

年号	西暦	米子城跡に関する出来事	関連する主な動向
応仁元年	一四六七	この頃、山名教之の配下　山名宗之（宗幸）が米子飯山砦を築いたという。	応仁・文明の乱が勃発。（～一四七七）
文明二年	一四七〇	山名軍（羽衣石、小鴨、南条）尼子清貞軍に境松で敗れ米子城に逃げ込む（出雲私記）。	
文明三年	一四七一	山名之定　米子城を守る。	
永正十年	一五一三	出雲の尼子経久、この頃から米子城などをしばしば攻める。	
大永四年	一五二四	尼子経久伯耆に侵入　米子城、淀江、尾高、天満、不動嶽の城を攻め落とす（大永の五月崩れ）。	
永禄五～九年	一五六二～一五六六	尼子毛利の抗争　尼子氏没落。米子城は毛利氏により制圧。	
永禄十一年	一五六八		織田信長の入京。
元亀二年	一五七一	山中鹿之助らによる尼子氏再興運動　羽倉孫兵衛五百人で米子町を焼き討ちにする。 城番　福頼元秀は防ぎきれず、城に逃げ込む。	
天正元年	一五七三		織田信長が室町幕府を滅ぼす。
天正三年	一五七五	京都より薩摩に戻る途中の島津家久一行、米子を通過する。「よなこといへる町」との記述からも、少なくともこの頃には町が形成されていたと思われる（『中書家久公御上京日記』）。	吉川元春、尼子方伯耆由良城を攻略する。
天正四年	一五七六		織田信長が安土城築城を開始。
天正六年	一五七八	尼子勝久上月城で自刃　尼子氏滅ぶ。 この頃の米子城番は古曳吉種。	

天正八～十年	一五八〇～一五八二	八橋以西の伯耆三郡が毛利氏の領地となる。	織田対毛利の合戦。 羽柴秀吉による鳥取城攻め。 本能寺の変で信長が死去。
天正十三年	一五八五		羽柴秀吉と毛利輝元の和睦。
天正十八年	一五九〇		豊臣秀吉が天下統一。
天正十九年	一五九一	吉川広家が秀吉から西伯耆、出雲、備後など十二万石を認知され富田城に入り、山県九左衛門を奉行として米子に築城開始。お立山を「湊山」と改名する。 吉川広家伯耆西三郡の法勝寺、四日市（戸上城）、尾高、日野（黒坂）の城下町の住民を米子に勧誘する。	
文禄元年～慶長三年	一五九二～一五九八	吉川広家が古曳吉種とともに朝鮮役に従軍。古曳吉種は朝鮮で討ち死。	文禄・慶長の役。（朝鮮出兵）
慶長三年	一五九八	吉川広家　富田城に帰り、湊山築城を監督。 米子港・深浦港整備も始まる。	豊臣秀吉死去。 朝鮮半島の日本軍撤退。
慶長五年	一六〇〇	吉川広家西軍として出陣　築城奉行は祖式九右衛門（長吉）米子城完成のため住民六割を動員する。 吉川広家、周防国岩国（三万石）に転封、この頃城は七割方完成。 駿河国府中城主、中村一忠（十八万石）が伯耆国領主となり尾高城に入る。 家老横田内膳の経済政策　倉吉、岩倉（関金）の住民を米子に勧誘し、米子町の都市計画を立案。	関ヶ原の戦。
慶長七年	一六〇二	中村一忠、尾高城から完成した米子城に移る。	
慶長八年	一六〇三	中村一忠、家老の横田内膳を暗殺（米子城騒動）。	徳川家康が江戸幕府を開く。
慶長九年	一六〇四	幕府の命によって佐藤半左衛門、河毛備後を米子城の執政とし、君側の安井清一郎、天野宗把、道長長右衛門を死罪にする。	

年号	西暦	米子城跡に関する出来事	関連する主な動向
慶長十四年	一六〇九	中村一忠二十歳にて死、中村家は断絶。岐阜美濃国黒野城主加藤貞泰、伯耆国会見・汗入郡六万石領主となり入国する。	
慶長十七年	一六一二		幕府、キリシタンを禁じる。
慶長十九年	一六一四	加藤貞泰、大坂冬の陣で戦功を挙げる。この頃、加藤貞泰、日下瑞仙寺、大寺村安国寺を米子城下の寺町に移し、米子城下の氏神勝田大明神を現在地に移す。亡父加藤光泰のために菩提寺曹渓院を亀島に建立、五輪塔を立てる。	大坂冬の陣。
元和元年	一六一五	幕府が一国一城令を発したが、米子城保存と決まる。	大坂夏の陣で豊臣氏が滅亡。江戸幕府、一国一城令を制定。
元和二年	一六一六	中江藤樹、祖父中江吉長とともに米子に来往する。加藤貞泰、駒手丸を建造する。	徳川家康死去。
元和三年	一六一七	加藤貞泰、伊予国大洲に転封。因伯領主となった池田光政の一族、池田由之が米子城預かり（三万二千石）となる。米子町人大谷甚吉・村川市兵衛、竹島（韓国名鬱陵島）に漂着、その後幕府より竹島渡航を許可され、あわびアシカ等の魚猟、木竹伐採を行う（竹島一件）。	池田光政が因幡・伯耆三十二万石の領主となる。
元和四年	一六一八	池田由之死亡、子由成が米子城主となる。由成、亡父由之供養のため、海禅寺を亀島に建てる。	
寛永九年	一六三二	池田光仲、因伯支配（三十二万石）、鳥取藩主席家老荒尾成利が米子城預かりとなる。米子城下には成利の弟成政が二千石で遣わされる。	
承応元年	一六五二	荒尾成利が隠居し、二代目成直　米子城預りとなる。	
寛文五年	一六六五	堀が埋まる害があるため、米子城の内堀に柴積み船の入ることを禁止する。	

寛文七年	一六六七	米子城西北部外郭修理。	
寛文十二年	一六七二	荒尾成直が米子城に入る。	鎖国令、参勤交代制の確立。
延宝元年	一六七三	米子城下侍屋敷の空家について、荒尾氏が米子町奉行に命じて適当に処分することを許可し、区画を整理する。	寛永通宝初鋳。
延宝七年	一六七九	荒尾成政　没する。三代目荒尾成重、米子城預りとなる。	
貞享二年	一六八五		池田綱清、鳥取藩二代藩主となる。
貞享四年	一六八七		「生類憐みの令」発布。
元禄五年	一六九二	四代目荒尾成倫、米子城預りとなる。	
元禄六年	一六九三	落雷などによる天守閣への危険を考慮し、米子城本丸天守近くの蔵に収蔵の火薬類を、内膳丸の角櫓に移す。	
元禄十年	一六九七	大風で米子城本丸四重櫓が一尺五寸ほど傾く。	
享保五年	一七二〇	米子城米蔵の約半数を大修理。壁・屋根部分に川石を主体として約二万個使用。 四代目後藤市右衛門が新田を開発する（後の後藤村）。	
享保十九年	一七三四	五代目荒尾成昭、米子城預りとなる。	
延享四年	一七四七	六代目荒尾成昌、米子城預りとなる。	
寛延元年	一七四八	七代目荒尾成熙、米子城預りとなる。	
宝暦十三年	一七六三	米子城修覆米積立法を制定。以後、富豪の負担で千八百石を積み立て、利米五百四十石のうち、半額を城郭修覆にあてる。	
安永七年	一七七八	川口番所・陰田番所、藩の直営となる。	ロシア船蝦夷地に来航、松前藩に通商を求める。
天明七年	一七八七	八代目荒尾成尚、米子城預りとなる。	松平定信老中となり、倹約令を出す。 寛政の改革始まる。

年号	西暦	米子城跡に関する出来事	関連する主な動向
寛政元年	一七八九	幕府巡検使　石尾七兵衛ら三人、米子を訪れ、荒尾成尚、米子城二の丸で饗応にあたる。	
寛政四年	一七九二		ロシア使節ラクスマン根室に来航。
寛政八年	一七九六	城下外郭筋堀の埋没を浚渫。以後、しばしば町人富豪に請け負わせる。	
寛政十二年	一八〇〇		伊能忠敬蝦夷地を測量。
文化三年	一八〇六	伊能忠敬　米子町測量第一回。 米子城郭内測量を米子役人が拒否する。	
文政元年	一八一八	九代目荒尾成緒、米子城預りとなる。八月に米子入りし、約一ヶ月滞在。	
文政八年	一八二五		外国船打払令。
天保十二年	一八四一		天保の改革始まる。
天保十三年	一八四二	藩内海岸の各番所に大砲が備え付けられる。このうち、境番所と米子川口番所は荒尾氏の負担とする（『鳥取県郷土誌』）。	
天保十四年	一八四三	異国船警衛のため、荒尾成裕、父成緒に代わり米子城入りする。	
嘉永四年	一八五一	十代目荒尾成裕、米子城預りとなる。	
嘉永五年	一八五二	四重櫓と石垣を鹿島家の負担により大修理。	
嘉永六年	一八五三		アメリカ使節ペリー浦賀来航。
安政五年	一八五八		日米修好通商条約調印
文久三年	一八六三	荒尾成裕・成富父子海岸防備のため米子入城。	幕府、自国海岸防備の厳を達する。境台場に大砲八門配備。淀江台場築造、台場砲三門配備。

慶応三年	一八六七	十代目荒尾成富、米子城預りとなる。	大政奉還。
慶応四年	一八六八	二月、山陰道鎮撫総督　西園寺公望と一行数百名、米子城下に入る。	明治維新。
明治二年	一八六九	二月、荒尾氏　自分手政治廃止の発令。 五月、朝廷より米子城返上の命令あり。城内の武器は鳥取に引き渡される。 八月、米子城を藩庁に引き渡す。 十月、荒尾成富、家督を成文に譲る。	池田慶徳、鳥取藩知事となる。
明治三年	一八七〇	三の丸西裏御門（現鳥取医大病院地）のところに坂口氏の醸造工場が設立される。 救民のため、在町の富豪の寄付により人夫徴発、米子城外堀浚渫の請負を行わせる。	藩知事伯耆西三郡巡視、米子市も鹿島家に宿泊する。
明治四年	一八七一		廃藩置県。鳥取県誕生。因幡国、伯耆国は鳥取県となる。
明治五年	一八七二	一月　区制を敷き、町を三区にわけて戸長を置く。 第八十二区（東町・堀端町・郭内・西町・宮町・中町・五十人町・内町・天神町） 第八十三区（博労町・糀町・道笑町・日野町・茶町・塩町・大工町・新博労町） 第八十四区（法勝寺町・紺屋町・四日市町・東倉吉町・西倉吉町・尾高町・岩倉町・立町・灘町・灘町新田・寺町・新法勝寺町） 米子城山は士族小倉直人らに払い下げとなる。 西町に鳥取県米子支庁を置く。	

年号	西暦	米子城跡に関する出来事	関連する主な動向
明治六年	一八七三	米子城を大蔵省に移す。 城内の建物類が売却され、数年後、取り壊される。	廃城令。廃刀令。 十二月　大区小区制施行により、米子は第十三大区に入り、第八十二区は小四区、第八十三区は小三区、第八十四区は小五区となる。
明治九年	一八七六		鳥取県は島根県に合併。
明治十一年	一八七八		郡区町村編制法により、島根県会見郡米子町・汗入郡淀江町として町制施行。
明治十二年	一八七九	この頃天守の取り壊しが始まる。	
明治十三年	一八八〇	松江監獄米子分監が米子城三の丸（現湊山球場地）の米蔵を利用して置かれ、広い面積を占めていた。	監獄の制度を定め、松江監獄署内に監獄本署を置き、松江・鳥取・浜田・米子・杵築・隠岐（西郷）に支所を置く。
明治十四年	一八八一		島根県から因幡国八郡・伯耆国六郡の二州を分割し、鳥取県が再置される。
明治十九年	一八八六	深浦（御船手）郭に城南病院が建設される。	
明治二十二年	一八八九		町村制施行により、会見郡米子町・汗入郡淀江町が発足。

明治二十五年	一八九二	この頃、湊山と飯山の北側は荒尾政成の所有地、飯山南側と湊山本丸は小倉直人が所有、湊山西面は児島喜平が所有。これを米子町に売却し、売却金半額を町に寄付する話、進展せず。その後、数年で全山ほとんど坂口平兵衛の所有となる。 この頃、三の丸には原牧場が造られる（昭和十五年閉場）。	
明治二十六年	一八九三	現鳥取大学医学部附属病院地に鳥取県立病院米子支部病院が創設される。	洪水、米子町の過半浸水する。
明治二十九年	一八九六	大手門入口の飯山下に西伯郡役所が開設される。	郡の統廃合により、会見郡・汗入郡から西伯郡に変更。
明治三十二年	一八九九	三の丸鈴門側のところに日本冷蔵商会が設立される。 県立鳥取病院米子支部病院を西伯郡立病院とする。	
明治三十五年	一九〇二	城山下の乳業家原弘業が地主　坂口平兵衛に相談し、城山本丸を整備して弘楽園とし、茶亭富士見亭を建て、うば団子を名物とする。	
明治三十八年	一九〇五	三の丸、郡役所の東に合資会社米子製鋼所が設立される。	
明治三十九年	一九〇六	枡形および二の丸表中御門付近に米城焼が開かれる。 錦公園が竣工、鳳翔閣・西伯郡公会堂が建設される。 清洞寺跡の五輪塔、了春寺に移設される。	
明治四十年	一九〇七	皇太子御召艦鹿島にて境に上陸、鳳翔閣に二泊。	皇太子、山陰地方に行啓。
明治四十一年	一九〇八	錦公園に日露戦争記念碑を建立する。 米子港修築開始。	山陰線、米子―鳥取間、米子―松江間が開通する。
明治四十四年	一九一一	深浦港の浚渫が完了する。	
明治四十五年	一九一二		米子で「山陰鉄道開通記念全国特産品博覧会」が開催される。
大正十二年	一九二三	上後藤に移転した三の丸の米子分監跡地に後藤グラウンドが開場。 郡制廃止に伴い、錦公園・鳳翔閣・公会堂・物産陳列場を米子町に譲渡する。	郡制廃止。 関東大震災。

年号	西暦	米子城跡に関する出来事	関連する主な動向
大正十三年	一九二四	湊山を禁漁区にする。	
大正十五年	一九二六	六月十三日、郡役所が廃止される。	
昭和二年	一九二七	了春寺の五輪塔、清洞寺岩に戻される。	西伯郡米子町が鳥取県下で二番目に市制を施行。米子市となる。
昭和三年	一九二八	錦公園内に噴水池築造、通水式を行う。	
昭和八年	一九三三	坂口家が湊山約三万四千坪を米子市に寄付する。 深浦港改良工事完了。	
昭和九年	一九三四	湊山公園整備計画策定。	
昭和十年	一九三五	登山路の改修、天守にベンチ施設。ソメイヨシノの植栽。	米子市の町区変更、新町設定四十七町を六十六町とする。
昭和十一年	一九三六	深浦に石黒造船所米子工場が創業、昭和十六年米子造船所となる。	
昭和十五年	一九四〇	米子市湊山公園風致地区を設定する。	山陰歴史館が二六〇〇年記念事業として米子商品陳列場に開館する。
昭和十九年	一九四四	米子城二の丸跡地英霊塔敷地工事が完成する。	
昭和二十年	一九四五	三月、米子医学専門学校附属病院（現・鳥取大学医学部附属病院）が設立される。	建物強制疎開。 七月二十四日〜七月二十八日米子空襲。特に二十八日の空襲では最大の被害が出た。
昭和二十二年	一九四七		昭和天皇行幸、坂口家泊。
昭和二十五年	一九五〇	鳥取県産業観光博覧会が三の丸（現湊山球場地）二の丸で開催される。	
昭和二十六年	一九五一	湊山公園計画の一部として出山を整備、山麓に海水浴場が開設される。	

昭和二十八年	一九五三	小原家から寄付を受け、長屋門が二の丸に移設され、米子市立山陰歴史館として開館。 産業観光博覧会時の美術館跡地（現西部医師会館地）が県立米子図書館となる（～昭和五十四年）。 湊山球場第一期工事完成、六月一日球場開きを行う。	
昭和三十二年	一九五七	米子城跡、都市公園として湊山公園の一画となる。	
昭和三十四年	一九五九	深浦大橋が完成する。	
昭和三十五年	一九六〇	国道九号線が湊山と飯山の間を貫通する。	
昭和三十九年	一九六四	湊山球場に隣接して米子児童図書館が建設される。	
昭和四十一年	一九六六	飯山に英霊塔が建設される。	法勝寺電車廃線となる。
			皇太子、同妃、来米、第八回国立公園大会に臨席される。
昭和四十二年	一九六七	深浦（御船手）郭にＹＳＰが建設される。	
昭和四十五年	一九七〇	錦公園の鳳翔閣を解体する。 中江藤樹顕彰碑を就将小学校跡に建立する。	
昭和四十六年	一九七一	清洞寺岩沖から出山を結ぶ埋立地を造成する。	
昭和四十八年	一九七三	廃線後の法勝寺電車客車が米子図書館横に置かれ、読書室として活用される（～昭和六十一年）。	
昭和五十二年	一九七七	「米子城跡」、「旧小原家長屋門」、「清洞寺跡」が米子市指定文化財となる。	
昭和五十三年	一九七八	中村一忠墓地附中村一忠主従木像を、米子市指定文化財に指定する。 米子城跡に電飾城が初目見えする。	
昭和五十七～五十九年	一九八二～一九八四	石垣修理工事を実施する。	

年号	西暦	米子城跡に関する出来事	関連する主な動向
昭和六十一年	一九八六	三の丸の法勝寺電車を湊山公園内に移転する。 城山大師補強修理工事世話人会が結成され、弘法大師の補修が完成する。	
昭和六十二年	一九八七	鳥取大学医学部附属病院の拡充計画のため、三の丸の稲田氏醸造工場は夜見に移転する。	
昭和六十三年～平成元年	一九八八～一九八九	病院建設に伴い、久米第一遺跡の発掘調査を実施する。	
平成三年～	一九九一～	病棟改築工事に伴い、米子城跡No.1遺跡の発掘調査を実施し、船入石垣の遺構を検出する（～四年）。	
平成四年	一九九二	湊山公園の法勝寺電車をパティオ広場に移設する。	
平成十二年	二〇〇〇		鳥取県西部地震発生。米子市博労町では震度五強を観測。
平成十三年	二〇〇一	震災に伴う石垣修理事業を行う。	
平成十七年	二〇〇五	国史跡指定に係る意見具申（七月二十七日）	米子市・西伯郡淀江町が新設合併。旧米子市を廃して新・米子市となる。
平成十八年	二〇〇六	本丸跡、内膳丸跡、二の丸跡が国の史跡に指定される。（一月二十六日）	
平成二十年	二〇〇八	史跡米子城跡整備基本構想案を策定する。（八月）	
平成二十七年	二〇一五	米子城跡の遺構分布調査、測量調査を行う。八幡台と推定される地区と水手郭下方で発掘調査を実施する。	
平成二十八年	二〇一六	登り石垣の発掘調査を実施する。	
平成二十九年	二〇一七	史跡米子城跡保存活用計画を策定する。	

『史跡米子城跡保存活用計画書』（米子市教育委員会）より

【参考文献】

市川創他『中之島蔵屋敷跡発掘調査報告Ⅱ』大阪市博物館協会　大阪文化財研究所　二〇一五

伊藤創「米子城のはじまりについて―飯山の石垣と採集瓦から―」『島根考古学会誌』第二六集　島根考古学会　二〇〇九

伊藤創「伯耆におけるコビキ技法の転換期」『山陰中世土器研究二』山陰中世土器研究会　二〇一三

大浦和恵「米子城下における旅館建築に関する研究（二〇一七年度米子工業高等専門学校卒業研究論文）」二〇一八

大阪市文化財協会『大阪市中央区瓦屋町遺跡発掘調査報告』二〇〇九

大野航平「米子城下における寺町の成立に関する研究（二〇一五年度米子工業高等専門学校卒業研究論文）」二〇一六

香川正矩「陰徳太平記（上下）」『通俗日本全史』早稲田大学出版部　一九一三

景山粛『伯耆志』因伯叢書発行所　一九一六

金澤雄記「米子城小天守（四階櫓）の復元―幕末期―」『日本建築学会計画系論文集』第五八〇号　日本建築学会　二〇〇四

金澤雄記「米子城小天守（四階櫓）の復元―創建期―」『日本建築学会計画系論文集』第五八五号　日本建築学会　二〇〇四

金澤雄記「米子城の本丸部分における縄張りの復元的考察」『二〇一四年度学会大会（神戸）学術講演梗概集　F―二建築歴史・意匠』日本建築学会　二〇一四

金澤雄記「米子城二の丸御殿の復元的考察」鳥取藩政資料研究会編『鳥取藩研究の最前線』鳥取県立博物館　二〇一七

金澤雄記「米子城」『よみがえる日本の城六』学習研究社　二〇〇四

金澤雄記「米子城天守」『日本の城』第二三号　デアゴスティーニジャパン　二〇一三

金澤雄記「米子城縄張り」『日本の城』第五三号　デアゴスティーニジャパン　二〇一四

金澤雄記「米子城下町の町家―二軒家の考察―」『二〇一六年度学会大会（九州）学術講演梗概集　F―二建築歴史・意匠』日本建築学会　二〇一六

加納菜月「米子城二の丸御殿の復元的研究（二〇一五年度米子工業高等専門学校卒業研究論文）」二〇一六

城戸久「伯耆米子城天守と四重櫓の建築」『名古屋工業大学学報』名古屋工業大学　一九五〇

國田俊雄「米子城築城と米子の町」『吉川広家（シリーズ織豊大名の研究4）』戎光祥出版　二〇一六

國田俊雄「米子城築城と城下町米子の町プラン」『伯耆文化研究』第8号　伯耆文化研究会　二〇〇六

國田俊雄「横田内膳暗殺事件の謎について」『伯耆文化研究』第18号　伯耆文化研究会　二〇一七

國田俊雄「米子城・米子町の成立」『米子市立山陰歴史館紀要』第一号　二〇一三

國田俊雄「米子城・米子町成立の歴史的背景」『米子市立山陰

歴史館紀要』第二号　二〇一五
國田俊雄「戦国期伯耆国人の去就について」『伯耆文化研究会紀要』第一九号　二〇一八
黒田慶一・乗岡実「豊臣氏大坂城と宇喜多岡山城の同笵瓦」『大阪城と城下町』渡辺武館長退職記念論集刊行会　二〇〇〇
甲賀郡教育会『甲賀郡志（下）』一九二六
小坂八重子「米子城下における呉服屋建築に関する研究（二〇一八年度米子工業高等専門学校卒業研究論文）」二〇一九
小山泰生「松江城下町遺跡における陶磁器の様相と編年—十七世紀代の資料を中心に—」
佐々木謙『伯耆米子城』立花書院　一九八五
『山陰の城　日本の城六』小学館　一九八九
静岡県『静岡県史資料編九』一九九二
千田嘉博『織豊系城郭の形成』東京大学出版会　二〇〇〇
田中景蛍『米子みやげ（復刻版）』立花書院　一九八三
田中佐知「震災被害を受けた日本の城郭における復興過程の研究（二〇一六年度米子工業高等専門学校卒業研究論文）」二〇一七
鳥取県『鳥取藩史（第1巻）藩士列伝』鳥取県立図書館　一九六九
鳥取県『鳥取県史（3）』鳥取県　一九七九
鳥取県教育文化財団『米子城跡21遺跡』一九九八
鳥取県公文書館『尼子氏と戦国時代の鳥取』（鳥取県史ブックレット）二〇一〇
『地域再生への願いをこめて』鳥取県中小商業活性化事業　二〇〇三
中井均「城郭にみる石垣・瓦・礎石建物」『戦国時代の考古学』高志書院　二〇〇三
『中村記』稲葉書房　一九六九
永井萌「米子城の創建時の縄張りに関する復元的研究（二〇一三年度米子工業高等専門学校卒業研究論文）」二〇一四
中部よし子『城下町（記録・都市生活史9）』柳原書店　一九七八
『日本城郭体系一四　鳥取・島根・山口』新人物往来社　一九八〇
乗岡実「岡山の町の中世と近世の狭間—考古学的視点から見た信長・秀吉の時代から徳川の世へ—」『岡山びと』第二号　岡山市デジタルミュージアム　二〇〇七
乗岡実「松江城の屋根瓦—山陰で活躍した瓦職人と城郭整備—」『松江市歴史叢書八』松江市　二〇一五
乗岡実『石垣と瓦から読み解く松江城』松江市　二〇一七
乗岡実「戦国時代の備前焼編年」『東洋陶磁』第四十六号　二〇一七
花谷浩「出雲における中近世の瓦と松江城築城期の瓦」『松江市歴史叢書一〇』松江市　二〇一七
日野郡史編纂委員会『日野郡史』日野郡自治協会　一九二六
樋野泰広「『尾高町中絵図』にみる近世末期から近代初期にかけての城下町・米子の都市構成—中小規模の城下町における歴史的都市構成の研究—（一九九六年度東京工業大学大学院

修士論文)」一九九七
広瀬町教育委員会『出雲尼子史料集』二〇〇三
広瀬町教育委員会『史跡富田城址環境整備事業報告』二〇〇三
『復元体系 日本の城六 中国』ぎょうせい 一九九四
福田李怜「米子城本丸の櫓・門に関する復元的研究（二〇一八年度米子工業高等専門学校卒業研究論文)」二〇一九
普平山妙興寺 泉州堺妙国寺・妙興寺と米子城執政家老横田内膳公のロマン
文化財研究所奈良文化財研究所・鳥取県教育委員会『鳥取県の近代和風建築―鳥取県近代和風建築総合調査報告書―』鳥取県教育委員会 二〇〇七
文化財建造物保存技術協会『重要文化財後藤家住宅保存修理工事報告書』一九七八
文化財建造物保存技術協会『米子市指定史跡米子城跡調査報告書』一九八〇
伯耆文化研究会『米子の歴史』伯耆文化研究会 一九六七
松江市教育委員会『松江市歴史叢書九』二〇一六
松下華子「米子城下における二軒家の変遷に関する研究（二〇一五年度米子工業高等専門学校卒業研究論文)」二〇一六
三浦正幸「伯耆の米子城天守の復元」『日本建築学会中国支部研究報告書』第一七巻 日本建築学会中国支部 一九九二
山口県文書館『好問随筆』
山口みなみ「水都・米子の空間構造―旧加茂川と町家から読む―（二〇一三年度法政大学大学院修士論文)」二〇一四
山崎信二『近世瓦の研究』同成社 二〇〇八
山根優香「米子鳳翔閣の復元的研究（二〇一六年度米子工業高等専門学校卒業研究論文)」二〇一七
米子市『米子市史』一九四二
米子市・米子市教育委員会「湊山公園（米子城跡）災害復旧工事」現地説明会資料 二〇〇一
米子市史編さん協議会『新修米子市史（第十二巻 資料編 絵図・地図)』米子市 一九九七
米子市史編さん協議会『新修米子市史（第一巻)』米子市 二〇〇三
米子市史編さん協議会『新修米子市史（第二巻)』米子市 二〇〇四
米子市史編さん協議会『新修米子市史（第十四巻)』米子市 二〇〇九
『よなご』今井書店 一九二九
米子商工会議所米子商業史編纂特別委員会『米子商業史』米子商工会議所 一九九〇
米子市教育委員会『新しい米子の歴史』二〇〇六
米子市教育委員会『久米第一遺跡』一九八九
米子市教育委員会『平成十二・十三年度米子市内遺跡発掘調査報告書』二〇〇三
米子市教育委員会『史跡米子城跡保存活用計画書』二〇一七
米子市教育委員会『国指定史跡米子城跡―八幡台、水手御門下郭の確認調査―』二〇一八
米子市教育文化事業団『米子城跡I』米子市教育員会 一九

九三
米子市立山陰歴史館編　『米子城絵図面』　米子市立山陰歴史館　二〇一八
米原正義　『陰徳記（上下）』　マツノ書店　一九九六
ルイス　フロイス　『日本史四巻（松田毅一、川崎桃太郎訳）』　中央公論社　一九七七
ワールド　『米子城跡石垣調査業務委託報告書』　二〇〇二

【参考史料】

「家久公上京日記」『鹿児島県史料拾遺Ⅳ』　鹿児島県史料拾遺刊行会　一九六六
「御櫓普請につき鹿島両家登山日記」『鹿島恒勇家文書』（米子市史編さん協議会　『新修米子市史　第八巻　資料編　近世一』　米子市　二〇〇〇）
「吉川家文書」『大日本古文書　家わけ　第九』　東京大学史料編纂所　一九七〇
『故中村伯耆守三〇〇年祭典記録』　感応寺　明治42年5月11日
『忠一公百五十年忌特集』　昭和34年5月11日　山陰日々新聞
「長尾氏　古きこと書き上げ帳」　南部町笹畑　長尾家文書
「広瀬石見守春興覚書」　岩国徴古館所蔵
「毛利家文書」『大日本古文書　家わけ　第八』　東京大学史料編纂所　一九七〇
「山県九郎左衛門覚書」　岩国徴古館所蔵
「米子御城下それぞれ間数」　米子市史編さん協議会　『新修米子市史　第十二巻』　米子市　一九九七
「米子神社由来記」　米子市史編さん協議会　『新修米子市史　第九巻　資料編　近世二』　米子市　二〇〇二
「四重櫓御新建日記控」　米子市史編さん協議会　『新修米子市史　第八巻　資料編　近世一』　米子市　二〇〇〇

あとがき

私事で恐縮ですが、私は小学生の頃から城好きになりました。その頃城に関する本と言えば写真集程度のものしかなかったのですが、中学生のときに佐々木謙・一雄著『伯耆米子城』という書籍が刊行されていることを知りました。当時地方の出版社からの取り寄せなどできず、直接発行所に手紙を書いて送ってもらいました。届いた本からは筆者である佐々木謙・一雄氏の米子城への想いが溢れており、私もまだ見ぬ米子城へ誘われました。高校生のときにはじめて米子城跡を訪れたのですが、天守台からの三六〇度のパノラマは今も鮮明に記憶しています。また、『伯耆米子城』はいまも私の研究室の書棚に大事に置かれています。

いつか私もこうした本を出してみたいと思っていたのですが、奇しくも今回ハーベスト出版より米子城を一冊の本にしませんかとの打診があり、二つ返事で編者をお引き受けさせていただきました。

『伯耆米子城』の時代から城郭研究は飛躍的に深化しました。文献史はもちろんのこと、縄張り研究、考古学、建築史からの研究は城郭を多方面から分析できるようになりました。こうした研究の視点から、城郭研究は総合学とも言えるものとなりました。今回の刊行にあたってはこれらの分野から米子城を研究されている方々に執筆を依頼しました。みなさん快くお引き受けいただき、今回のように力作をお寄せいただくことができました。これも執筆者それぞれの米子城への想いの結果であろうと思います。

米子城跡では、これから三の丸を含め史跡としての整備、活用が進められようとしています。そのため本書では過去の歴史をまとめるだけではなく、これからの展望をあえて設けさせていただきました。城跡は過去の遺産ではなく、未来への資産でもあります。米子城跡がこれからどのように活用されていくのかを楽しみにしたいと思います。

ここ数年、講演や委員会などで毎回米子駅に午後一一時四八分着の特急やくも二九号で降り立ったのも今では楽しい思い出となりました。今後は私もひとりの米子城ファンとして整備の完成を楽しみにしたいと思います。

最後になりましたが、本書の企画、編集業務を一人でこなされたハーベスト出版の山本勝さんがいなければ本書はならなかったものと思います。山本さんに感謝申し上げる次第です。

平成三十年（二〇一八）十月

中井　均

【著者略歴】

中井　均

1955年大阪府枚方市生まれ。滋賀県立大学人間文化学部教授

主な著書：『城館調査の手引き』（山川出版社）、『歴史家の城歩き』（共著、高志書院）、『中世城館跡の考古学』（編著：高志書院）、『図解　近畿の城郭Ⅰ～Ⅴ』（編著：戎光祥出版）

國田俊雄

1936年米子市生まれ。米子市立山陰歴史館長

主な著書：「新修米子市史　近世編、近代編、地図編、写真編（共著）」（米子市）、「米子城の築城と米子の町（光成準治編著『織豊大名の研究　第４巻　吉川広家』戎光祥出版）」、「亀井氏の系譜についての一考察」、「検地帳に見る初期の農民」、「会東郡地主紀成盛こと村尾海六について」（伯耆文化研究紀要）

金澤雄記

1979年広島県広島市生まれ。米子工業高等専門学校建築学科准教授

主な論文・著書：「米子城小天守（四階櫓）の復元—幕末期—、同—創建期—」（日本建築学会計画系論文集、2004年）、「米子城二の丸御殿の復元的考察」（鳥取藩政資料研究会編『鳥取藩研究の最前線』2017年）、「米子城」（デアゴスティーニジャパン『日本の城』第23・53号、2013・14年）

濵野浩美

1967年神奈川県横浜市生まれ。米子市文化振興課学芸員

主な著書：「時代概説：近世」（鳥取県『新鳥取県史』資料編　考古３飛鳥・奈良時代以降、2018年）、「米子城における登り石垣」（織豊期城郭研究会『織豊城郭』第17号、2017年）、「鎌倉　朝比奈砦遺跡」（雄山閣『季刊考古学第134号　特集：中世の納骨信仰と霊場』、2016年）

佐伯純也

1972年兵庫県伊丹市生まれ。一般財団法人米子市文化財団埋蔵文化財調査室　主幹兼統括調査員

主な著書：「米子城跡出土の近世瓦」（関西近世考古学研究会『関西近世考古学研究Ⅺ』、2003年）、「米子城跡における近世城下町成立期の様相」（中国・四国地区城館調査検討会『西国城館論集Ⅰ』、2009年）、「鳥取県における中近世陶磁器の流通史」（雄山閣『中近世陶磁器の考古学　第３巻』、2016年）

伊藤　創

1977年埼玉県浦和市生まれ。江津市教育委員会

主な著書：「米子城のはじまりについて—飯山の石垣と採集瓦から—」（島根考古学会『島根考古学会誌』第26号、2009年）、「伯耆におけるコビキ技法の転換期」（山陰中世土器検討会『山陰中世土器研究』1、2013年）、「石見・亀山城と中世における江津本町」（中国・四国地区城館調査検討会『西国城館論集』Ⅲ、2015年）

山陰名城叢書《さんいんめいじょうそうしょ》　1

伯《ほう》耆《き》米《よな》子《ご》城《じょう》

二〇一八年十一月十日　初版発行
二〇一九年一月十日　第二刷発行

編者　中井《なかい》　均《ひとし》

発行　ハーベスト出版
〒六九〇―〇一三三
島根県松江市東長江町九〇二―五九
TEL　〇八五二―三六―九〇五九
FAX　〇八五二―三六―五八八九

印刷　株式会社谷口印刷

定価はカバーに表示してあります。
落丁本、乱丁本はお取替えいたします。

Printed in Japan
ISBN978-4-86456-279-9 C0021